폴 크루그먼의
경제학의 향연

PEDDLING PROSPERITY

Economic Sense and Nonsense in the Age of Diminished Expectations by Paul Krugman

Copyright © 1994 by Paul Krugman

Korean edition published by arrangement with W. W. Norton & Company, Inc.

through EYA (Eric Yang Agency)

Translation Copyright © 1997 by BOOKIE Publishing House, Inc.

이 책의 한국어판 저작권은 EYA (Eric Yang Agency)를 통한 저작권자와의 독점 계약으로
부키(주)에 있습니다. 저작권법에 의해 한국 내에서 보호를 받는
저작물이므로 무단전재와 무단복제를 금합니다.

폴 크루그먼의
경제학의 향연

경제 위기의 시대에 경제학이 갖는 의미와 무의미

폴 크루그먼 지음
김이수·오승훈 옮김

부·키

옮긴이

김이수 | 1958년 서울 출생. 서강대학교 사학과 및 동 대학원에서 서양사를 공부하였다.
오승훈 | 1962년 제주 출생. 서강대학교 경제학과 및 동 대학원에서 경제 학설사를 공부하였다.

폴 크루그먼의 경제학의 향연

1997년 11월 10일 초판 1쇄 발행 | 2024년 8월 1일 초판 22쇄 발행

지은이 폴 크루그먼
옮긴이 김이수·오승훈
펴낸곳 부키(주)
펴낸이 박윤우
등록일 2012년 9월 27일 등록번호 제312-2012-000045호
주소 서울시 마포구 양화로 125 경남관광빌딩 7층
전화 02) 325-0846
팩스 02) 325-0841
홈페이지 www.bookie.co.kr
이메일 webmaster@bookie.co.kr
제작대행 올인피앤비 bobys1@nate.com
ISBN 978-89-85989-16-9 03320

책값은 뒤표지에 있습니다.
잘못된 책은 구입하신 서점에서 바꿔 드립니다.

경제학자와 정치 철학자들의 사상은 옳건 그르건
일반적으로 생각하는 것보다 훨씬 강력하다.
사실상 세계를 지배하는 것은 그 외에 별로 없다.
여하한 지적 영향력과도 무관하다고 확신하는 실무가들도
대개는 오래전에 고인이 된 어떤 경제학자의 노예이다.
허공에서 목소리를 듣는다는 권좌의 광인狂人들도
수삼 년 전에 읽은 웬 학구적인 잡문에서 빼내고 있을 뿐이다……
빠르든 늦든 선이든 악이든
위험한 것은 기득권이 아니고 바로 사상이다.
—존 메이너드 케인스 『고용, 이자 및 화폐에 관한 일반 이론』

차례

머리말 10

서론 마법사를 찾아서 · 16
정치가와 경제학자 20 | 대학 교수 22 | 정책 기획가 26 | 구성 32 | **1막 1장** 32 | **1막 2장** 33 | **2막** 33 | **3막 1장** 34 | **3막 2장** 35 | 이 책의 구성 36

1부 보수주의 경제학의 융성

1장 케인스에 대한 공격 · 41
경기 순환 42 | 케인스의 경기 후퇴 이론 45 | **유치한 케인스주의** 47 | 케인스와 경제 정책 50 | 밀턴 프리드먼 Ⅰ : 통화주의 55 | 밀턴 프리드먼 Ⅱ : 스태그플레이션 62 | 합리적 기대론 72 | 1980년의 상황 79

2장 조세, 규제 및 성장 · 82
생산성 정체 84 | 왜 생산성 성장이 둔화되었는가 87 | **기술과 생산성 둔화** 87 | **사회학적 설명** 92 | 생산성 둔화에 대한 정치적 설명 95 | 과세, 유인 및 성장 95 | **과세의 비용** 96 | **조세, 저축 및 투자** 100 | 사회 보장 문제 104 | 노동 시장 105 | 조세와 경제 성장 106 | 규제의 비용 108 | **경쟁의 규제** 109 | 규제, 생산성 둔화의 주범 111 | 1980년의 상황 113

―――――――――――――――――― 3장 공급 중시론자들 · 115

공급 중시론자들은 누구였는가 118 | 공급 중시론의 사상 124 | 국제 경제학 132 | 전통 경제학의 위기 136 | 1970년대 말의 경제 위기 137 | 경제학자들의 혼란 139 | 로널드 레이건이 필요하였는가 140

2부 보수파의 집권기

―――――――――――――――――― 4장 성장 · 145

통계의 속임수 147 | 성장에 관한 생각 151 | 보수파의 성장 기록 155 | 보수파의 답변 157 | 1979~1993년의 경기 후퇴와 경기 회복 159 | 중앙은행의 권한 160 | 연방준비이사회와 경제 163 | 부당성 166 | 장기로의 회귀 166 | 정책과 생산성 168 | 1992년의 혁명 173

―――――――――――――――――― 5장 소득 분배 · 175

몇 가지 기본 사실 176 | 말뚝형에서 계단형으로 176 | 부의 편중 178 | 왜 부유층이 문제되는가 182 | 정치적 의미 186 | 보수파의 부인 187 | 자료에 대한 의심 187 | 성장의 강조 189 | 소득의 이동 189 | 원인 194 | 대중적인 견해: 세계화 195 | 다른 설명 199

6장 예산 적자 · 201

적자의 원천 202 | 세입과 세출 204 | 얻은 자와 잃은 자 206 | 적자의 부담 207 | 공급 중시론자들의 변명 208 | 적자의 비용 210 | 숨겨진 적자 214 | 숨겨진 재정 부채 214 | 공공 투자 219 | 신탁 기금 221 | 평결 223

7장 해외의 보수주의자들 · 225

대처리즘 227 | 통화, 인플레이션 및 실업 228 | 1987~1989년의 파탄 233 | 민영화 235 | 유럽 통화 239 | 1979~1989년의 유럽통화제도 240 | 독일의 패권 245 | EMS의 신화와 EMU의 대실패 247 | 마스트리흐트 조약 250 | EMS의 붕괴 252 | 유럽의 교훈 254

3부 진자의 운동

8장 케인스는 살아 있다 · 259

보수주의 거시 경제학의 곤경 261 | 진정한 신봉자들: 실질 경기 순환론 265 | 합리성과 경기 후퇴 269 | 완전한 합리성의 비합리성 269 | 신케인스주의 사상 274 | 새로운 경우의 적극적인 통화 정책 279 | 증거 283 | 1993년의 이론과 정책 287

──────────── 9장 QWERTY 경제학 · 289

명백한 사실들 293 | 국제 무역의 재고찰 299 | **무역의 방향** 300 | **무역의 내용** 302 | 신무역 이론 304 | 전략적 무역 정책 306 | 브랜더–스펜서 모형 307 | 전략적 무역 대 자유 무역 312 | **전략적 무역 정책론의 한계** 315 | 대담한 사상, 신중한 정책 권고 317

──────────── 10장 전략적 무역론자들 · 319

전략적 무역론자들의 출현 322 | 전략적 무역론의 요소 326 | 경제학자 대 전략적 무역론 330 | 전략적 무역론의 오류 333 | 백악관의 전략적 무역론자들 346

──────────── 10장의 보론 생산성과 경쟁력 · 348

세 가지 질문과 답변 349 | 낮은 생산성 및 국제 무역의 결과 351 | 생산성 성장의 지체 355 | 경쟁 부문 대 비경쟁 부문 359 | 왜 문제인가 361

──────────── 에필로그 · 364

무엇을 할 것인가 366 | 경쟁력에 대한 집착 369 | **무역 전쟁의 위험성** 371 | **나쁜 사상이 좋은 사상을 구축한다** 375 | 경제학자의 역할 377

옮긴이 말 379 | 인명 찾아보기 384

머리말

한 인도 태생의 경제학자가 대학원 강의 시간에 자기 나름의 윤회설을 다음과 같이 피력한 적이 있다. "여러분이 만일 좋은 경제학도, 선량한 경제학도라면 물리학자로 다시 태어날 것이네만, 만일 나쁜 경제학도, 사악한 경제학도라면 사회학자로 다시 태어날 것이네."

사회학자가 이 인용문을 본다면 경제학자들의 그릇된 점이 잘 드러나 있다고 말할지도 모른다. 즉 경제학자들은 근본적으로 인간을 대상으로 하면서도 자연과학hard science 과 같은 수학적 확실성을 갖춘 학문이기를 원한다는 것이다. 사실 경제학 잡지들에 수학이 지나치게 많다는 사실은 의문의 여지가 없다. 왜냐하면 수학적으로 복잡하게 하는 것은 진부한 생각을 멋지게 꾸미려는 유서 깊은 방법이기 때문이다. 그러나 훌륭한 경제학자는 말하는 이가 전적으로 뭔가 다른 것, 즉 주제의 더 없는 난점을 토로하고 있음을 안다. 경제학은 물리학보다 더 어렵지만 harder 다행히 사회학만큼 어렵지는 않다.

경제학은 왜 그처럼 어려운 학문인가? 부분적인 이유는 복잡성과 관계가 있다. 경제는 상자 안에 담아 놓을 수가 없다. 물리학은 단일하게 에워싸인 시스템을 대상으로 할 때는 설명이 잘 된다. 태양 주위를 선회하는 행성들이나 수소 원자의 궤도 사이를 넘나드는 전자 등이 그런 경우이다. 자연 현상의 복잡성을 다루고자 할 때는 어려움이 한층 커진다. 기상 예보 같은 경우는 인공위성과 슈퍼컴퓨터를 대거 동원한다고 해도 부정확한 결과를 내기가 십상이다. 그리고 기상 전문가들도 지구 온난화의 전망 같은 정답이 없는 질문을 받으면, 경제 예측가들이 정책의 우선순위를 평가해 달라는 요청을 받을 때만큼이나 광범위한 답변을 내놓게 된다.(그리고 일단의 격렬한 논쟁이 벌어지게 된다.)

경제학이 어려운 또 하나의 이유는 비판적인 사회학자의 말대로 인간을, 단순하고 기계적인 방식으로 행동하지 않는 인간을 대상으로 한다는 점이다. 경제학자들은 초인플레이션 즉 물가가 한 달에 50퍼센트씩 오르는 화폐의 엄청난 이상 현상에 대해 잘 이해하고 있다. 실제로 그들은, 기상학자들이 허리케인에 대해 잘 알고 있어 슈퍼컴퓨터 상에서 모의 조작해 볼 수 있을 만큼은 초인플레이션에 대해 알고 있다. 즉 정확하게 예측하기는 어렵지만 그와 같은 현상의 원리와 어느 정도의 윤곽은 이론적으로 설명할 수 있는 것이다. 그러나 허리케인은 요즘에도 있고 천년 전에도 있던 동일한 현상이지만 초인플레이션은 이 세상에서 새롭게 나타난 현상이다. 사회가 금속 화폐 대신 지폐를 쓰기 시작한 후에야 비로소 발생하게 되었기 때문이다. 그리고 초인플레이션은 매번 조금씩 달라진다. 그 부분적인 이유는 정부가 역사를 통해 (반드시 정확한 것은 아니지만) 경험으로 배우기 때문이다.

그러나 이와 같은 어려움에도 우리는 경제학에 대해 많은 것—다른 사회과학에 비해 훨씬 더 많은 것—을 알고 있다. 왜냐하면 경제학은 인간의 가장 단순한 (최소한 교훈을 얻을 수 있는) 행위를 연구하기 때문이다. 가령 시장은 일정한 논리적 규칙성을 가지고 움직이는 특별한 사회적 상호 작용이다. 모든 판매sale는 또한 구매purchase가 되는데, 이 별것 아닌 듯한 관찰에 (해외 자본을 도입하는 나라는 필연적으로 무역 적자를 시현한다는 사실처럼) 여전히 많은 사람들을 깜짝 놀라게 하는 내용을 비롯해 회계 원리 전반이 내포되어 있다. 이윤을 획득할 확실한 기회를 놓치는 경우는 드문데, 이 똑같이 당연한 관찰에서 주식 가격 상의 랜덤워크 이론(random-walk theory, 과거의 주가 동향이 미래의 주가 동향 예측에 소용없다는 가설—옮긴이)이라는 놀라운 결론이 나온다.

재화와 서비스를 화폐 및 기타 다른 것으로 교환하는 행위는 다른 사회적 상호 작용에 비해 덜 복잡하고 아마도 인간의 특성이 덜 드러나는 행위이기 때문에, 경제학은 이론의 개발 및 다른 사회과학보다 더 넓은 범위에서의 이론 검증에 힘쓰는 편이다. 만일 경제학이 꽤 혁신적인 분야로 여겨지는 천문학과 같이 순수하게 지적인 관심만을 쏟으면 되는 학문이라면, 지난 200년 동안 꾸준히 지식을 축적해 왔을 것이다.

그러나 경제학은 천문학이 아니다. 왜냐하면 경제학의 결론은 거의 모든 사람들에게 작용하는 정부 정책에 직접적인 영향을 끼치기 때문이다. 이상적인 세계라면 이 말은 대다수의 사람들이 경제학에 관심을 갖고 철저하게 연구해야 한다는 뜻이 된다. 그러나 우리의 불완전한 세계에서 이 말은 사람들이 스스로 믿고 싶어 하는 바를 알 만큼만 경제학에 관심을 가지면 된다는 뜻이다.

정책화가 비단 경제학이나 사회과학에만 국한되는 것이 아님은 물론이다. 창조론자들은 진화론을 믿기 싫어하지만 다윈Darwin 이후 100년이 넘도록 강력한 세력으로 남아 있다. 위험할 정도로 많은 사람들이 HIV 바이러스가 AIDS를 발병시킨다는 사실을 믿기 싫어한다. 그러나 물리학과 생물학에서의 성공적인 증거―항생 물질의 작용, 원자탄 실험 등―와 인상적인 연구 장비는 심오한 과학 사상과 유사類似 과학 간의 경계선을 쉽게 그어 준다.

사회과학에서는 이와 같은 경계선을 긋기가 훨씬 더 어렵다. 그 부분적인 이유 하나는 통제된 실험을 행할 수가 없다는 점이다. 즉 사회과학의 증거는 전적으로 역사적인 증거에 국한되며, 역사란 모호하지 않은 사례는 거의 없다시피 복잡하기만 하다. 또 하나의 부분적인 이유는 사회과학이 인간을 연구한다는 점이다. 우리는 스스로에 대해 알고 있다고 생각하며, 이미 정답을 알고 있다고 생각하는 경향이 강하다.

그 결과 경제학은 꾸준히 지식이 누적되어 온 한편으로, 의미가 있든 없든 대중의 편견을 조장하는 학설을 요구하는 시장이 상존하고 있다. 경제적 고난의 시대에는 정치적으로 유용한 경제 사상―증명해 보면 그릇된 것으로 입증되면서도 깊이 있는 사고에 인내심이 부족한 일반인들에게는 호소력을 갖는 사상을 말한다―이 특히 강도 높게 추구된다.

이 책은 미국의 생활 수준이 오랫동안 정체되기 시작한 1973년 이래의 시기―전에 쓴 책에서 나는 이 시기를 "기대 체감의 시대Age of Diminished Expectations"라고 명명한 바 있다―를 대상으로 경제 사상과 정치의 상호 작용 이야기를 다루고 있다. 이 시기는 심각하고 중요한 경제학 논쟁의 시대이다. 대체로 말해서 첫 10년 동안은 보수주의자들이 득세하여 정부 개입주의의 입장에 대해 강력하게 도전하였고, 그 이후에는 개입주의적인 입장이 더욱 복잡한 형태로 부활하게 된다. 그러나 이 시기는 또한 정책 기획가policy entrepreneur들, 즉 정치가들에게 그들이 듣고 싶어 하는 바를 말해 주는 경제학자들의 시대이기도 하다. 보수주의 경제학자들조차 넌센스라고 간주한 학설을 설파한 '공급 중시론자들supply-siders'이 미국의 경제 정책을 주도하게 된 과정은 우리 시대의 경이로운 현상 중의 하나로 남아 있다. 사실상 공급 중시론자들의 자유주의 쪽 파트너인 '전략적 무역론자들strategic traders'의 이야기는 현재도 계속되고 있다.

당초에 나는 이 책을 어느 정도 당파적인 입장에서 써야겠다고 구상하였다. 당시는 보수주의자들이 계속 백악관을 장악하고 있었고 나는 자유주의자였다.—즉 나는 부유층에게서 세금을 거둬 가난하고 불우한 사람들에게 돌리는 사회를 신봉하였던 것이다. 그리고 나는, 올바르지 못한 경제학과 자기들의 성공을 강변하는 주장이 경제에 보탬이 되는 일은 아무것도 하지 않으면서 부유층에는 도움이 되고 빈곤층에는 손해를 끼치는 프로그램을 정당화하는 데 활용되고 있는 상황에 분노하였다. 그러나 글을 쓰면서 책의 구상이 바뀌었다. 그것은 민주당이 1992년 선거에서 승리함으로써 보수주의 경제학에 대한 순수한 비판이 시기적으로 약간 어긋나게 되었기 때문만은 아니다. 최근 20~30년 동안 벌어진 경제 논쟁의 의미를 밝혀 보고자 노력하다 보니, 심오한 경제 사상과 전매 특허 상표를 붙인 경제적 비방秘方 사이에, 교수와 정책 기획가 사이에 침범하면 안 될 파울 라인을 설정하는 일이 좌파와 우파 사이를 구분하는 일만큼이나 중요하다는 사실이 분명해졌기 때문이다.

이 책은 하나의 메시지이지만 그러면서도 경제 현실과 경제학자들 모두에 대한 재미있는 이야기의 모음집이었으면 하고 바라고 있다. TV 방송에 까닭 없이 잘 나오는 경제 해설자들 때문에 지루할 것이라고 지레짐작하지는 말자. 경제학은 얼마든지 흥미진진할 수 있다. 내 생각에 개별적인 기업과 가계의 합리적인 행위가 쌓여 어떻게 경기 후퇴라고 하는 비극으로 창출되는가 하는 데 대한 케인스 학파의 설명은 무서울 정도의 아름다움을 띠고 있다. 소수의 괴벽스러운 경제학자들과 그들의 언론계 동맹군들이 어떻게 공급 중시론 혁명을 일으켰는지에 대한 그 기묘한 역사는 황당하지만 또한 재미있기도 하다. 심오한 경제학자들의 사상은 정책 기획가들의 손쉬운 슬로건보다는 진리로 안내하는 더 나은 길잡이일 뿐 아니라 더욱 흥미진진하다는 사실을 독자 제현께서 확신하는 데 이 책이 도움이 된다면 필자로서는 더 바랄 나위가 없다.

서론 마법사를 찾아서

마법은 통하는 때도 있고 통하지 않는 때도 있다. 제2차 세계 대전 이후 한 세대에 걸쳐 미국 경제는 (톰 울프Tom Wolfe가 지적하였듯이) '마법의 경제magic economy'였다. 그 마법의 일부는 계량화될 수 있었다. 30년도 채 안 걸려 모든 것이 두 배로 되었다. 즉 표준 노동자의 실질 수입이나 표준 가계의 실질 소득, 자본당 소비 규모 모두가 1972년경에는 1940년대 후반과 비교하여 두 배에 달하였다. 그러나 수치만으로는 온 나라에 충만하였던 눈부신 포만감과 경제적 낙관주의를 제대로 표현할 수가 없다. 사람들은 여러 가지 문제—사회 변동, 핵전쟁, 환경 문제 등—에 대해 걱정하면서도 경제가 지속적으로 성장하여 물질적으로 더 높은 생활 수준을 안겨 줄 것이라는 데 대해 조금도 의심하지 않았다.

1973년에 마법은 사라져 버렸다.

물론 갑작스럽게 사라져 버린 것은 아니다. 예리한 관찰자들은 이미 1960년대 후반 들어 전후의 고도 성장 물결이 끝나가는 징후를 보았거니와, 나중에 깨닫고 나서 보면 오늘날의 우리도 생활 수준 향상의 원동력인 생산성 성장이 1965년에 벌써 삐그덕거리기 시작했음을 알 수가 있다. 대중들은 경제 동향의 근본적인 변화를 바로 인식하지 못하였다. 한동안 미국의 경제 우환은, 1973년 아랍과 이스라엘의 전쟁에 따른 에너지 위기와 그 후 2년간에 걸친 '스태그플레이션' — 인플레이션과 경기 침체의 복합 — 등 몇 가지 악운이 겹친 결과로 보였다. 대중들이 미국 경제의 미래에 대해 심각한 불안감을 느끼기 시작한 것은 1978년이나 1979년쯤에 이르러서였다. 그리고 그 불안감은 가령 1984년 로널드 레이건이 "미국에 새 아침이 밝았다morning in America"라고 선포하였을 때의 도취 상태와 같은 낙관주의가 튀어나올 때면 잠시 진정되기도 하였다.

그러나 우울한 소식은 해가 갈수록 계속되었다. 1991년에 표준 가계의 실질 소득은 1973년과 비교하여 고작 5퍼센트 높아졌을 뿐이다. 그나마도 더 많은 노동 시간을 들여서 얻은 소득이었으니, 결국 대부분의 노동자들은 1973년에 비해 더 적은 몫을 집으로 가져간 셈이었다. 어떤 수치를 보아도 빈곤은 증가하였으며 특히 아동들의 빈곤은 위험 수위에 이르고 있었다. 1980년대에는 별 탈 없이 잘 살았던 소수의 부유층도 1990년대 초의 경기 후퇴 때에는 공포심에 휩싸일 정도였다.

이에 따른 심리적 변화는 통계 수치로 표현될 수 있는 것보다 훨씬 심각한 상태였다. 1인당 단위로 나타나는 실망스러운 성장에도 불구하고 1990년대 초의 미국은 실질적으로 1960년대에 비해서는 물론, 1973년에 비해서도 한층 더 부유한 국가였다. 그러나 미래에 대한 낙관적인 기대는 월등히 줄어들었다. 1960년대에 마이클 해링턴Michael Harrington은 풍요한 다수 백인층을 대상으로 미국에는 아직도 가난한 사람들이 많다는 사실을 상기시키고자 『또 하나의 미국The Other America』을 써야 되겠다고 느꼈다. 오늘날에도 그렇게 상기시켜 주는 이가 필요할까? 1972년의 비소설 부문 베스트셀러인 찰스 라이히Charles Reich의 『미국의 신세대The Greening of America』는 경제 문제가 해결됨으로써 찬란한 문화적 가능성이 열리고 있다는 내용이었다. 이와 대조적으로 1992년에는 미국의 경제난에 관한 책들—레스터 서로Lester Thurow의 『대결Head to Head』과 마이클 크라이튼Michael Crichton의 『떠오르는 태양Rising Sun』—이 비소설 부문과 소설 부문에서 각각 베스트셀러 수위를 차지하였다. 그 덕분에 클린턴의 참모들은 그해 선거 운동의 테마를 택하는 데 별로 어려움이 없었다. 그의 선거 운동 본부에는 "문제는 경제야, 멍청아It's the economy, stupid"라고 쓴 유명한 현수막이 내 걸린 것이다.

왜 미국 경제에서 마법이 사라져 버렸는가? 이 주제를 다루고 있는 책들은 수백 권에 이른다. 이 책은 그 중의 한 권이 아니다. 비록 몇 가지 설득력 있어 보이는 이야기에 이 책 한 장章의 상당 부분을 할애하고 문제에 대해 이리저리 생각해 보기도 할 테지만 그 정도에서 그칠 것이다. 궁극적인 해답은 모른다는 것이기 때문이다. 마법의 경제가 사라져 버린 원인에 관해서는 많은 이야기들이 있다. 그러나 널리 통용되고 있는 설명을 비롯하여 그 대부분은 논리적인 측면 또는 사실적인 측면에서 치명적인 오류를 범하고 있다. 대중적이지만 덜 옳을 수도 있는 이야기도 없지 않다. 그러나 솔직한 입장이라면 그 중 어떤 이야기가 정말로 옳은지 아무도 알지 못함을 인정할 것이다.

문제는 "모른다"는 말이 그리 고무적인 답변이 아니라는 점이다. 점점 더 비관적이 되고 화를 잘 내는 선거구민을 대하는 정치가들에게는 특히 불만스럽다. 정치가들에게 왜 마법이 사라져 버렸는가, 그리고 그것을 어떻게 다시 회복할 것인가 하는 문제는 연구 과제가 아니다. 그들의 소임은 해답―반드시 옳지는 않다고 해도 최소한 유권자들에게 사정을 호전시킬 수 있다고 능히 확신시켜 줄 만한 해답―을 찾아내는 데 있는 것이다.

그렇다면 마법이 통하지 않을 때 어떻게 하겠는가? 새로운 용한 마법사들을 수소문해 볼 것이다.

이 책은 바로 그러한 모색에 관한 것이다. 아니 더 정확히 말하자면 경제학자들과 정치가들 간의 상호 작용, 즉 정치가들은 어떻게 자신들이 포장할 수 있는 사상을 가진 경제학자들을 찾아내려고 애쓰는지, 그리고 경제학자들은 어떻게 자신들의 사상을 발전시키고 또 그 사상을 정치적 영향력으로 전화시키려고 애쓰는지에 관한 책이다.

이 책은 세부적으로 좀 복잡한 이야기이다. 여기서 다루는 생각들이 미묘한 것이거나 잘못된 것 또는 둘 다일 수도 있기 때문이다. 생각이 미묘한 것이라면 미묘한 점을 이해하는 데 시간이 좀 걸릴 것이고, 잘못된 것이라면 왜 잘못되었는지 이해하는 데 시간이 걸릴 것이다. 사상에 대한 논의가 복잡하기는 하겠지만, 그러나 이 책의 주제 자체는 간단해서 다음 두 가지로 집약된다.

하나는 좌에서 우로, 다시 우에서 좌로 왔다 갔다 하는 이데올로기의 주기적 반복이라는 낯익은 주제이다. 1970년대에는 경제학에서 (다른 분야에서도 그러하였지만) 강력한 보수주의적 사고가 맹위를 떨쳤는데, 1980년 로널드 레이건의 승리는 그것을 입증해 준 데 지나지 않았다. 그러나 지적인 관점에서 보자면 1980년이 진정 보수주의의 최정점이었다. 공화당이 1984년과 1988년 선거에서 손쉽게 백악관을 차지했다 하더라도 집권을 가능케 한 보수주의적 이데올로기는 서서히 스러져 갔으며, 1992년 조지 부시의 패배는 마찬가지로 그것을 입증해 준 데 지나지 않았던 것이다.

이에 비해서는 다소 생소하지만 똑같이 중요한 또 하나의 주제가 있다. 즉 '경제학자economist'에는 두 유형이 있다는 것이다. 그들은 각각 교수professor와 정책 기획가policy entrepreneur라고 불린다. 불행하게도 정치가들은 거의 언제나 정책 기획가 쪽을 선호한다.

정치가와 경제학자

오늘날의 한 가지 신화는 정치가들이 이익 집단의 뜻에 따라 움직인다는 것이다. 대중들이 보기에 정치가들은 워싱턴의 로비스트들에게 좌우된다. 그러나 존 케네스 갤브레이스John Kenneth Galbraith 같은 관측통들은 미국의 정치 과정이 일부 중요 선거구민—소득 분포 상위 20퍼센트의 부유층—의 이익만 충실하게 반영한다고 본다. 여하간 두 경우 모두 정치가들의 행위에는 강력한 특정 구성 집단의 이익만 반영될 뿐이지 사상의 영향 따위는 없어 보인다.

실상은 좀 더 복잡하다. 사안에 따라 원하는 바가 명확하고 성취 수단도 갖고 있으며 논리 따위에는 신경 안 쓰는 이익 집단—가령 국유지를 임차하고 있는 목재 회사나 수입 쿼터제의 보호를 받고 있는 사탕무우 경작자들은 해당 이론the theory of case에 전혀 무관심하다—이 있다. 그러나 대개는 문제가 클수록 유권자들은 자신들의 이익이 어디에 있는가 하는 데 명확한 비전을 갖고 있지 못하다. 정치가들이 하고자 하는 바는 유권자들을 위한 비전, 그 결과 자기에게도 이로움이 돌아오는 비전을 명확히 규정하는 일이다.

　대중적 비전을 정립하는 데 어느 누구보다도 성공한 사람이 로널드 레이건이었다. 그의 테마는 간단하였다. 한 마디로 미국의 중산층은 큰 정부의 부담을 떠 안고 과도한 통제와 무거운 세금으로 신음하고 있다는 것이다. 레이건은 이러한 테마를 강렬한 이미지―캐딜락을 몰고 다니는 복지 귀부인들, 공무원 한 사람이 한 사람의 인디언을 돌보는 관리들로 들어 찬 커다란 방―로 나타냈다. 그러나 이와 같은 이미지는 그야말로 환상이었으니, 아무도 캐딜락을 타고 있는 복지 귀부인이나 단 한 명의 인디언만을 돌보는 관리를 본 적이 없었다. 무엇보다도 전체 그림이 대단히 의심스러웠다. 미국인들은 선진국 국민 가운데 세금이 가장 낮은 편이며, 또 그 세금도 대부분 사회 보장이나 의료 보장 같은 중산층에 인기 있는 프로그램에 쓰인다. 사실상 레이건은 현실과는 거의 무관한 강요된 신화를 기반으로 정치적 성공을 거두었던 것이다.

　로널드 레이건의 예에서 드러나듯이 현실의 정치적 성공은 대중들이 현재 인식하고 있는 이익에 무작정 호소함으로써가 아니라, 그들이 인식하고 있는 이익을 재정립하고 자신이 주도할 수 있는 변화를 통해 그들의 불만을 조절할 방법을 찾아내는 데에서 얻어진다. 1980년대에 보수주의자들은 미국이 잘못 나가고 있다는 비전―큰 정부, 과도한 세금―을 규정하는 데 성공하여 대중들의 마음을 움직임으로써 오랫동안 권력을 장악하였다. 그러나 현명한 자유주의자들은 초기에 운이 따라 주어야 선거에서 이길 수 있고, 유권자들이 원하는 바를 재정립할 수 있는 새로운 비전을 제시한다면 단지 보수파의 주장을 깨뜨릴 수 있을 것이라고만 생각하고 있었다. 바꿔 말하자면 정치란 넓은 의미에서 이익에 관한 문제가 아니라 사상에 관한 문제인 것이다.

그러면 경제학에 관한 사상은 어디서 나오는가? 물론 경제학자들—여기서 '경제학자'란 경제 문제에 관해 정기적으로 생각하고 글 쓰는 사람을 말한다—에게서 나온다. 그러나 경제학자들이라고 해서 모두 똑같지는 않다. 사실상 이 유類, genus 개념에는 대학 교수와 정책 기획가라고 하는 근본적으로 전혀 다른 두 종種, species이 속해 있다.

대학 교수

'대학 교수'란 강단의 경제학자를 말한다. TV에서 경제학자로 소개되는 사람들이 다 이에 속하는 것은 아니다. 사실상 TV에 나오는 교수는 거의 없다. 이른 아침 TV에 나오는 경제학자들은 대개 경기 예보가들로서, 향후 몇 개월 동안 발생하게 될 사태를 자신 있게 공언하지만 거의 언제나 틀리는 이들이다.(학계 학자들은 이들을 조롱하여 '오르락내리락 경제학자up-and-down economist'라고 부른다.) 저녁이나 주말 토크 쇼에 나오는 이들은 대개 정책 기획가들이다. 학계에서 중요시하거나 관심 있게 보는 경제학자들이 출연하는 일은 거의 없다. 예컨대 1970년대의 가장 영향력 있는 경제 이론가로 평가받는 로버트 루카스Robert Lucas나 1980년대의 가장 영향력 있는 이론가라고 할 폴 로머Paul Romer가 일반 현안을 다룬 방송 프로그램에 얼굴을 비춘 적은 한 번도 없다.

그렇다고 누가 신경 쓰는가? 대학의 경제학자들이 대중들 앞에 나서지 않는다고 해서 문제될 게 무엇인가? 학계 학자들이 스스로 생각하는 만큼 문제되지 않는 것은 확실하다. 그러나 그들의 사상에는 차이가 있다. 그들은 누구이며 왜 그들은 그런 자기들만의 방식으로 생각하는가를 살펴보는 일이 무의미하지 않을 만큼은 차별성이 있다.

물론 교수에 관한 가장 명백한 사실은 그들이 교수라는 것이다—펭귄이나 타조처럼 선천적으로 약간은 우스꽝스러운 종이다. 미국의 대학 제도 안에서 경제학 교수들은 신분 보장을 받으며 출판을 통해 또 다른 학문적 위신을 안겨 주는 명망을 쌓아간다. 그래서 그들은 매년 수천 편에 이르는 방대한 양의 논문을 정체불명의 잡지 수십 군데에 발표한다. 이들 논문은 대부분 읽을 만한 가치가 없으며, 설령 읽고자 해도 난해한 수학과 그보다 더 난해한 전문 용어로 가득 차 있어서 아예 읽기가 불가능할 지경이다.

이러한 논문을 쓰는 이들의 동기에 대해서는 냉소적으로 보기가 쉽다. 현실 경제의 실제적인 문제를 최소한 간접적인 방식을 통해서라도 해결해 낸다고 하여 경제학 교수로 커 나갈 수 있는 것이 아니다. 그보다는 주변 동료들로부터 명석함을 확실히 인정받아야 커 나갈 수 있다. 관념의 세계에 살며 맹목적이지만 독창적인 생각을 발전시키든가, 또는 경제가 실제로 어떻게 움직이는가 하는 데 관한 개념적 증거를 산출한다든가 하여 명석함을 입증해 보일 수 있어야 하는 것이다. 그러나 일관성이 부족하나마 그렇게라도 한다는 것이 쉬운 일은 아니다. 그래서 교수들은 좀 더 확실한 방법을 찾는다.

그리하여 교수들 사이에 가장 인기 있는 경제학 이론은 근본적인 변화를 가하지 않고도 그럴듯하게—대개는 좀 더 환상적인 수학의 상표를 붙인 새 병에 오래된 술을 담아 내놓음으로써 뛰어남을 보여 주는 방식을 써서—다듬어도 되는 이론이다.

그러나 아무리 교수들이 더러 우습게 보일 때가 있다고 해도 그들의 작업이 전적으로 학문 놀음에만 그치는 것은 아니다. 따지고 보면 내가 경제학 교수에 관해 지금까지 서술한 내용은 모두 물리학과 의학과 교수들에게도 똑같이 적용된다고 할 수 있다. 물리학과 의학이 그간 놀랄 만한 진보를 이룩해 오기는 하였지만 가까이 들여다보면 모든 게 이기적이고 하찮고 출세 만능주의로 점철된 듯할 뿐이며, 물러서서 보아야 비로소 우리의 지식을 꾸준히 늘려 주고 있는 연구 업적을 깨닫게 된다.

믿거나 말거나 이와 같은 사정은 경제학이라는 학문에도 똑같이 적용된다고 할 수 있다. 경제학이 원시 과학임은 물론이다. 비슷한 사례로 19세기 말 20세기 초의 의학을 생각해 보자. 당시 의학 교수들은 인간의 신체 기관과 작용에 관하여 수많은 정보를 축적해 왔으며, 이를 토대로 질병 예방법에 대해 극히 유용한 충고를 해 줄 수 있었다. 그러나 막상 병에 걸리면 대개는 치료할 줄 몰랐다. 실제로 의사이자 수필가인 루이스 토머스(Lewis Thomas, 1913~1993. 미국의 의사이자 작가로 1974년 전미도서상 수상—옮긴이)가 당시까지의 의학 연구에서 얻은 가장 중요한 교훈으로 꼽은 것이 사혈瀉血, bleeding과 같이 오히려 환자를 다치게 하는 전통적인 '치료법'을 그만두고 병을 그대로 방치해 두는 것이라고 한다.

경제학은 이와 완전히 똑같지는 않지만 그리 다르지도 않다. 경제학자들은 경제가 어떻게 돌아가는지를 대단히 많이 알고 있어서 극단적인 인플레이션의 예방법(이에 대해서는 확실하게)과 경기 침체의 예방법(이에 대

• 학계의 경제학자들을 비판하는 이들이 즐겨 취하는 공격 방법의 하나는 학술지를 뒤져 멍청해 보이는 제목의 논문들을 지적하는 것이다. 그러나 내용은 대단히 진지한 논문인데 기묘한 제목을 붙이기도 한다. 예를 들어 마틴 앤더슨Martin Anderson의 『사원의 사기꾼들 Impostors in the Temple』에는 하찮기 짝이 없는 논문들의 목록이 들어 있는데, 예외적인 하나가 현대의 정보 기술이 소득 불균형을 증가시키는 이유에 대해 셔윈 로젠Sherwin Rosen이 예언적으로 분석한, 재기 넘치는 1981년도 논문 "슈퍼스타의 경제학The Economics of Superstars"이다.

해서는 어느 정도)에 대해 유용한 충고를 들려 줄 수 있다. 우리가 기꺼이 듣고자 한다면 그들은 수입 쿼터제나 가격 통제 같은, 경제 불황에 대한 민간 요법이 의학적 방혈 정도밖에는 유용하지 않다는 점을 입증해 보일 수도 있다. 그러나 그들이 치료할 수 없는 것은 많다. 무엇보다도 그들은 가난한 나라를 부유한 나라로 만드는 법을 알지 못하고, 또 경제 성장의 마법이 사라져 버린 듯이 보일 때 그것을 회복하는 법을 모른다.

이와 같은 한계는 긍정적인 답변을 듣고 싶어 안달하는 정치가들에게는 큰 문제가 아닐 수 없다. 소수의 현명한 정치가들은(또는 적어도 그들의 참모들은) 조심스럽게 학계의 바다에 저인망을 던져 쟁점화될 수 있고 그에 따라 표로 전환될 수 있는 사상을 찾는다. 그러나 대개의 경우에 정치가들은 학계에는 무엇인가가 빠져 있다는 사실을 알게 된다.

왜 그런가? 일반적인 답변은 학자들의 글이 대부분 지나치게 전문적이고 난해하다는 것이다. 그러나 가장 큰 영향력을 갖는 학자들 다수는 상황이 요청할 때면 명료한 일상 영어를 구사하여 글을 쓸 줄 안다. 1970년대에 과세 부담 문제에 대해 합리적인 비판을 줄곧 가하였던 하버드의 마틴 펠스타인Martin Feldstein은 수십 편의 명쾌한 논문을 비학술 잡지들에 게재하였다. 1980년대에 자유주의의 횃불을 밝히는 데 일조를 한 프린스턴의 앨런 블라인더Alan Blinder는 『비즈니스 위크』지에 고정 칼럼을 기고하였으며, 격조 높은 미국 경제 입문서도 저술하였다. 이해하기 어려운 학자들이 많지만, 간명하고도 현실과 밀접한 정책 논점을 잘 만들고 그러면서도 학문적 평판도 높은 경제학자들이 결코 부족한 것은 아니다.

그렇다. 정치가들이 교수들에게 문제가 있다고 하는 것은 의사 소통이 안 되어서가 아니다. 다만 정치가들이 각별히 다른 정치가들로부터 권력을 쟁취하고자 할 때 듣고자 하는 바를 들을 수가 없어서이다. 필요는 발명의 어머니이다. 다른 그룹 즉 정책 기획가들이 그 간격을 메우려고 나섰다.

정책 기획가

1980대 중반 워싱턴 소재의 싱크탱크인 국제전략문제연구소Center for Strategic and International Studies, CSIS에서 언론 관계자를 위한 전화 '경보 체제'를 가동하기 시작하였다. 그것은 신문이나 TV 방송에서 어떤 정책 현안에 대해 한 말씀이 필요해서 연구소에 전화하였을 때, 밤이든 주말이든 박식한 연구원이 언제나 답해 줄 수 있게 한 시스템이다. 결국 대중적 지명도가 이 연구소의 생명줄인 셈이었다.

CSIS가 언론의 환심을 사려고 이처럼 적극적으로 나선 것은 유별난 편이지만 그 동기 자체는 유별난 것이 아니다. CSIS 및 수십 군데의 엇비슷한 기관들에서 일하는 사람들은 교수도 정치가도 아닌 새로운 계층의 일원으로서, 사상과 정책의 상호 작용에 핵심적인 역할을 맡아 왔다. 바로 정책 기획가들이다.

정책 기획가란 무엇인가? 그들은 전문 지식인이란 점에서 교수와 같지만 유형이 다른 지식인이다. 배경으로 보면 학자일 수도 있다. 가령 아서 래퍼Arthur Laffer와 레스터 서로 같은 이들은 경제학 박사 학위와 경제학 교수 직함도 갖고 있다. 보통 그들은 워싱턴의 싱크탱크나 또는 하버드의 케네디 스쿨 같은 비정규적 대학 과정에 몸 담고 있다. 그러나 정책 기획가인가 아닌가를 구분 짓는 것은 출신 경력이 아니라 누구를 대상으로 무슨 말로 강연하느냐 하는 점이다.

교수는 대개 다른 교수들을 위해 글을 쓴다. 만일 우연한 기회에 일반

대중을 대상으로 글을 써야 한다면 누구나 알기 쉽고 간명하게 쓸 수 있다고 해도 마음 한 구석에서는 항상 동료들의 반응에 신경을 쓰고, 그러다 보니 듣기에는 좋지만 그 자신과 동료들이 틀린 것으로 알고 있는 일에 대해서는 말하지 못하고 만다. 교수의 말은 아무리 간단한 말에도 일반 독자들이 이해하지 못하는 개념이 숨어 있는 경우가 많다.

그러나 정책 기획가는 오로지 일반 독자만을 대상으로 글을 쓰고 말을 한다. 결과적으로 그들의 글은 교수들과 같은 제한을 받지 않는다. 그들은 교수들이 불확실해 하는 지점에서 오히려 명확한 처방을 제시하며, 또 교수들이 쉬운 답이 나올 수 없다고 생각하는 지점에서 오히려 쉬운 답변을 제시한다.

단적으로 교수와 정책 기획가가 쓴 책들의 제목만 보아도 양자의 차이를 알 수 있다. 1970년대에 보수주의 재정학의 전문가인 마틴 펠스타인은 세금 부담이 경제 성장의 걸림돌이라는 영향력이 대단한 견해를 "인플레이션과 법인 이득 과세Inflation and Corporate Profits Taxation"라는 제목을 단 논문에서 천착하였다. 주드 와니스키Jude Wanniski처럼 저널리스트 출신의 정책 기획가라야 이러한 견해를 서슴없이 과대 포장해서 제시하고 책 제목도 간단히 『세계의 작동 방식The Way the World Works』이라고 붙일 수 있을 것이다. 1980년대에 폴 로머는 경제 성장 문제에 관한 선구적인 논문들을 쓰고서도 "생산성 침체에 대한 무모한 설명Crazy Explanations of Productivity Slowdown"과 같이 자기를 비하하는 제목을 붙였다. 로버트 라이히Robert Reich처럼 변호사 출신의 정책 기획가라야 비슷한 생각을 가지고 『국가의 과업The Work of Nations』이란 제목으로 책을 내면서 제2의 애덤 스미스로 자처할 수 있을 것이다.

짐작이 가겠지만 일반 대중들에게 책을 파는 이들은 대개 정책 기획가들이다. 또 TV에 출연하는 이들도 대개 정책 기획가들이다. 바로 그러한 일들이 그들의 전문인 것이다. 그들이 일반 대중들과 나누는 교감은, 그들이 말하는 내용에 들어 있지 않은 사실이나 개념도 있음을 대중들이 깨닫는다고 해서 깨지거나 하지는 않는다. 대중들은 보고 얻을 뿐이다. 그리고 보고 얻은 내용대로 대중들의 선입관이 형성된다.•

교수도 정책 기획가의 역할을 맡을 수는 있다―그리고 보상으로 굉장한 돈과 지명도를 얻을 수는 있다. 그러나 궁극적으로 교수직에 따르는 모호한 직업 윤리에 크게 제한받기 때문에 불리한 입장이다. 이런 한계를 넘어서고자 하는 교수들이 몇몇 있기는 하지만 그 와중에서 최소한 동료들로부터는 교수로 인정받지 못한다. 그러니 경제적 사실이나 기존의 경제 이론에 두루 해박하지 않다면 정책 기획가가 되는 것이 가장 쉬울 것 같다―그래야만 사람들이 듣고 싶어 하는 바를 정말로 진지하게 말해 줄 수 있다. 결과적으로 좌파든 우파든 대부분의 영향력 있는 경제 정책 기획가들은 전문 분야로서 경제학보다는 저널리즘이나 법학에 토대를 두게 된다.

정치가 쪽에서 보자면 이러한 기획가들이 절대적으로 유용하다. 그들은 교수들보다 월등하게 이익 문제에 대한 유권자들의 인식을 바꿔 놓을 수 있는 비전을 원천적으로 제시한다. 무엇보다도 그들은 경제 난국의 시기에 마법 회생의 비법을 알고 있다고 서슴없이 주장한다. 그리고 교

• TV에 자주 나오는 전문가는 전문가가 아니라는 일반 법칙이 있다. 다른 것은 각설하고 진정한 전문가라면 연구에 바빠서 TV에 얼굴을 내밀 수가 없다. 또 TV에 적합한 자질과 뛰어난 연구에 적합한 자질이 밀접한 관련이 있는 것도 아니다. 이러한 경향이 경제학에만 국한되지는 않는다. 예컨대 스티븐 호킹Stephen Hawking은 베스트셀러였던 『시간의 역사A Brief History of Time』의 저자이자 경탄할 만한 수많은 실화의 주인공이지만 세계적인 일급 물리학자는 아니다.

수들이 교수직의 긍지나 동료 간의 의견 불일치 문제에 걸려 망설이는 데 비해 정책 기획가들이 그런 문제에 얽매일 필요가 없음은 물론이다.

그러나 정치가는 전적으로 냉소적이지도 않으며 결코 바보도 아니다. 그들은 자기 편의 기획가들을 필요로 하고 또 그들에게 의지하지만 그들을 믿지는 않는다―현안을 다루는 조정자로서 그들은 듣기에 좋은 사상이 반드시 현실적인 의미를 갖지는 않는다는 사실을 알고 있다. 다만 자신들이 선택한 권위자들이 다른 진영의 권위자들과는 달리 스스로 무슨 말을 하고 있는지 정확히 알고 있기를 바랄 뿐이다.

그리하여 기획가들은 지적으로 존경받기를 갈망하다 보니 항상 불안하다. 또 교수가 되고 싶어 한다. 이러한 심리에서 독특한 태도가 나온다. 즉 교수들이 자신들의 사상을 뒷받침해 주기를 바라면서 동시에 교수의 유용성을 깎아 내린다. 이와 같이 교수와 기획가 간의 프로이트적이라 할 갈등은 항상 깨지기 일보 직전의 상태에 있다. 이러한 갈등은 일단의 기획가와 일단의 교수가 공통적인 정치적 목표를 공유하는 동안에는 억제될 수 있지만 언제든지 다시 불 붙을 수 있다.

예를 들어 존 케네스 갤브레이스의 경우를 생각해 보자. 일반적인 교육 수준의 대중들―맥네일 레러McNeil-Lehrer 쇼(R. 맥네일과 J. 레러가 공동 진행하는 PBS의 심야 뉴스·논평 방송―옮긴이)를 보거나 『뉴요커 The New Yorker』지를 읽는 대중들―은 갤브레이스를 중요한 경제 사상가로 생각한다. 그러나 갤브레이스는 하버드의 경제학 교수이기는 하지만, 학계 동료들은 그를 '매스컴 명사media personality' 정도로 여겨서 한 번도 그에 대해 진지하게 논의한 적이 없다. 대중들과 교수들의 인식 차이가 특히 크게 벌어진 것은 1967년 갤브레이스가 『새로운 산업 국가 The New Industrial State』에서 경제학에 관한 그의 사상을 장대하게 전개하였을 때였다. 그는 이 책이 케인스의 『고용, 이자 및 화폐에 관한 일반 이론*The General Theory of Employment, Interest and Money*』이나 나아가 애덤 스미스의 『국부론*The Wealth of Nations*』과 같은 반열에 오르기를 바랐다. 이 책에 대해 대중 언론에서는 경쟁적으로 서평을 실었으나, 학계는 냉담하였다. 학자들이 생각하기에 갤브레이스의 책은 진정한 경제 이론이 아니었던 것이다.

부연하자면 『새로운 산업 국가』는 무시해도 좋다는 학계의 생각은 옳았다. 역사는 이 책을 상냥하게 대해 주지 않았다. 갤브레이스는 애덤 스미스의 기념비적인 핀 공장 묘사를 의식적으로 모방하여, 1964년 포드 무스탕 공장의 개장에 대한 서술로 책을 시작하였다. 이 사례를 필두로 하여 그는 기술로 말미암아 거대 기업이 더욱 넓은 영역을 지배하는 시대가 도래하고 있다고 논하였다. 이들 기업은 시장 조사와 홍보를 통해 생산물의 수요를 예측하고 나아가 통제할 수 있을 것이다. 또 거대 기업들은 회사의 명목 소유자인 주주들로부터 간섭받지 않는 전문 경영인들에 의해 운영될 것이다. 그리고 자동차 회사와 마찬가지로 거대 기업도 시장력市場力의 변덕으로부터 면역될 것이다.

전부 빗나간 예측이라는 사실을 하나 하나 지적할 필요가 있을까? 지난 20년 동안 미국 경제에서 거대 기업의 역할은 확대는커녕 오히려 축소되었으며, 고용 증가는 대부분 중소 기업을 중심으로 이루어졌다. 시어스Sears 사에서 IBM에 이르는 많은 거대 기업들이 소비자들에게 제품을 사도록 하는 데 보기 좋게 실패하였다. 자율성을 확보할 것이라고 여겨졌던 경영인들이 주주들을 무시할 수 있기는커녕 주주들에게 얼마든지 고수익을 보장하는 투자자들의 매수 합병 위협에 시달리고 있는 것이 현 실정이다. 또 극소수의 자동차 회사 이외에 아무도 시장의 지배에서 벗어나지 못하고 있다.

그러나 중요한 점은 갤브레이스가 틀렸다는 사실이 아니다.(그의 오류에도 불구하고 경제학의 스승이라는 대중적 평판이 전혀 다치지 않았음은 흥미로운 일이다.) 중요한 점은 그가 『새로운 산업 국가』를 가지고 심오한 사상가로 자리 잡는 데 실패하고 난 후 방향을 바꾸어, 형편없는 내용의 『전환기의 경제학Economics in Perspective』(1987)에서부터 좀 더 읽을 만한 1992년의 소설 『종신직 교수A Tenured Professor』에 걸쳐 동료 교수들을 점점 더 노골적으로 공격하게 되었다는 것이다.

갤브레이스의 경우는 우연이 아니다. 여러 면에서 갤브레이스는 정치와 경제학의 관계에 중요한 새 장을 열었다. 그는 최초의 경제학자 출신 명사celebrity였다.(여기서 명사란 일반적인 의미 즉 유명해져서 유명한 인물이라고 정의한다.) 정책 기획가로서 갤브레이스의 성공은 미국의 정치 과정에서, 더욱이 공적인 업무를 잘 알고 있다고 자부하는 사람들 사이에서도 내용보다 형식이 더욱 더 중시되고 있음을 보여 주는 하나의 지표이다.

그러나 갤브레이스의 영향력이 실제 정책 결정에 미친 적은 한 번도 없었다. J. F. 케네디는 그를 행정부로 끌어들였지만 인도 주재 대사로 발령함으로써 사실상 경제 정책에는 손대지 못하게 하였다. 케네디 경제 계획의 실질적인 건축가는 철저히 교수들이었다. 사실상 케네디는 휴직 중인 교수들로 구성된 경제자문위원회Council of Economic Advisers의 의장을 각료 수준으로 끌어올린 최초의 대통령이었다.

당시 그 위원회에는 한 명도 아니고 두 명이나 되는 훗날의 노벨상 수상자—제임스 토빈James Tobin과 로버트 솔로Robert Solow—가 참여하고 있었다. 정치가들이 진정으로 정책 기획가들에 대해 심각하게 고려하기 시작한 것은 대중적 마법이 절실히 필요하였던 때, 바야흐로 1970년대에 이르러서였다.

구성

이상으로 이 책에 등장할 인물들의 배역을 살펴보았다. 이제 구성을 보도록 하자.

1막 1장

1960년대 말. 미국은 사회적으로나 정치적으로 심각한 분열 상황이지만 경제 정책에 관한 한 폭넓은 합의가 있다. 즉 높은 고용율을 달성하기 위해 적극적인 경제 운영 방침의 조화, 그리고 누진세에 기초한 복지 국가가 그것이다. 공화당원인 리처드 닉슨조차 "이제 우리 모두는 케인스 학도다"라고 선언하고 사회 복지 프로그램의 실질적인 확대를 주도한다.

그러나 경제학자들 사이에서 사고의 추는 우익으로 기울고 있다. 처음에는 시카고 대학의 밀턴 프리드먼Milton Friedman이, 다음에는 많은 경제학자들이 적극적인 정부 개입이 실업률을 줄이거나 심지어 안정시킬 수 있다는 케인스 학파의 신념을 뒤흔들 새로운 이론과 증거를 제시한다. 그들의 회의주의는 1970년대 스태그플레이션의 도래로 무게가 더해진다. 그러는 동안 하버드의 마틴 펠스타인을 필두로 다른 경제학자들이 조세와 정부 계획이 근로와 저축 및 투자 의욕에 역효과를 미친다는 증빙 문서를 작성하기 시작한다. 1973년 이후 생활 수준의 성장세가 주춤함에 따라 이들 경제학자들의 작업은 점점 더 큰 영향력을 갖게 된다.

1막 2장

1970년대 후반. 강력한 보수주의 정치 운동이 일어난다. 이 운동의 이데올로기적 핵심은 일단의 이른바 공급 중시론자들이다. 그들은 케인스주의를 거부하고 대폭적인 조세 삭감을 주장한다. 대폭적인 조세 삭감은 엄청난 경제 성장을 초래할 것이며, 삭감분은 지출을 줄임으로써 상쇄될 수 있다고 본다. 공급 중시론자들은 마틴 펠스타인과 같은 경제학자들을 끌어들여 그들의 사상을 뒷받침할 합리적 근거로 삼는다. 그러나 정작 공급 중시론자 본인들은 교수 출신은 몇 명 없고 주로 저널리스트나 정치 참모들이다.

로널드 레이건이 대통령 선거에 출마하면서 공급 중시론 사상을 선거 운동의 토대로 삼는다. 그리하여 동료 공화당원들조차 아연실색한다. 조지 부시는 이를 일컬어 '부두교의 경제학voodoo economics'이라고 한다. 공화당 지도부는 레이건이 일단 당선되면 태도를 바꿔 전문가들의 조언을 구할 것이라고 확신한다. 그러나 그들은 잘못 안 셈이다. 레이건은 처음부터 끝까지 공급 중시 프로그램을 시행한다. 우파 정책 기획가들이 권력을 장악한다.

2막

바야흐로 1980년대, 보수주의자들이 권좌에 있다. 12년 동안 집권하고 있음에도 기록은 내세울 것이 없다. 두드러진 파탄이나 '경착륙hard landing'도 없지만 공약만큼 생활을 향상시키는 데 실패만 거듭하고 있다. 경제 성장에 가속도가 붙지 않고 있다―마법이 돌아오지 않은 것이다. 그리하여 점점 새로운 문제들이 부각된다. 소득 분배가 급속도로 불균형해지면서 미국인들은 대부분 더딘 성장의 과실조차 제대로 분배받지 못하고 오히려 소득이 하락하고 있음을 알아차린다.

그리고 미국 역사상 최초로 평화시에 대규모의 적자 예산을 운영한다. 이러한 사태는 로널드 레이건 또는 조지 부시와는 거의 무관하나, 우파는 해답이 있다고 주장하면서도 그 해답을 실현하지 못한다. 1990년대 초 들어 경기가 침체되면서 유권자의 머리에 새겨진 보수주의의 비전은 산산조각 난다.

집권당의 보잘것없는 실적에 직면한 우파 정책 기획가들은 예언자에서 정당 대변인으로 역할을 바꾼다. 모든 것이 잘못되어 가고 있음을 부인하는 책임을 떠맡는다. 그들은 가상의 성과를 축하하고 승리를 선포한다. 그러는 동안 보수주의 교수들은 상아탑으로 후퇴한다.

3막 1장

공급 중시론자들이 권력을 향하여 질주하고 있던 바로 그때 경제학계의 연구 동향은 좌익으로 기울고 있다. 산업 조직, 국제 무역, 경제 성장 및 경기 변동 등에 대한 새로운 이론들이 등장한다. 이러한 이론에 따르면 현 집권 정치 세력이 고집하는 만큼 시장은 완전하지 않으며 정부의 역할도 해롭지 않다. 1980년대 중반에 이르러 우파가 승리로 가득 찬 정치적 풍경화를 여유 있게 감상하는 동안, 경제학계는 '전략적 무역 정책strategic trade policy' 및 '신케인스주의 거시 경제학new Keynesian macro-economics'과 같은 사상―교조적인 자유 방임주의 원리에는 심각하게 어긋나는 사상―으로 들끓고 있다.

1980년대 말, 보수주의 경제 정책으로는 더 이상 성장을 가속시킬 수 없음이 명백해짐에 따라 이들 새로운 사상이 언론과 정치가들로부터 주목을 받기 시작한다. 그러나 이들 사상 자체는 정치 슬로건으로 내세우기에는 상대적으로 미묘하고 어려운 점이 있다―1970년대 주류 보수주의 경제학자들의 사상보다도 그런 점이 더욱 강하다. 더욱이 경제학자들은 자신의 사상이 보수주의의 단순 이론들에 도전할 핵심 대안으로 원용되는 것을 거부하고 완고하게 교수직을 고수할 뿐이다.

3막 2장

자유주의파 교수들이 정통 보수주의에 도전하면서도 정치가들이 원하는 답변을 제시하지는 못하는 동안 일단의 자유주의적 정책 기획가들이 무대에 등장한다. 이들은 '공급 중시론'에 비견되는 공통 상표를 정하지는 않고 있지만 그들의 이론을 일컬어 '전략적 무역론strategic trade'이라고 할 수 있다. 이들 전략적 무역론자들은 본질적으로 미국을 세계 시장에서 다른 나라와 경쟁하는 하나의 거대 기업으로 본다. 적어도 처음에 전략적 무역론자들은 2~3년 전 기업 컨설턴트들 간에 유행하였던 것과 같은 유형의 전략 기획을 통해 미국 경제가 새롭게 도약할 수 있다고 주장한다.

피상적으로 볼 때 전략적 무역론자들의 견해는 자유주의 경제학자들의 견해와 흡사하게 들린다. 그러나 사실상 경제학자들은 그 단순하기 짝이 없고 위험해 보이는 사상에 경악한다. 1980년대 초 경제학자들은 전략적 무역론 사상을 효과적으로 혁파할 캠페인을 벌인다. 한동안은 그것이 먹혀들어 민주당 대통령 후보는 1984년에 이어 1988년에도 기존의 경제 정강을 고수한다. 그들 또한 참담하게 패배한다.

1990년대 초에 이르러 전략적 무역론이 복귀한다. 대중들은 보수주의에 환멸을 느끼고 새로운 비전을 갈구한다. 그들에게는 전략적 무역론의 단순성이 교수들의 복잡 미묘한 이론에 비해 월등하게 매력적으로 보인다. 라이히의 『국가의 과업』과 레스터 서로의 『대결』 같은 전략적 무역론을 담은 책자가 베스트셀러가 된다. 그리고 전략적 무역론의 주역들과 오랜 교분을 맺고 있던 민주당 대통령 후보는 사실상 후보 본인이 전략적 무역론자라고도 할 수 있다.

자유주의파 교수들은 이번에도 침묵을 지킨다. 우파의 장기 집권으로 말미암아 그들은 민주당에서 벌어지는 논의의 지적 수준을 따지기보다는 민주당의 승리를 염원하게 된 것이다. 1980년에 레이건을 지지하였던 보수주의파 교수들과 마찬가지로 그들은 자기들과 동맹을 맺고 있는 어리석은 정책 기획가들이 실제 정책에 관여하게 되리라고는 상상할 수도 없다.

그러나 그들 역시 잘못 생각한 것이다.

이 책의 구성

이 책은 앞에서 서술한 3막짜리 연극에 알맞게 크게 3부로 나뉜다.

1부에서는 보수주의 경제 이데올로기의 융성을 규명한다. 보수주의 경제 이데올로기는 케인스주의에 대한 도전, 고율 과세 및 복지 국가에 대한 비판 등 보수주의 경제학자들의 인상적인 지적 성취에서 비롯된다. 이후 그것은 눈부시게 성공한 정책 기획가들 즉 공급 중시론자들의 융성으로 이어진다.

2부에서는 집권 보수주의의 실적을 검토한다. 보잘것없는 경제 성장 기록, 급속도로 확대된 소득 불균형 및 무분별한 재정 적자 확대 등 세 가지 주요 쟁점에 초점을 맞춘다. 여기서의 큰 주제는 정책 기획가들이 실망스런 실적을 합리화하려고 하면 할수록 보수주의의 도덕성과 지성은 쇠퇴한다는 것이다.

3부에서는 케인스주의의 부활, 더욱 개입주의적인 신경제 이론의 등장—그리고 공급 중시론의 자유주의적 복사판인 전략적 무역론의 융성—등 지성의 추가 움직이는 향방을 추적한다.

이상은 특별히 교화적인 이야기는 아니다. 끝에 가면 착한 사람이 이기는 권선징악의 이야기를 여기에서는 찾아볼 수 없다. 착한 사람이란 존재하지 않으며 결코 끝이 있는 것도 아니기 때문이다. 공급 중시론자들은 불과 몇 년 전만 해도 높이 떠받들렸지만 오늘날에는 가련하기 짝이 없는 상태이다. 전략적 무역론자들이 그들의 자리를 차지하고 있지만 운명의 수레바퀴는 그들 역시 갈아치울 것이다. 이데올로기에 어떤 지배적인 경향이 존재한다면 그것은 우도 좌도 아닌 일종의 비당파적인 침묵을 지향한다는 것이다. 그러나 다행스럽게도 경제는 어떤 정책에도 꿈떡하지 않는 것 같다. 가령 1980년대에 걸쳐 경제의 근본 성장률은 거의 미동도 하지 않았다. 그리고 마지막 역설로 남는 것은 1990년대가 시작되면서 미국 경제에 마법이 되돌아오는 징후가 보인다는 점이다. 사라질 때와 마찬가지로 신비스럽게.

그럼에도 불구하고 이 모든 것이 결코 어리석은 짓은 아니다. 1970년대부터 1990년대에 걸쳐 경제학자들 사이에는 믿기 어려울 만큼 매혹적인 지적 논쟁이 있었다. 그러한 논쟁에서 나온 논의가 제대로 정책에 반영되었는가 아닌가 하는 문제는 그리 중요하지 않다. 그 논쟁은 우리의 이해력을 높여 주었으며 결국에는 바로 이 점이 정녕 의미를 가질 것이다.

Paul Krugman
Peddling Prosperity

1부
보수주의 경제학의 융성

1장
케인스에 대한 공격

1981년 상원 의원 대니얼 패트릭 모이니한Daniel Patrick Moynihan이 깜짝 놀랄 만한 발언을 하였다. "공화당은 오늘날 사상 정당이 되었다"라고 언명한 것이다. 모이니한은 예나 제나 온건 민주당원이다. 그는 한때 닉슨 행정부에 봉직한 바 있는데 당시 흑인 가정의 해체에 관해 서슴없이 발언한다고 해서, 또 인종 문제는 '자비로운 방관benign neglect'으로 다룰 것을 시사한 비밀 메모의 장본인이라고 해서 1960년대에 많은 자유주의자들의 분노를 샀다. 그러나 1980년에 이르러 미국 정치가 우경화되면서 모이니한의 입장은 중도 좌파에 위치하게 되었으니, 그의 언명은 스스로를 단죄하는 고백이 된 셈이다.

모이니한이 왜 그런 말을 하였는가? 그것은 그가 정치인치고는 보기 드문 독서가이자 지적 정직성을 자부하였던 전직 하버드 교수로서, 보수주의 사상이 미국의 사회 사상, 그 중에서도 특히 경제학에 끼친 충격을 인정하지 않을 수 없다고 느꼈기 때문이다. 그의 이러한 아량은 신선하면서도 또한 역설적인 것이었다. 왜냐하면 보수주의가 권력을 잡음과 동시에 지적, 도덕적 타락의 과정을 겪으면서 본래의 정신을 상실해 버리고 있던 바로 그 순간에 표출되었기 때문이다.

그러나 이 1장과 다음 2장의 주목적은 보수주의가 1960년대에서 1980년경 사이에 주요 사상가들 가운데서 점차 지적 주도권을 확보해 나갈 수 있었던 원천을 규명하는 데 있다. 나는 과연 무엇이 우익으로부터 도전이 20년 넘도록 미국의 경제학을 주도하게 하였고, 또 경제학에 비해 정도는 덜하지만 다른 분야도 이끌게 하였는지를 살펴보고자 한다. 우리는 워싱턴으로 가는 길목에서 우익의 도전에 수반되었던 치사한 흥정을, 그리고 학계의 우군들이 그에 대해 학문적으로 뒷받침해 준 과정을 뒷장에서 검토하게 될 것이다.

이 장에서는 한 결정적인 영역에서 보수주의적 사고가 융성하게 된 과정, 즉 경기 순환 문제에 정부가 개입하는 데 대해 회의주의가 만연하게 된 과정을 규명하고자 한다.

경기 순환

경제학에 자질구레한 수수께끼는 수없이 많으나 해결 난망의 미스터리는 오직 두 가지가 있다.

첫 번째 미스터리는 왜 경제 성장률이 시대와 국가에 따라 다르게 나타나는가 하는 문제이다. 가령 미국 경제의 경우 1973년 이전에는 연 3퍼센트의 생산성 성장률을 시현하였지만 이후에는 불과 1퍼센트에 그치고 있는데, 그 이유는 실로 아무도 모른다. 또 일본은 제2차 세계 대전의 패망을 딛고 세계적인 경제 열강으로 부상하였으나 영국은 서서히 삼류 국가로 전락하였는데, 아무도 그 이유를 모른다. 모든 문제에 해답을 갖고 있다고 떠벌리는 정책 기획가들은 어느 시대에나 있는 법이지만, 그 이야기는 뒷장에서 살펴볼 것이다.

두 번째 미스터리는 경기 순환—순조로운 경제 성장을 저해하는 경기 후퇴와 회복의 불규칙한 리듬—이 존재하는 이유이다. 보수주의자들은 당대의 정통인 케인스의 경기 순환론에 도전하면서 최초로 경제학에 대해 근본적인 재고再考를 하게 되었다.

그림 1을 보면 경기 순환이 얼마나 중요한지 어느 정도 이해할 수 있다. 그림 속의 진한 실선은 1973년 이래 미국 경제의 산출물(특히 1987년 달러화를 기준으로 한 국내 총생산)을 표시한다. 연한 실선은 경제의 잠재적 산출물이라는 좀 더 추상적인 개념을 나타내는데, 이것은 경제가 거의 완

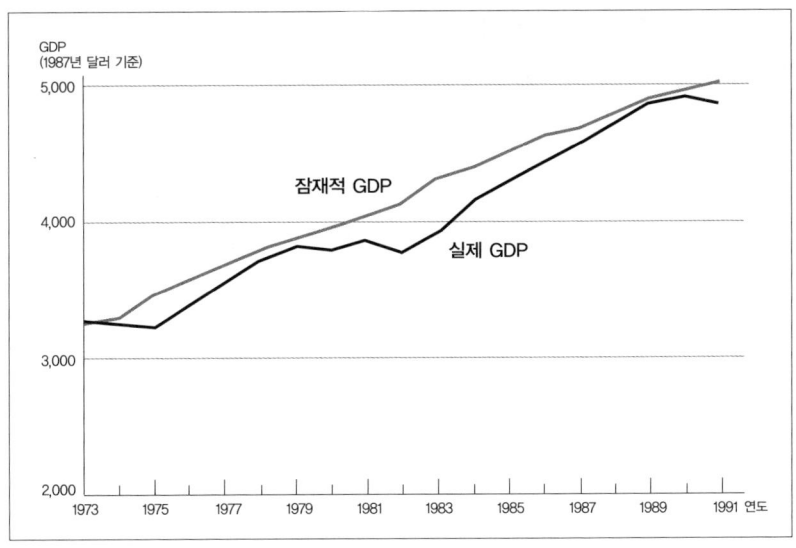

그림 1 경제의 실제 산출물이 잠재적 산출물보다 종종 떨어진다.

1장 케인스에 대한 공격 **43**

전 고용 상태—이러한 목적을 위해 5퍼센트 안팎의 실업률은 완전 고용으로 규정된다—일 경우 매년 생산해 낼 수 있는 산출량의 추정치이다. 이와 같은 잠재적 산출물이 어떻게 계량되는가 하는 문제는 4장에서 다룰 것이고, 여기서는 잠재적 산출물이라는 척도를 현대 경제학에서 논쟁의 여지가 없는 하나의 공리로 일단 간주한다.

그림을 보면 잠재적 산출물이 매우 꾸준하게(연간 약 2.5퍼센트로) 성장해 왔음을 알 수 있다. 그러나 실제 산출물은 훨씬 불규칙적으로 성장해 왔다. 때로는 실제 산출물이 떨어져 실제 산출물과 잠재적 산출물 사이의 격차가 10퍼센트 이상 되는 시기도 나타나고 있다. 그러다가 급속한 성장의 분출로 이 격차가 좁혀지기도 한다. 이처럼 실제 산출물이 잠재적 산출물 이하로 떨어지는 시기를 경기 후퇴기라 하고, 산출물이 급속하게 성장하여 그 격차를 메우는 시기를 경기 회복기라 한다.

그러면 가령 오랫동안 침체에 빠졌던 1990~1992년과 같은 경기 후퇴기에는 무슨 일이 벌어지는지 생각해 보자. 만일 경제 행위를 조직하는 가장 효율적인 방법이 시장이라고 믿는다면, 상당 부분의 생산 설비가 방치된 채로 완전히 버려져 있는 자유 시장 경제의 광경에 심란해지지 않을 수 없을 것이다. 얼마든지 유용한 재화를 생산해 낼 수 있고 실제로 불과 2~3개월 전까지만 해도 완전 조업 중이던 공장들이 가동을 멈추거나 기껏해야 부분 조업 중이며, 노동자들은 취업을 원하지만 일자리를 구할 수가 없다. 바로 얼마 전까지만 해도 소비자들로 붐볐던 가게들은 절반이 비어 있다. 도대체 어찌된 일인가? 우리 모두는 시장이 수요와 공급을 일치시킨다는 원리를 이해하라고 배웠다. 그러나 경기 후퇴기에는 공급은 어디에나 있지만 수요는 아무 데도 없다.

경기 후퇴란 현상은 금세기 초의 많은 경제학자들을 골치 아프게 했고, 그렇다 보니 필경 그들 중 대다수가 최악의 저작을 내놓게 되고 말았다. 소스타인 베블런Thorstein Veblen은 경제 불황에 대해 어떤 식으로든 설명해 보려고 탁월한 『유한 계급론Theory of Leisure Class』에서부터 아주 끔찍한 책—『기술자와 가격 체제The Engineers and the Price System』—까지 쓰게 되었다. 자본주의의 성장에 내재된 '창조적 파괴creative destruction'라는 장대한 전망을 제시하여 많은 경제학자들을 끊임없이 고무하였던 슘페터Joseph Schumpeter는 『경기 순환론Business Cycles』이라는 과장되고 거의 무의미한 두 권짜리 연구서를 썼다. 마르크스주의자들은 최악의 경기 후퇴기였던 1930년대의 대공황을 자본주의의 비합리성의 증거라고 아주 기쁘게 지적하였다. 그러나 그들은 그러한 사태가 왜 그리고 어떻게 일어났는지에 대해서는 제대로 설명하지 못하고 다만 사회주의가 그 사태를 고칠 수 있다고 장담할 뿐이었다.

경기 후퇴기에 벌어지는 사태를 분명하게 이야기하고, 또 어떻게 해야 벗어날 수 있는지를 어느 정도 유용하게 조언한 사람이 바로 영국의 경제학자 존 메이너드 케인스John Maynard Keynes였다.

이제 케인스의 이야기를 내 나름대로 설명하고자 한다. 이 설명은 나중에 밀턴 프리드먼Milton Friedman과 그의 후계자들이 케인스에게 가한 공격을 이해하는 토대가 될 것이다.

케인스의 경기 후퇴 이론

완전 고용 상태로 칙칙 폭폭 행복한 기적 소리를 울리며 달리는 경제를 잠시 상상해 보자. 공장은 모두 완전 조업 중이고 노동자는 모두 직업이 있다.(실제로 이와 같은 일은 있을 수 없다. 현실 세계에는 항상 마찰과 불확실성이 존재하므로 문 닫은 공장이나 일자리를 구하지 못한 노동자들이 있기 마련이다. 그러나 이 점은 현 설명 단계에서 그리 중요하지 않다.) '실물' 경제가 순조롭게 기능함에 따라 자금 흐름도 원활할 것이다. 즉 기업은 판매를 통해 돈을 벌고 그 수입을 임금 및 이익 배당의 형태로 지출하며 가계는 그 수입으로 기업의 새로운 상품을 구입한다.

그런데 여기서 이 경제 내에 있는 각각의 가계와 기업이 어떤 이유 때문에 조금 더 많은 현금을 보유하기로 결정한다고 가정해 보자. 사람들이 보유 자금의 일부를 더 높은 수익을 얻을 수 있는 여타 형태의 자산보다 현금이나 또는 현금화될 수 있는 당좌 예금의 형태로 보유하는 데에는 여러 가지 이유가 있다. 이 문제를 자세히 다룰 필요는 없을 것이다. 중요한 점은 사람들이 전에 보유하던 것 이상의 현금을 보유하기로 결정할 때가 더러 있다는 사실이다. 특히 케인스는 기업가들이 확신을 잃고 잠재적인 투자가 위험하다고 생각하기 시작할 때 이러한 경향이 나타나 그들을 주저하게 하며 대신에 현금을 축적하게 한다고 논하였다. 오늘날 실직 등을 우려하여 값비싼 소비재의 구매를 줄이는 근심 많은 가계도 이와 같다고 할 수 있다. 어느 쪽이든 개별 기업이나 가계는 소비를 억제하여 현금 보유량을 늘리려고 하며, 이에 따라 수입이 지출을 초과한다.

그러나 케인스가 지적하였듯이 개인에게 작용하는 것이 경제 전체에 작용하지는 않는다. 경제 내에 현금의 양은 정해져 있기 때문이다. 한 개인이 소비를 줄여서 보유 현금을 증가시킬 수는 있지만, 그것은 다른 사람이 보유하고 있던 현금을 이전함으로써 이루어지는 것이다. 모든 사람이 동시에 그럴 수 없음은 분명하다. 모두가 동시에 현금을 축적하려고 한다면 어떻게 될까?

정답은 지출이 줄면 소득도 준다는 것이다. 나는 당신에게서 구매를 줄여 현금을 축적하려고 하고, 당신은 나에게서 구매를 줄여 현금을 축적하려고 한다. 그 결과 우리 모두 소득이 지출과 함께 나란히 떨어지고 누구도 현금 보유를 증가시키지 못하고 만다.

그럼에도 더 많은 현금을 계속 보유하기를 고집한다면 이 실망스러운 결과에 대응하는 방법은 지출을 더 줄이는 수밖에 없다. 그러면 이는 또다시 실망스러운 결과를 낳고 같은 일이 계속 반복된다. 경제 전체를 바라보면 경제 내의 모든 기업과 가계가 더 많은 현금을 축적하고자 지출을 줄이는 헛된 노력을 집단적으로 기울임에 따라, 공장은 문을 닫고 노동자는 실직하며 상점은 텅비게 되는 것이다. 이러한 과정은 소득이 대폭 감소함에 따라 현금 수요도 공급 가능한 수준으로 떨어질 때가 되어야만 그 한계에 도달한다.

이상이 케인스의 이야기이다. 아주 단순하다. 그렇지만 엄청난 혼란을 불러일으켰다. 심지어 총명한 사람들에게도 어렵고 추상적인 내용인 듯하였다. 그럼에도 흔히 그렇듯이 케인스주의의 정수를 말 그대로 코흘리개도 알 수 있는 간단한 예를 통해 살펴볼 수 있다.

유치한 케인스주의

기업 수십만 개와 노동자 수억 명으로 이루어진 미국 경제의 전모를 머릿속에서 헤아릴 수 있는 사람은 아무도 없다. 그러므로 불가피하게 모형―즉 우리가 답변하고자 하는 문제의 정수가 담겨 있기를 바라는 단순화된 표상―에 의존할 수밖에 없다. 대학 교수와 정책 기획가를 구분하는 기준의 하나가 선호하는 모형의 유형이다. 정책 기획가는 일반적으로 은유적 형태의 모형을 선호한다. 예컨대 그들은 미국 경제를 세계 시장에서 경쟁하는 하나의 기업처럼 묘사하고자 한다. 교수들은 일반적으로 수학적 모형을 선호한다. 어느 쪽이든 각기 단점이 있다. 수학적 모형은 압축적일 수 있지만 등식으로 표시하여 계산하기 어려운 것은 무시하게 만든다. 은유적인 모형은 구체적이고 깊은 이해를 요구하는 사항마저 은유적으로 표현하고, 이에 따라 전적으로 은유법에 의존하는 사람들은 그들의 멋진 문장이 조잡한 개념적 또는 사실적 오류를 감추고 있다는 점을 깨닫지 못하는 경우가 흔하다.

한편 물리학과 생물학에는 실험적 모형이라는 세 번째 유형이 있다. 위대한 기상학 이론가인 칼 구스타프 로스비(Carl-Gustaf Rossby, 스웨덴 출신의 기상학자—옮긴이)의 작업은 내가 개인적으로 선호하는 사례인데, 그는 물을 담은 그릇을 천천히 회전하는 원판 위에 올려 놓고 그 가장자리에 서서히 열을 가함으로써 지구 기상의 본질적인 특징을 조작해 볼 수 있다는 사실을 발견하였다. 실험적인 모형을 통해 대단히 크고 복잡한 현실 세계에서 일어나는 사건의 본질을 소규모로 관찰할 수 있게 되는 것이다.

유감스럽게도 경제학에서는 명백히 실제적이고 도덕적인 이유 때문에 이 실험적인 모형을 원용하기가 어렵다. 실험적인 경매와 다른 시장 기구에 관한 몇 건의 문헌이 없지 않으며 구빈 계획이 시범 프로젝트로 시행된 적이 있기는 하다. 그러나 어떻게 실험용 경기 후퇴와 회복을 만들어 볼 수 있겠는가?

그런데 1970년대에 수도 워싱턴의 한 전문 직업인 그룹이 무심코 일종의 실험적 거시 경제 모형을 만들어 내었다. 불행했던 그들의 경험은 존 스위니Joan Sweeney와 리처드 스위니Richard Sweeney가『금융회보 Journal of Money, Credit and Banking』지에 발표한 "통화론과 그레이트 캐피톨 힐 탁아 조합의 위기Monetary Theory and the Great Capitol Hill Baby-Sitting Co-Op Crisis"라는 묘한 제목의 논문(1977년 2월호)에 기술되어 있다.

그 이야기는 다음과 같다. 어린 자녀를 둔 젊은 전문직 맞벌이 부부 집단이 탁아 조합을 조직하였다. 다른 사람의 아이들을 서로 돌보아 주기로 협정을 맺은 것이다. 이와 같은 협정에는 부담의 공평 분배를 보장하는 장치가 필요하다. 이 조합은 증서 발행이라는 자율적 회계 시스템을 도입하였다. 한 시간 동안 아기를 돌보면 쿠폰 한 장을 발행해 준다. 그러므로 한 시간 동안 아기를 돌본다는 것은 쿠폰 한 장이 아기를 맡긴 사람으로부터 아기를 맡은 사람에게 이전된다는 뜻이다.

조금만 생각해 보아도 이러한 시스템에는 유통되는 증서의 양이 충분해야 한다는 사실을 깨달을 수 있을 것이다. 조합원 부부들은 자신들이 언제 외출하게 될지, 또 언제 다른 사람의 아기를 돌보아 주지 않아도 되는지 정확히 예측할 수 없다. 따라서 대체로 그들은 다른 사람의 아기를 돌보아 쿠폰 몇 장을 더 벌어 둠으로써 외출하고 싶거나 외출해야 할 경우에 사용할 쿠폰을 갖고 있으려고 할 것이다.

얼마 지나지 않아 조합은 시련에 빠진다. 쉽게 알 수 있는 이유 때문에 조합원 부부에게 유통되는 쿠폰 수가 모자라게 된 것이다. 이것은 독특한 결과를 낳았다. 조합원들은 대체로 쿠폰을 원하는 보유량보다 훨씬 적게 갖고 있기 때문에 아기를 더 많이 돌보고 외출을 자제함으로써 보유량을 늘리려고 한다. 한 부부가 외출하기로 하는 것은 다른 부부가 탁아의 기회를 갖는 셈이다. 따라서 조합원들은 쿠폰 지출에 점점 더 신중해지고 이는 쿠폰을 벌 수 있는 기회를 더욱 어렵게 만들었다. 점점 경계하는 분위기가 강화되었고 결과는 탁아 시간의 절대량이 대폭 하락하는 것으로 나타났다. 조합원 부부들은 좀 더 많은 증서를 모을 때까지

야간 외출을 삼가하였으며, 누구나 외출을 꺼렸기 때문에 더 많은 증서를 모으지도 못하고 그저 우울하게 집만 지킬 따름이었다.

바꿔 말하자면 탁아 조합이 침체에 빠진 것이다.

그 탁아 조합의 구성원은 주로 변호사들인지라 그것이 근본적으로 통화 문제와 동일하다는 사실을 조합 간부들이 납득하기가 쉽지 않았다. 처음에 그들은 자율적인 해결책을 시도하였다. 예를 들면 모든 조합원 부부는 한 달에 최소한 두 번은 반드시 외출해야 한다는 규칙을 제도화한 것이다. 상당한 시간이 흐르고 나서야 조합 내에서 유통되는 증서의 양이 증가하였다. 유통량이 증가하자 그 결과는 (변호사들에게는) 기적과도 같았다. 부부들은 자주 외출하기 시작하였고 그에 따라 탁아의 기회도 많아졌으며 이로써 더욱더 자주 외출하게 되었던 것이다.

물론 이야기는 여기서 끝나지 않는다. 증서의 공급이 과도하게 확대되자 인플레이션 조짐이 나타났던 것이다.

이 이야기는 경기 후퇴와 회복에 대한 연구가 지극히 심오하거나 신비스런 주제를 대상으로 하는 것이 아니라는 교훈을 남긴다. 자세한 내용은 복잡하기 짝이 없다. 그러나 사태의 핵심에 대한 이해는 한 마디로 어린아이 장난처럼 쉬울 수 있다.

케인스와 경제 정책

케인스 학파의 경기 후퇴 분석이, 경기 후퇴가 왜 일어나는지에 대해 설명해 줄 뿐 아니라 경기 후퇴를 끝내기 위해 무엇을 해야 하는지에 대해서도 어떤 지침을 제공해 준다는 것은 대단히 명백하다.

최우선적인 과제는 사람들이 지출을 줄이지 않으면서도 더 많은 현금으로 원하는 수요를 충족시켜 줄어드는 지출과 줄어드는 소득이라는 하향 나선 운동을 방지할 수 있어야 한다는 것이다.(바로 탁아 조합을 돌아가게 하였던 해결책이다.) 이 방법은 단지 돈을 더 많이 찍어 어떻게든 유통시키기만 하면 된다. 케인스는 묘한 제안을 하였다. 병에다 현금을 가득 채워 기업을 운영하는 소년들이 찾아내기 쉬운 곳에 숨겨 놓자는 것이다. 후에 밀턴 프리드먼은 헬리콥터에서 여기저기 뿌리는 통화의 이미지를 부각시켰다. 다행스럽게도 통화 정책의 품위를 위해서는 좀 더 존경받을 만한 방법이 있다. 이른바 공개 시장 조작이라는 방법이다. 연방준비이사회Federal Reserve Board는 미국 정부의 채권을 사들이면서 그 대가로 새로 발행된 화폐를 지불하며, 그럼으로써 경제에 화폐를 투입하여 유통시키고 있다.

이와 같이 케인스의 분석은 심화되는 경기 후퇴를 통화 공급 확대 정책으로 치유할 수 있음을 시사한다. 즉 화폐 공급을 늘림으로써 통화 당국(미국에서는 연방준비이사회)은 기업과 가계가 원활한 소비와 생산의 순환을 회복하여 경제가 거의 완전 고용 수준으로 유지되도록 유도할 수 있다는 것이다.

1987년 주식 시장의 붕괴에 대응한 사후 조치에서 이와 같은 케인스식 처방이 시행된 좋은 사례를 볼 수 있다. 1987년 10월의 악몽 같은 일주일 동안 주식 시세는 갑자기 폭락하여 5일 동안 23퍼센트나―1929년의 검은 목요일 이후의 폭락률보다 더 하락한―떨어졌다. 당시의 붕괴는 투자자들의 자신감 상실을 반영하면서 또한 향후의 투자 심리를 더욱 위축시킬 잠재적 원인이기도 하였다. 그리고 연방준비이사회의 소극적인 조치에 직면하여 이와 같은 자신감 상실은 아주 간단하게 심각한 경제 침체를 초래하였다. 그러나 연방준비이사회가 소극적이었던 것은 아니다. 연방준비이사회는 침체를 완전히 만회할 때까지 공격적으로 통화 공급을 확대하였던 것이다. 그리하여 주식 시장 붕괴 이후의 연간 산출물은 붕괴 이전보다 더욱 빠르게 증가하였다.(또 주식 시장도 회복하여 각종 기록을 갱신해 나갔다.)

이와 같이 경기 후퇴에 대한 케인스 학파의 기본적인 해답은 언제나 통화 확대에 있다. 그러나 케인스는 이 방법도 때로는 충분하지 않을 수 있다고 우려하였다. 특히 경기 후퇴가 통제 범위를 벗어나 정말로 불황이 될 때가 그렇다. 일단 경제가 불황에 깊이 빠지면 가계와 특히 기업은 아무리 많은 현금을 보유하고 있어도 지출 증가를 꺼릴 수 있다. 이때는 통화가 아무리 확대되어도 단지 가계와 기업의 보유량만 늘릴 뿐이다. 통화 정책이 비효율적이 되는 이 같은 상황이 이른바 '유동성 함정liquidity trap'이다. 케인스는 영미 경제가 1930년대 중반에 이르러 이러한 함정에 빠졌다고 생각하였고 몇몇 경제학자들은 1992년에 미국이 함정의 언저리에 있다고 생각하였다.

유동성 함정에 대한 케인스 학파의 해결책은 정부로 하여금 민간 부문이 하려 하지 않는 것, 즉 지출을 하도록 하는 데 있다. 통화 확대가 비효율적일 때는 재정 확대—정부 차입으로 충당되는 공공 사업 계획—가 대신해야 한다. 이와 같은 재정 확대는 낮은 지출과 낮은 수입이라는 악순환의 고리를 끊을 수 있는, 즉 "펌프에 마중물을 붓고" 경제의 운동을 재개시킬 수 있는 것이다. 그러나 이것은 결코 아무 때나 사용할 수 있는 정책 권고가 아님을 명심해야 한다. 재정 확대는 근본적으로 배수의 진을 치는 전략, 즉 통화 정책에서 평상적인 대증 요법이 실패하였을 때에만 사용할 수 있는 극약 처방이다.

1930년대 내내 케인스와 그의 지적 동조자들은 영미 경제를 대공황에서 건져 올릴 대규모의 공공 사업 지출을 주창하였지만 성공하지 못하였다. 그들은 결코 소망을 이룰 수 없었다. 언제나 반대가 너무 많았던 것이다. 그러나 결국 대공황은 보수주의자들조차 기꺼이 지지하는 일종의 공공 사업 계획, 즉 전쟁으로 끝이 났다.

이상이, 극히 단순화된 형태이긴 하지만, 케인스 학파의 경기 후퇴와 회복에 관한 이론이다. 이 이론은 경제 사상의 위대한 업적 중의 하나로 남아 있다.

다른 주요 지적 공헌들처럼 케인스의 사상도 심하게 비판받았다. 많은 사람들은 무엇인가 뿌리 깊은 원인이 있기에 대규모 경제 침체가 일어난다고 확신한다. 경제 침체는 본질적으로 신호 혼선의 문제에 불과하며, 이는 돈을 약간 더 찍어 냄으로써 치유될 수 있다는 케인스의 주장은 도무지 믿을 수가 없는 것이다.(집권 초기에 프랭클린 루스벨트는 대공황 극복을 위해 통화 증발 정책을 제안한 메모를 받았다고 한다. 이때 그는 "너무 쉽군"이라는 말 한마디로 기각했다고 한다.)

좌파들 역시 오랫동안 케인스와는 불편한 관계에 있었다. 마르크스 이래로 그들은 경기 순환을 자본주의 체제의 불안정성과 궁극적인 붕괴의 증거로 간주해 왔다. 그러므로 그들은 경기 순환이 제도상의 근본적인 변화 없이도 해결될 수 있는 기술적인 문제라는 견해에 적이 실망하였다.

그러나 케인스에게 가장 큰 적개심을 보인 쪽은 언제나 우파였다.

왜 보수주의자들은 케인스의 경제학을 혐오하는가? 그 이유의 일부는 그들이 케인스를 인간적으로 싫어한다는 데 있다. 심미가이자 동성연애자이며 불쾌하기 짝이 없는 블룸즈버리(Bloomsbury, 1900년대 전반기에 런던의 블룸즈버리 근처에서 어울리던 지식인과 작가들의 모임—옮긴이) 그룹의 일원인 케인스를 말이다.

가령 사학자 거트루드 힘멜파브Gertrude Himmelfarb는 버지니아 울프 (Virginia Woolf, 1882~1941. 영국의 작가로 블룸즈버리 그룹의 일원이었다―옮긴이)와 그녀의 친구들을 공격하는 글에서 가정의 가치에 대한 공화당의 관심과 연결 지어 케인스의 경제학을 거부한다는 입장을 다음과 같은 말로 분명히 하였다. "당장의 즉흥적인 만족에 우위를 두는 블룸즈버리의 정서와, 전적으로 단기적인 것에 기반을 두고 장기적인 판단은 배제하는 케인스의 경제학 사이에는 확연한 친화성이 있다." 이것은 어리석기 짝이 없는 말이다. 앞에서 기술한 이론에 방종한 내용이라도 있는가?

그러나 힘멜파브의 언급은 케인스주의에 대해 반대 입장을 드러내는 보수주의자들의 전형적인 증상이라고 해야 하겠다. 즉 케인스 사상의 논리에 대해서가 아니라 도덕적으로 문제가 있다고 보수파가 느끼는 것에 대해 반대하는 입장 말이다.

더욱 심각한 것은, 케인스가 정부 역할의 확대를 정당화한 것 같았기 때문에 보수주의자들이 케인스를 싫어하였다는 점이다. 케인스의 경기 후퇴 이론은 경기 후퇴를 민간 시장이 일종의 교통 혼란에 빠져 버린 상황, 즉 정부의 조치만이 풀 수 있는 그러한 상황으로 본다. 케인스 자신은 결코 사회주의자가 아니었고 그의 친구들도 대부분 마찬가지였다. 그들은 자신들의 생각을 자본주의가 더욱 잘 돌아가게 할 수 있는 방법으로 보았지 자본주의를 대체해야 할 근거로 보았던 것이 아니다. 그러나 보수주의자들은 항상 케인스의 경제학을 정부의 대대적인 시장 개입을 노린 미끼로 간주하여, 다른 대안을 모색하면서 케인스주의를 거부해 왔다.

이 점에서 그들은 매우 성공적이었다. 1950년대부터 1980년대에 걸쳐 케인스의 사상은 보수주의자들의 비판에 시달려 점차 시들어 갔다.

그리하여 1982년 카네기 멜론 대학의 에드워드 프레스콧Edward Prescott 은 자기 대학의 학생들은 케인스란 이름을 한 번도 들어 본 적이 없다고 자부할 정도까지 되었다. 왜 그토록 오랫동안 우파 지식인들이 좌파 지식인들로 하여금 자취도 없이 사라지게 하였는지를 이해하자면, 그와 같은 비판의 강도를 이해할 필요가 있다.

밀턴 프리드먼 I : 통화주의

세계에서 가장 유명한 경제학자는 밀턴 프리드먼이 아닌가 한다. 그는 그의 보잘것없는 체구와 거동을 거대 정부라는 골리앗과 맞서 싸우는 꼬마 보수주의자 다윗이란 인간 등록상표로 전환시켰다. 그러나 그의 영향력이 단지 선전을 잘한 덕분만은 아니다. 그것은 그가 케인스 경제학에 대항하여 벌여 온 오랜 기간의 캠페인, 그리하여 경제 이데올로기와 현실 세계의 경제 정책 모두가 급격히 변화하는 속에서 마침내 결실을 맺은 캠페인에 근거한다.

프리드먼은 언제나 자유 시장 정책의 강력한 지지자였다—그는 전후의 임대 사업 통제를 비판하는 팸플릿을 써서 처음으로 이름을 알렸다. 따라서 그가 애초부터 케인스 경제학을 싫어한 데에는 강한 정치적 동기가 있었던 것 같다. 케인스의 이론이 프리드먼과 시카고 대학의 동료들이 도저히 참을 수 없을 만큼 적극적으로 간섭하는 정부, 즉 통화의 증발이나 환수를 통해 공공 사업 프로젝트에 착수하거나 중단하는 방법으로 경제를 '미세 조정finetune'하려는 정부를 지향하게 되는 것은 거의 필연적이다. 그리고 케인스의 일부 추종자들은—20년 후의 프리드먼의 추종자들과 같이—그들의 우상보다 훨씬 조잡하고 극단적이었다.

1940년대와 1950년대에 일종의 속류 케인스주의가 전 세계에 걸쳐 다양한 형태의 국가주의적 정책을 정당화하는 데 동원되던 때가 있었는데, 특히 가뜩이나 취약한 민간 부문이 권력에 의해 질식사당하던 신생 독립 국가들에서 결정적으로 그러하였다. 그래서 프리드먼과 그의 동료들은 케인스를 공격하는 데 경제학적으로는 마땅한 논쟁거리를 찾아내지 못하였어도 정치적으로는 그럴싸한 이유가 얼마든지 있었을 것이다.

그러나 멋진 경제학적 논쟁거리도 있기는 하였다.

프리드먼이 케인스를 공격한 첫 단계는, 경기 순환을 진정시키는 데 통화 재정 정책을 적극적으로 사용할 수 있다는 생각에 대한 다소 몰염치하지만 효과적인 비판이었다. 프리드먼은 그러한 적극적인 정책은 불필요할 뿐만 아니라 실제로 해롭기까지 하여 오히려 개선하고자 하는 경제적 불안정을 악화시키므로 단순하고 기계적인 통화 준칙으로 대체해야 한다고 논하였다. 바로 이것이 '통화주의$_{Monetarism}$'라고 알려진 학설이다.

프리드먼은 사실을 논하는 것으로 시작하였다. 대공황을 유발하였던 극심한 불황을 포함하여 대부분의 경기 후퇴는 케인스의 시나리오를 따르지 않았다는 것이다. 즉 경기 후퇴는 민간 부문이 고정된 화폐의 보유량을 증가시키려고 해서 일어났던 것이 아니다. 그보다는 통화량의 감소로 인하여 일어났다.

왜 이와 같은 논의가 중요한가? 그것은 적극적인 노력이 경제를 안정시킨다는 케인스의 이론을 근본부터 무너뜨리고 있기 때문이다. 만약 사람들이 자연 발생적으로 현금 보유를 늘리려고 결정했을 때 경제 불황이 시작된다면, 통화 당국은 경제 동향을 예의 주시하다가 경기 침체가 임박했음을 알아차렸을 때 통화를 공급해야 한다. 그러나 만일 불황이 항상 통화량의 감소로 발생한다면 통화 당국은 경제 동향을 주시할 필요가 없다. 통화 당국은 통화량이 불황을 초래하지 않는다는 사실을 확신하기만 하면 된다. 바꿔 말하자면 간단명료한 준칙 한 가지— "통화 공급을 꾸준히 유지하라"—로 충분하며, 따라서 "경제 자문역이 경기 후퇴가 임박했다고 생각하였을 때 통화를 공급하라"는 식의 '신중한 형태'의 정책은 불필요하다.

프리드먼은 계속해서 신중함이 득보다 해가 더 많다고 논하였다. 이 점은 경제학자들의 훌륭한 자문에 의존하는 어떤 정책도 별로 효과적이지 않다고 주장함으로써 단순화될 수도 있을 것이다. 그러나 동료 학자에 대한 일반적인 불신감과는 달리 프리드먼에게는 믿을 만한 점이 있었다. 그는 통화 정책의 변화가 정책 시행 후 어느 시점까지는 경제에 반영되지 않고 있다—그리고 정책이 효과를 보는 데 얼마의 시간이 필요한지는 예측할 수 없다—는 사실은 역사가 입증한다고 논하였다. 그는 통화 정책은 '길고도 가변적인 시차long and variable lags'를 갖는다고 주장하였는데, 이 말은 (표현력 부족을 자타가 인정하는) 경제학자들 사이에서 유명한 경구가 되었다. 그리고 이러한 길고도 가변적인 시차의 결과로서 경기 순환을 다스리기 위해 시행된 통화 정책이 사실상 상황을 더 악화시키고야 말 것이다.

다음과 같이 비유해 보면 어떨까. 자동 온도 조절기가 장착된 난방 장치로 난방을 하는 집이 있다고 하자. 자동 난방 장치는 피드백으로 작동한다. 자동 온도 조절기는 집이 조금이라도 더워지면 난방을 끄고, 집의 온도가 내려가면 다시 난방을 켜며, 이 과정이 계속 반복된다. 만약 이러한 피드백이 적절하게 작동한다면 집안의 온도는 거의 일정하게 유지되고 난방을 껐다 켜는 동안의 온도 차는 아주 작을 것이다.

그러나 피드백 과정이 느리다고 가정해 보자. 예를 들어 방열기가 낡아서 난방 장치에 반응하는 데 20분씩 걸리고, 자동 온도 조절기는 집안의 온도 변화에 민감하게 반응하기 어렵게 멀리 구석 방에 설치되어 있다. 그러면 집안의 온도는 일정하게 유지되는 것이 아니라 심하게 오르락내리락할 것이다. 집이 조금이라도 더워지면 온도 조절기는 난방을 꺼 버리고 집안 전체가 얼어붙을 때까지 그대로 있을 것이다. 그리고 한번 작동하기 시작하면 안방이 너무 뜨거워 불이 날 지경이 될 때까지 난방이 꺼지지 않을 것이며, 이 과정이 계속 반복된다. 그러면 차라리 자동 온도 조절기를 내다 버리고 난방 장치를 일정한 간격으로 가동하는 편이 집안의 온도를 훨씬 안정적으로 유지하는 방법이 될 것이다.

프리드먼은 이 같은 현상이 통화 정책에 일어나는 것이라고 논하였다. 경기 후퇴가 시작된다고 가정해 보자. 프리드먼의 논의에 따르면 연방준비이사회가 경기 후퇴를 알아차리고 어떤 조치를 취해야 한다고 확신하기까지는 시간이 걸린다. 그러면 조치 자체가 현실 경제에 영향을 미치기에는 이미 늦고, 늦어진 그만큼 경기 후퇴를 멈추는 것이 아니라 이미 과도한 확장기에 들어서 있는 경기를 더욱 부양시키는 꼴이 되어 버린다. 연방준비이사회가 이를 깨닫고 경기를 억제하면 경제를 새로운 후퇴기에 더욱 밀어 넣는 일이 되고, 이것이 계속 반복된다. 연방준비이사회가 도우려고 하면 할수록 사실상 문제는 더욱 악화되는 것이다.

따라서 프리드먼의 제안은, 연방준비이사회가 어떠한 적극적인 통화 정책도 포기하고 대신 난방 장치를 일정한 간격으로 가동되도록 하는 방법과 비슷한 전략, 즉 통화 공급을 물가 안정 및 장기 경제 성장에 일치하는 비율로 일정하게, 미국의 경우를 예로 들면 연간 3~4퍼센트 정도로 서서히 증가시켜 나가는 전략을 따르라는 것이다. 프리드먼은, 민간 경제는 본질적으로 안정성이 있기 때문에 이러한 유형의 통화 준칙이 정해지면 경기 순환의 문제는 그것에 적극적으로 맞서 싸우려 할 때보다 훨씬 다루기 쉬워진다고 논하였다.

만일 적극적인 통화 정책이 배제된다면 적극적인 재정 정책은 더욱 불필요하다. 만일 통화 준칙이 이미 경제를 안정시키고 있다면 공공 지출을 통하여 (또는 이 문제와 관련하여 우리가 명심해야 할 요점인 감세를 통하여) 고용을 촉진하려는 시도는 하등 무가치한 노릇이 된다. 그러한 정책이 기껏 할 수 있는 것이라고는 정부 차입의 강요, 즉 민간 투자분에서 저축을 빼내어 정부 채권의 구매에 밀어 넣는 것이다. 그리하여 순 경제 확장 대신에 확장적인 재정 정책이 생산 투자를 '구축驅逐'하게 될 것이다.

여기서 국가의 거대 역할에 반대하는 보수주의자들이 왜 이와 같은 분석을 선호하는지 알 수 있다. 프리드먼은 보수주의자들에게 케인스주의를 거부한 정부, 경기 순환을 조정하려는 어떤 시도도 포기하고 대신 간단한 통화 준칙을 고수하는 정부가 간섭이 덜 할 뿐만 아니라 실제로 더욱 안정적인 경제를 운용할 수 있다고 설파하였던 것이다.

그러면 프리드먼이 옳았는가? 그가 몇 포인트 득점한 것은 확실하다. 대공황을 포함한 경기 후퇴는 1950년대를 풍미한 속류 케인스주의자들이 마지못해 인정한 수준 이상으로 다분히 통화 공급상의 변화에 기인하여 발생하였다. 통화 정책이 효력을 발휘하는 데는 장기간의 불확실한 시간이 필요하고, 그 때문에 상황이 호전되기는커녕 악화될 때가 없지 않았다. 또 정부 지출 계획으로 경기 후퇴를 종식시키려는 시도는 모두 정부 지출이 민간 투자를 구축할 우려가 높고, 또 실제로 그렇게 될 때인 다음 회복기의 중간 시점에서 지출 효과가 최고조에 달하게 되는 것으로 끝이 났다. 따라서 그의 비판은 대부분 옳았다.

그렇지만 근본적으로 통화주의란 진지한 사상가가 믿을 만한 것이 못 된다. 예컨대 경기 순환에 있어 통화가 주도적인 역할을 한다는 프리드먼의 주장은 '통화money'를 어떻게 정의하는가에 따라 얼마든지 달라질 수 있다. 전통적으로 통화란 다음 두 가지로 정의된다. 즉 연방준비은행이 실제로 발행하는 것—유통되는 현금과 은행의 지급 준비금의 합계—이나 또는 지불 수단으로 직접 쓰일 수 있는 현금에 당좌 예금을 더한 합계가 그것이다. 그러나 프리드먼은 언제나 더 넓은 의미의 통화인 이른바 총통화량monetary aggregates 을 주장하였다. 총통화량이란 (수표를 발행할 수 없는) 보통 예금과 (최소한도의 수표 발행이 가능한) 통화 시장 계정 등과 같은 다양한 예금과 금융 수단을 포함한다. 이와 같이 범위가 넓은 통화량은 현금이나 현금에 가까운 대체 수단의 유동성을 재는 척도라기보다는 전체 금융 부문의 규모를 재는 척도라고 하겠다.

그런데 이와 같이 범위를 폭넓게 잡으면 원인과 결과를 구분하는 데 문제가 생긴다. 만약 프리드먼 식의 폭넓은 통화 개념이 경기 후퇴기에는 항상 축소된다는 것을 안다면 이것은 통화 정책이 경기 후퇴의 원인이 된다는 말인가, 아니면 경기 후퇴 기간 중 금융 부문의 규모를 포함한 경제의 전 부문이 하강하는 경향이 있다는 말인가?

가장 적절한 사례는 대공황의 발단이다. 미국에서 대공황은 급격하기는 하지만 파국적이지는 않았던 1929~1930년의 경기 후퇴로 시작하여, 돌연 생산량이 1929년 정점기의 3분의 1 이하로 떨어진 공황으로 번졌다. 프리드먼은, 이 돌연한 파탄 상태가 그가 정의한 총통화량이 급격히 축소된 데서 기인한다고 지적하면서, 경제 파탄은 민간 부문이 본질적으로 불안정하기 때문이라기보다는 연방준비이사회의 정책이 잘못된 결과임을 암시하였다. 그러나 연방준비이사회는 실제로는 통화를 흡수하지 않았다.

　그 대신에 일어난 사태는 모든 종류의 예금의 안정성에 대해 공포심을 유발한 은행 파산의 물결이었다. 예금주들이 몰려들지 않았더라면 회생할 수도 있었을 은행들이 속속 도산하였다. 가계는 돈을 은행에 예치하지 않고 현금으로 비축하기 시작하였다. 최초의 공황에서 살아남은 은행들은 막대한 양의 현금을 금고에 비축해 두어 민감한 예금주들에게 돌려줄 수 있음으로써 초기의 환불 소동을 견뎌 낼 수 있었다. 그렇게 하여 유통 중인 현금의 실제 총량은 감소하지 않았지만 더 많은 소액 예금이 지탱될 수 있었다.

　그러면 이것은 통화 정책에 관하여 무엇을 말하는가? 통화주의의 선동가답게 프리드먼은 이렇게 말하는 것 같다. "연방준비이사회가 통화 공급을 축소함으로써 그렇지 않았더라면 상당히 안정되었을 민간 경제를 불황으로 몰아넣었다." 이 말은 시장에 간섭하지 말아야 한다는 명제를 강하게 주장하는 것처럼 들린다. 그러나 그의 실제 이야기는 이렇다. "연방준비이사회는 은행 시스템이 저절로 붕괴해 버렸기 때문에 현금을 경제에 투입하는 데 실패하였다. 만약 연방준비이사회가 내가 선호하는 총통화량을 안정시키기 위해 충분한 현금을 투입하였다면 불황이 그렇게 심하지는 않았을 것이다." 사실상 프리드먼은 연방준비이사회가 무엇인가 해야 한다는 원칙은 인정한다. 단지 그는 경제 자체라는 범위가 더 넓은 목표가 아니라 넓은 의미의 총통화량을 안정시키는 데 목표를 두어야 한다고 주장할 뿐이다.

　그리고 일단 우리가 경제 정책의 기본 철학에 관해서가 아니라 전략에 관해서 논의하고 있다면 완강한 통화주의자의 입장을 정당화하기는 어렵게 된다. 물론 연방준비이사회는 경제를 과도하게 통제함으로써 사태를 악화시키는 것은 아닌지 부단히 주의해야 한다.

그러나 그렇다고 해서 정책 목표인 총통화 증가율 3퍼센트가 최선의 정책이란 말인가? 이에 대해서는 논리적 근거나 전례를 확인하기가 어렵다―특히 금융 자율화와 금융 혁신으로 인해 무엇이 돈이고 돈이 아닌지(금융 시장 기금은 어떤가? 신용 카드의 한도는?)를 구분하기가 점점 더 어려워지고 있기 때문에 더욱 그렇다.

전반적으로 볼 때 프리드먼이 대표하는 통화주의는 명석하고 논증도 탁월한 것 같지만 깊이가 얕다―그리고 부정직한 점이 없지 않다. 초창기부터 프리드먼의 저작에는 자기 스스로 믿고 싶어 하는 바에 대해 근거가 되는 논증을 찾아내기가 쉽지 않다는 점을 잘 알고 있는 약은 사람의 느낌이 배어 있다. 또 1960년대 말에 이르러 프리드먼과 그의 동료들은 비록 영향력은 있으되 다른 많은 동료들로부터 어느 정도 좋지 못한 평가를 받게 되었다고 말하는 것이 온당하다고 나는 생각한다.

그러나 1960년대 말에 프리드먼은 케인스주의에 대한 또 하나의 훨씬 더 효과적인 공격점을 찾아냈다.

밀턴 프리드먼 II: 스태그플레이션

케인스의 경제학에 따르면 경기 후퇴에서 벗어나는 것은 아주 쉬운 것 같다. 그저 돈을 더 찍어 내서 상거래의 바퀴가 다시 회전하는 것을 보기만 하면 된다. 충분한 현금을 공급함으로써 경제를 높은 고용 수준으로 회복시킬 수 있다.

그러나 만일 정부가 이유는 차치하고 경제가 완전 고용에 도달하였음에도 계속 대규모로 화폐를 발행한다면 무슨 일이 벌어질 것인가? (정부가 이렇게 하는 통상적인 이유는 적자 예산을 보전하기 위해서이다.) 대답은 명백하다. 더 이상 생산에 끌어들일 유휴 공장과 노동자가 없기 때문에 화폐 발행으로 생산은 더 이상 늘지 않는다. 단지 물가만 오를 뿐이다.

물론 케인스는 이 점을 잘 알고 있었다. 케인스의 첫 번째 위대한 저서는 유명한 『고용, 이자 및 화폐에 관한 일반 이론*The General Theory of Employment, Interest and Money*』이 아니라 제1차 세계 대전 후 유럽의 대부분 지역에서 폭발하였던 초인플레이션을 분석한 『화폐 개혁론*A Tract on Monetary Reform*』(1923)이다. 그러므로 케인스의 경제학은 결코 경제의 무제한적인 확대를 요구하지 않는다. 경제가 완전 고용 수준까지 확대되는 것을 요구하지 그 이상은 아니다. 그리고 인플레이션을 방지하기 위해 필요한 경우에는 화폐 공급을 줄일 것을 요구한다.

그러나 "완전 고용에 이를 때까지 경제를 확대하라. 다만 그 이상은 안 된다"라는 간단한 처방은 막상 실행하려고 할 때 어려움에 빠진다. 그 난점 중의 일부는 기술적인 것이다. 왜냐하면 바로 통화주의자들이 강조하는 이유로서 경제를 아주 정확하게 조종한다는 것이 불가능하기 때문이다. 더욱 근본적인 것은 '완전 고용'을 어떻게 정의하느냐 하는 문제이다.

앞에서 경기 후퇴에 관한 케인스의 이야기를 소개할 때, 모든 공장이 바삐 돌아가고 취업을 희망하는 노동자는 모두 고용되어 있는 경제를 가정하면서, 다만 현실에서는 이와 같은 상황이 절대 일어나지 않는다고 괄호 안에 부언한 바 있다. 여기가 바로 그 괄호 안의 내용이 중요한 의미를 갖게 되는 지점이다. 현실에서는 변화와 불확실성 때문에 경제가 진정한 완전 고용 상태에 도달할 수 없다. 경기가 아무리 좋다고 해도 노동자들 가운데 항상 일부는 완전히 또는 일시 해고당하거나 아니면 사직을 하기도 한다. 또 첫 일자리를 구하거나 잠시 쉬었다 복직하는 신규 노동자들이 늘 존재한다. 따라서 직업을 구하고 있지만 아직 구하지 못한 모든 사람을 실업자로서 추산하는 노동 시장 통계를 보면 호황 국면에서도 일부 실업이 존재하고 있음을 알 수 있다.

가령 맥도널드 햄버거가 최저 임금의 두 배를 제시하면서 은퇴해 있는 나이 많은 주민들까지 고용하려고 애쓰던 이른바 '매사추세츠의 기적Massachusetts Miracle'이 최고조에 달하였던 시기에도 매사추세츠의 실업률은 2.7퍼센트 수준을 유지하였다. 그리고 1973년 이래 미국의 실업률은 5퍼센트 미만으로 떨어져 본 적이 없다.

이와 같은 사실은 국가 경제가 완전 고용 상태에 있다고 말할 명확한 경계선이 없음을 의미한다. 실업률이 7퍼센트라면 유휴 인력이 대단히 많은 것이 분명하다. 6퍼센트라면 덜하다. 5퍼센트라면 경제가 과열되는 양상을 보이기 시작한다. 그렇지만 명확하게 그어진 경계 경보선은 없다.

마찬가지로 화폐의 공급 확대가 산출물의 증가를 막고 물가를 자극하기 시작하는 정확한 경계선도 없다. 대신에 실업률과 인플레이션 간에는 상대적으로 투명한 부負의 상관 관계tradeoff가 있는 것 같다.(프리드먼이 왜 명백한 부의 상관 관계는 환상이라고 논하였는지 간단히 살펴보게 될 것이다.)

1959년 런던 경제대학의 필립스A. W. Phillips는 영국의 장기 경제 통계에서 실업률과 임금 변동률 사이에 뚜렷한 관계가 있음에 주목하였다. 실업률이 매우 높았던 해에는 임금이 떨어졌다. 그러나 실업률이 낮았던 해에는 임금이 상승했으며, 실업률이 낮을수록 임금 상승률이 증가하였던 것이다. 미국의 경제학자들은 곧바로 미국의 자료에서 유사한 관계를 찾아냈다. 이른바 필립스 곡선Phillips curve은 실업률과 인플레이션 사이의 상관 관계를 정량화한 것이다. 그림 2는 1960년대의 부의 상관 관계를 보여 준다. 이 자료는, 물가 안정에는 7퍼센트 정도의 실업률이 따르지만, 만일 나라가 3~4퍼센트의 물가 상승률을 허용한다면 불과 4퍼센트 수준의 실업률을 실현할 수 있을 것이라고 제시하는 것 같다.

필립스 곡선의 발견은 "경제를 완전 고용 수준으로까지 확대하라"라는 케인스의 원래 처방보다 더욱 임의적인 정책 관점을 제시하는 듯하다. 완전 고용이 더 이상 정교하게 정의되지 않기 때문에 그 대신으로 가치 판단이 개입된다고 하겠다. 즉 "높은 인플레이션에 따르는 비용이 낮은 실업률에 따르는 수익을 초과한다고 생각될 때까지 경제를 확대하라"라는 것이다.

인플레이션 비용은 최소한 견딜 만한 수준이면 무시되는 경우가 종종

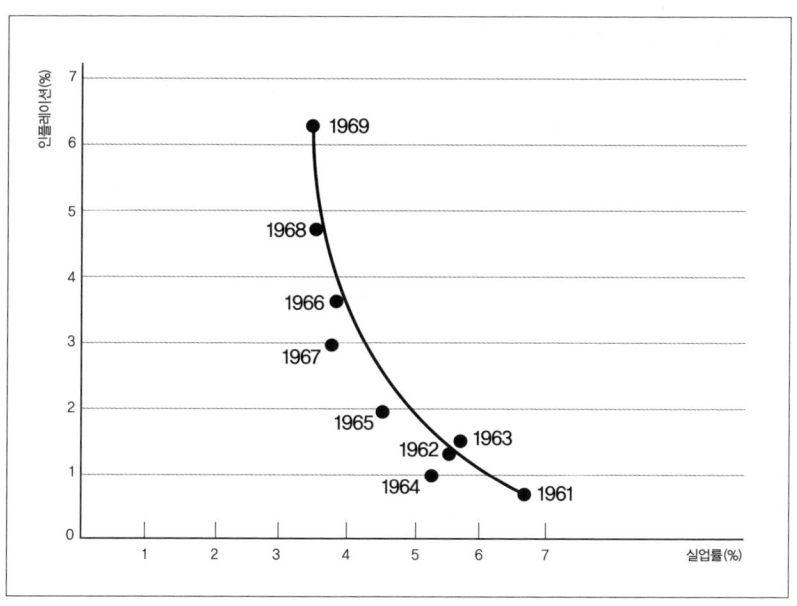

그림 2 1960년대의 실업률과 인플레이션은 부의 상관 관계를 보여 준다.

있다. 예를 들어 두 가지의 가상 경제, 하나는 물가 안정을 유지하는 경제와 또 하나는 5퍼센트의 인플레이션을 보인다는 차이 외에는 전자와 똑같은 경제를 비교한다고 가정해 보자. 만약 두 번째 경제의 가격과 임금이 모두 첫 번째 경제의 가격과 임금보다 단지 5퍼센트 빠르게 상승할 뿐이라면 누가 걱정하겠는가? 무엇보다도 모든 사람의 실질 소득이 완전히 똑같을 것이다.

그러나 실업률의 비용은 매우 분명하다. 따라서 정부는 실업률을 낮게 유지하는 대가로 4~5퍼센트의 지속적인 인플레이션을 용인하는 정책을 취해야 한다는 1960년대 정통 경제학의 결론은 당연한 것 같았다. 이 결론은 실제로 성문화되기까지 하였다. 별로 관심을 끌지는 못하였지만 1978년의 험프리-호킨스Humphrey-Hawkins 법안 같은 경우, 사실상 미국 정부로 하여금 4퍼센트의 실업률을 달성할 방안을 강구하도록 규정하고 있다. 일부 경제학자는 그 이상도 요구하였다. 예를 들면 1968년에 레스터 서로Lester Thurow는 소수 민족 집단을 빈곤의 악순환에서 벗어나게 할 필요 조건으로서 인플레이션이라는 부작용을 감수하고서라도 실업률 3퍼센트의 국가 정책을 시행할 것을 주장하였다.

물론 이와 같은 일은 일어나지 않았다. 1973년 이래 실업률은 5퍼센트 이하로 떨어져 본 적이 없으며, 그렇기는커녕 10.7퍼센트까지 치솟은 적도 있었다. 또 그럼에도 불구하고 물가가 안정된 적도 거의 없었다. 1973년 이래 인플레이션은 연평균 6.2퍼센트였으며 13퍼센트까지 치솟기도 하였다.

밀턴 프리드먼은 놀라지 않았다. 1968년에 전후 경제학의 결정적인 지적 성과의 하나에서 프리드먼은, 필립스 곡선이라는 개념으로 구체화된 뚜렷한 부의 상관 관계가 왜 잘못 되었는지를 보여 주었을 뿐 아니라 인플레이션과 높은 실업률의 결합, 즉 폴 새뮤얼슨Paul Samuelson이 '스태그플레이션stagflation'이라고 명명한 현상이 나타날 것도 예측하였다.

프리드먼이 필립스 곡선을 비판한 유일한 경제학자였던 것은 아니다. 1965년경 경제학자들 사이에서는 실업률과 인플레이션 간의 장기적인 부의 상관 관계라는 개념에 무엇인가 믿기 힘든 측면이 있다는 인식이 점증하고 있었다. 프리드먼과 매우 유사한 생각을 한 사람은 컬럼비아 대학에 재직하던 '경제학자를 가르치는 경제학자'로서, 특히 정치하고는 담쌓은 에드먼드 S. 펠프스Edmund S. Phelps가 거의 동시에 그리고 훨씬 더 정교한 형태로 표명한 바 있다. 그러나 프리드먼이 그의 스태그플레이션 이론을 눈에 가장 잘 띨 수 있는 방법, 즉 미국 경제학회 회장 취임 연설을 통해 발표함으로써 무대 중앙에 서게 되었던 것이다.

케인스처럼 프리드먼도 사고 실험으로 시작하였다. 그는 이렇게 물었다. 만일 통화량을 두 배로 하고 또 가격과 임금도 두 배로 한다고 하자. 그러면 실업률은 어떻게 되는가?

대답은 아주 명백하다. 아무 차이도 없다. 가격과 임금이 이전의 두 배이고 통화량 또한 같은 유통 속도를 유지한다면 실물 경제는 아무 것도 변하는 것이 없다. 다만, 한 가지 계산 단위가 변할 뿐이다—가령 영국이 (이 글을 쓰고 있는 시점에서) 약 2마르크의 가치가 있는 파운드화 대신 마르크화를 사용한다고 했을 때처럼. 아무도 그것이 문제가 되리라고는 생각하지 않으며 통화와 가격을 두 배로 한다는 프리드먼의 가설도 마찬가지이다.

여기까지는 프리드먼이 일반적으로 **화폐의 중립성**neutrality of money이라고 하는 잘 알려진 명제를 발표한 것이었다. 그러나 이제부터 그는 그 명제를 결정적인 정책 개념으로 전환시켜 갔다.

그는 이렇게 물었다. 통화 공급이 두 배가 되어도 아무런 실질 효과가 없다면 도대체 어떻게 연방준비이사회의 통화 공급 확대가 실질 효과를 낼 수 있는가? 통화 공급이 5퍼센트 증가될 때 물가가 즉시 5퍼센트 상승하는 것이 아니라, (최소한 초기에는) 가격은 소폭 오르고 그 대신 산출물이 증가하는 까닭이 무엇인가? 그의 답변은 놀라운 것이었다. 통화의 증가는 일대일로 가격에 반영되지 않는다. 기업과 노동자 들이 속이기 때문이다. 노동자들은 향후의 물가 상승률을 과소 평가하기 때문에 임금 인상 요구를 낮게 책정한다. 또 기업들은 향후의 임금과 공급 비용 부담을 과소 평가하기 때문에 가격을 낮게 책정한다.

어느 한 노동자나 기업도 커다란 실수를 저지른 것은 아니지만 실수의 방향은 똑같다. 그리고 내 가격은 당신 비용의 일부이며 당신의 가격은 내 비용의 일부이므로 실수는 누적된다. 그리하여 최종 결과는 5퍼센트의 통화 공급 증가에 따라 가격은 5퍼센트 미만으로 오르는 대신에 산출물이 그에 상응하는 만큼 늘어나는 것으로 나타난다.

프리드먼에 따르면, 필립스 곡선에서 보이는 산출물과 인플레이션 사이의 명백한 부의 상관 관계는 실질적으로는 예상치 못할 정도로 높거나 낮은 인플레이션으로 말미암아 시장이 혼란 상태로 방치되었던 역사적 사례를 반영한다. 낮은 실업률의 관찰을 통해 시장이 유례없이 높은 인플레이션에 속수무책인 경우를 알 수 있으며, 높은 실업률의 관찰을 통해 엄청나게 낮은 인플레이션의 경우를 알 수 있다는 것이다.

다음으로 이상의 이야기가 갖는 도덕성에 대해 언급할 차례이다. 모든 사람을 잠시 속일 수는 있어도 영원히 속일 수는 없다. 한 나라의 정부가 1960년대 일부 경제학자의 자문에 따라 예컨대 5퍼센트의 인플레이션과 3퍼센트의 실업률을 맞바꾼다고 가정해 보자. 이 정책은 일시 효과가 있을 것이다. 그러나 프리드먼에 따르면 시장은 곧 이를 알아차린다. 노동자와 기업은 5퍼센트의 인플레이션을 예상하여 행동하기 시작한다. 그러므로 그들의 예상을 벗어나기 위해서는 5퍼센트 이상의 인플레이션 정책을 계속 시행해야 한다—그 이하가 되면 반대 방향에서 일이 벌어져 경기 후퇴가 초래된다. 5퍼센트의 인플레이션을 수용하여 가격과 더불어 그와 연동된 수준의 실업률을 잠시 유지한 다음에는 5퍼센트에서 달성할 수 있던 것을 얻기 위해 10퍼센트의 인플레이션을 수용해야 할 필요가 있게 된다.

따라서 프리드먼은, 인플레이션을 낮은 실업률과 맞바꾸고자 필립스 곡선을 이용하려고 한다면 결국 필립스 곡선은 사라지게 될 것이라고 논하였다. 낮은 실업률을 유지하기 위해 더욱더 높은 물가를 지불하다가 마침내 더 이상의 높은 물가를 허용할 수 없게 되었을 때, 높은 실업률에도 불구하고 인플레이션은 지속되고 있음을 알아차리게 될 것이다.

그리고 바로 그런 일이 일어났다. 그림 3은 1960년대부터 1980년대까지에 걸쳐 실업률과 인플레이션 간의 관계에서 무슨 사태가 일어났는지를 보여 준다. 1960년부터 1969년까지 안정된 필립스 곡선처럼 보였던 것이 경제가 장기적 확장 국면을 거치면서 인플레이션에 대한 기대가 형성됨에 따라 틈새가 벌어졌다. 닉슨 행정부가 인플레이션을 통제하려다가 유발된 1969년에서 1971년까지의 경기 후퇴는 그 정책 실패로 유명하다. 1970년대 내내 경제는 높은 실업률과 높은 인플레이션의 이중고를 겪게 되었다.

그러므로 프리드먼은 거시적인 쟁점에서는 옳았다. 그의 통찰력으로 말미암아 그 자신과 시카고 경제학파의 위신은 새로운 정점에 올랐으며, 케인스주의에 대한 그의 초창기 통화주의적 비판이 새로운 평가를

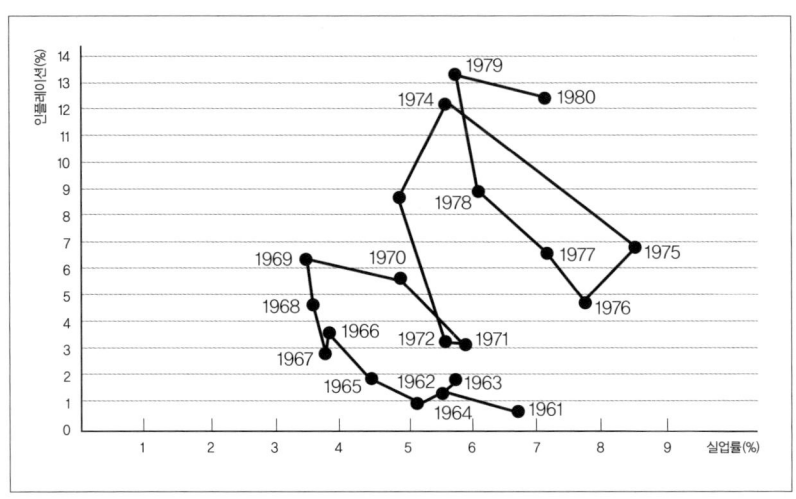

그림 3 그러나 밀턴 프리드먼이 예측한 그대로 법칙으로서의 실업률과 인플레이션 간의 부의 상관 관계는 존재하지 않는다.

받게 되었다. 그러나 중요한 것은 프리드먼의 스태그플레이션 분석이 갖는 한계를 인식하는 일이다.

 프리드먼이 보여 준 것은 궁극적으로 허용할 수 없는 인플레이션을 초래하는 일 없이 '완전 고용'이라는 인위적인 목표를 노려 통화 확대 정책을 사용하는 것은 가능하지 않다는 것이었다. 바랄 수 있는 최선의 것은 실제 인플레이션율이 노동자와 기업이 기대하는 인플레이션율과 다소 비슷할 때 나오는 실업률 수준으로 경제를 유지하는 것이다. 프리드먼은 이를 '자연 실업률natural rate'이라고 일컬었다. 한편 자연 실업률이라는 말에 내포된, 가령 실업률이 6퍼센트 정도면 만족할 만하지 않느냐는 의미를 싫어하는 다른 경제학자들은 '가속화되지 않는 실업률non-accelerating-inflation rate of unemployment' 또는 약자로 'NAIRU'란 용어를 썼다. 1990년대에 자연 실업률은 대개 6퍼센트 내지 그 이하로 평가되고 있다.

이처럼 아무리 애써 보아야 기껏 자연 실업률에 도달할 수 있을 뿐이라는 결론은 정부의 경제 관리의 가능성에 도취되어 있던 경제학자들에게 찬물을 끼얹는 격이었다. 그러나 이와 같은 결론은, 정부가 경제 관리 업무에서 손을 떼야 한다는 프리드먼의 좀 더 폭넓은 주장을 거부하면서 인정할 수 있는 내용이다.

핵심은, 프리드먼의 자연 실업률이라는 주장에 내포된 어떤 것도 민간 경제가 자체 기구만으로 움직일 때 자연 실업률에 가깝게 실업률을 다소 안정적으로 유지하려는 경향이 있다는 점을 시사하지 않는다는 것이다. 평균적으로 경제는 어느 정도 자연 실업률을 시현하겠지만 자연 실업률을 중심으로 격심하게 진동할 수도 있다. 그러므로 경제를 안정시키는 데 여전히 케인스의 정책을 고집할 수도 있다. 그러면 아마도 프리드먼은 통화주의자다운 이유로 그러한 정책은 득보다 실이 된다고 논할 것이다. 앞에서 살펴보았듯이 통화주의자들의 주장—자연 실업률의 이야기에 반하여—은 확신을 주기에는 너무 영악하다.

그럼에도 프리드먼의 논의를 확대하여 케인스 경제학에 맞서는 보수주의의 입장을 완성한 이론이 있다. 바로 로버트 루카스Robert Lucas와 그의 제자들의 '합리적 기대론rational expectations'이다. 이것은 프리드먼 자신은 결코 인정해 본 적이 없는 주장이다. 합리적 기대론의 가정을 도입하기에는 근본적으로 너무 민감하기 때문이다. 그러나 1970년대에 합리적 기대론은 대단한 영향력을 발휘하였던 바 케인스 경제학은 완전히 망각 상태로 밀려난 것 같았다.

합리적 기대론

케인스가 경기 순환 이론을 발표하였을 당시 경기 후퇴는 자동 조절되기 때문에 그에 대한 정부 정책은 불필요하다고 논의한 보수주의 경제학자들이 없지 않았다. 그들의 주장은 이러하였다. 높은 실업률 상태에서는 임금과 가격이 하락하는 경향이 있다. 임금과 가격의 하락은 화폐의 실질 공급을 증가시킬 것이다—즉 기존의 통화량이 점진적으로 구매력을 회복할 것이다. 그리고 이러한 실질 통화량의 확대는 경제 확장으로 이어질 것이다.

케인스는 이른바 고전 경제학의 논리를 부정하지 않았다. 장기적으로 보아 경제 침체는 자동 조절되리라는 점을 기꺼이 인정하였다. 그러나 이 자동 조절 과정은 매우 완만할 것이라고 여겼다. 그의 이와 같은 견해는 "장기적으로 볼 때 우리 모두는 죽는다"라는, 널리 인용되기는 하지만 제대로 그 뜻이 이해되지 못하는 말 속에 잘 나타나 있다. 그가 의도하였던 것은 다음과 같다. 경기 후퇴는 결국에 가서 저절로 치료될 수 있다. 그러나 그것은 언젠가는 죽는다는 사실이 삶을 포기할 이유가 될 수 없듯이 경기 후퇴를 속히 종식시킬 수 있는 정책을 무시할 이유가 될 수 없다.

우리는 케인스가 그럼으로써 경기 후퇴를 맞이하여 아무런 행동도 취하지 않는 경우를 없애 버렸다고 생각할 수 있다. 그러나 1970년대에 시카고 대학의 경제학자 로버트 루카스가 고전 경제학의 이론을 새롭게 한 견해를 제시하였다. 그는 프리드먼-펠프스의 인플레이션과 실업에 관한 이론에 다른 생각, 즉 '합리적 기대론'을 결합하여 케인스가 말하는 장기적long run이란 것이 따지고 보면 그렇게 긴 것은 아니라는 점을 밝혔던 것이다.

 프리드먼의 경우와 달리 루카스란 이름은 대중적인 이름은 아니다. 그는 다작의 저자도 아니고 읽기도 쉽지 않다. 그는 마음만 먹으면 간명하고 힘 있는 영어를 얼마든지 쓸 수 있시만 고도의 수학을 통하여 그의 사상을 표현하는 편을 택하였고, 그에 대한 대중화 작업은 다른 사람들에게 맡겨 버렸다. 프리드먼은 학문적 유명세를 더 폭넓은 대중적 역할로 가는 계단으로 이용하였는데, 최근 들어 루카스는 안전하고 기술적인 요소가 강화되고 있는 이론 경제학으로 후퇴하는 듯하다. 그러나 1970년대 전반에 걸쳐 로버트 루카스가 자신의 저작을 통하여, 그리고 지적 제자들의 비상한 헌신을 통하여 현역 경제학자로서는 경제 사상에 가장 많은 영향을 끼쳤다는 사실에 대해서는 의문의 여지가 없다. 무엇보다도 그는 프리드먼보다 훨씬 더 강력하게 적극적인 통화 정책을 반대하는 인물로 인정받았다. 프리드먼은 적극적인 통화 정책이 실제적으로는 득보다 실이 된다고 논하였으나, 루카스는 원리적으로 오직 손해만을 초래할 뿐이라고 논하였던 것이다.

 루카스의 논의를 이해하기 위해 원래의 케인스의 경기 후퇴 시나리오를 다시 한 번 살펴보자. 어떤 이유에서든 경제 내의 모든 사람들이 더 많은 화폐를 보유하기로 결정하고 현금을 더 많이 축적하기 위해 지출을 삭감하려 한다고 가정해 보자는 것이다.

 루카스의 추종자라면 이 시나리오에서 경제 축소가 있을 필요가 없다고 지적할 것이다. 모든 기업이 즉시 가격을 내리고 또 모든 노동자가 즉시 임금 요구 수준을 내린다고 가정해 보자. 그러면 유통되고 있는 화폐의 구매력이 증가하여 경기 침체나 또는 통화 공급을 늘리려는 정부의 개입을 초래할 필요 없이 더 많은 화폐에 대한 수요를 충족시킬 것이다.

그러면 왜 이따금 경기 후퇴가 발생하는가? 루카스는 프리드먼을 쫓아 경기 후퇴는 사람들이 혼란에 빠지기 때문에 발생한다고 주장하였다. 나는 내가 현금 보유량을 늘리려고 한다는 것은 알고 있지만, 당신도 똑같은 일을 하고 있는지는 알지 못한다. 내 생산물에 대한 수요가 떨어진 것은 알지만 이것이 나에게만 일시적으로 발생한 특수 현상이어서 가격을 인하하지 않아도 될지, 아니면 가격을 인하해야만 하는 일반적인 디플레이션인지는 분간할 수 없다. 그래서 나는 가격을 약간 내리는 데도 주저스럽고 애매한 기분이다. 이런 식으로 모든 사람이 똑같이 하다 보니 마침내 경제 침체가 발생하게 되는 것이다.

그러나 경기 후퇴는 사람들이 상황이 정말로 일반적인 침체 국면임을 깨닫자마자 자동 조절된다. 일단 사람들은 모두가 현금을 축적하려 하고 있으며 또 그들이 직면해 있는 수요의 하락이 그들에게만 해당되는 특수한 것이 아니라는 사실을 깨달으면, 기업은 자연 실업률이 회복되는 지점까지 가격을 인하할 것이다. 장기적이란 우리 모두가 죽는 시점이 아니라고 루카스는 소리를 높였다. 그것은 우리 모두가 경제 상황을 이해하게 되는 때이다.

이상의 이야기를 놓고 보면 무엇이 통화 정책에 남아 있는가? 여전히 어떤 역할이 있으리라고 생각할 수 있다. 요컨대 화폐 수요의 증가에 따라 일어나는 경기 후퇴는 단지 사람들의 혼란의 산물에 불과할 뿐인지도 모르지만, 그럼에도 불구하고 그것은 피부로 느껴지는 고통스러운 것이다. 왜 물가가 떨어지기를 마냥 기다리기보다 현금을 공급함으로써 경기 후퇴를 중단시키려고 하지 않겠는가?

여기서 '합리적 기대rational expectations'라는 개념이 이야기 속에 들어오게 된다. 합리적 기대란 원래 1960년대 초에 존 머스John F. Muth가 소개한 것으로 경제적 모델링을 위한 전략적 개념이었다. 머스는 기본적으로 기업들이 획득 가능한 모든 정보를 효율적으로 활용한다고 가정하자고 제안하였다. 미래는 언제나 불확실하기 때문에 기업이 실수할 수도 있다. 그러나 기업이 체계적인 그리고 예측 가능한 실수를 한다고 가정하는 모형에 대해서는 반드시 주의해야 한다.

루카스는 지적하기를, 합리적 기대 가설에서는 만일 기업이 생산물에 매길 적절한 가격에 혼란을 느낀다면 그것은 정직하고 합당하며 **적절한 혼동임**을 의미하게 된다고 하였다. 다만 기업은 아직 말할 수 없을 뿐이다. 그러므로 만일 통화 당국이 결과를 개선할 수 있다고 가정한다면, 그것은 당국이 기업보다 더 좋은 정보를 갖고 있기 때문에 그럴 수 있다. 그러나 일반적으로 연방준비이사회라고 해도 경기 조건에 관해 좋은 경제신문에 나와 있는 정도의 정보만을 가질 뿐이라고 루카스는 논하였다. 따라서 통화 정책은 실제로 경기 후퇴 국면에서 경기 회복을 촉진할 수 없다.

더욱이 루카스는 예측 가능한 모든 통화 정책이 비효율적이라고까지 논하였다. 연방준비이사회가 공식 실업률이 1퍼센트 증가할 때마다 통화 공급을 1퍼센트 증가시키는 규칙적인 정책을 취하고, 이러한 정책이 세간에 알려졌다고 가정해 보자. 그러면 기업들은 그 규칙적인 정책을 그들의 기대와 가격 책정에 도입하여 실업률 통계 수치가 올라갈 때마다 가격을 인상하게 되므로, 결국 통화 확대는 산출물이 아니라 오직 가격에 영향을 끼칠 뿐이라는 사실이 확실해진다고 루카스는 주장하였다.

그러므로 통화 정책이 '작동'될 수 있는 유일한 방법은 예측할 수 없게 되었을 때뿐이다―그리고 지속적으로 예측할 수 없게 하는 유일한 방법은 무작위적인 것이다. 그러나 무작위적인 통화 정책은 정의에 따라 산출물을 더욱 불안정하게 할 뿐이다! 이와 같이 루카스는 경기 순환을 안정시키고자 하는 정부의 개입주의 정책은 비효율적이거나 사실상 생산성에 반한다는 점을 철저히 논리 문제로 풀어서 입증하고자 하였다.

이 시점에서 독자들은 한숨 돌리고 싶어할는지도 모르겠다. 루카스의 결론은 프리드먼의 어떠한 제안보다 훨씬 철저하고 논리의 연결 고리도 더 긴 것 같다. 그런데 루카스의 결론은 과연 옳은 것인가?

간단히 대답하자면 물론 아니오이다. 그 논리의 연결 고리에는 약한 곳이 최소한 두 군데 있다. 하나는 기업들이 실제 경제 상황을 착각하고 있는 동안에만 경기 후퇴가 지속된다는 명제이다—실제로는 대부분의 사람들이 눈치채지 못하고 있는 동안만 경기 후퇴가 일어난다. 이러한 생각은 프리드먼이 자연 실업률 이론을 제안하였던 방식에 함축되어 있지만, 경제학자 이외에는 누구도 설득력이 있다고 인정하기 어렵다.(그리고 통화 정책은 사람들을 속임으로써만 효과가 있다는 프리드먼의 기본 개념을 완전히 받아들이지 않고서도 스태그플레이션에 대한 그의 견해를 인정하는 것은 가능하다.) 또 하나의 약한 고리는 기업이 가격을 결정할 때 통화 정책을 주의 깊게 관망한다거나, 또는 그보다 더 나아가 통화 정책을 예측할 수 있을 정도로 거시 경제 지표를 주의 깊게 관망한다는 생각 전체이다.

요컨대 필립스 곡선 상의 한 지점을 기꺼이 선택할 수 있다는 견해보다 더 민감해 보이는 프리드먼의 논의와는 달리, 루카스의 이론은 기업과 가계가 정말로 어떻게 행동하는가에 관하여 우리가 일상 생활에서 느끼는 체감 앞에서 붕 떠 있는 듯하다. 이와 같은 느낌이 든다고 해서 그의 이론을 전면 부인해야 하는 것은 아니지만 무엇인가가 잘못 되었다는 느낌은 남는다. 우리는 이 책의 3부에서 루카스의 견해가 구체적으로 무엇이 잘못 되었는지, 그리고 그것을 바로 잡을 때 어떻게 케인스에게로 돌아가게 되는지를 살펴볼 것이다.

이 단계에서 중요한 것은, 루카스의 논리가 비전문가들에게는 아무리 이상하게 들린다 하더라도 20년 가까이 그의 사상이 경기 순환에 관한 학술 논쟁을 주도하여 왔다는 사실을 인식하는 것이다. 합리적 기대론은 그 앞에 놓인 모든 것을 휩쓸어 케인스주의자들을 경제 사상의 한쪽 구석으로 몰아넣어 버렸다. 그들은 최근에야 비로소 기어 나오기 시작하였다.

어떻게 그렇게 어렵고 기술적으로 고도의 이해가 요구되는 구조가 처음에는 십자군이, 그리고 다음에는 도그마가 되었는가? (그리고 어떻게 루카스처럼 내성적이고 조용한 인물이 한동안 호메이니의 역을 맡았을까?) 아마도 다음과 같은 세 가지 이유가 있을 것이다.

첫째, 루카스의 거시 경제학에 대한 접근법은 경제 이론의 심장부에 나 있는 깊은 상처의 치료법을 제공한 것 같았다. 케인스 시대 이래 경제학은 두 하위 분야로 갈라지게 되었다. 개별 기업과 가계 및 시장이 어떻게 행동하는가를 연구하는 미시 경제학은 대단히 엄격한 지적 규칙에 의해 조종되는 분야이다. 기업은 이윤을 극대화하고 가계는 소비를 극대화한다고 가정된다. 시장에서 벌어지는 결과는 합리적인 경제 주체의 의사 결정이 상호 작용하는 과정을 통해 귀결되는 '균형equilibrium'으로 조심스럽게 도출된다. 그러나 경기 순환, 인플레이션, 실업 등을 연구하는 거시 경제학은 '미시적인 토대에서 도출된' 것이 아니라 특수한 상황에만 들어맞는 가정으로 가득 차 있다. 예를 들면 안정된 필립스 곡선과 같은 것이 왜 존재하는지 등에 관해 어느 누구도 그럴듯한 설명을 들려 준 적이 없다. 거시 경제학자들은 그저 어느 한 가지 상관 관계를 관찰하고 나서 그것은 얼마든지 적용 가능한 관계를 나타낸다는 식으로 신념의 단계로 넘어 간다. 물론 그들은 틀렸다!

루카스는 경기 순환을 미시 경제학의 모형으로부터 도출해 낼 수 있을 것 같았다. 즉 그는 합리적인 기업과 가계가 한정된 정보를 가지고서도 최선을 다함으로써 필립스 곡선처럼 보이는 어떤 것이 산출되도록 행동하는 것으로 끝나는 정밀한 이야기를 들려 줄 수 있을 것 같았다. 1970년에 에드먼드 펠프스는 『인플레이션과 실업 이론의 미시 경제학적 기초Microeconomic Foundations of Inflation and Unemployment Theory』라는 희망에 넘친 제목의 책을 편집하였다. 왜냐하면 수년 동안 많은 사람들에게 루카스는 실제로 그러한 기초를 세울 수 있는, 균형 경기 순환 이론을 창출해 낼 수 있는 유일한 사람인 듯 보였기 때문이다.

둘째로, 루카스 이론의 전문성과 난해성—이 책에서의 설명으로는 간신히 힌트 정도나 줄 수 있는 전문성—은 경제학이란 학문의 세계에서는 부채라기보다는 자산인 것이다. 학계에서 충실한 추종자를 끌어들일 것 같은 이론은 머리는 좋지만 별로 독창적이지는 못한 젊은 친구가 자신이 똑똑하다는 사실을 입증할 수 있도록 허락하는 이론이라고 말하는 것이 냉소적이기는 하지만 사실이다.

이 점은 문학의 해체 이론deconstructionist literary theory도 마찬가지이며 균형 경기 순환 이론에도 똑같이 적용된다. 그러므로 루카스의 초기 이론이 전혀 새로운 수학적 통계적인 기법을 응용하도록 전개된 것은 자연스런 노릇이었다. 루카스의 최초 제자들은 이러한 기법을 발전시켰다는 학계의 평가를 받았다. 그 이후의 학생들은 그것을 배우는 데 엄청난 시간과 노력을 투자하였던 만큼 그들의 특수 훈련이 지향하는 경제관이 잘못된 것일 수도 있다는 가능성에 진저리를 치지 않을 수 없었다. 사실상 루카스 자신도 결국에 가서는 자신의 기법으로 해결하려 하였던 문제보다 기법 그 자체에 더 치중하는 듯하다.

끝으로 합리적 기대 학파의 거시 경제학을 매력 있게 만드는 요소로 정치적 선입관의 역할을 빼놓을 수 없다. 통화주의자들의 주장 가운데 주요 내용은 정부의 개입주의는 항상 나쁘다라고 하는 보수주의자들의 편견을 확인해 주는 것 같다. 많은 보수주의 사상가들이 통상적으로는 통화주의의 조잡성과 불분명한 지적 부정직성에 대해 혐오하면서도 통화주의가 그들의 정치 철학에 맞기 때문에 무의식적으로 그 약점을 간과하는 경향이 있음은 의문의 여지가 없다. 이와 유사하게 합리적 기대 학파의 경기 순환 이론의 어리석은 요소에 담겨 있는 비현실주의에 반발하면서도 그 이론의 강력한 보수주의적 함축성 때문에 그 약점을 곧잘 간과하는 사상가들도 많이 있다.

1980년의 상황

1980년에 들어 예리한 관찰자라면 보수주의 거시 경제학의 전면에 이미 균열이 가 있음을 발견하였을 것이다. 통화 공급의 지속적인 증가율은 안정된 경제를 의미한다는 프리드먼의 주장에 반대되는 증거가 속출하였던 것이다. 합리적 기대 학파의 거시 경제학도 겉으로 드러나지 않은 개념적 위기의 와중에 처해 있었고, 앞으로 일어날 사건들은 합리적 기대 학파의 이론이 현실 세계에 대해 가지는 신뢰성을 근본부터 흔들어 놓게 될 것이었다. 그러나 이 모든 것은 감식 전문가가 아닌 다음에는 도무지 알아차릴 수 없었다. 일반 문외한의 입장에서 보기에는, 심지어 대다수의 경제학 교수들이 보기에도 그 그림은 보수주의의 압도적인 지적 승리였다.

그 승리는 본래의 경기 순환 이론을 훨씬 뛰어넘는 것이었다. 케인스 경제학은 항간에 알려진 대로 단지 경기 후퇴기에는 통화 공급을 늘려 주고 불황기에는 공공 사업을 시행하는 정책이 전부가 아니다. 은유적 의미는 현실 정치에서의 특정 정책보다 더욱 문제가 되거니와, 케인스주의는 시장 경제가 적절한 정부 개입을 통해 개선될 수 있다는, 즉 시장 자체에 맡겨 두었을 때보다 더 잘 작동되게 만든다는 은유법을 수반한다. 많은 자유주의자들이 이 은유법을 이용하여 광범위한 정부 개입을 합법화하였다. 케인스에 대한 명백한 거부는 자유주의 경제학 전반에 대한 평가에 타격을 주었으며 그에 따라 경제학계의 보수주의자들은 모든 문제에 대해, 심지어 경기 순환에 관해 무엇을 할 것인가 같은 특정 문제와는 전혀 동떨어진 문제에 대해서조차 지적 위세를 떨치게 되었다.

결국 이와 같은 케인스에 대한 공격에서 생겨난 지적으로 '어두운 그림자penumbra'가 그 공격의 가장 중요한 실천적 결과였다. 왜냐하면 보수주의 거시 경제학은 아주 단기적으로 시행되는 데 그쳤기 때문이다. 1972년에서 1982년 사이에 연방준비이사회가 최소한 원리적으로는 프리드먼의 아이디어, 즉 경제 전반의 목표를 정하기보다는 총통화의 목표를 정하자는 아이디어를 채택하였다. 이처럼 단기적으로 통화주의를 채택한 것조차 부정직한 것일 수 있다―즉 인플레이션을 조정하기 위하여 경제를 심각한 경기 후퇴 국면으로 몰아넣는 잔인한 정책을 은폐하는 보수주의 거시 경제학의 멋진 수사법을 사용하는 데서 오는 문제일 수 있는 것이다. 여하간에 1982년 중반 경제가 예상을 넘는 심각한 상황에 처하게 됨으로써 통화주의는 시늉조차 폐기되었고 더 이상 채택되지도 않았다.

그래도 1980년의 경우와 마찬가지로 케인스에 대한 공격이 승리함으로써 경제학자들뿐 아니라 정치가들도 미국을 지성적으로 재단하는 칼자루는 오른쪽에 있지 왼쪽에 있는 것이 아니라는 생각을 확고히 하게 되었다. 모이니한이 말하였듯이 사상이 있는 쪽은 오른쪽이었다. 그리고 우파가 정책화하는 데 진정 성공한 사상이 한 가지 있었으니, 바로 중과세high taxes 와 과도한 규제excessive regulations 가 미국의 경제 성장에 주된 장애물이라는 사상이었다.

2장
조세, 규제 및 성장

 케인스 경제학에 대한 보수주의자들의 공격은 보수주의의 최상의 지적 성취였다. 그 공격은 적극적인 정부 옹호자들을 수세로 몰아넣는 데 성공함으로써 심지어 그 논쟁에 대해 거의 알지도 이해하지도 못하는 사람들에게까지 보수주의 경제 이데올로기를 합리화하는 데 크게 기여하였다. 그렇지만 사상의 영역에서 사건의 영역으로 화제를 돌려 보면, 앞으로 살펴보게 될 바와 같이 통화주의와 합리적 기대론은 종국적으로 현실의 경제 정책에 간략하고도 제한된 영향만을 끼쳤을 뿐이다.
 보수주의 사상이 실로 광범위하고 직접적인 영향을 끼쳤던 분야는 조세 및 규제 정책이다. 일단의 보수주의 경제학자들은 정부가 경기 순환을 안정화하는 데 어느 정도 긍정적인 역할을 한다는 케인스의 이론에 도전하고 있었으며, 동시에 다른 일단은 정부가 장기적 성장에 주된 장애물이라고 논하고 있었다.

케인스에 대한 도전과 마찬가지로 이러한 도전은 고차원적이고 인상적인 지적 수준—통화주의와 같이 이 새로운 반정부적 분석의 호소력 또한 최소한 부분적으로는 보수주의적 편견을 확인하는 방법에 의존하기는 하였지만—에서 시작되었다. 다만 그 수준이 당초의 높은 상태를 계속 유지하지는 못하였다. 즉 마틴 펠스타인의 복잡 다기한 공공 재정론이 결국은 저 조잡하고 우스꽝스러운 래퍼 곡선Laffer curve에 밀려나고 말았으며, 항공업과 트럭 운송업의 규제 완화에 대한 논리 정연한 옹호는 댄 퀘일Dan Quayle의 무차별적인 반反규제의 수사학으로 타락하여 버렸던 것이다. 그러나 이 장에서는 조세와 규제가 성장에 장애가 되었다는 사상의 그 인상적인 서두에 초점을 맞추고자 한다. 이 사상의 실망스런 결말에 대해서는 나중에 살펴보게 될 것이다.

물론 경제 성장이 만족스러웠다면 정부의 정책이 성장을 방해하고 있다는 보수주의자들의 주장이 먹혀들 여지는 거의 없었을 것이다. 더욱이 제2차 세계 대전 후 한 세대 동안의 성장은 만족스러운 정도가 아니라 사상 유례가 없는 비상한 것이었다. 당시에도 정부의 간섭은 너무 심하고 세금은 과다한 데 비해 성장의 유인은 너무 약하다고 주장한 보수주의자들이 있었지만, 아무도 진지하게 그들을 받아들이지 않았다.

그런 보수주의자들의 주장이 어느날 갑자기 때를 만나게 된 셈인데, 그것은 1973년 이후 무엇인가 잘못되고 있음—즉 미국인들이 기대하던 생산성과 생활 수준의 급속한 성장이 왠지 지지부진하다는 사실—이 점차적으로 인식되고 있었기 때문이다.

그래서 이 장에서는 먼저 1970년대에 발생하였던 경제적 질병에 대해 간단히 서술하고, 다음으로 그에 대해 보수주의자들이 내린 처방을 검토하고자 한다.

생산성 정체

한 나라를 가난하게 하는 것은 경기 후퇴나 물가 앙등, 내전 등 여러 가지가 있지만 한 나라를 부유하게 하는 것은 생산성 성장productivity growth이 유일하다. 장기적으로 보아서 천재지변만 일어나지 않는다고 한다면, 한 나라의 생활 수준의 성장률은 평균적인 노동자 한 사람이 한 시간에 생산해 낼 수 있는 양의 연간 증가율과 거의 정확히 일치한다.

제2차 세계 대전 말 미국 노동자들의 생산성은 오늘날의 약 40퍼센트 수준—이는 오늘날의 그리스나 포르투갈 노동자들의 생산성과 대체로 비슷하고, 아일랜드 노동자들의 생산성보다는 조금 낮은 수준이다—이었다. 미국인들은 미국이 부자 나라라고 생각하고 있었다. 원래부터 다른 나라들보다 훨씬 부유하였고, 또 대공황의 수렁 속에서 오히려 크게 도약하였기 때문이었다. 그러나 당시의 상황을 보면 전 가구의 54퍼센트만이 자동차를 갖고 있었고 44퍼센트만이 자기 집을 소유하고 있을 뿐이었다. 1950년에 이르러서도 인구의 40퍼센트는 우리가 오늘날 빈곤선으로 간주하는 수준 이하에서 생활하고 있었다.

그 후 한 세대에 걸쳐 놀랄 만한 변화가 있었다. 1970년대 초까지 생산성은 두 배가 되었으며 그에 따라 생활 수준도 높아졌다. 전 가구의 63퍼센트가 자기 집을 소유하게 되었고 가구당 1대 꼴로 자가용차를 갖게 되었으며, 불과 10퍼센트의 가구만이 빈곤 상태로 남았다. 미국은 중산층의 나라가 된 것이다.

사람들은 대부분 이러한 성장이 계속될 것으로, 아니 오히려 가속화될 것으로 기대하였다. 『포천Fortune』지는 서기 2000년을 전망한 1967

년도의 한 특집판에서 실질 임금이 향후 사반 세기 동안 150퍼센트 증가할 것으로 예측하면서 생활 수준도 극적인 성장을 거듭할 것이라고 내다보았다. 앨빈 토플러Alvin Toffler의 『미래의 충격Future Shock』이나 찰스 라이히Charles Reich의 『미국의 신세대Greening of America』 등 대중서들도 급속한 경제 진보는 당연한 것이고, 다만 급속한 진보가 초래할 사회적 변화에 대해서만 우려하였다.

바로 그때 기계가 멈췄다. 1973년에서 1974년 사이에 오래 누적되어 온 인플레이션 압력과 치솟는 석유 가격이 결합되어 기록적인 소비자 물가 상승을 일으켰던 것이다. 그리고 통화 긴축으로 인플레이션을 억제하려던 연방준비이사회의 노력은 1930년대 이후 최악의 경기 후퇴를 낳았다. 그래도 경기 후퇴의 전례에서는 벗어나지 않아 이번에도 침체 국면 다음에는 확실한 경기 회복이 뒤따랐다. 그러나 회복세가 진행됨에 따라 이번의 경기 회복은 과거의 것과는 양상이 다르다는 사실이 점차 분명해졌다. 생산성이 단순히 과거 25년 동안의 방식대로 증가하지 않았던 것이다.

그것이 20년 전의 일이다. 이 시점에서 보면 미국의 생산성 성장기를 세 시기로 구분할 수 있다. 첫 번째는 19세기 말부터 제2차 세계 대전까지로, 생산성은 연평균 약 1.8퍼센트 성장하였는데 이는 대략 40년마다 생활 수준을 두 배로 올리는 수치이다. 두 번째 시기는 제2차 세계 대전부터 1973년까지로, 평균 성장은 매년 2.8퍼센트 정도로 활발하였으며 이는 25년 안에 생활 수준이 두 배가 되는 수치이다. 1973년 이후에는 생산성 성장이 연평균 1퍼센트 미만이었는데, 이는 제2차 세계 대전 후 한 세대 미만에 두 배로 이루어지던 생활 수준의 향상을 그대로 시현하기 위해서는 80년이 걸리는 속도이다.

이와 같은 생산성 성장의 둔화는 지난 25년간의 미국 경제를 둘러싼 두 가지 핵심적인 사실 가운데 하나이다. 생산성 둔화는 또 하나의 핵심적인 사실—불균등한 소득 분배의 확대—과 결합하여 많은 미국인들에게 전후 30년간의 폭넓은 경제적 진보를 일시적인 향상이거나 심지어는 몰락으로까지 비쳐지도록 하였다. 거의 모든 통계에서도 오늘날의 중산층은 1973년보다 감소하였는데, 계층 상승을 한 가구는 일부인 데 비해 훨씬 더 많은 가구가 빈곤해졌기 때문이다. 빈곤율은 1973년보다 20퍼센트가 더 높아졌고 아동들의 경우에는 40퍼센트나 높아졌다. 자동차의 소유는 꾸준히 늘었다. 그러나 이는 점점 더 많은 가구가 그들의 목표를 이루기 위해 직장 두 곳에 출퇴근하려고 차 두 대가 필요하였기 때문이다. 그러나 주택 소유는 줄어들었다. 이제 미국의 꿈은 사라졌으며 아이들은 부모들보다 열악한 생활을 하게 될 것이라는 인식이 팽배해졌다.

지나고 나서 깨닫는 일이지만 생산성 정체가 심각하고 다루기 힘든 문제라는 사실을 알게 되었다. 이 시점에서 미국의 생산성 문제는 세 번째 주기를 맞는다. 그 처음 20년 중에서 16년은 공화당 행정부의 집권기였는데, 그중 12년 동안 공화당 정부는 경제적 보수주의의 이데올로기에 충실하였다. 그러므로 이 시점에서 생산성은 경제적 보수주의 이데올로기의 문제로서, 오늘날의 보수주의자들은 그토록 참담한 생산성을 기록한 데 대해 무슨 변명이라도 해야 한다. 그러나 침체의 정도가 명백해진 1970년대에 보수주의자들은 오히려 공세로 나서 일련의 강력한 주장을 통해 생산성 정체에 대한 비난을 대부분 정부 탓으로 돌렸다.

우리는 그러한 주장의 특징을 간단히 살펴볼 것이다. 그러나 먼저 급속한 생산성 성장의 마법이 왜 사라져 버렸는가 하는 데 관한 몇 가지 폭넓은 견해를 살펴보도록 하자.

왜 생산성 성장이 둔화되었는가

생산성 둔화가 명백해진 처음 몇 년 동안에는 석유 가격이 전 세계적으로 상승한 탓이라는 비난이 지배적이었다. 그러나 얼마 후 대다수 경제학자들은 이와 같은 설명을 포기하였다. 높은 에너지 가격과 결부된 혼란으로 성장률이 2~3년간 평균 이하라는 정도는 설명할 수 있었지만, 성장률 하락의 규모와 지속성이 너무도 컸기에 석유 가격만큼이나 중요한 그 어떤 것으로서도 설명할 수가 없었던 것이다. 사실상 1980년대에는 유가가 폭락하여 실질적으로 1970년대 초 수준으로 돌아갔는데, 그래도 생산성 성장은 전혀 회복되지 못하였다. 그렇다면 다른 무엇인가가 진행되고 있었던 것이다. 도대체 무엇이?

1970년대에 그리고 오늘날까지 생산성 둔화에 대해 폭넓게 설명하는 주요 이론이 세 가지 있다. 그것들을 각각 기술적, 사회적, 정치적 설명이라고 하자.

기술과 생산성 둔화

기술은 넓은 의미—새로운 유형의 하드웨어뿐 아니라 JIT Just In Time 재고 관리 기법과 같은 소프트한 혁신도 포함하는—에서 생산성 성장에 결정적인 요소이다. 사실상 1950년대에 MIT의 로버트 솔로 Robert Solow 가 이 방면의 초창기 연구를 내놓은 이래, 장기 성장 문제의 분석가들은 기술이 끊임없이 진보하지 않으면 장기적으로 경제 성장은 서서히 멈출 것이며, 기술의 끊임없는 진보야말로 생산성 증가의 주요 원천이라는 점을 깨닫고 있었다.

생산성 둔화에 관한 기술적 측면의 설명은, 성장이라는 사활적인 엔진에서 증기가 다 빠진 것은 미국 경제의 기본 구조에 결함이 있어서가 아니라 단지 전후 호경기의 토대였던 기술들이 거의 한계에 다다랐기 때문일 뿐이라는 입장이다. 이 이야기는 다음과 같이 계속된다. 제2차 세계 대전 후 생산성은 오랫동안 누적되어 온 일련의 사상과 기술이 정교해짐에 따라 급속하게 성장하였지만, 그것이 완전히 이용되자면 지속적인 정치적 경제적 안정기가 따라야 한다. 1970년대 초에 이르러 기존의 과학과 기술에 내재된 가능성은 대부분 확인되었고 그래서 생산성 성장이 떨어졌다. 요컨대 생산성이 둔화된 것은 아이디어가 고갈된 탓이라고 할 수 있다.

그러나 "잠깐" 하고 여기서 다음과 같이 반박하고 싶은 독자가 있을지 모른다. "지난 20년간은 급격한 기술 진보의 시대가 아니었는가? 개인용 컴퓨터, 팩시밀리, 이동 전화, VCR이 있지 않은가? 그런데도 어떻게 아이디어가 고갈되었다고 주장할 수 있는가?"

좋은 지적이지만 답변할 말은 있다. 경제사학자들은 새로운 기술이 생산성과 생활 수준에 중대 영향을 미치는 데는 매우 오랜 시간이 걸리는 것이 보통이라고 본다. 예컨대 산업 혁명을 일으켰던 결정적인 기술 혁신은 재론의 여지가 있기는 하지만 1764년 하그리브스Hargreaves가 발명한 제니 방적기였다. 그렇지만 영국의 전반적인 산업화는 1810년경에 이르러서야 비로소 시작되었고, 실질 임금은 1840년대에 와서야 두드러지게 상승하기 시작하였다. 전기는 1880년대에 소개되었지만, 역사학자 폴 데이비드Paul David는 전기가 생산에 적극 활용된 것은

1920년대에 이르러서였다고 논한다.

이와 같이 시간의 지체가 발생하는 원인은 기술이 고립되어 사용될 때에는 충분한 영향력을 발휘하기 어렵기 때문이다. 즉 하나의 기술은 널리 응용되고 또 다른 기술들과 상호 작용을 할 때라야만 그 잠재적 진가가 발휘될 수 있다. 자동차는 희귀품일 때는 부자의 노리개이지만 포장도로가 거미줄처럼 깔리고 주유소와 정비소가 곳곳에 들어서면, 그리고 거대한 백화점이 시내 번화가가 아니라 근교의 한적한 곳에 세워지면 훨씬 일반화된다. 이렇듯 순환성이 존재하는 것이다. 하나의 기술이 생산에 적극 활용될 수 있도록 그 기술을 사용해 보고 또 보강해 주는 조직적인 과정이야말로 그 기술이 널리 사용되게 하는 원인이자 결과이다. 그러므로 새로운 기술은 그것이 아무리 대단하다고 해도 수십 년 동안은 피상적인 효과만 있을 뿐이며, 최소한도의 일반화에 도달해야 비로소 꽃필 수 있는 것이다.

따라서 전후 30년 동안은 오래전부터 존재하던 몇 가지 핵심 기술의 상호 작용을 이용함으로써 혜택을 받았다고 할 수 있다. 실제로 그 기술들은 대개 제1차 세계 대전 이전부터 존재하였지만 장기간의 경기 침체와 전쟁 때문에 충분히 이용될 수 없었던 것이다. 그러하던 과거의 아이디어들이 팍스 아메리카나Pax Americana의 후원하에 완전히 이용되면서 생산성에 극적인 효과를 낳았다.

석유업과 운송업이 동반 성장한 사례를 생각해 보자. 초고속도로, 거대한 유조선 및 엄청난 규모에 고도로 효율적인 정유 공장 등은 어떠한 근본적인 지적 혁신도 포함하고 있지 않았다. 제트기조차 1930년대 이후에는 원리적으로 가능하였다. 생산성의 급속한 성장은 바로 이미 알고 있는 개념을 실행에 옮기고, 또 산업들 간의 확대되는 상호 연관성을 강화함으로써 가능하였다. 자가용차와 냉장고, 그리고 소매 부문에서 생산성이 급속 성장한 슈퍼마켓 간의 관계에 대해서도 똑같이 말할 수 있다. 제조업의 경우 생산성 성장은 대개 비좁기 짝이 없는 여러 층짜리 구식 공장—육중한 증기 기관에서 여러 대의 기계에 동력이 전달되도록 하고 단선 철로를 통해 원료를 반입하고 생산품을 출하할 수 있도록 설계된 공장—을 전기 동력과 도로 수송에 맞게 설계된 단층짜리 개방형 공장으로 대체하는 것에서 비롯되었다. 이와 같은 아이디어는 혁명적이지 않았다. 그러나 그것이 생산성에 끼친 영향은 가히 혁명적이었다.

요점은 1960년대 말에 이르러 이와 같은 기술이 대부분 한계에 다다르기 시작하였다는 것이다. 사실상 우리가 여전히 현대적이라고 생각하는 것들 중 상당 부분이 도입된 지 벌써 20년도 넘는다. 예컨대 아직까지도 여객기의 대명사인 보잉 747기가 도입된 것이 1969년이라면 놀랍지 않은가. 오늘날의 기종이 개량형이기는 해도 근본적으로 달라진 것은 없다. 『실종된 정보의 시대 The Age of Missing Information』란 책을 쓰려고 텔레비전 방영물을 수없이 반복해 시청하였던 빌 맥키벤 Bill Mckibenn 은 이색적인 사실을 지적하고 있다. 1960년대 초부터는 시추에이션 코미디 물에 등장하는 집들이 특별히 구식으로 보이지 않는다는 것이다. 이 점을 러셀 베이커(Russell Baker, 1925~. 미국의 칼럼니스트—옮긴이)는 더욱 인상적인 말로 지적하고 있다. "1940년으로 돌아가 보면 1940년은 그저 어제 같을 뿐인데, 1890년만 해도 중세 암흑 시대 같은 것은 왜일까?"

1960년대 말 경영 컨설턴트인 피터 드러커 Peter Drucker 는 『불연속성의 시대 The Age of Discontinuity』라는 깊은 통찰력이 담긴 책을 썼다. 이 책에서 그는 과거 30년 동안의 급속한 경제적 진보에도 불구하고 1920년대 이래 경제의 산업 구조는 물론 경제를 주도한 기업들조차 상대적으로 변한 것이 거의 없다는 사실을 지적하였다. 경제 진보는 주로 근본적인 혁신의 결과가 아니라 패러다임을 제대로 이해하는 가운데 그 안에서 개선을 이룬 결과였다는 것이다. 또 그는 이러한 '연속성continuity'이 지속될 수는 없다는 점도 지적하였다. 즉 옛 기술은 그 역할이 거의 끝났으며, 최근에 생겨난 새 기술을 이용하려면 대규모의 경제 재편이 필요하다는 것이다.

다만 그가 지적하지 못한 것은 새로운 기술이 저변이 넓은 경제 진보라는 열매를 맺는 데 얼마나 시간이 걸리겠는가 하는 점이다.

예컨대 사무실의 컴퓨터를 생각해 보자. 컴퓨터는 1960년대 이래 업계에서 널리 사용해 오고 있고, 개인용 컴퓨터도 1980년대에는 곳곳에 퍼져 1991년에 이르면 미국의 사무직 노동자들 중 60퍼센트가 책상에 한 대씩 갖고 있을 정도가 되었다. 그렇지만 전통적인 방식으로 조직되어 있는 사무실에 단순히 컴퓨터가 추가된다고 해서 생산성이 오르지는 않는다. 고작해야 계속 재작성되는 서류를 전에는 급히 받아썼던 것을 이제는 세련된 서체로 레이저프린트를 하게 되었다는 정도일 뿐이다.

현재 많은 기업들이 컴퓨터를 제대로 이용하려면 사무 노동의 전체 구조를 재조직하는 일, 그리고 이를 위해 회사의 각 부서가 외부 세계와 연관을 맺은 방식으로 재조직하는 일이 필요하다고 보고 있다. 경영진에 개인용 컴퓨터를 안겨 주는 것만으로는 충분하지 않다. 이 컴퓨터들은 기업의 공급자들과 수요자들을 포괄하는 하나의 네트워크에 연결되어야 한다. 또 노동자와 경영자가 서류를 들고 직접 만나지 않고도 전산망을 이용하여 처리할 수 있도록 피고용인의 역할과 결재 단계가 모두 재조정되어야 한다. 즉 증기 기관용 기계에 맞게 설계된 공장에서 전기가 그 잠재력을 충분히 발휘할 수 없듯이, 컴퓨터도 서류가 왔다 갔다 하는 데 맞게 설계된 사무실에서는 그 잠재력을 충분히 발휘할 수 없는 것이다.

'기술 청산technology payoff' (1993년 『비즈니스 위크』지에 실린 기사의 제목을 인용한 말이다), 즉 정보 처리 기술의 광범위한 이용에 따른 경제적 대가가 오랫동안 지체되다가 마침내 1990년대에 들어와 나타나기 시작한 징후가 보였다. 그러나 중요한 점은 1970년대와 1980년대에 걸쳐 기술적 진보는 인상적이지만 그 모든 게 결실을 맺은 것은 아니라는 사실이다.

그리하여 생산성 둔화에 대한 기술적 측면의 설명은, 1970년대 초까지 전후의 호경기를 이끌어 왔던 일련의 기술은 거의 다 활용되었으나 궁극적으로 또 다른 호경기를 일으킬 기술은 아직 성숙기에 이르지 못하였다고 본다. 이것은 본질적으로 숙명론적인 견해이다. 일부 정책 개입론자들은 정부가 새로운 기술이 몰고 올 미래상을 예측하고 집단적인 캠페인을 통해 신속하게 미래로 이동하도록 속도를 올려야 한다고 생각한다. 3부에서는 이와 같은 전망에 속하는 몇 가지 온건론을 논할 것이다. 그러나 오늘날 거의 아무도 느낄 수 없는 정부 정책 담당자들의 지혜에서 신념을 불러모을 수 없다면, 생산성 둔화에 대한 기술적 설명은 현재의 상황을 인내해야 한다고 권고하는 데 불과하다.

사회학적 설명

생산성 둔화는 1970년대 초―제2차 세계 대전 후 약 한 세대가 꼬박 지나서이다―부터 시작된다. 전후의 호시절이 불과 한 세대 지속되었을 뿐이라는 사실에 어떤 의미가 있는가?

따져 보면 그 이유는 간단하다. 우선 베이비 붐 세대가 대규모로 노동 시장에 진입하기 시작한 것이 1960년대 말과 1970년대 초였다. 그것은 단순히 대규모의 새로운 성원들을 노동력으로 흡수할 필요에 따른 것이었기 때문에 노동력 대비 자본 비율의 성장은 둔화되었다. 그러나 베이비 붐 세대는 그 인구만으로 구별되었던 것이 아니다. 이들은 사회적인 풍요 속에서 자라난 첫 세대였으며 스포크(Benjamin M. Spock, 미국의 소아과, 정신과 의사—옮긴이) 박사의 육아법permissive dictates에 따라 양육된 세대였다. 무엇보다도 이들은 텔레비전을 시청하면서 자란 첫 세대였다.

이렇게든 저렇게든 1960년대의 문화적 풍토에 접해 본 사람이라면 누구나 사회적 요인이 1970년대의 침체에 중요하게 작용하였을 것이라고 생각한다. 확실히 생산성이 자본주의와 노동 자체가 모욕당한, 그리고 사회를 결합시켜 주는 고상한 가치와 위선의 혼합이 그 접착력을 잃어버린 10년 동안 악영향을 받은 것은 틀림없다. 이것은 엄밀한 경제적 분석은 아니지만 정량화할 수 없다고 해서 무시할 필요는 없다.

이 문제와 관련하여 1960년대에 일어난 변화 가운데 협소하게 규정된 경제력보다는 한층 사회 풍조에 기인한 것으로서 정량화될 수 있는 변화가 일부 있는데, 그것은 확실히 성장에 부정적인 영향을 끼쳤다고 할 수 있다. 가령 교육 수준을 시험 성적으로 표시하자면, 성적은 1960년대 말부터 점차 떨어지기 시작하여 현재까지도 계속 떨어지고 있다. 이처럼 교육 수준이 퇴보하는 까닭은 부분적으로 시내 저소득층 학교가 안고 있는 문제에 기인한다. 그러나 중산층의 교육도 비효율적이 되고 있는 것 같다. 예컨대 명문 대학도 입학 허가 수준이 상당히 떨어졌다고 하는 주장도 많다—한 가지 수치를 예로 들자면 오늘날 전형적인 하버드 대학 입학생의 3분의 1 정도는 20년 전이라면 입학 허가가 어림없었으리라는 것이다.

교육 수준이 하락한 주된 원인이 정부 지출 축소에 있는 것만은 아니다. 학생들이 짐짝 같은 걸상에 앉아 낡은 교과서를 펼쳐야 하는 궁핍한 학군이 없지는 않지만, 전체 교사들의 봉급은 민간 기업의 급여 수준을 유지해 왔으며 학급 규모는 점차 줄어들고 있다.(1960년과 1990년 사이에 초등 및 중등 학교의 학생 수는 단 10퍼센트 증가했지만 교사의 수는 70퍼센트 증가하였다.) 그 대신 미국의 교육 제도는 동기motivation—즉 교사와 학부모와 학생의 동기—문제와 관련하여 문제가 있는 것 같다. 상황이 최악인 학교에서는 폭력 풍토 속에서 교육이 사라졌지만 웬만한 보통 학교에서조차 수월성秀越性을 지향하는 전통적인 지도 방법이 사라져 버린 것 같다.

교육 문제 이상으로 인구의 주요 구성층 간의 사회적 붕괴 문제도 심각하다. 미국의 하류 계층의 규모와 참상은 선진국 중에서 유례가 없다. 대부분의 사람들은 저 하류 계층이 1960년대에 들어 급속하게 팽창하기 시작한 것으로 알고 있다. 하류 계층의 경제적 귀결점이 가장 중요한 쟁점은 아니지만 하류 계층의 확산이 미국의 성장에 중대한 장애물이 된다는 사실은 전혀 의문의 여지가 없다.

그리하여 사회 문제들—중간 계층 자녀들에게 경제적 동인動因의 상실, 교육 수준의 하락, 하류 계층의 증가—이 생산성 둔화에 중요하게 작용하였다는 그럴듯한 이야기가 만들어졌다. 이 이야기는 기술적 설명과는 사뭇 다르다. 그러나 이 이야기에도 숙명론적인 느낌이 든다는 공통점이 있다. 요컨대 안타깝기는 하지만 우리의 사회 문제에 대해 정부가 해결책을 제공할 수 있을 것이라고 믿는 사람은 거의 없다는 사실이다. 여하간 사회 문제란 대개 경제 정책의 영역에 속해 있지 않다. 따라서 사회학적인 설명은 우리에게 생산성 성장이 둔화되는 추세 속에서 살아가는 법을 배워야 하지 정부에 무엇이든 해내라고 요구하지는 말아야 한다고 제안하는 것 같다.

그러나 이것은 경제학자들이 기꺼이 받아들일 평결이 아니다. 좌파와 우파가 모두 생산성 성장이 둔화된 데 대한 설명을, 또는 최소한 성장을 좀 더 빠르게 할 수 있는 방법을 모색하였다. 그리고 처음에는 우파 쪽에서 재미있는 생각이 나왔다.

생산성 둔화에 대한 정치적 설명

1970년대에 나라의 경제적 어려움을 주로 제3의 근본 원인 탓으로 돌리는 경제 분석 체계가 서서히 자라나고 있었다. 바로 조세와 규제로 인한 시장의 왜곡 및 유인incentive의 감소이다. 우리는 이를 생산성 성장에 대한 정치적 설명이라고 할 수 있을 것이다. 이는 한 마디로 경제난을 정부의 잘못으로 본다.

레이건 재임 시절에 조세와 규제가 경제 성장의 걸림돌이 된다는 견해는 하나의 정치적 도그마가 되었다. 특히 보수주의자들에게 그것은 논증할 필요도 없이 오직 주장만 하면 되는 계시된 진리였다. 그러나 케인스에 대한 공격과 마찬가지로 조세 정책에 대한 보수주의의 비판은 당초 하나의 진지한 지적 운동, 심지어 가장 자유주의적인 성향의 경제학자들로부터도 존경심을 불러일으켰던(그리고 여전히 불러일으키고 있는) 지적 운동에서 시작되었다.

과세, 유인 및 성장

사람들에게 세금을 부과하려고 한다면 사람들은 납세를 회피할 길을 찾으려고 할 것이다. 소득을 숨기고 장부를 조작하는 간단한 속임수를 쓰는 사람도 있을 테고, 실질 이득을 장부에서는 손실로 상쇄하는 방법을 써서 법망을 교묘히 빠져나가려는 사람도 있을 것이다. 그러나 미국에서 사람들이 세금을 피하기 위해 애용하는 주된 방법은 과세당할 만한 일은 무조건 안 하는 것이다. 불행하게도 여기에는 근로와 투자가 포함된다.

좌파 우파를 막론하고 경제학자들은 사람들이 조세를 회피하기 위해 행동을 바꾸는 경향―경제학자들의 전문 용어로 과세와 결부된 유인의 왜곡distortion of incentives이라고 하는데―이 언제나 정부의 숨은 초과 비용을 발생시킨다는 데 동의한다. 이것은 기본 진리이다. 그런데 불행하게도 경제적 보수주의 이데올로기가 득세하던 시대에 이 기본 진리는 반쪽짜리 진실로부터 완전한 허위까지 망라하는, 즉 정부는 거두어들이는 돈을 상당 부분 낭비한다(부분적으로 옳다)는 대중 일반의 생각에서부터 납세자의 돈이 대부분 쓸모없는 관리들의 봉급으로 지출되고 있다(완전한 허위)는 생각에 이르는 일련의 다른 생각들과 뒤섞이게 되었다.

과세에 관한 보수주의의 논의를 이해하자면 다음과 같은 기본적인 사항으로 돌아가야 한다. 과세의 비용이란 무엇인가? 왜 1970년대의 많은 경제학자들이 과세의 비용이 전에 생각하였던 것보다 더 높다는 결론에 이르게 되었는가?

과세의 비용

경제 현안에 대해 생각할 때는 우리가 실제로 살고 있는 현실 경제보다 훨씬 단순화된 모형 경제를 상상해 보는 것이 도움이 된다. 그러므로 세금 문제에 대해 따져 보는 일을, 저축도 투자도 없고 세금 때문에 영향 받을 수 있는 유일한 경제적 결정은 사람들이 얼마나 열심히 일하는가

하는 데 달린 경제를 가정하여 시작해 보자. 그리고 이 가상 경제에서는 정부가 단순한 비례 소득세로 모든 수입을 거둔다고 상상해 보자. 구체적으로 가정해서 국민 소득은 1조 달러이고 정부는 모든 소득에 30퍼센트의 세금을 매겨 3000억 달러의 예산을 조달하고 있다고 하자.

현재의 정치 풍토에서라면 예산을 상당 부분 낭비하고 있음에 틀림없다고 지레짐작하는 사람들이 아마도 많을 것이다. 그러나 그것은 우리의 현 정부에 대한 일종의 편견으로서 불공정한 생각이며, 또 보수주의 경제학의 경우를 검토하는 데 불필요한 것이기도 하다. 그러므로 정부가 실제로는 돈을 잘 사용하여 3000억 달러에 대한 대가로 국방, 교육, 의료 보장 등 가치 있는 일을 하고 있다고 가정하기로 하자. 다만 그 가치가 비용에 상응하는 것인가 하는 의문은 버리지 말아야 한다. 그런데 여기서 문제의 핵심은 정부가 3000억 달러를 지출하는 데 드는 실제 비용이 3000억 달러보다 훨씬 많다는 점이다.

그 이유를 알기 위해 정부가 국민 소득의 1퍼센트인 100억 달러를 추가 지출하기로 결정했다고 가정해 보자. 이 지출을 충당하려면 세율을 1퍼센트, 즉 30퍼센트에서 31퍼센트로 올리면 된다고 생각할 수 있다. 그러나 실제로 이것만으로는 완전히 불충분하다. 왜냐하면 세율의 인상으로 말미암아 비록 소수라 하더라도 일을 덜 열심히 하거나 또는 근로 시간을 줄이는 사람들이 필경 나타나기 때문이다. 이와 같은 근로 의욕의 감퇴로 세원(즉 과세되는 소득의 양)의 규모가 감소될 것이다. 극단적인 경우에는 세입이 실제로 떨어질 정도로 세율 인상이 근로 의욕을 감퇴시키는 수도 있다. 그러나 그렇게 극단적이지 않은 경우에도 1퍼센트의 세율 인상에 따른 세입 순증분은 국민 소득의 1퍼센트 미만이 될 것이다. 따라서 100억 달러를 추가 확보하려면 정부는 세율을 1퍼센트 이상 올려야 한다. 또 하나의 예를 들어 필요 세율이 31퍼센트가 아니고 32퍼센트로 올랐다고 가정해 보자.

이와 같은 세금 인상으로 납세자들은 얼마나 손해를 보는가? 이 경우 납세자들에게 물리는 실제 비용은 100억 달러가 아니고 200억 달러에 가깝다는 것이 답이다. 왜 그런지 알려면 세전 소득이 10만 달러인 납세자를 생각해 보라. 만일 그가 세율이 2퍼센트 포인트 올랐는데도 전과 똑같이 일을 한다면 납세액은 2000달러가 오를 것이다. 전과 다름없이 일함으로써 그가 부담하게 되는 그 인상분은 대략 높아진 세율의 실질 비용이 된다. 그렇지만 그가 실제로는 2000달러씩이나 물지는 않는다. 왜냐하면 일을 덜함으로써 세금 부담을 줄이기 때문이다. 그러나 이것은 무가치한 보상이다. 그가 진심으로 소득은 좀 줄더라도 대신에 여가를 즐길 수 있기를 원하였다면 애초부터 그렇게 하였을 것이기 때문이다.• 그의 경험에 1만 배를 곱해 보면 정부가 100억 달러를 추가 지출하겠다고 결정할 경우, 납세 대중은 거의 200억 달러를 부담하게 된다는 것을 알 수 있다.

기본 요점은, 정부가 세입을 거두려고 하면 할수록 사람들이 버는 것과 지키고자 하는 것 사이의 간격이 벌어진다는 것이다. 누군가가 1달러를 더 벌기 위해 일을 하면 국민 총생산은 1달러가 더 올라간다. 그러

• 세금이 조금 오른 납세자의 실제 부담은 세전 소득에 대한 초과 지불과 거의 일치한다―납세자가 세금의 상당 부분을 회피하려 한다고 해도―고 하는 교묘한 논증(무역론에서는 '포락선 정리envelope theorem'라고 한다)이 있다. 그 내용은 다음과 같다. 가상적인 납세자의 근로 의욕은 세금 인상 이전에 30퍼센트의 세율에 맞추어져 있었다. 즉 납세자가 좀 더 일하기로 마음 먹는 지점은 조금 더 많은 소득의 효용이 그 소득을 올리는 데 필요한 초과 근로의 불편과 정확히 일치하는 지점인 것이다. 생각해 보면 이것은 높은 세금을 회피하기 위해 덜 일하는 것이 더 무거워진 부담을 그대로 받아들이는 것과 비교하여 이득이 작음을 의미한다. 소득의 초과 손실은 여가 시간의 획득과 가치가 거의 비슷한 것이다.

나 30퍼센트의 한계 세율을 부담한다면 그는 고작 70센트만을 가질 수 있다. 결과적으로 사람들은 일을 적게 하려고 하게 된다.

그렇다고 정부 지출이 나쁘다는 뜻은 아니다. 이상의 이야기가 말하고자 하는 바는 정부 지출의 실제 비용은 단순한 현금 지출보다 더 높다는 점이다. 정부 지출을 늘리려고 한다면 세금을 올려야만 할 것이고 그에 따라 경제적 동기는 더욱 왜곡된다. 이렇게 왜곡되는 사태야말로 정부의 프로그램에 들어가는 직접 비용을 초과하는 비용인 것이다.

그러면 이것은 어느 정도나 심각한 문제인가? 실제로 미국의 정부— 지방과 주 정부 및 연방 정부를 합하여—는 사실상 우리 소득의 약 30퍼센트를 세금으로 거둬 간다. 덧붙여서 근로 의욕의 감소는 이 수치가 제시하는 것보다 다소 높을 수밖에 없다. 그것은 미국의 세제가 어느 정도 누진적이기 때문에, 즉 고소득자들의 소득세율이 저소득자들보다 더 높게 책정되어 있기 때문이다. 이는 사회 여건상 합리적인 듯하지만 한계 세율—소득의 마지막 달러에 지불하는 비율—이 평균 세율보다 높다는 부작용이 있다. 만일 1993년 초에 빌 클린턴이 제안한 경제 프로그램이 통과되었다면 최고 소득자들은 연방 정부에 한계 세율 46퍼센트의 세금을 물고, 더하여 주 정부와 지방 정부에도 2~3퍼센트의 세금을 추가 부담해야 하였을 것이다. 이것은 사소한 일이 아니다. 경제 유인에 조세가 끼치는 부정적인 효과에 대해서는 의문의 여지가 없다.

위의 예에서 정부가 1달러를 추가할 때 드는 실제 비용은 거의 2달러가 된다고 하였다. 이 수치는 대개의 평가치가 실제로 제시하는 수준(일반적으로 1.30달러 정도로 평가된다)보다 많다. 그러나 원리가 옳은 것은 확실하다.

그럼에도 조세가 경제 유인을 왜곡한다는 사실을 인정하는 것만으로는 경제 정책에 관해 거의 아무것도 알 수가 없다. 무엇보다도 정부 없이 따라서 세금 한 푼 없이 뭔가를 한다는 것은 선택 사항이 아니며, 그러므로 동기에 왜곡이 가해지는 사태를 피할 수는 없다. 그것은 양자 택일의 문제가 아닌 것이다. 확실히 말할 수 있는 것은 조세 구조를 선택하고 정부가 수행해야 할 사업을 결정할 때 원칙적으로 경제 유인에 대한 영향을 고려해야 한다는 정도이다.

그러면 보수주의자들이 보탠 것은 무엇인가? 조세와 연관된 유인의 왜곡 문제가 대다수의 경제학자들이 전부터 인식하고 있었던 정도보다 훨씬 더 심각하다―그리고 이러한 왜곡 현상이 근로 의욕에 대해서가 아니라 특히 저축과 투자 의욕에 대해서 집중적으로 나타난다―는 주장을 강력하게 편 것이다.

조세, 저축 및 투자

한 해에 미국 경제는 소득의 15~20퍼센트를 현재의 소비가 아니라 투자에 돌리는 것이 보통이다. 투자란 미래에 더 많이 소비하기 위해 현재의 소비를 연기하는 결정을 말한다. 그리고 이 투자야말로 세금 때문에 근로 의욕보다도 훨씬 더 왜곡되는 결정이다.

왜 그런지 살펴보기 위해 오늘 내 현재 소득에서 일정 세금을 지불한 다음 1000달러를 소비할 것인지 아니면 투자할 것인지를 결정한다고 가정해 보자. 이때 나는 1000달러를 10년 동안 투자하면 2000달러가 된다는 것을 알고 있다고 하자. 그러면 결과적으로 나는 현재 1000달러의 소비를 미래의 2000달러 소비와 교환할 수 있으며, 또 그 반대의 경우도 마찬가지이다. 지금의 만족과 지금부터 10년 후의 만족을 비교 평가하는 데 따라 나는 어느 쪽이든 선택할 수 있는 것이다.

만일 세금이 없다면 나는 오늘의 1000달러를 10년 후의 2000달러와 기꺼이 맞바꿀 것이다. 그러나 세금이 있기 때문에 맞바꾸는 것이 별로 내키지 않는다. 왜냐하면 만일 지금 1000달러를 투자하여 10년 후 2000달러를 얻는다면 세무 당국이 소득에 차이가 난 것을 알고 세금을 부과할 것이기 때문이다. 가령 세율이 30퍼센트라면 나는 오늘의 실질 1달러를 미래의 2달러가 아니라 1.70달러와 바꾼 것이 된다.[•] 그 결과는? 내 행위가 왜곡되는 것이다. 그러므로 나는 지금 더 많이 소비하고 미래에 대해서는 거의 투자하지 않게 된다.

다시 말하지만 이것은 논쟁적인 명제가 아니다. 그러나 1970년대에 재정학 전문가들은 미국에서 어떤 유형의 투자에 대해서는 실질 세율이 1970년대에 형벌적인 수준으로 올랐음을 확신시켜 주는 이론을 내놓았다. 그 이론만큼 확실하지는 않지만 그들은 또 이러한 세율 인상이 저축과 투자 의욕을 감퇴시켜 경제 성장을 둔화시킨 주요인이었으며, 실제로 주요인이 되고 있다는 증거를 제시하였다.

이 운동을 이끈 사람이 하버드 대학의 마틴 펠스타인이었다. 후에 그는 2년간 로널드 레이건의 경제자문회의 의장으로 재임한다―그리고 그 시절에 미국 역사상 자문위원들을 가장 무시한 고집불통일 것이란 일종의 악명을 얻는다. 그러나 1970년대에 펠스타인은 그것이 내포하고 있는 정치적 의미가 얼마나 보수주의적이었든지 간에 진지하게 채택된 새로운 재정학의 선봉에 서 있었을 뿐이다.

펠스타인이 지적한 것은, 투자 의욕을 감퇴시키는 세금은 어떤 경우

• 물론 우리는 세제를 바꾸어 이와 같은 인센티브 저해 요소를 제거할 수 있다. 자본 소득세나 부가세 공제 제도 등이 이에 해당한다.

더라도 나쁘지만 특히 1970년대에는 인플레이션에 가속도가 붙고 있었기 때문에 더욱 나빴다는 점이다. 그 이유를 살펴보기 위해 또 다른 수치를 예로 들어보자. 지금 나는 한계 세율이 50퍼센트인 상황에서 소득의 일부를 그대로 소비할 것인지, 아니면 1년 동안 미 재무부 증권에 투자할 것인지를 망설이고 있다. 인플레이션이 낮을 때는 재무부 증권의 이자율이 4퍼센트쯤이었다. 그러나 이 이자에서 세금을 떼고 나면 투자의 순수익은 2퍼센트 정도가 된다. 이는 낮은 인플레이션에서도 과세가 투자 유인을 감소시킨다는 사실을 뜻한다. 그러나 논의를 계속하기 위해 이것은 별로 큰 문제가 아니고, 저축의 수익률을 4퍼센트에서 2퍼센트로 삭감하는 것이 경제에 적당한 비용만을 부과하는 것이 된다고 가정해 보자.

이제 인플레이션이 10퍼센트에 이른다고 하자. 인플레이션과 나란히 명목상으로는 이자율도 오른다. 인플레이션이 10퍼센트라면 재무부 증권의 이자율은 약 14퍼센트 선으로 오를 것이라고 기대할 수 있다. 만일 세금이 없다면 투자의 실질 수익률―1년 동안 투자된 달러의 구매력의 증가분―은 변하지 않는다. 14퍼센트의 이자율에서 인플레이션율 10퍼센트를 빼고 여전히 4퍼센트가 남기 때문이다.

그러나 여기서 펠스타인의 요점이 나온다. 세법은 단지 인플레이션을 초과하는 이자가 아니라 전체 이자를 소득으로 계산한다. 한계 세율이 50퍼센트라면 14퍼센트의 세전 수익률은 고작 7퍼센트의 세후 수익률―인플레이션율보다 3퍼센트나 낮은―을 뜻한다. 결국 나는 저축을 했다고 벌금을 문 꼴이다! 이는 전보다 더 심하게 유인을 왜곡하는 것이다. 미래를 위해 저축하는 것이 실질적으로는 수익의 감소를 초래한다면 누가 애써서 저축을 하겠는가?

펠스타인은 인플레이션이 조세 제도를 통해 그럭저럭 견뎌 낼 만한 명목 세율을 아주 높은 실질 세율로 바꾸고 있다고 지적하였다. 예컨대 기업들이 이윤의 42퍼센트를 납세해야 한다고 하자. 그러나 펠스타인의 계산에 따르면 인플레이션 효과를 감안할 때 설비 투자분까지 합쳐서 모든 이윤에 대한 실질 세율은 거의 75퍼센트를 넘는다는 것이다.

그러니 굳이 공화당원이 아니라 해도 이렇듯 높은 세율이 투자 의욕을 꺾어 경제 성장을 해칠 것이라는 사실을 기꺼이 인정할 수 있을 것이다. 그러나 인플레이션과 투자의 상호 작용이 진정 미국의 경제난을 일으킨 악당이 되는가? 이에 대해서는 증거가 좀 불분명하다.

그 증거의 한 편린이 스탠퍼드 대학 교수 마이클 보스킨Michael Boskin의 통계 작업에서 나왔다.(펠스타인처럼 보스킨도 후에 경제자문회의의 의장이 되었는데, 그때는 조지 부시 대통령 시절이었다. 그는 펠스타인과는 달리 비록 개인적으로는 의견이 달랐어도 임명권자의 정책을 공개적으로는 비판하는 일은 삼갔다. 그러나 그러한 처신도 부시의 경제 실정에 따른 희생양이 되는 사태를 막아 주지는 못하였다.) 보스킨은 미국의 전반적인 저축률이 대다수 경제학자들이 전에 믿었던 것보다 훨씬 강하게 수익률에 영향을 받는다는 증거를 발견하였다.

좀 더 복잡한 증거를 약관의 하버드 대학 경제학자 로렌스 섬머스 Lawrence Summers가 내놓았다. 당시 그는 기업의 수입에 대한 세율 인하를 강력하게 주장하고 있었기 때문에 보수주의자로 여겨졌다.(후일 그는 마이클 듀카키스와 빌 클린턴 두 사람의 경제 자문역으로, 즉 반대편으로 건너뜀으로써 결코 보수주의자가 아니라는 사실이 밝혀졌다.) 섬머스는 기존에 널리 인정받던 소비 행위의 모형—이른바 평생 주기 모형—이 맞다면, 그것은 펠스타인이 계산하였던 여러 종류의 실질 세율이 저축에 커다란 역효과를 끼친다는 사실을 함축한다는 점을 보여 주었다.

1980년까지 펠스타인과 보스킨, 섬머스 및 기타 여러 사람들이 많은 경제학자들로 하여금 미국의 조세 정책이 사실상 투자를 가로막는 결정적인 장애물임을 확신하도록 하였다. 그뿐 아니다. 미국의 또 다른 주요 정책인 사회 보장 제도 또한 저축과 투자를 저해하고 있다.

사회 보장 문제

복지 국가 이전 시대에 가난은 노인들에게 가장 흔히 일어나는 고통의 하나였다. 일할 수 있는 시기에 별로 벌어 놓지 못한 사람들은 저축도 거의 없으니 더 이상 일할 수 없게 되면 빈곤에 빠지지 않을 수 없는 것이다. 1970년대 말만 해도 노년층의 빈곤율은 전체 인구 평균의 두 배 정도였다.

그러한 상황을 바꾸기 위해 사회 보장 제도가 도입되었다. 실제로 사회 보장 제도는 평생 일해 온 모든 사람들에게 연금을 보장한다. 이 제도는 1970년대에 걸쳐 꾸준히 확대되었으며 그 결과 노년층의 빈곤율이 급격히 떨어졌다. 과연 1990년에 이르러 노년층의 빈곤율은 1969년의 절반 미만이 되었으며 인구 전체의 빈곤율보다도 낮아졌다.

그러나 마틴 펠스타인은 이와 같은 진보에는 상당한 비용이 들어가게 될 것임을 시사하였다. 사회 보장 제도가 있음으로 해서 사람들의 저축 인센티브가 감소된다는 사실을 지적하였던 것이다. 일을 그만둔 후에는 사회 보장 지급금을 받게 될 것을 뻔히 알기 때문에 저축할 이유가 그만큼 줄어든다는 것이다.

현재 우리 모두는 일하는 동안 사회 보장 제도에 기금을 납부할 의무가 있고, 따라서 단지 다른 방식의 저축을 하고 있는 것이라고 생각할 수 있다―민간 부문의 많은 근로자들이 은퇴 후의 생활을 위해 개인 자산보다는 연금 기금에 의존하는 것과 똑같이 말이다. 그러나 펠스타인은 사회 보장 제도가 기금화되지 않기 때문에 개인적 연금 계획과 같지 않다고 논한다. 사회 보장 연금은 들어오는 만큼 나가는, 즉 근로자들이 현재 내고 있는 납부금이 그대로 퇴직자들의 수령금으로 지급되는 체제로 운영되기 때문이다.

이는 기존의 퇴직자들에게는 매우 유리한 제도이다. 노동력과 평균 임금은 모두 시간에 비례하여 성장하는 경향이 있기 때문에 근로자 개개인은 복지 연금 납부금이 개인적인 연금 계획에 따라 투자되었을 때 받을 수 있는 수령금보다 더 많이 받을 수 있으리라고 기대해도 좋은 것이다. 사실상 사회 보장 제도는 더 부유하고 인구도 더 많은 미래의 세대가 현재의 근로자 개개인들에게 선물을 주는 제도이다. 좋은 제도가 아닐 수 없다. 그러나 이는 또한 사람들이 소비는 더 많이 하고 저축은 더 적게 하도록 유도한다.

1970년대 펠스타인의 계산에 따르면, 현재 살고 있는 사람들이 사회 보장 제도로부터 받을 것으로 기대하는 순 수령금은 미국 내에 있는 모든 생산재 가치의 40퍼센트에 해당하였다. 따라서 만일 사회 보장 제도가 개인 연금이나 또는 다른 개인 저축을 실제로 대체한다면 자본 형성을 저해하는 중대한 결과를 낳을 수 있다.

노동 시장

새로운 보수주의적 재정학은 미국이 정말로 고율의 세금을 저축과 투자에 부과하고 있음을 밝혔다. 또 과세가 이 두 분야보다는 강도가 덜하지만 노동 시장도 심각하게 왜곡시키고 있음도 밝혔다.

여기서도 펠스타인이 다시 앞장섰다. 1973년 초에 그는 미국이 완전 고용과 낮은 인플레이션을 조화시키고자 하면서 안게 된 문제점들은 빈약한 인센티브에 따른 결과일 것임을 시사하였다. 그의 표적은 실업 보상이었다. 실업 보상은 물론 실업의 고통을 경감시켜 주는 효과가 있다. 한 마디로 펠스타인의 주장은 이 찬양받아 마땅한 목적에 비용이 따른다는 것이다. 즉 실업이 덜 고통스럽게 되기 때문에 노동자들이 임금 요구를 자제할 인센티브는 줄어들고, 이는 인플레이션을 통제하기 더욱 어렵게 한다. 결국 실업 보상으로 말미암아 실업률에 대해 신경은 덜 쓰게 되었지만 미국은 실업 보상이 없을 경우에 비해 훨씬 더 높은 실업률을 겪게 되었다는 것이다.

다른 경제학자들도 조세로 인한 왜곡 현상이 주로 저축과 투자 부문에서 발생하면서 근로 의욕의 감퇴 측면에서도 또한 만만치 않은 영향을 끼치고 있음을 시사하는 증거를 내놓았다. 경제학자들은 미국에서 시행되는 조세의 세율이 근로 의욕에 정말로 심각하게 영향을 끼칠까 하는 문제에 대해 전통적으로 회의적이었다. 그러나 복잡하기 짝이 없는 통계 작업의 결과를 보면 기겁할 정도는 아니지만 분명히 주목할 만한 내용, 즉 1퍼센트의 세율 인상에 따라 약 3분의 1퍼센트 정도로 근로 의욕이 감퇴한다는 사실을 알 수 있다.

조세와 경제 성장

펠스타인과 그의 추종자들은 조세로 인한 인센티브의 왜곡이 경제의 주요 쟁점이라는 확신에 찬 견해를 내놓았다. 그러면 그것은 어느 정도나 주된 것인가?

다음 장에서는 '공급 중시론자'들, 즉 조세 감면이 경제 성장의 거대한 용솟음을 선도할 것이라고 믿는 과격한 보수주의자들의 운동을 다룰 것이다. 이들 공급 중시론자들 가운데 가장 유명한 인물은 아서 래퍼이다. 그는 조세 감면에 따라 생산이 더욱 늘어남으로써 실질적으로 세수도 증대될 것이라고 주장하였다. 그런데 여기서 알아야 할 중요한 사실은 펠스타인이나 그의 추종자들 중 누구도 그런 디무니없는 주장을 하지는 않았다는 점이다.

한 가지 사례를 통해 이 점을 분명히 확인할 수 있다. 부시 행정부 시절, 보수주의자들이 세금을 더 많이 삭감하라고 요구하였던 데는 자본 이득에 대한 조세를 줄이려는 생각에 그 알맹이가 있었다. 과연 공화당은 경제에 활력을 불어넣기 위해 거의 종교적 신념을 품고 자본 이득세의 삭감에 나섰다. 그러나 1980년 로렌스 섬머스는 법인세 및 투자자들에 대한 세율 인하를 강력히 주장한 한 논문에서, 자본 이득에 대한 세금을 완전히 없앤다고 하더라도 미국의 산출물을 단 1퍼센트 올리는 데 거의 10년이 걸릴 것이라고 추정하였다.

1970년대의 보수주의 재정학이 정녕 제시한 바는 미국의 조세 제도가 개혁되어야 한다는 것이다. 일부 세율은 지나치게 높아서 근본적으로 경제 유인을 왜곡하고 있다. 따라서 그런 세율은 인하―대신에 왜곡이 덜한 세목의 세율을 올리거나 또는 지출을 줄임으로써 조세 삭감을 보전하고―하는 것이 경제에 도움이 될 것이라고 시사하였던 것이다. 그런데 조세가 미국이 겪는 경제난의 근원이라거나 또 세율 인하를 통해 자동적으로 미국이 다시 움직일 것이란 사실을 입증하는 이론이나 증거는 아무것도 없다.

그러나 정계에서는 학계 동향의 구체적인 내용보다는 그 내용이 논쟁의 색조에 영향을 끼치는 방식이 훨씬 중요하다. 1970년대에 걸쳐 대중들 사이에는 정부에 대한 환멸감이 급속히 퍼졌으며, 이는 처음에는 캘리포니아와 매사추세츠 주에서 대중적 조세 저항을 일으켰고 이어서 로널드 레이건의 당선에 일조하였다.

그리고 과격한 조세 삭감 계획을 죽기살기로 추진한 극단적인 보수주의 논객들과 정치가들도 소수 있었다. 마틴 펠스타인과 같은 보수주의 재정학 이론가들의 연구가 아무리 조심스러운 것이었다 하더라도, 이와 같은 정치적 풍토에서 그것이 근본적으로 대중적 편견을 강화시켜 주는 방향으로 전개될 것임은 불가피하였다. 펠스타인이나 보스킨 그리고 아서 래퍼의 전면적인 주장 사이에는 엄청난 지적 간격이 있었다. 그러나 대중들의 마음속에서 그들은 사실상 동맹자였다.

규제의 비용

정부 정책에 대한 신보수주의 경제 이론 가운데 지적으로 가장 흥미 있는 분야는 조세에 초점을 맞춘 것이었다. 그러나 과세만이 정부가 대중들에게 부과하는 유일한 비용은 아니다. 사실상 정부 정책의 주요 수단으로서 과세와 정부 지출을 회피하려는 장기적인 경향이 항상 존재해 왔다. 20세기를 지나면서 행정적인 수단으로 전환, 즉 추정된 공공의 이익을 도모하기 위해 민간 부문의 행위에 대한 직접적인 통제를 목적으로 하는 기준과 요구 및 규제를 지향하는 정책 전환의 경향이 강화되었다.

많은 경제학자들—그들 모두가 보수주의자는 아니다—은 불필요하거나 또는 잘못 채택된 규제에는 조세보다 더 많은 불필요한 비용이 수반된다고 지적하였다. 이러한 비용 중의 일부는 오랫동안, 심지어 전후 한 세대에 걸친 급속한 성장기에도 미국 경제의 한 부분을 차지하고 있었다. 그러나 규제의 다른 비용은 환경과 국방 문제에서 정부의 역할이 더욱 커짐에 따라 1970년대에 더 많이 증가하였다. 실제로 일부 경제학자들은 생산성 둔화의 원인은 점증하는 규제에 있지 더욱 높아진 실질세율에 있는 것은 아니라고 지적하기도 하였다.

1990년대까지 다른 많은 것들에 대해서와 마찬가지로 정부의 규제에 대한 비판은 보수주의자들의 일종의 조건 반사가 되었다. 그러나 그 비판이 초기에 지적으로 얼마나 설득력이 있었는지를 되돌아보는 것도 무가치한 일은 아니다.

경쟁의 규제

경제 이론에 따르면 독점은 경제에 아주 나쁘다. 이것은 단순히 공정성의 문제가 아니라 독점 기업과 카르텔이 고가격을 유지하면 할수록 경제 유인은 왜곡되고 조세 때문에 야기되는 것과 매우 유사한 비효율성이 발생하기 때문이다. 이 문제를 풀 가장 좋은 해답은 경쟁을 촉진시키는 한편 고가격을 유지하려는 담합은 모두 불법화하는 것이다. 그러나 자연 독점이 될 수밖에 없는 산업이 있다. 즉 생산이나 분배의 기법상 각 시장이 하나의 기업에 지배받을 수밖에 없는 경우이다. 예를 들자면 전력 공급이나 (전국적이 아닌) 지방별 전화 서비스, 지역 TV 방송 등이다.

대부분의 나라에서는 자연 독점이 공기업의 형태로 운영된다. 그러나 미국에서는 일반적으로 그러한 독점 기업의 사적 소유를 인정하면서 가격 상한선과 서비스의 하한선을 규정하여 독점력을 통제하는 방식을 선호한다. 이것은 불완전한 해결책이기는 하지만 다른 방식도 불완전하기는 마찬가지이다. 그리고 이 방식은 대부분의 경우에 매우 잘 움직인다. 완고한 보수주의자들에게는 다른 분명한 대안—독점을 그대로 허용하는 것—이 훨씬 마음에 들지만 그 방식은 거의 제대로 작동하지 않는다.(1980년대에 미국의 레이건 파와 영국의 대처 파는 자유 시장의 힘을 과신하여 유선 방송이나 전력 같은 자연 독점 산업을 규제받지 않는 민간 기업에 넘겨 주었다. 그로 인해 야기된 대혼란에 대해서는 뒷장에서 서술할 것이다.)

19세기에 가장 중요한 자연 독점 산업은 단연 철도였다. 당시 미국에는 시카고에서 뉴욕에 이르는 일대와 같이 교통량이 일정해서 수많은 철도 회사가 경쟁할 수밖에 없었던 구간도 없지 않았다. 그러나 지방에서는, 특히 시카고 서부 지방에서는 농장과 소읍들이 모든 화물 수송을 좌우하는 단 하나의 철도 회사에 의존하고 있는 것이 보통이었다. 그리하여 이미 100년 전에 철도 요금을 규제하는 주간州間통상위원회가 구성되었던 것이다. 그 이후 똑같은 원칙이 다른 운송업 즉 트럭 운송과 항공 및 천연 가스 송유관로에도 확대 적용되었다.

이 모든 것이 처음에는 합리적이었다. 그러나 시간이 지나면서 두 가지 사태가 일어났다. 첫째, 경제가 변하였다. 미국의 운송 부문이 철도에서 도로로 이전함에 따라, 그리고 처음에는 트럭 수송량이, 다음에는 항공편이 증가함에 따라 운송업을 명확히 자연 독점이라고 규정할 수 없게 된 것이다. 실제로 1980년까지 (보수주의자들뿐 아니라) 많은 경제학자들은 경쟁 가능성이 충분해서 이제는 규제 근거가 사라졌다고 보았다. 둘째, 규제의 공익적 근거가 사라짐에 따라 규제 과정 자체가 점차 소비자보다는 기업의 이익을 보호하는 방향으로 흐르게 되었다. 그리고 많은 분석가들은 기업의 규제가 통제 대상인 독점보다 더 큰 해를 끼치기 시작했다고 생각하게 되었다.

이는 자유 시장론자들이 손쉽게 이긴 싸움이었다. 석유, 항공 및 트럭 운송업에 대한 광범위한 탈규제 정책이 지미 카터 행정부하에서 시행되기 시작하였다. 비록 항공업은 일반적으로 인식되어 온 것보다 자연 독점적 성격이 훨씬 더 강하다는 사실이 밝혀지기는 하였어도 대다수 경제학자들은 이러한 탈규제가 성공적이라고 판단하였다.

운송업의 탈규제를 정당화하는 데 사용된 똑같은 주장은 또 은행이나 저축, 대출과 같은 금융 제도의 탈규제를 정당화하는 데에도 일부 사용되었다. 그러나 이것은 전혀 다른 이야기로서 6장에서 살펴보게 될 것이다.

여기서의 요점은, 경쟁을 규제하는 정부의 잘못된 정책에 대한 비판—경제학자들이 이데올로기의 편차에도 불구하고 한 목소리를 내는 비판—의 힘이 규제에 대한 전혀 다른 유형의 비판, 즉 기업 활동에 가해지는 점증하는 부담이 경제 성장에 무거운 짐이 되고 있다는 주장에 신뢰성을 더해 주고 있다는 것이다.

규제, 생산성 둔화의 주범

1979년 경제학자 머레이 웨이덴봄Murray Weidenbaum이 『기업 규제의 미래 The Future of Business Regulation』란 책을 출판하였는데, 이 책에서 그는 놀라운 주장을 펼쳤다. 즉 미국에서 기업 활동에 부과되는 규제 비용은 연간 1000억 달러 이상이며, 사실상 이 점에 입각하여 생산성 둔화의 주요 원인을 설명할 수 있다는 것이다. 이렇게 주장한 덕택에 웨이덴봄은 로널드 레이건의 경제자문회의 초대 의장이 되었다.

웨이덴봄의 추정액을 뒷받침하는 산출 근거는 대부분 추측에 지나지 않고, 더욱이 대다수 보수주의 경제학자들조차 (후일 빌 클린턴이 그의 경제 계획에서 추정한 바 사회간접자본 투자에 대한 높은 회수율에 대해 다수의 자유주의자들이 개인적으로는 너무 지나치게 낙관적이라고 생각하였던 것과 똑같이) 액수가 너무 많다고 생각하였다. 그럼에도 불구하고 경제학자들 간에는, 특히 온건 좌파 학자들 사이에는 1970년대에 기업의 규제 부담이 급격히 늘어났다는 데 폭넓은 의견 일치가 있었다.

이와 같은 부담 증가의 원천은 트럭 운송업, 항공, 은행 등에 대한 전통적인 규제가 아니었다. 그 원천은 노동자의 위생이나 소비자의 안전, 그리고 환경 등을 보호할 목적으로 부과된 새로운 규제들이었다. 직업안정위생국, 환경보호국 및 소비재안전위원회—모두 리처드 닉슨이 설립하였다—가 기업 활동에 심각한 새로운 비용을 부과하였음은 의문의 여지가 없다.

극단적인 보수주의자들은 이와 같은 새로운 규제가 업계에 대한 맹목적인 적대감에서 부과된 순 비용인 것처럼 말하는 경향이 있으나, 한편으로 타당한 목적에 기여하고 있음은 물론이다. 가령 공해는 부涔의 '외부성externality', 즉 공해를 유발하는 이들이 사회 전체에 부과하지만 그 비용이 자신들에게는 거의 돌아오지 않기 때문에 굳이 공해를 회피할 동기가 거의 없는 비용의 고전적인 사례이다.

직업 안전도는 좀 더 문제가 되는 쟁점이다. 완고한 자유 시장론자들은 작업 공간의 안전도 시장에 맡겨 두어야 한다고 말할 것이다. 안전하고 위생적인 환경을 제공하는 회사는 임금이 좀 더 낮더라도 노동자들을 끌어모을 수 있으므로 시장이 적정한 안전도를 자동적으로 제공한다는 것이다. 그러나 실제로 노동자들이 꼭 필요한 안전 관리 업무—1992년 노스 캐롤라이나의 한 소규모 공장에서 노동자들이 화재로 사망한 사건이 있었는데, 그들은 비상구가 잠겨 있어 빠져 나올 수가 없었다—까지 맡아 할 수는 없다. 그러므로 온건한 보수주의자들은 노동자의 위생과 안전을 위한 어느 정도의 정부 규제를 기꺼이 지지한다.

그러나 두 가지는 아주 명백하였다. 첫째, 새로운 규제에 따른 비용이 최소한 일부 산업 분야에서는 상당히 많았다는 것이다. 예를 들면 미국의 탄광 산업은 1970년대에 생산성이 서서히 하락하였는데, 그 이유는 아마도 위험하기로 악명 높은 이 사업에 안전 규제가 강화되었기 때문이었을 것이다. 둘째, 많은 경우에 규제의 비용이 필요 이상으로 높았다. 이는 특히 공해를 규제함에 따라 그러하였다. 경제학자들은 시장 기구를 활용하는 방안—환경오염세나 오염 물질 방출권 경매 등—을 권고하였다. 그렇지만 그 대신에 미국의 환경 규제는 상세하고 경직된 규정을 부과하였다. 인센티브를 주었다면 값싸게 공해를 줄였을 기업들에게 아무런 인센티브가 없었고, 공해를 줄일 혁신적인 방법에도 인센티브는 없었으며, 공해 감소의 비용이 엄두도 내지 못할 정도로 높은 기업들에게 아무런 보상도 없었던 것이다.

그 어느 것도 위생과 환경 규제를 반대하는 경우에 필적하지 못하였다. 그런 경우는 덜 엄격하고 융통성이 많은 규제에 국한되었다. 이 점에서 규제에 대한 지각 있는 보수주의자들의 비판은 과세에 대한 비판과 매우 유사하였다. 그들은 특정 유형의 행위에 고율 과세를 배제하고, 평균적으로 세율이 좀 더 낮고 융통성이 훨씬 많은 세제를 요구하였던 것이다.

1980년의 상황

1980년에 이르러 보수주의 경제학자들은 특정 사안, 특히 자본 형성에 대한 고율 과세가 경제 성장에 결정적인 장애가 되었다고 강력하게 주장하였다. 그들은 또한 과세 문제에 비해서는 다소 약하지만 상당히 단호한 어조로 엄격한 규제도 성장에 제동을 걸고 있다고 주장하였다. 과세 문제이든 규제 문제이든 어느 경우에도 그들이 제시한 수치 자체에는 정책 변화가 현실적으로 경제의 극적인 반전을 가져올 수 있다는 내용이 들어 있지는 않았다. 그러나 정부가 과세나 규제가 초래할 인센티브의 결과에 대해 더욱 신중하게 주의해야 한다는 생각은 주목할 만한 것이었다.

덜 혁명적이고 온건한 정책 변화를 기대할 수 있었다. 그리고 실제로 그러한 변화는 이미 지미 카터 대통령 재임시에 시작되었다. 항공과 트럭 운송업 및 유류 산업에 대한 규제를 푼 이는 카터나 다름 없으며, 상류층에 적절한 세금 삭감이 이루어졌던 것도 그가 재임할 때였다. 1980년 1월 누가 선거에서 이기든 이러한 방향으로 온건한 정책이 계속될 것이라고 우리 모두 합리적으로 예측할 수 있었다.

그런데 그것이 뒤집혔다. 왜냐하면 세금 인하를 주장한 설득력 있고 합리적인 보수주의자들이 공화당의 정책을 최종 결정하지 못하였기 때문이다. 공화당의 정책을 최종 결정한 것은 사뭇 다른 집단, 바로 공급 중시론자들이었다.

3장
공급 중시론자들

『거짓말쟁이의 포커Liar's Poker』의 저자 마이클 루이스Michael Lewis는 1980년경 금융계의 문화가 근본적으로 변하고 있다는 사실에 주목하였다. 태어날 때부터 회색 정장을 입고 있었을 것 같은 신중한 사람들 대신에 야심적이고 더러 반항적인, 그래서 60년대였다면 필경 대학의 급진파―몇몇 사람들은 실제로 그랬다―였을 청춘남녀가 그 자리에 들어섰다. 신중함은 사라지고 공격적인 거래 기법, 오랜 관행을 무시하는 정도가 아니라 중개 회사의 평판을 위태롭게까지 할 수 있는 기법이 도입되었다.

  루이스는 이러한 변동이 기술 변화와 탈규제가 가져온 기회 때문에 가능했다고 보았다. 기술 변화와 탈규제가 새로운 '화폐 문화money culture'를 구현한 사람들에게 유리한 환경을 조성하였다는 것이다. 그러나 더욱 심층적인 힘이 작용하였다고 보는 좀 더 폭넓은 견해가 있다.

여하간 기묘한 문화적 전도 현상은 생활의 다른 영역에서도 발생하였다. 예컨대 1960년대에 전통을 무시하던 반항적인 젊은 학자들은 예외 없이 좌파였지만, 1980년대에 이르러 대학은 열광적인 지적 급진론자로서 전통적인 지혜라면 무시해 놓고 보는 보수주의 소장 경제학자들로 흘러넘쳤다. 그 한쪽에서 그들의 선배들 그리고 필자와 같은 몇몇 젊은 구식 인간들은 약소하나마 그들에게 쉽게 외면해서는 안 되는 전통적인 통찰력이 있음을 상기시키고자 애썼다.

그러나 가장 중요한 문화적 전도 현상은 아마도 저널리즘에서 일어나고 있지 않았는가 한다. 보수적인 신문들의 사설란이 단조로운 내용으로 흐르던 때가 있었다. 즉 신중한 재정 정책은 무조건 옹호하고 정부가 새롭게 주도하는 일은 가차없이 반대하는 식의 천편일률적인 내용이었다.

1970년대에 싹 바뀌었다. 1980년이면 전통적인 자유주의 신문이 바로 지루하면서도 감각적이 된 반면에˙ 보수주의 신문은 노골적이고 공격적이 되었다. 무엇보다도 『월 스트리트 저널』―금융의 고결성과 거의 동일시되는 이름―의 사설란이 급진적인 우파 경제학의 온상이 되었다.

이 같은 변화는 거의 전적으로 한 사람에 기인하였다. 1972년 이래 『월 스트리트 저널』의 사설란을 담당했던 로버트 바틀리Robert Bartley가 바로 그였다. 임기 초부터 바틀리는 차후로 『저널』지가 경제 현안에 대해 신중하거나 공정해서는 안 될 것임을 분명히 하였다. 그 대신에 그가 믿고 있는 것에 대해 적극적인 캠페인을 벌여 나갈 것이다. 바틀리는, 그를 둘러싼 거의 모든 사람들이 그가 흥분해 있다고 생각할 때조차 자

• 1980년 『보스턴 글로브Boston globe』지의 한 문선공이 카터의 최근 연설을 호의적으로 다룬 사설에 제목을 바꾸는 일을 깜빡 했다. 그래서 신문의 많은 부수가 "겁쟁이의 허튼 소리 Mush from the Wimp"란 사설 제목을 단 채 발행되었다.

신의 옳음을 조용히 확신하는 신념에 찬 인물이었다.

바틀리의 열광적인 주장 대부분은 그 자신의 사교 범위를 벗어난 세계에서는 무시되고 있었다. 예컨대 1980년대에 줄곧 『저널』지는 금본위제로 돌아가자고 떠들썩하게 캠페인을 벌였다. 그래서 시나질 정도로 요란한 토론회도 두어 차례 주최했지만 그 캠페인을 눈여겨본 사람은 아무도 없었다. 그러나 바틀리는 한 가지 주목할 만한 일을 성취해 냈다. 즉 그는 1970년대에 걸쳐 한 줌에 불과하던 우상 파괴적인 경제학자들의 사상을 '공급 측면supply-side'의 경제학이라고 알려지게 된 주요 이데올로기로 격상시켜 냈던 것이다.

공급 측면의 경제학에 대하여 생각하는 사람들 대다수는 그것이 기껏해야 보수주의 경제학의 강한 형태, 즉 기본적으로 밀턴 프리드먼을 한두 걸음 더 밀고 들어간 정도쯤으로 상상할 것이다. 그러나 공급 중시 경제학에는 그보다 색다른 이야기가 훨씬 더 많이 있다. 보수주의 경제학자들은 많다. 실제로 1, 2장에서 살펴본 바와 같이 보수파의 지적 관심사가 1970년대와 1980년대 내내 거시 경제학과 재정학에 대한 학계의 연구를 주도하였다. 그러나 이들 학계의 보수주의자들이 공급 중시론자들인 것은 아니며, 또 공급 중시론자들이 학계의 보수층으로부터 나온 것도 아니다. 그보다 공급 중시 경제학은 주류 보수주의의 내부에서조차 결코 존경을 받아 본 적이 없는, 그래서 자기들만의 지적 세계로 망명해 간 소규모 국외자outsider 집단의 운동이었고 또 그렇게 남아 있다. 그러나 이 집단은 처음에는 세계에서 가장 강력한 경제 신문을, 그리고 다음에는 세계에서 가장 강력한 국가의 경제 정책을 조종하게 되었다.

그러면 공급 중시론자들은 누구였는가? 그들의 생각은 정확하게 무엇이었는가? 그리고 그들은 어떻게 그토록 막강한 영향력을 발휘하게 되었는가? 이와 같은 의문들은 미국에서 보수주의가 거둔 정치적 승리와 경제적 실패의 핵심을 찌르는 것이다.

공급 중시론자들은 누구였는가

1992년 한 전국 신문의 여기자가 나에게 전화를 걸어 와 미국의 경제학 교육 현황에 관한 기사를 쓰는 데 도와 달라고 한 일이 있다. 그 기자의 요청은 내가 생각하기에 어느 대학의 경제학과가 가장 영향력이 있다고 보는가 하는 쉬운 사항이었다. 다음에는 대학의 경제학과들을 이데올로기적 성향에 따라 분류해 달라고 부탁하였다. 케인스파는 어디이고 통화주의파는 어디이며, 공급 중시파는 어디냐는 것이다.

이와 같은 질문은 경제학계의 현 상황에 관한 무지의 소치이긴 하지만 어느 정도 받아들일 수는 있다. 더 이상 '케인스주의자Keynesian'와 '통화주의자monetarist'라는 낡은 범주로 거시 경제학을 확연하게 양분할 수는 없기 때문이다.(지금의 경제학자들은 은어를 써서 구분한다. MIT나 하버드같이 막연하게 간섭주의적인 태도를 취하는 대학은 '짠물salt-water' 파로, 로체스터나 카네기 멜론, 미네소타 등과 같이 자유 시장을 고집하는 대학은 '민물fresh-water' 파로 나누는 것이다. 그런데 한때 민물 세계의 중심이던 시카고 대학은 최근 들어 약간 소금기가 돌고 있다.) 또 각 대학의 경제학과가 이데올로기적으로 한결같은 것도 아니다. 가령 합리적 기대 이론을 MIT나 하버드에서, 신케인스주의 경제학을 시카고 대학에서 가르치고 있는 것이다. 그러나 그 기자는 공급 중시 경제학에 관한 내 대답에 가장 놀란 듯하였다. 공급 중시론을 지향하는 주요 대학이 한 곳도 없을 뿐 아니라 주요 대학 가운데 소위 공급 중시론자라고 할 경제학자는 한 명도 없다고 하니까.

다시 말하지만 이는 어느 정도 자유주의적인 정치적 편견 때문만이 아니다. 시카고와 로체스터, 카네기 멜론 및 미네소타 등 주요 '민물' 학파의 경제학자들은 극단적인 경제학자들로서 정부의 어떠한 간섭도 격렬하게 반대한다. 그러나 그들이 바틀리의 세계관에 편안함을 느낀다는 의미에서 공급 중시론자였던 적은 예나 제나 한 번도 없다.

그러면 공급 중시론자들은 어디서 나왔는가? 해답은 경제학의 언저리 즉 언론계에서 의회의 참모진에서 컨설팅 회사에서 나왔다는 것인데, 과연 오늘날 그들의 대다수는 보수주의적인 싱크탱크들에서 일하고 있다.•

그들은 그들의 생각을 학술지가 아니라 『퍼블릭 인터레스트 Public Interest』 같은 준 대중 잡지들의 기고란을 통해 피력해 나갔다. 무엇보다도 공급 중시론 운동의 정예는 바틀리가 『월 스트리트 저널』의 사설란을 무대로 설교하도록 하기 위해 소집하였던 그룹이었다.

바틀리 그룹의 핵은 전적으로 언론계 출신들로 구성되었다. 바틀리 본인이 스물두 살에 기자가 되어 스물다섯 살 때부터 『월 스트리트 저널』에서 일하였다. 공급 중시 경제학의 초창기에 그의 오른팔 격이던 주드 와니스키 Jude Wanniski 는 『내셔널 옵서버 National Observer』지에 있다가 『월 스트리트저널』로 옮겨 왔다. 『퍼블릭 인터레스트』 지의 신보수

• 공급 중시론자의 한 사람인 후버 연구소의 마틴 앤더슨 Martin Anderson 이 경제학계의 편협성을 비난하는 책을 쓴 바 있는데, 여기서 편협성이란 학계가 마지못해 공급 중시론을 인정하거나 공급 중시론 경제학자를 채용한다는 뜻임을 분명히 하고 있다. 그는 이제 뛰어난 경제학은 모두―놀랍게도!―(보수주의적인) 싱크탱크들에서 나오고 있다고 주장한다.

주의적 편집자 어빙 크리스톨Irving Kristol은 약간 비주류에 속하면서도 공급 중시론자들이 장문의 강령을 마련하는 데 결정적인 역할을 하였는데, 바틀리와 마찬가지로 그도 이십 대 때부터 『코멘터리Commentary』 지를 시작으로 언론에 몸담고 있었다.

그러니 언론인들(나의 가장 절친한 친구 몇 명도 해당되는데……)은 하등 잘못한 것이 없다. 그러나 그들 대다수가 인정하듯이 언론인들은 개념을 만들어 내기보다 사실을 보도하는 데 더 능통한 것이 보통이다. 저널리즘의 기조는 이야기를 짧으면서 톡톡 튀게 풀어 나가고, 현안에 대한 사전 지식이 전혀 없으면서 배경 정보나 추상적인 분석에 시간을 많이 들일 생각이 없는 독자들이 쉽게 대할 수 있는 방법을 찾아 아이디어를 제시하는 데 있다. 유능한 과학 기자 즉 과학에 대해 제대로 알고 있으면서 독자들의 꾸준한 관심을 이끌어 낼 수 있게 이야기를 풀어 갈 줄 아는 사람을 찾아보기가 도무지 어려운 것이 바로 그 때문이다. 물리학과 생물학의 발전상에 대해 언론이 어느 정도 보도할 수는 있다. 그러나 우주론이나 진화론에 혁신을 가져 올 이론이 『옴니Omni』 같은 잡지의 편집자로부터 나올 것이라고는 아무도 기대하지 않는다.

그러나 1970년대에 바틀리와 와니스키는 스스로에게 그리고 그들이 찾아낸 상당수의 정치가들에게 밀턴 프리드먼이나 로버트 루카스 같은 보수주의자들을 비롯한 주류 경제학자들이 미처 인식하지 못하였던 경제학의 몇 가지 근본 진리를 확신시킬 수 있었다.

물론 그들도 신뢰할 만한 경제학자들의 도움이 전혀 없이 결론에 도달하였던 것은 아니다. 공급 중시 그룹에는 누구보다도 유명한 경제학 교수인 아서 래퍼와 로버트 먼델Robert Mundell이 참여하고 있었다. 그러나 이 학자들도 근본적으로는 아웃사이더였다.

아서 래퍼는 시카고 대학에서 박사 학위를 받고 남캘리포니아 대학에서 정교수가 되었지만, 학계의 관습적인 연구 생활에 끼어들고자 한 적은 전혀 없고 늘 대중들과 같이 놀려는 취향을 보였다. 이십 대에 닉슨 대통령 직속의 행정관리예산국Office of Management and Budget, OMB에서 일했는데, 거기서 그는 자신이 고안한 1차방정식을 쓰면 국민 총생산을 정확히 예측해 낼 수 있다고 주장함으로써, 그리고 그것을 토대로 엄청나게 낙관적인 예측을 내놓음으로써 굉장한 악명을 들었다.* 그럭저럭 OMB에서 학계로 옮겨 가기는 했지만 그는 얌전한 학자가 아니었다. 전문 학술지에는 논문 발표를 거의 하지 않고 대신에 신문 기고나 강연 등을 통하여 자신의 사상을 전파하였다. 그는 1971~1973년의 달러화 평가 절하에 대한 공격을 통하여 바틀리의 주목을 받았으며, 이후 유명한 '래퍼 곡선' 덕분에 귀에 익은 인사가 되었다. 1992년에는 조지 부시 대신 빌 클린턴을 지지함으로써 다시 한 번 놀라운 변신을 하였다.

공급 중시론자들 중 한 사람 로버트 먼델은 언뜻 보아서 아웃사이더 같아 보이지는 않지만 이 운동의 지적 권위자이다. 캘리포니아 대학에서 그의 강의는 정평이 나 있다. 정확하게 말하자면 국제 경제학의 주요 연구 성과를 논할 때 빼놓을 수 없는 이름이 먼델이다. 그의 학문적 명성은 주로 1960년대 초, 그러니까 모국 캐나다가 자국 통화를 미국 달러화에 고정시킬 것인가 말 것인가 하는 문제와 씨름하던 때에 쓴 일련

---

* 몇 년 후 1971년의 수정된 통계치를 놓고 보니 국민 총생산의 달러 가치가 래퍼의 오래전 예측과 거의 일치하여서, 지지자들은 이를 래퍼 옹호의 증거로 내세웠다. 그러나 그렇지 않다. 래퍼가 예측하고자 한 것은 산출물의 달러 가치가 아니라 성장률이다. 1971년의 추정치를 상향 조정시킨 통계 방식은 래퍼의 성장률 예측과는 전혀 동떨어지게도 1970년의 수치도 상향 조정시켜 놓았다. 또 래퍼가 장담하였던 것은 예측 자체가 아니라 예측 방정식이었다. 수정된 자료로 계산한 방정식의 결과도 역시 어긋나게 나온다.

3장 공급 중시론자들 **121**

의 논문들에 근거한다. '최적 통화 지역optimum currency area'의 기준에 대한 그의 고전적인 분석은 유럽의 통화 단일화 방안과 같은 쟁점을 논할 때 필히 읽어야만 하는 글이다.* 그리고 먼델-플레밍Mundell-Fleming 모형, 즉 고정 환율제와 변동 환율제의 선택이 통화 정책과 재정 정책의 시행에 어떤 영향을 미치는가 하는 문제에 대한 분석은 거의 모든 국제 경제학 교과서들에서 중요한 비중을 차지한다.

그러니 먼델은 오히려 경제학계의 완전한 인사이더라고 생각할 수 있다. 그러나 사람이란 일등품 보증서를 가지고 있으면서 동시에 아웃사이더의 성향도 가질 수가 있는 것이다. 먼델은 탁월한 역량에도 불구하고 경력이 기대만큼 평탄하지 못하였다. 몇 년 동안은 시카고 대학에서 강의하면서 MIT의 루디거 돈부시Rudiger Dornbusch 나 국제통화기금의 마이클 무사Michael Mussa 같은 차세대의 일급 국제 경제학자들을 지도하였다. 그러나 1971년 시카고 대학에서 캐나다의 워털루 대학으로 옮겨 은둔 생활에 들어갔다. 결국에는 미국으로 되돌아와 컬럼비아 대학에서 자리를 잡기는 했지만 여전히 학생들이나 동료들과는 외따로 떨어져 지내고 있다.

사실 먼델은 1970년경부터 여러 면에서 관습에서 벗어나고 있었다. 그 중에는 작위적인 행위도 있었다. 가령 머리를 길게 늘어뜨리기 시작한 것이나 천천히 중얼거리듯 말하는 따위이다. 의미심장한 행위도 있었다. 토론회와 세미나 등 정상적인 학회 활동은 외면하고 시에나 근처의 다 무너져 가는 자기 빌라에서 토론회를 주최하기 시작하였던 것이

---

* 공급 중시론자들이 고정 환율제는 물론 나아가 금본위제로 복귀하자고까지 주장하는 점을 감안하면, 유럽 단일 통화의 반대자들이 먼델의 최적 통화 지역론을 널리 인용하고 있는 사실은 좀 역설적이다.

다. 그러나 가장 중요한 것은 이전의 학문적이고 지적인 태도를 완전히 포기하였다는 것이다. 1970년 이후 그는 거의 글을 쓰지 않았으며, 이따금 쓰는 글도 그가 젊었을 때 내놓았던 사상을 제대로 이해하지 못하는 동료 경제학자들을 '진짜 돌팔이들sheer quackery'이라고 비난하는 식으로 터무니없이 과장하는 경향을 보였다.

사실상 공급 중시론자들이 그들의 지적 마스코트로 택한 것은 이처럼 새로운 1970년 이후의 먼델이었다. 처음에는 래퍼가, 다음에는 와니스키가 먼델의 사상을 영광스럽게 찬양하고 아울러 그들 자신도 그 영광을 나눠 가질 지속적인 캠페인을 벌였다. 그 결과 먼델이 공급 중시 경제학을 창안했다는 인상—최소한 먼델이 방해하려 하지는 않았다는 인상—이 널리 퍼졌다. 실제로 먼델은 공급 중시 운동과 결부되는 것을 환영한다. 그러나 그 자신은 공급 중시론자들의 특징이 될 일련의 차별적인 사상을 제시하는 데 상대적으로 거의 아무런 역할을 하지 않았다. 그리고 앞으로 살펴볼 테지만 그의 견해를 감안할 때 진정으로 그를 공급 중시론자라고 부를 수 있을지는 의문이다.

이것이 전부인가? 공급 중시 경제학처럼 강력한 운동이라면 두 명의 저널리스트와 두 명의 괴팍한 경제학자들에 국한되지 않는 훨씬 더 넓은 지적 기반을 가져야 하지 않는가? 하긴 다른 사람들이 없지는 않다. 특히 폴 크레이그 로버츠Paul Craig Roberts가 이끈 의회의 한 참모 그룹을 꼽을 수 있겠다. 로버츠는 경제학 교수로 있다가 미식 축구 선수 출신의 하원 의원 잭 켐프Jack Kemp의 보좌관이 되었다. 독립 언론인들도 몇 명 있었다—대표적으로 조지 길더Goerge Gilder가 있는데 그의 1980년 저서 『부와 빈곤Wealth and Poverty』은 레이건 행정부 관리들의 필독서였다.(길더의 책은 공급 중시 경제학의 근저에 흐르는 희한한 저류를 얼마간 보여 준다. 그의

3장 공급 중시론자들 **123**

이전 저작들 중 『성적 자살Sexual Suicide』과 『벌거벗은 유목민Naked Nomads』 두 권은 모두 본질적으로 여성 해방에 따른 남성의 무력화에 관한 것이다. 『부와 빈곤』이 실제로 비난하는 것도 미국의 경제난은 과도한 과세 때문만큼이나 직장 여성 때문이라는 것이다.)

대략 이 정도이다. 1992년에도 공급 중시 경제학은 초창기 때와 마찬가지로 소규모 분파에 머물러 있었다. 그들의 사상에 충성한 경제학자들은 한 줌에 불과하였다. 그러나 대다수의 공화당원과 미국의 대통령을 지배하였다.

공급 중시론의 사상

모든 경제학자들이 경제의 공급 측면을 우려한다. 심지어 가장 강경한 케인스주의자라고 해도 경제의 능력에는 한계가 있고 경제 능력을 확대하는 유일한 방안은 생활 수준을 지속적으로 개선하는 데 있다는 점을 인정할 것이다. 모든 경제학자들은 또한 높은 한계 세율이 인센티브를 감소시킨다는 데 동의할 것이며, 거의 모든 이들이 미국의 고소득층에 일단 부과되는 90퍼센트의 한계 세율은 지나치게 높아서 유용한 목적에 하등 기여할 수 없다는 데 동의할 것이다.

대다수의 경제학자들은 경제 행위가 수요 측면demand side에도 의존한다—케인스 식의 유효 수요 부족이 있을 수 있으며, 바로 그러한 유효 수요 부족으로 경기 후퇴가 초래된다—고 믿고 있다. 그러나 우리가 보아 왔듯이 특히 핵심적인 주류 경제학자들은 수요 측면의 중요성에 동의하지 않거나, 또는 정부가 수요를 통제하지 않도록 각별히 주의해야 한다고 논한다.

그러므로 주류 경제학자들 중에는 조세가 경제의 공급 측면에 지대한 영향을 끼친다고 믿어서 수요 측면 정책의 유용성에 회의적인 이들이 많다. 그러나 이와 같은 견해를 지니고 있다고 해서 공급 중시론자가 되는 것은 아니다.

공급 중시 경제학의 근본 사상을 정의한다면 다음과 같다. 첫째, 수요 측면의 정책 특히 통화 정책은 완전히 비효율적이다.• 둘째, 조세 감면이 주는 인센티브는 효과가 매우 크므로 세금을 인하하면 경제 활동이 비약적으로, 그래서 세수가 떨어지기는커녕 오히려 늘어날 정도로 증가할 것이다.

이렇게 보면 공급 중시 사상은 거시 경제학의 합리적 기대 학파와 재정학의 보수주의 학파가 확대 결합된 것 같다. 케인스주의자들이 수세에 몰리고 조세로 인한 왜곡상이 광범위하게 비판받던 1970년대의 지적 환경이 공급 중시 경제학의 만개에 일조하였음은 의문의 여지가 없다. 그러나 와니스키 같은 공급 중시론자는 조세 유인 효과의 계량적 증거에 대한 다수의 평가에 이견을 보이는 정도의 일개 경제학자가 아니었다. 근본적으로 공급 중시론자들은 경험적 증거에 의존하여 그들의 견해를 뒷받침하지 않는다. 그들은 그들의 사상이 필연적이고 논리적으로 옳다고 믿으며, 대다수 학자들은 매개 변수의 문제뿐 아니라 원리의 문제에 있어서도 틀렸다고 믿고 있다.

달리 말하자면 공급 중시론자들은 괴짜들인 것이다.

그렇다고 이 말이 그들은 틀리고 내 친구들이 옳다는 뜻은 아니다.(사실 그들이 '틀리고' 내 친구들이 '옳다'고 해야 하지만.) 그보다 내가 의도하는 의미

• 폴 크레이그 로버츠와 같은 공급 중시론자들의 글에는 묘한 모순점이 있다. 그들은 통화 확대 정책이 경기 회복에 조금이나마 도움이 될 것이라고는 믿지 않으면서도 경기 후퇴는 통화 긴축 때문이라고 거리낌없이 비난한다.

는 하나의 독특한 지적 스타일 즉 유사과학類似科學을 다룬 마틴 가드너 Martin Gardner의 멋진 책 『과학의 이름으로In the Name of Science』에서 '괴짜crank'라고 규정하고 분류하는 스타일이다.

가드너의 정의에 따르면 괴짜란 과학의 정통성에 도전―그러나 평범하고 익히 알려진 방식을 따르지 않고―하는 사람이다. 그는 정통성이 무엇인지를 이해하지 못하고 또 과학적인 이유보다는 개인적이거나 정치적인 이유로 기존의 지혜를 반박하려고 하는 아웃사이더이다. 진화론을 거부하는 '천지창조파 과학자들Creation scientists'이나, 지구는 문자 그대로 살아 숨쉬고 있다고 주장하는 '가이아(Gaia, 그리스 신화의 여신으로 만물의 어머니―옮긴이)' 신봉자들이 현대의 유명한 괴짜들이다. 물론 오늘날의 경제학이 생물학만큼 완숙한 과학은 아니며, 또 로버트 바틀리가 철저하게 괴짜인 것도 아니다. 그러나 가드너가 묘사한 내용 대부분이 공급 중시론자들에게 기막히게 들어맞는다.

가드너는 괴짜의 확연한 특징 두 가지를 규정하였다. 첫째로 괴짜는 정상적인 토론 경로와 동떨어져 있다. "그는 연구 결과를 공인된 잡지에 보내지 않는다 …… 그는 자신이 설립한 조직 앞에서 발언하며, 자신이 편집하는 잡지에 기고한다 ……" 로버트 바틀리는 자축自祝의 의미를 담은 책 『풍요의 7년The Seven Fat Years』에서 공급 중시 경제학의 기원에 대해 월 가의 한 레스토랑 마이클 원Michael 1에서 몇 차례 저녁 식사를 하는 동안 틀이 잡혔다고 말한다. 그와 래퍼는 바로 그곳에서 케인스 경제학이 논리적으로 불일치한다는 사실―폴 새뮤얼슨 및 사람들 수천 명이 학술 토론회를 수백 번 벌이면서도 놓친 통찰력―을 발견하

• Martin Gardner, *In the Name of Science* (New York : Putnam, 1952), p. 11.

였다. 그들은 또 통화 정책이 경제에 중요한 결과를 가져올 수 있다고 믿었다는 점에서 밀턴 프리드먼도 잘못되었다는 사실―프리드먼과 루카스 및 시카고 대학의 경제학 교수들이 혹독하기로 악명 높은 시카고 세미나를 30년 가까이 진행하면서도 놓친 통찰력―을 발견하였다. 그리고 저녁 식사 도중의 이와 같은 심오한 사색의 결과는 놀랍게도 대부분 『월 스트리트 저널』의 사설란이나 크리스톨의 『퍼블릭 인터레스트』에 발표되었다.

가드너의 논의에 따르면 괴짜의 또 다른 성격은 기성 학계나 인사가 자기의 생각을 받아들이지 않는 것은 필경 어리석어서가 아니면 정직하지 못해서, 또는 둘 다이기 때문이라고 확신한다는 점이다. 가령 1978년 폴 크레이그 로버츠는 조세를 감면하면 반드시 투자가 늘어난다고 논하였는데, 의회 예산국장 앨리스 리블린Alice Rivlin 같은 닳고닳은 경제학자들이 초보적인 논리에 오류를 범하다 보니 자기의 주장을 납득하지 못하는 것이라고 비난하였다. 바틀리는 『풍요의 7년』에다 레이건 재임 중의 교훈이라고 본 일을 요약해 놓고 그 장의 제목을 "깨어 있을 때 배운 것What You Learned If You Were Awake"이라고 붙였다. 레이건의 전직 보좌관 마틴 앤더슨은 『사원의 사기꾼들Imposters in the Temple』을 출간하여 학계를 질타하였는데, 이 책의 핵심 내용은 주요 대학들이 공급 중시론자들을 채용하지 않기 때문에 정치적, 지적 타락이 야기되고 있다는 것이다.

우리는 이 점을 얼마든지 논박할 수 있지만, 알아두어야 할 중요한 사실은 공급 중시론자들은 토론을 할 때 1장과 2장에서 살펴본 사람들과는 완전히 다른 면모를 보인다는 점이다. 밀턴 프리드먼은 입장이 강경해서 학계의 다수 의견과 충돌하는 경우가 흔하였다. 나는 프리드먼도 틀릴 때가 자주 있으며 토론에서 이기려고 수단을 가리지 않는 일도 더러 있다고 생각한다. 그러나 그를 괴짜라고 할 수는 없다. 로버트 루카스나 마틴 펠스타인은 더더욱 그렇게 부를 수 없다. 그러나 바틀리가 소집해서 주관한 집단은 보수주의 경제학자들의 단순한 모임 이상의 무엇인가 기묘하고 거친 구석이 있었다. 단순한 학파이기보다는 컬트나 종파 집단 같았다.

그러면 좀 더 자세히 이 종파의 견해를 검토해 보자. 그들이 믿었던 것은 무엇이며 주장한 것은 무엇이었는가?

첫째로 공급 중시론자들이 수요 측면이 문제된다고 믿지 않았음은 물론이다. 바틀리는 래퍼가 세이(Jean Baptiste Say, 1767~1832. 프랑스의 경제학자—옮긴이)의 법칙, 즉 공급은 그 자체의 수요를 창출한다—즉 사람들은 어떤 것에 대해서든 자신의 소득을 지출해야 하기 때문에 일반적인 수요 부족의 가능성은 전혀 없다—는 18세기 금언의 중요성에 대해 가르쳐 주었다고 증언한다. 이는 케인스주의(이 문제에 관한 한 통화주의의) 경제학을 원리부터 부정하는 것이었다. 불행하게도 그 원리는 그릇된 것이다. 가령 1장에서 서술한 탁아 조합의 불행한 회원들에게 일반적인 수요 부족은 불가능하다고 설득하는 것과 같다. 조합에서 일어난 일은 조합원들이 증서를 갖고서 재화나 서비스(탁아 의뢰)를 구매하려 하지 않고 더 많은 증서(화폐)를 축적하려 하였던 것인데, 이는 전체적으로 불가능한 일이었고 결국 소규모 경기 후퇴가 유발될 수밖에 없었던 것이다. 그러나 마이클 원에서 식사하던 이들은 그들이 총수요와 관련된 모든 문제를 말끔하게 처리했다고 생각하였다.

둘째로 공급 중시론자들은 통화 공급 일반의 현실적 중요성을 간과하였다. 바틀리는 래퍼에게 크고 작은 상자 2개를 그려 보라고 한다. 이때 큰 상자는 경제 전체의 신용량을 나타내며 작은 상자는 통화 공급에 해당하는 양을 나타낸다. "그는 물었다. '당신 정말 이 작은 흑색 상자가 나머지 다른 것들을 전부 통제한다고 생각하는 거요?'" 다시 말하지만 케인스로부터 루카스에 이르는 경제학자들은 도대체 왜 연방준비이사회에 의해 통제되는 금융 수단이 경제에 그토록 깊은 영향력을 발휘하는지를 설명하기 위해 수많은 시간을 들였다. 그런데 식사 시간 동안에 이 작업은 완전히 잘못된 것임이 밝혀졌다.

만일 경기 후퇴가 수요 불충분의 결과가 아니라면, 특히 화폐가 실질 효과가 없다면 도대체 어떻게 경기 호황과 침체, 번영과 불황을 설명할 수 있는가? 8장에서 살펴보겠지만 케인스의 학문적 비판자들은 결국 '실질 경기 순환real business cycle', 즉 경기 후퇴는 불량 기술 요인에 대한 합리적 반응이라는 개념으로 도피하였다. 공급 중시론자들은 그렇게 숙명론적이지는 않았다. 그들은 호황과 불황을 조세 정책이 경제를 자극하거나 저해한 결과라고 보았던 것이다.

예컨대 대공황은 왜 발생했는가? 케인스주의자들이나 통화주의자들은 모두 대공황을 통화 현상으로 보는 편이다. 연방준비이사회의 죄가 임무를 소홀히 한 데 있는지 적극 나선 데 있는지 하는 문제는 차치하고, 경기 침체는 탁아 조합 문제의 확대판 즉 현금을 쌓아 두려는 집단적인 시도로 말미암아 경제적 조화가 깨졌다고 보는 것이다. 그러나 공급 중시론자들은 그렇게 생각하지 않았다. 실제로 그들은 이와 같은 설명이 논리적인 면에서 옳을 수가 없다고 생각하였다. 그러면 그들은 무엇에 혐의를 둘 수 있었는가? 세금 증가 특히 1930년 미국 의회가 부과

• Robert Bartley, *The Seven Fat Years* (New York: Free Press, 1992), p. 50.

한 스무트-홀리 관세Smoot-Hawley tariff였다.

스무트-홀리가 대공황을 유발한 메커니즘에 관하여 공급 중시론자들이 명확하게 설명한 적은 한 번도 없지만, 대략 다음과 같은 내용이 되지 않을까 한다. 즉 스무트-홀리 법은 수입품의 비용을 증가시킴으로써 근로와 투자의 감소를 초래하였으며, 투자와 근로 의욕의 감소에 따른 결과가 이른바 대공황이나 다름없다는 것이다.

공급 중시론자가 아닌 이들은 이 이야기가 근로 의욕과 인센티브와의 상관성을 지나치게 긴밀하게 상정하고 있음에 주의할 것이다. 스무트-홀리 법은 수입 관세를 평균해서 약 40퍼센트 인상했지만, 동법 이전에 수입이 국민 총생산에서 차지하는 비중은 약 6퍼센트에 불과하였다. 바꿔 말하자면 실질 세율 증가는 약 2.5퍼센트에 그쳤던 것이다. 그러나 고용은 1929년에서 1933년 사이에 3분의 1로 떨어졌다. 전통적인 경제학자들로서는 이처럼 과도한 반응을 이해하기 어려울 것이다. 그러나 공급 중시론자들은 그들이 내린 진단―그렇지 않다면 다른 무슨 원인이 있을 수 있겠는가―의 정확성에 대해 추호도 의심하지 않았다.

주목할 만한 사실은 로버트 먼델의 경우 이 같은 결정적인 역사적 일화를 근거로 공급 중시론을 고수한 적이 전혀 없다는 점이다. 먼델은 대공황을 통화 요인에 따른 사건이라고 생각하는데, 다만 국내의 통화 문제라기보다는 주로 국제 통화 문제로 일어난 사건으로 본다. 이것은 대단히 큰 의견 차이가 아닐 수 없다―왜냐하면 마이클 원에 있던 두 사람은 통화가 그렇게 중요할 수는 없다고 결론 내린 듯하니까. 공급 중시론의 지적 아버지는 정작 공급 중시론자가 아니라는 결론이 가능해져 버린 것이다.

그러면 공급 중시 학설로 돌아가자. 만일 세금의 소폭 인상이 경제에 막대한 부정적인 결과를 초래할 수 있다면 역으로 조세 감면은 막대한 긍정적인 효과를 미칠 수 있다. 공급 중시론자들은 1960년대 미국 경제의 장기적인 팽창을 목도하였거니와, 그 요인을 60년대 초 케네디의 조세 삭감—전통적인 이유들이 아니라—에서 찾았다. 케인스주의 경제학자들은 항상 케네디의 경우를 수요 촉진 정책의 유용성에 대한 사례로 꼽아 왔다. 그러나 공급 중시론자들은 수요는 이와 아무 상관도 없다고 말한다. 그것은 전적으로 공급이다. 그리고 공급 정책은 다시 시행될 수 있다.

그리하여 우리는 공급 중시론의 기본적인 정책 명제에 도달하게 된다. 미국 경제는 조세 삭감을 통해 이득을 볼 것이다. 이상. 경제가 완전 고용이 아닌 상태에 있을 때에만 조세 삭감이 바람직한 도구가 될 수 있다는, 그리고 연방준비이사회가 통화 정책만 가지고는 경제를 확대해 나갈 수 없을 때에만 조세 정책이 문제될 수 있다는 케인스의 명제는 사양한다. 또 정부 지출 삭감을 상쇄하려는 전통적인 보수주의자들의 견해도 사양한다. 조세 삭감을 공급 중시론자들은 역설한다. 일단 시행해 보라.

그들이 생각한 일이 일어났을까? 그들은 조세 삭감이 노동 공급과 투자의 증가를 이끌고 그 결과 대폭적인 생산 확대가 이루어질 것이라고 믿었다. 그리고 조세 삭감에 따라 적자 예산이 불가피할 것이라고 우려하는 사람들에 대해서는 두 가지 방어선을 쳤다.

첫째는 조세를 삭감한다고 해서 실제로 적자가 증가되지는 않는다는 설명이다. 세금을 너무 많이 올리면 사람들은 중세를 회피하기 위해 비상한 노력을 하기 때문에 세입은 오히려 감소한다는 것은 이미 낯익은 명제이다. 이 점을 요약해 보여 주고자 아서 래퍼가 저 유명한 '래퍼 곡선'을 저녁 식탁의 냅킨에 그렸을 순간은 공급 중시 경제학 사상 명장면 중의 하나라고 하겠다. 래퍼 곡선 같은 것의 존재에 대해서는 아무도 의심하지 않는다. 그러나 공급 중시론자들조차 미국 경제가 실제로 '퇴보 국면backward sloping' 선상에 놓여 있는지에 대해서는 회의적이다.

그러나 그렇다고 그들은 하등 우려하지 않았다. 왜냐하면 적자가 증가한다고 하더라도 동시에 민간 저축이 증가함으로써 손쉽게 적자를 메우고 나아가 투자의 증가를 가져온다고 논하였기 때문이다.

전통적인 경제학자들에게는, 심지어 구식의 보수주의자들에게조차 이 모든 것은 도무지 무책임하게만 여겨졌다. 1980년 공화당의 예비 선거에서 후보로 나선 조지 부시는 공급 중시 이론을 한마디로 '부두교의 경제학(voodoo economics, 부두교는 서인도 제도에서 발생한 종교로 신성이 인신에 구현되는 제의를 벌인다—옮긴이)'이라고 명명하였다. 정신이 멀쩡한 사람이라면 이 같은 사상, 가드너가 정의한 의미에서 괴짜일 뿐 아니라 실제로도 그렇게 여겨지는 사람들에 의해서 제안된 사상이 한 거대하고 복잡 다기한 국가에 의해 채택될 기회를 가지리라고는 생각할 수 없을 것이다.

그런데 멀쩡한 사람들이 틀렸다. 그러나 그 이유를 살펴보기 전에 바틀리 그룹의 다소 색다른 학설, 즉 국제 경제학에 대한 독특한 견해를 잠시 검토해 볼 필요가 있다.

국제 경제학

1973년 아서 래퍼는 대단히 잘못된 예측을 한 경솔한 젊은 경제학자라는 정도로 대중들에게 알려져 있었다. 그는 바로 그해부터 『월 스트리트 저널』에 실은 일련의 기고문을 통해 영향력 있는 인물로 다시 등장하기 시작하였다. 독자들은 그 후의 일을 알고 있으므로 『저널』의 기고문이 조세 관련 내용일 것이라고 짐작할는지도 모르겠다. 그러나 그렇지는 않고, 미국 달러화의 평가 절하에 관한 내용 일색이었다.

그러면 왜 래퍼와 바틀리가 달러에 관해 이야기를 나누었을까? 1973년에는 몇 가지 대형 사건이 일어났다. 첫째, 1973년은 아랍 국가들이 속죄의 날 전쟁(Yom Kippur War, 1973년 10월 6일 이집트와 시리아가 이스라엘을 공격한 제2차 중동 전쟁—옮긴이) 후 서방에 대한 무역 제재를 가함에 따라 첫 번째로 석유 가격이 대폭 인상된 해였다. 둘째, 여러 가지 이유로 다른 수많은 원자재의 가격도 앙등한 해였다. 소련의 구매 때문에 밀 가격이 폭등하였으며, 페루의 멸치 어획이 일시 부진하여 사료 가격이 올랐고, 다른 상품들도 투기 또는 OPEC과 같은 카르텔의 설립 움직임 등으로 가격이 인상되었던 것이다. 셋째, 세계의 선진국들이 독일 마르크화와 일본 엔화 및 다른 주요 통화 대비 달러화의 가치를 급격히 떨어뜨리던 고정 환율제의 유지 노력을 포기한 해이기도 하였다. 끝으로 미국에는 전대 미문의 인플레이션이 일어난 해였다. 1973~1974년에 한국전쟁 이후 처음으로 미국의 소비자 물가가 두 자리 수로 뛰었던 것이다.

대다수 경제학자들은 인플레이션 급등이 앞에서 언급한 모든 사건 및 국내 경기 과열 등 여러 요인의 복합적인 작용에서 비롯된다고 생각하였다. 그러나 래퍼는 오로지 단 한 가지 요인만이 문제가 된다고 논하였다. 바로 달러화의 하락이었다.

래퍼는 어떻게 이와 같은 결론에 도달하였는가? 국제 금융 경제학에서 널리 쓰이는 이론적인 단순화 특히 로버트 먼델이 제시한 내용을 진지하게 받아들임으로써였다. 국제 경제학자들이 금융 현안에 대해 생각해 보고자 할 때에는 모든 나라가 동일 재화를 생산하고 차익 거래 arbitrage—재화를 가격이 싼 곳에서 비싼 곳으로 선적 이전하려는 기업가의 행위—를 통해 모든 곳에서 재화의 가격이 같아지는 단순화된 세계를 상정하는 것이 보통이다.(중재가 국제 가격의 차이를 해소한다는 명제는 때로 '일물 일가—物—價의 법칙Law of One Price'이라고 불린다. 그러나 대부분의 경제 '법칙'처럼 이는 사실에 부합하지 않는다.) 물리학자들이 포탄이 진공 속을 날아가는 궤도에 관하여 이야기하기를 즐기는 것과 똑같은 이유로 국제 경제학자들은 '일물—物, one-good' 모형에 관해 이야기하기를 즐긴다. 가설의 세계는 몇 가지 중요한 현안들, 즉 이 경우에는 국제적 중재 행위가 국제적으로 거래되는 재화의 가격을 수렴시켜 준다는 의문의 여지가 없는 경향에 초점을 맞추어 주기 때문이다. 그러나 뒤집어서 다른 측면을 생각해 보면 대부분의 서비스와 상당수의 재화는 국제적으로 거래되지 않으며, 설령 거래되는 재화와 서비스가 있다고 해도 중재의 범위는 매우 제한적인 것이 사실이다.

그러나 래퍼는 일물 모형이 유용한 도상 연습일 뿐 아니라 세계가 실제로 움직이는 방식을 대략적이지만 정확하게 반영하고 있다고 주장하였다.

만일 이것이 사실이라면 매우 중요한 의미를 암시한다고 하겠다. 미국 달러와 독일 마르크의 환율을 예로 들어보자. 1985년에 1달러는 약 3마르크와 교환되었는데, 이 글을 쓰고 있는 시점에서는 환율이 1달러당 약 1.5마르크에 지나지 않고 있다. 재화가 하나만 있는 일물 세계에서라면 **동일 통화로 측정할 때 독일과 미국의 물가 지수가 똑같아야 하므**로 달러로 표시되는 미국의 물가 지수는 마르크로 표시되는 독일의 물가 지수에 대해 비율이 두 배가 될 것이다. 예컨대 독일의 가격이 일정하다면 미국의 가격은 두 배가 될 것이다.

물론 경험에 비추어 이와 같은 일이 사실과 부합하지 않음은 명백하다. 1980년 이후 달러와 마르크의 환율은 엄청난 등락을 거듭했는데, 이는 소비자 물가에 거의 반영되지 않았다. 사실상 환율 변동의 영향을 연구할 때 일물 모형은, 기체 역학을 연구할 때 우리가 완전한 진공 속에 살고 있다고 가정하는 것만큼이나 오해를 불러일으킬 만하다. 그러나 1973년 래퍼는 미국에서 달러화의 하락 후에 인플레이션이 상승한 사실이야말로 일물 모형이 현실을 실제에 가깝게 모사하고 있음—그가 먼델의 덕분이라고 간주하고, 바틀리와 『월 스트리트 저널』의 신앙 조목이 된 견해—을 입증한다고 주장하였다. 또 그는 달러의 하락은 오로지 인플레이션만을 초래하기 때문에 달러 하락을 방치키로 한 결정은 피해가 막대한 착오라고 주장하였다.

공급 중시론자들은 도대체 왜 일물 일가의 법칙에 사로잡혔을까? 나는 그 법칙이 얼마나 잘 들어맞는가 하는 데 대한 바틀리의 설명을 다 읽고 난 후에도 일물 일가의 법칙과 공급 중시 경제학이 서로 무슨 관련이 있는지 완전히 이해하지 못하고 있음을 인정하지 않을 수 없다. 그러나 일물 모형은 공급 중시 성향의 몇 가지 면에 호소력을 가졌던 것 같다. 그 한 가지를 들자면 일물 모형은 케인스 식 통념을 들쑤시는, 그 자체로 공급 중시론자들을 만족시키는 개념이었다. 더 중요한 점은 아마도 수요 측면에서 호황과 불황을 설명하는 견해와 일물 모형 이론을 조화시키기가 어려웠다는 데 있을 것이다. 무엇보다도 모든 재화와 서비스가 단일 세계 시장에서 거래된다면 일국의 수요 변화가 국내의 생산과 고용을 촉진할 방법이 없지 않은가. 따라서 호황과 불황을 설명하는 것은 수요 측면이 아니라 공급 측면이어야 한다.

공급 중시 이론의 국제적 측면은 미국에 거의 아무런 영향을 끼치지 못하였다. 『월 스트리트 저널』의 편집자는 1985년 이후의 달러화 하락 경향에 대해 격렬하게 항의하였지만 당시 재무 장관 제임스 베이커 James Baker에 의해 무시당하였다. 조세 삭감을 주장하다가 나중에는 복지 개혁을 부르짖은 잭 켐프의 경우 중간에 믿기 어렵지만 금본위제 복귀론의 사도 역할을 하던 시절이 있었는데, 당시 아무도 그의 주장을 진지하게 상대하지 않았다. 공급 중시론의 국제 경제학이 미국에 끼친 주된 영향은 개인적인 차원의 것이었다. 즉 국제 통화 학설을 통해 바틀리와 래퍼, 먼델이 하나로 결합될 수 있었던 것이다.

그러나 다른 곳에서는 화폐의 평가 절하는 오로지 인플레이션만을 초래할 뿐이라는 명제를 선전하는 북소리가 지대한 영향을 끼쳤다. 특히 유럽의 경우 화폐 가치를 안정되게 유지하는 것이 중요하다는 생각은 많은 보수주의자들에게 하나의 신앙 조목―화폐 가치의 폭락을 초래한 신앙으로, 이에 대해서는 7장에서 서술할 것이다―이 되었다.

전통 경제학의 위기

공급 중시 경제학의 형성기에 이를 진지하게 대한 주류 경제학자나 정치가는 거의 없다. 『월 스트리트 저널』이란 웅장한 연단 덕분에 대부분의 다른 유별난 경제 학설보다 훨씬 많이 모습을 드러낼 수 있었는데, 그렇지 않았다면 일종의 호기심의 대상―논의할 가치조차 없는 학설―에 불과하였을 것이다. 당시의 중요한 논점 또는 기존의 사상은 통화 정책, 합리적 기대론 대 케인스주의 및 연방준비이사회의 적합한 역할 등에 관해서였다.

기존 사상은 그릇되었다. 그래서 공급 중시 경제학은 엄청난 쿠데타를 연출하여 카터 행정부의 온건한 케인스주의자들뿐 아니라 평범한 보수주의자들까지도 포섭하여 권력을 잡으려고 하였던 것이다.

그것이 어떻게 가능하였는가? 어느 정도는 시간이 삼중으로 맞아떨어졌기에 가능하였다. 공급 중시 경제학은 우선 대통령 당선이 확실시되는 정치가의 마음을 사로잡았다. 특히 불운과 서투른 운영이 경제 위기를 초래해 온 바로 그 시기에 대통령 후보의 마음을 사로잡았다. 그리고 이 모든 일은 1장에서 서술한 지적 논전이 주류 경제학에 대한 확신에 위기를 불러일으켰을 때 일어났다. 그럼에도 불구하고 공급 중시론자들의 승리는 우연 이상이었다.

1970년대 말의 경제 위기

로버트 바틀리는 『풍요의 7년』에서 1978년을 "모든 것이 실현되기 시작"한 해라고 본다. 바로 1978년에 잭 켐프와 윌리엄 로스William Roth가 제안한, 향후 3년 동안 소득세의 30퍼센트 삭감을 규정한 법안이 상하 양원을 통과하였다가 운영위원회에서 기각된 바 있었다. 이듬해 중반 대통령 보좌관 마틴 앤더슨은 로널드 레이건의 유명한 정책 각서 1호를 성안하였는데, 그 내용은 본질적으로 켐프-로스의 안에 입각한 것이었다. 그리고 자유주의자들뿐 아니라 보수적 기득권층도 경악할 만큼 공급 중시 정책은 곧바로 시행되었다.

왜 1978년에 사태가 반전되었는가? 최소한 그 주된 이유의 하나는 어떤 식으로든 근본적인 정책 전환이 시급히 취해지지 않으면 안 될 정도로 경제 사정이 악화되고 있었다는 점이다.

지나고 나서 깨닫게 되는 일이지만 지금의 우리는 전후의 호경기가 사실상 1973년에 종말을 고했고 그 종말은 본질적으로 하나의 요소, 즉 생산성 성장의 둔화라는 단 하나의 요소에 기인한다는 사실을 알고 있다. 그러나 1970년대에는 사태가 그리 확실하지 않았다. 1974~1975년에 경제는 깊은 침체에 빠져들어 실업률이 전후 최대치인 9퍼센트까지 올랐다. 그 후 3년 동안 미국 경제가 연평균 4.6퍼센트씩 성장하는 등 침체로부터 회복됨에 따라 일시적으로 낙관적인 분위기가 조성되었다. 그러나 1978년에 이르러 경기 회복은 벽에 부딪혔다. 실업률은 여전히 6퍼센트 이상이었는데 인플레이션이 치솟기 시작하였던 것이다. 소비자 물가는 1976년에 4.9퍼센트, 1977년에는 6.7퍼센트, 그리고 1978년에는 경악스럽게도 9퍼센트가 올랐다.(1979년에는 아야툴라 호메이니의 덕으로 13퍼센트 이상 치솟았다.)

1978년과 1979년의 경우에 왜 그처럼 인플레이션이 가속화되었는가 하는 문제는 아직도 약간은 미스터리로 남아 있다. 석유와 식량 가격의 폭등은 국제 시장에서의 달러화의 가치 하락과 마찬가지로 부분적인 요인에 불과하다. 실업률은 역사적인 기준에 비추어 아주 낮은 편은 아니었지만 노동력 구성의 변화 양상—베이비 붐 세대의 급증과 대규모의 여성 인력—은 노동 시장이 겉으로 보이는 것보다 훨씬 더 각박하다는 사실을 의미하였다.• 그리고 노동자들이 호경기의 말기 상황에 적응하기 직전 한동안 실질 임금이 동결된 까닭에 비현실적인 임금 인상 요구가 터져 나왔을 수도 있다. 인플레이션 가속화의 이유야 무엇이든 대중

• 20세 이상의 백인 남성의 경우 전통적으로 다른 인구 구성 집단에 비해 실업률이 훨씬 낮은 편이다.(1980년대 들어서는 남성과 여성 간의 차이가 사라졌다.) 1979년 20세 이상 백인 남성의 실업률은 3.6퍼센트에 불과하였는데, 이 수치는 그때 이후로 레이건 경제의 절정기에도 더 이상 내려가지 않았다.

들은 분노하고 실망하였다. 그래서 정치가들은 해답을 찾고 있었다.

경제학자들의 혼란

양적인 측면에서 말하자면 1970년대 말의 경제 위기는 사실 그렇게 심각한 것이 아니었다. 특히 실업률은 실제로 상당히 낮았다. 가령 1979년의 실업률 수준은 1987년이 되어서야 비로소 다시 도달될 수가 있었다. 사람들은 인플레이션에 대해 불만을 터뜨렸다. 그러나 공급 중시론자들이 권력 장악에 나선 그 시점에 사람들이 감내하던 경제난은 1982년의 경기 후퇴기는 물론 나아가 1990~1992년의 경우와 비교해 볼 때 오히려 가벼운 편이었다. 위기를 심화시킨 것은 모든 것이 통제 밖에 있고 기존의 이론들이 아무런 답도 주지 못하고 있다는 인식이었다.

그 시점에서 전통적인 경제학자들이 제안한 것은 결국 무엇이었는가? 인플레이션을 잡을 단 한 가지 확실한 방법을 전통 이론이 제시하기는 하였다. 즉 경제를 한동안 높은 실업 상태로 방치해 둠으로써 경제 체제에서 인플레 기대 심리를 짜내어 버린다는 것이다. 이는 당연히 기분 좋은 치료법이 아니었고 경제학자들도 이와 같은 처방을 내리는 데 주저하였다—더욱이 이러한 정책을 시행하기란 정치적으로 불가능하지 않느냐 하는 것이 통념이었다. 그러한 통념은 잘못된 것임이 곧 밝혀졌다. 마침내 연방준비이사회가 나서서 완전히 전통적인 방법으로 인플레이션을 잡기 위해 미국 경제를 1978년의 그 어느 누구도 감히 상상할 수 없을 정도로 깊고도 긴 침체로 몰아넣고자 하였다. 그러나 1978년에는 그러한 극적인 정책 수단들의 필요성에 대해 정면으로 대항할 준비가 된 사람들은 거의 없었다.

그 결과 전통적인 경제학자들 스스로 가격 제한을 보상해 주는 조세 정책이나 상대적으로 실업률이 높은 인구 집단의 실업률 해소를 목적으로 하는 보조금 정책 따위의 서투르기만 하고 설득력도 없는 대중 요법만 여러 가지로 늘어놓고 있음을 깨달았다. 로버트 루카스는 '한 유명한 패널 토의 보고서'―그러한 회의가 열리는 것이야말로 지적 혼란기의 일반적인 양상이다―에 대해 통렬하게 논평하기를, "제멋대로의 절충주의"가 "구슬픈 체념"의 어조에 담겨 있다고 하였다.

평범한 전문가들이 기여할 수 있는 유용한 일은 아무것도 없다는 인식이 경제학계의 명백한 내적 분열로 더욱 강화되었다. 정책 지향적인 경제학자들은 여전히 경제 문제에 대하여 본질적으로 케인스주의적인 처방을 제시하고 있었지만, 대학에 포진한 동료 학자들 대다수는 케인스주의를 쓸모없는 넌센스라고 자신 있게 공언하고 있었다.

한편 그 사이에 공급 중시론자들은 매력적인 대안, 즉 나라의 인플레이션을 아무런 경제적 고통 없이 치료할 수 있다는 대안을 제시하였다. 인플레이션을 조절하려면 긴축 통화 정책―공급 중시론자들은 통화가 경기 순환과 어떠한 관계가 있다고 믿지 않았기 때문에 이와 같은 정책이 경기 후퇴를 초래할 것이라고 생각하지 않았던 것이다―을 실시하라. 그런 한편으로 조세를 삭감하여 경제를 부양하라. 조세 삭감에 따라 정부 지출도 삭감되어야 하리라고 지레 우려할 필요는 없다.

의회의 대다수 의원들은 기꺼이 그 계획을 따르고자 하였다. 그렇다고 하더라도 한 사람이 없었다면 그 계획이 실현되었을 것이라고 생각되지는 않는다.

로널드 레이건이 필요하였는가

로널드 레이건에 관해서는 그의 개성이나 의사 결정 스타일 등과 관련하여 이미 수천 페이지에 달하는 글이 나와 있다. 나는 이에 어떤 유용한 내용을 더할 입장에 있지 않다. 레이건의 경우 주류파가 진지하게 받아들이기 힘들었던 어떤 그룹의 자문에 입각하여 경제 프로그램을 결정하는 것이 다른 후보의 경우보다 훨씬 쉬웠다는 것은 명백하다. 결국 똑같은 사람들이 레이건 본인을 진지하게 받아들이기 어렵다는 것을 알게 되었다. 레이건은 아웃사이더의 기질을 지니고 있었다. 영화 배우에서 정치가로 변신하는데, 그리고 그 변신 과정에서 창출된 초기의 우스꽝스러웠던 인상을 극복하는 데 성공함에 따라 그는 어떤 분야에서나 서슴없이 정통성을 무시하는 경향을 보였다. 예컨대 그의 '스타 워즈Star Wars' 계획에 대한 신념은 공급 중시 경제학에 대한 신념 못지 않게 전문가의 자문과 분석에 반하는 것이었음에도 그대로 추진되었다.

흥미 있는 의문은 공급 중시론자들이 레이건이 없었어도 권력을 잡게 되었을까 하는 점이다. 4장에서 살펴볼 것이지만 레이건의 정치적 성공은 경기 순환에 행운이 크게 따라 주었던 덕분이다. 지미 카터나 조지 부시가 1980년에 대통령으로 당선되는 또 다른 역사를 잠시 상상해 보자. 그들도 레이건과 마찬가지로 1982년의 극심한 경기 후퇴를 감당해야 하며, 또 레이건처럼 경기 회복이 임박해 있다고 하는 신용하기 어려운 주장을 해야 할 위치에 있게 될 것이다. 월터 먼데일이라면 그럼에도 "미국에 새 아침이 밝았다"라고 선포할 수 있었을까?

그렇지만 내가 추측하기에 공급 중시론자들의 힘은 한 사람의 애정 이상의 것에 근거하지 않았는가 한다. 그들은 보수주의 정치가들이 필요로 하였지만 주류 보수주의 경제학자들은 공급할 수 없었던 그 무엇을 팔고 있었다. 그들은 레이건이 당선되기 전에 이미 커다란 영향력을 쟁취하고 있었다. 레이건이 없었다면 좀 더 기다려야 했겠지만 그래도 궁극적으로는 권력에 이르는 길을 찾아냈을 것이다. 10장에서 살펴볼 테지만 정책 기획 측면에서 공급 중시론자들의 좌파 쪽 파트너인 전략적 무역론자들은 인정을 받는 데 훨씬 더 고된 시간을 견뎌야 하였다. 전략적 무역론자들은 10년이 넘도록 정치적 광야에서 방황하고 나서야 비로소 약속의 땅으로 가는 길을 찾아낼 수 있었던 것이다. 경제적으로 어려운 시기에는 정치가들이 진실보다 더 좋은 그 무엇을 필요로 한다.

아무튼 로널드 레이건은 실존하였고, 공급 중시 경제학을 나라의 법칙으로 규정하였다. 그러면 그것은 얼마나 잘 움직여 주었는가?

Paul Krugman
Peddling Prosperity

2부
보수파의 집권기

4장
성장

 보수주의 경제학이 약속하는 핵심은 단 한 마디 말로 요약할 수 있다. 바로 성장growth이다. 주드 와니스키와 아더 래퍼 같은 강경한 공급 중시론자들은 세율을 낮춤으로써 폭발적인 성장을 불러일으켜 모든 것—세입까지도—을 늘릴 수 있다고 주장하였다. 머레이 웨이덴봄이나 마이클 보스킨 같은 다소 온건한 보수주의 경제학자들은 그렇게까지 주장하지는 않았지만, 조세와 규제의 부담이 1970년대 미국의 성장을 둔화시킨 주요 원인 중의 하나라고 논하였으며, 정부의 간섭이 배제될수록 더욱 큰 보상이 따를 것이란 암시를 던졌다. 많은 자유주의자들도 탈규제와 조세 제도의 일부 개혁이 미국의 성장률을 높일 수 있으리라고 믿었다.
 보수주의자들이 권력을 장악하자 '성장'이라는 말은 일종의 염불이 되어 미국 경제의 앞날을 우려하는 사람들을 달래는 데 사용되었다. 인색하기 짝이 없을 것 같은 보수주의자들이 전대 미문의 적자 문제를 다루다니 그 얼마나 황당한 광경인가? 걱정하지 마, 우리가 성장을 가지고 적자 문제를 해결할 테니까. 빈부 격차가 심해져 문제될 수 있지 않을까? 걱정 마, 성장이 모두에게 혜택을 돌려 줄 테니까.

그러면 보수주의는 권력을 잡은 다음에 그 성장의 약속을 얼마나 잘 지켰는가?

일견 그 대답은 누구와 얘기하는가에 달려 있는 것 같다. 충실한 공급 중시론자들은 로널드 레이건의 성적은 조세 감면을 통해 실제로 눈부신 성장을 거둔 사실을 잘 보여 준다고 주장하는 한편, 부시 재임기의 저조한 성장 실적은 부시가 공급 중시 정책을 계속하지 않은 데 따른 것이라고 비난하였다. 그에 비해 민주당원들은 월터 먼데일의 선거 운동과 때를 맞춰 공급 중시 정책이 장기 성장에는 재앙이 될 것이라고 경고하였으며, 1992년에는 과반수의 유권자들에게 모든 것이 마침내 제자리를 찾게 되었다고 확신시킬 수 있었다. 누가 옳은가?

물론 정답은 둘 다 아니다. 성장의 비밀을 알아냈다는 보수주의자들의 주장은 전적으로 허위이다. 보수주의자들이 집권한 12년 동안 역설적이게도 집권 말기를 제외하고는 그 어디에도 장기 성장이 가속화되고 있다는 징후는 없었다. 영광스런 성공을 끝까지 주장한 공급 중시론자들의 고집은 처음에는 분통 터질 지적 위선의 편린이었지만, 부시가 낙선한 다음에는 격분보다는 동정을 살 만한 것이었다. 그러나 성장이 퇴보하였다는 뚜렷한 징후도 또한 없었다. 레이거노믹스가 전반적인 경제 성장에 재앙을 초래하였다는 주장은 엄청난 성공을 거두었다는 주장만큼이나 근거 없는 것이었다.

실상은 보수파의 집권 중에 미국 경제에는 특기할 만한 일이 발생하지 않았다는 것이다. 그러나 만일 그렇다면 보수주의자들이 어떻게 일시적으로나마 미국의 대다수 대중들에게 확신을 불어넣어 주면서 자기들이 놀라운 일을 해냈다고 주장할 수 있었는가? 이것이야말로 미국 경제에 대해 많은 것을, 그리고 이 나라에서 경제 논쟁이 벌어지는 방식에 대해서는 더 많은 것을 말해 주는 흥미로운 이야기이다.

통계의 속임수

경제학에 문외한일 경우에는 행정부의 경제 성과를 평가하기가 쉬운 일이다. 그저 한 대통령이 집권하고 있는 동안 경제가 얼마나 빨리 성장하였는가만 물으면 된다. 통계 숫자가 다 말해 줄 테니까 말이다.

그러면 닉슨과 포드, 카터와 레이건 1기, 레이건 2기, 부시에 이르는 최근의 다섯 행정부하에서의 실질 GDP 성장률을 비교해 보기로 하자. 그 수치로 따지면 이야기는 아주 뻔한 것 같다. 로널드 레이건은 매우 훌륭한 경제 지도자였으며 나이가 듦에 따라 더욱 원숙해졌는데, 조지 부시는 그보다 형편없는 인물이었다. 수치를 보고 있으면 많은 보수주의자들이 느꼈던 배신감을 쉽게 이해할 수 있다. 조지 부시가 레이건의 정책을 그저 고수하기만 했어도 성장은 지속되지 않았겠는가?

그러나 경제학에 백지라 하더라도 4년 동안의 성장에 대한 공과를 전적으로 그 기간에 백악관을 차지하고 있던 사람한테만 추궁하겠다는 생각에는 일말의 역겨움을 느끼지 않을 수 없을 것이다. 가장 기본적인 수준에서 모든 경제 현상이 대통령의 통제하에 있지 않다는 사실은 명백하며 또 명백해야만 한다.(실제로 행정부는 단기 경제 행위를 통제하는 수단을 거의 갖고 있지 못하다는 사실을 나중에 밝히고자 한다.) 더욱이 대통령의 정책이 문제가 되는 정도에 비례하여 그 효과는 즉각적이지 못하다. 실업률은 레이건의 집권 1기 전반에 걸쳐 매우 높았다. 그러나 레이건은 지미 카터의 재임 중에 시작된 경기 후퇴기에 집권하였다. 1981년 1월 이후 일어난 모든 것을 레이건의 탓으로 돌려야 하는가, 아니면 레이건 초기의 높은 실업률 중 적어도 일부는 그 전임자에게 책임을 물어야 하는가? 반대로 조지 부시의 대통령직을 유린한 경기 침체는 레이건이 퇴임한 지 불과 18개월만에 시작되었다. 레이건 혁명이란 온건 보수파의 집권 1년 반만에 산산조각이 날 만큼 진정 깨지기 쉬운 것이었든가, 아니면 부시의 문제 중 적어도 일부는 레이건의 유산이라고 보아야 하는가? 끝으로 빌 클린턴은 공식적으로는 1991년에 시작되고 1992년 후반기에 극적으로 가속화된 경기 회복기에 집권하였는데, 재임 초기에 거둔 여러 성과 중 어느 정도를 그의 덕분이라고 할 수 있는가?

이러한 작금의 현안은 성가실 정도로 세부적인 내용인 듯하지만 그렇지는 않다. 한 가지 근본적인 이유가 있기 때문이다. 즉 미국 경제의 성장은 시기에 따라 변동이 극심하다는 점이다. 1973년 이래 미국의 연간 실질 GDP 성장률을 보여 주는 그림 4를 보자. 이 기간의 연평균 경제성장률은 2.5퍼센트이지만 연도별로는 최고 6.8퍼센트에서 최저 −2.2퍼센트의 성장률을 보이고 있다. 이처럼 성장률이 연도에 따라 변화무쌍하므로 4년 내지 8년, 나아가 12년 동안의 평균 성장률은 어느 시기를 택하느냐에 따라 크게 달라진다. 결과적으로 시기를 주의 깊게 잘 골라 호시절을 이야기한다면 얼마든지 원하는 결론을 입증해 낼 수 있는 것이다.

예컨대 레이거노믹스Reaganomics 가 어마어마한 성공이었다는 사실을

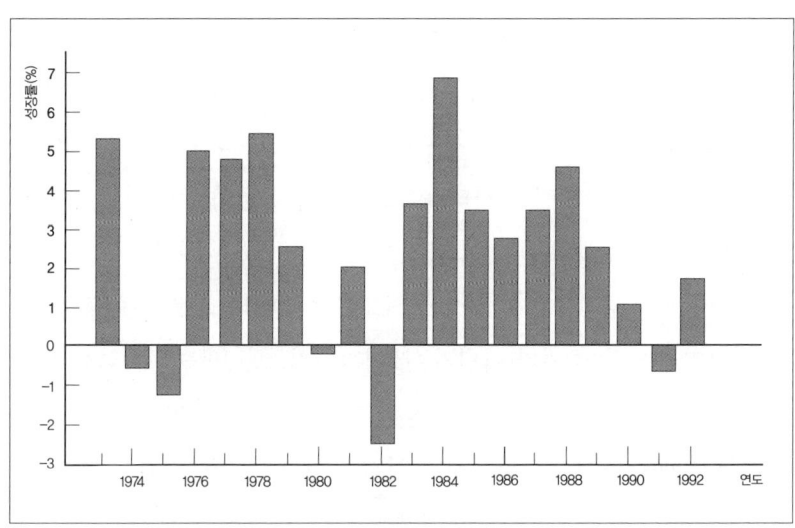

그림 4 미국 경제의 성장률은 해마다 큰 변동을 보인다. 그러므로 어느 시기의 자료를 택하느냐에 따라 행정부의 경제 성과에 대한 평가가 크게 달라진다.

입증하고 싶다고 하자. 그러면 다음과 같이 하면 된다. 우선 지미 카터에 대해 그의 재임 중 발생한 모든 나쁜 사태는 물론이고 1981~1982년의 경기 침체에도 책임이 있다고 비난한다. 레이건은 인플레이션의 원인을 물려받았을 뿐이다. 그러므로 기준선— '카터 시절'—은 1976년부터 1982년까지 미국 경제의 평균 성장률인 1.8퍼센트이다. 따라서 그 뒤를 이은 장기 경기 회복의 공로는 레이건의 몫이 된다. '레이건 시절'(로버트 바틀리의 책 『풍요의 7년』의 원천인)은 1982년부터 1990년까지로 3.6퍼센트의 성장기가 되는 것이다.* 그리고 이는 논쟁의 여지없이 확실하지

---

* 1992년 봄 필자가 TV에 출연하여 허드슨 연구소의 공급 중시론자인 앨런 레이놀즈와 토론한 일이 있다. 그때 레이놀즈는 레이건 이후의 통계를 펼쳐 보이며 독선적으로 단언하였다. "나는 이런 날짜 놀음은 믿지 않아요. 그보다 1980년대 10년 동안, 정확하게는 1982년부터 1990년까지 뭐가 일어났는지 똑똑히 좀 봅시다."

4장 성장 **149**

않은가! 공급 중시론 경제학자들은 연간 성장률이 2퍼센트도 안 되는 경제를 1년에 거의 4퍼센트 성장하는 경제로 탈바꿈시켜 버린 것이다.

그러면 보수주의가 실패한 경우로 만들어 보고 싶다고 하자. 이렇게 계산하면 된다. 1980년 말부터 1992년 말까지 공화당이 집권했던 전 기간의 평균 성장률 2.1퍼센트를 전후 호시절이었던 1947년부터 1973년까지의 평균 성장률 3.4퍼센트와 비교하는 것이다. 그러면 이 또한 논쟁의 여지가 없는 증거가 아닌가! 레이거노믹스는 만족스런 성장 회복에 실패하였다. 실제로 공화당의 정책은 대중을 우선하지 않은 것이 분명하였기 때문에 성장은 용납하기 어려울 정도로 둔화되었다.(반보수주의적 입장을 더욱 분명히 하고 싶다면, 경제 전체의 성장이 아니라 중간층 가구의 소득과 실질 임금에 초점을 맞추어 미국 내 소득 분배의 불균형이 심화되고 있음을 강조하면 된다. 그러나 이에 대해서는 5장에서 논의할 것이다.)

그러면 똑같은 수치를 두 가지 방법으로 보는 것에서 우리는 무엇을 배우는가? 좌익이든 우익이든 영리한 선동가는 경제 성장에 관해 자기의 입장을 강화할 데이터를 제시할 수 있는 방법을 거의 언제나 찾아낼 수 있다는 사실을 알게 된다. 따라서 정치적 윤색이 가해진 통계 분석을 식별할 수 있어야 한다는 사실도 알 수 있다. 당파적인 분석가를 칭하여 술고래가 전봇대 다루듯 제멋대로 경제 자료를 오용한다고 지적한 이가 있거니와, 즉 입증하기보다는 지지하기 위해 데이터를 사용하는 것이다. 디스레일리(Benjamin Disraeli, 1804~1881. 영국의 정치가·총리—옮긴이)가 지적한 대로 거짓말에는 세 종류가 있으니 거짓말lies, 환장할 거짓말damn lies, 그리고 통계statistic이다.

그렇다면 아무도 모른다고 즉 모든 것은 보는 사람의 편향된 시각에 달려 있다고 결론을 내려야 하는가? 아니다. 보수파가 집권한 시기에 미국의 성장에 진정 무슨 일이 일어났는가 하는 문제에 대한 아주 분명한 답변이 있다—한마디로 아무 일도 없었다는 것이다. 그러나 바로 이 답변을 통해 우리가 측정하고자 하는 것이 무엇인지 생각하기 위해서는 한 걸음 물러서야 한다는 사실을 알 수 있다.

성장에 관한 생각

미국 경제의 성과를 제대로 그려 내려면 우선 몇 가지 개념이 필요하다. 실무적인 사람들은 개념이라면 질색하는 경향이 있다—그들은 사실로 곧장 들어가기를 원한다. 이유는 다르지만 정치 논쟁가 또한 개념에 대해서는 질색을 한다—그들은 무조건 자기 입장을 주장하고부터 본다. 그러나 빅토리아 시대의 위대한 경제학자 알프레드 마셜Alfred Marshall이 지적하였듯이, "가장 무모하고 위험한 이론가는 사실이 스스로 말하도록 하라고 주장하는 사람이다." 기록을 어떻게 볼 것인가에 관해 조금이라도 생각해 본 다음에라야 우리는 사실을 의미 있게 해석할 수 있다.

다행스럽게도 우리가 보수주의 집권기의 성장 기록을 분류하기 위해서는 다음과 같은 한 가지 기본 개념과 한 가지 기본 원리만 이해하면 된다. 개념이란 경기 순환이라는 측면과 경제 능력의 성장이라는 측면 즉 이른바 후퇴와 회복이라고 하는 단기 경기 파동과 경제 전체의 장기 상승 경향을 구분하는 것이다. 그리고 원리란 보수주의 정책의 성공 여부는 경기의 단기 상승과 하강 운동이 아니라 경제의 장기 상승 경향이 얼마나 가속화되었는가에 따라 측정된다는 것이다.

왜 이야기를 이렇게 복잡하게 할 필요가 있는가? 왜 사실만을 똑바로 볼 수 없는가? 우리는 이미 왜 그런지를 알고 있다. 경제 성장률은 해마다 등락폭이 크기 때문에 그 해의 책임은 누가 져야 하는가를 소홀히 한다면 보수주의자들이 얼마만큼 잘하였는가 하는 문제에 대한 평가가 극적으로 바뀔 수 있기 때문이다. 그러므로 성장에 대한 사실 자체만 보면, 그것도 특히 짧은 기간의 사실에 국한한다면 장기적인 경제 정책의 성공 여부에 관하여 거의 아무것도 알지 못하고 말뿐이다.

예를 하나 더 들어 요점을 분명히 해 보자. 1983년 미국 경제는 7퍼센트 성장으로 과열 양상을 보였다. 그러나 1986년에는 3퍼센트 성장에 불과하였다. 1983년과 1986년에 대통령은 한 사람 로널드 레이건이었다. 그렇다면 성장의 둔화는 그의 대통령으로서의 자질이 떨어졌기 때문인가, 아니면 그의 정책에 변화가 있었기 때문인가? 자문가들이 레이건을 레이건답게 놔두었다면 7퍼센트의 성장률이 지속될 수 있었겠는가? 물론 그렇지 않다. 1983년에 미국은 극심한 경기 침체로부터 회복되고 있었다. 유휴 자원—노동력뿐 아니라 공장들도—을 재가동하여 급속도로 성장할 수 있었다. 1986년에 이르러 1979~1982년간의 대불황으로 놀고 있던 노동자와 기계는 대부분 현업에 복귀해 있게 되었다. 성장의 둔화는 피할 수 없었다.

이와 같은 예는 단기 성장에 지나치게 연연해하는 것은 어리석은 짓이라는 점 외에 그 이상의 것을 시사한다. 경제 성장의 두 원천을 구분하는 것이 왜 필요한가에 대해서도 말해 주고 있는 것이다. 한편에는 일반적으로 강조되는 생산 능력을 기초로 하는, 즉 노동자의 수와 숙련 정도, 자본재의 규모와 품질, 그리고 기술 수준에 따라 결정되는 성장이 있다. 다른 편에는 이러한 생산 능력을 동원하는 정도에 따른 변동, 즉 화폐 공급과 미래에 대한 확신의 등락에 따라 결정되는 변동이 있다. 단기 성장률은 생산 능력의 성장률이 아주 완만하다 하더라도 생산 능력의 동원 정도에 따라 쉽게 등락할 수 있음이 명백하다. 경기 후퇴로 인해 수백만의 노동자가 실직하고 수천 개의 공장이 문 닫은 상태라면, 이러한 유휴 자원이 가동됨에 따라 경제는 대폭적인 성장을 시현할 수 있을 것이다. 역으로 생산 능력이 급속히 성장한다고 하더라도 그 능력을 동원하는 정도가 떨어지면, 경제의 산출량은 둔화되거나 심지어 감소될 수도 있다.

실제로 경제 성장의 단기 변동은 압도적으로 생산 능력을 동원하는 정도에 따른 결과임이 드러났다. 경제의 생산 능력은 호황과 불황의 순환을 거치면서 상대적으로 꾸준하게 성장하는 것이다.

이를 알 수 있는 한 가지 방법은 경제 성장률을 실업률의 변화와 비교해 보는 것이다. 만일 경제가 실직 노동자들을 일터로 복귀시키면서 빠르게 성장하고 있다면, 실업률은 떨어져야 할 것이다. 만일 일하려는 노동자의 수 또는 노동자의 생산성이 예외적으로 빠르게 증가하여 성장이 빨라진다면, 경제 성장은 실업률의 상승을 수반할 수도 있다. 실제로 실업률은 경제가 빠르게 성장할 때 하락하는 경향이 있을 뿐 아니라(성장이 둔화되거나 아예 마이너스로 돌아설 때는 상승하는 경향이 있으며) 그 관계는 대단히 정확하다. 그림 5는 1973년부터 1991년까지 (임의로 이 시기를 택한 것은 아니다. 이에 대해서는 후술할 것이다) 실질 성장률과 실업률 간의 상관 관계를 보여 주고 있다. 경제학이라는 부정확한 과학의 기준에서 볼 때 이 관계는 놀랄 만큼 잘 들어맞는다. 과연 성장과 실업의 관계는 경제학자들이 주저 없이 '법칙'(J. F. 케네디의 경제 자문이었던 아서 오쿤Arthur Okun의 이름을 따 오쿤의 법칙Okun's Law이라 한다)이라고 부를 정도로 신뢰할 수 있는 몇 안 되는 정량적 관계의 하나이다. 그림 중에서 실선은 부負의 상관 관계의 규모

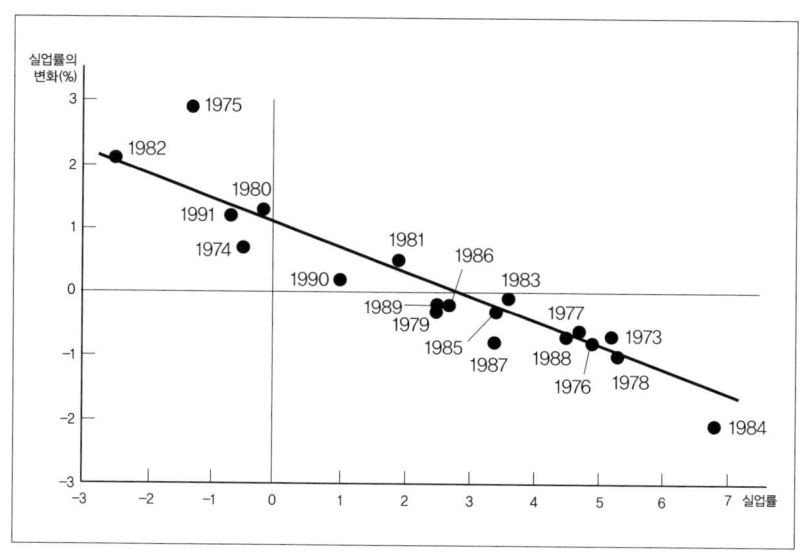

그림 5 실업률의 변화와 성장률은 매우 밀접한 관계가 있다.

를 나타낸다. 1퍼센트 포인트의 경제 성장률은 0.5퍼센트 포인트의 실업률 하락과 연관되어 있고, 마찬가지로 1퍼센트 포인트의 실업률 하락은 약 2퍼센트 포인트의 경제 성장과 연관되어 있다.

그러므로 경제가 극심한 침체에서 벗어나지 못한다면 실업률의 감소는 제한될 수밖에 없다. 1982년 4/4분기로부터 1989년 4/4분기까지 실업률은 10.7퍼센트에서 5.2퍼센트로 5.5퍼센트 포인트가 하락하였다. 이러한 추세가 지속될 수 있었을 것인가? 만일 그 이후 7년 동안 이 추세가 지속되었다면 실업률은 마이너스가 되었을 테지만, 이는 말은 쉬워도 가능한 일이 아니다. 끊임없이 변화하는 노동 시장의 단순한 마찰 때문에라도 실업률은 3퍼센트 이하로 떨어질 수가 없다. 실제로 과열로 말미암아 인플레이션이 가속화되는 불행한 사태가 발생하는 경우가 아니라면 아마도 실업률이 5퍼센트 이하로 내려갈 수는 없을 것이다.

따라서 장기 경제 성장은 실업률을 떨어뜨리는 방법으로 달성될 수 없다. 오직 현재의 실업률 상태에서 시현 가능한 경제 성장률을 가속화함으로써만 달성될 수 있다. 이 장기 성장률을 가리켜 일반적으로 '잠재적potential' 산출물의 성장률이라고 말한다. 실제로 이것이 경제의 생산능력의 성장률인 것이다.

미국 경세는 실업률이 어느 정도 일정한 시기에는 약 2.5퍼센트씩 성장하였다. 좀 더 일반적으로 말해서 그림 5의 실선이 제시하는 실업과 성장 간의 관계로 실업률이 일정한 경우 미국 경제가 어느 한 해에 얼마나 성장할 수 있는지—즉 그해의 '잠재적' 성장률—를 따져 볼 수도 있다. 우리는 이미 그림 1에서 이와 같은 내용을 살펴본 바 있다.

이상의 연습에서 무엇을 알게 되는가? 첫째, 잠재적 성장은 실제actual 성장과는 달리 거의 변동하지 않는다는 사실이다. 둘째, 1980년대에는 잠재적 성장 면에서 특기할 사항이 전혀 발생하지 않았다는 점이다. 리처드 닉슨의 사임 이후를 보면 실제 경제 성장은 지미 카터와 로널드 레이건하에서 가장 빨랐고, 제럴드 포드하에서 둔화되었으며, 가장 둔화된 것은 조지 부시하에서였다. 그러나 잠재적 성장은 이 4명의 재임시에 거의 똑같았다.

보수파의 성장 기록

지금까지 나는 보수주의 경제 정책의 성공이나 실패 여부에 대해 아무 말도 하지 않았다. 물론 주의 깊은 독자라면 이미 시사받은 바가 몇 가지 있을 것이다. 그러나 우리는 이제 예비 평가를 내릴 준비를 갖추고 있다.

다음 두 가지의 기본적인 주장을 가지고 시작해 보자.

첫째, 공급 중시 경제학은 단순히 생산 능력의 동원 정도를 증가시키는 것이 아니라 잠재적 산출물을 높이는 방안으로 상정되었다는 점이다. 그 한 가지 이유는 공급 중시 경제학이 상대적으로 실업률이 낮았던 시기인 1970년 말에 형성되었기 때문이다. 당시 고용 문제는 우선 순위가 높지 않았다. 여하간 공급 중시론자들은 경기 순환상의 회복세 정도로는 이룩될 수 없는, 근본적이고 대규모적인 고도 성장을 원하였고 또 약속하였다. 그런데 어떤 경우에도 실업률의 변동은 전적으로 수요의 변화에 기인하거니와, 공급 중시론자들은 수요를 유지해야 한다는 케인스 학파의 선입관을 경멸하였다.

둘째, 경기 순환의 변동은 행정부—어떤 정부가 집권하고 있든 간에—의 경제 정책과 거의 무관하다는 점이다. 경기 순환의 조절 업무는 나라의 돈을 다루는 준독립 기관으로 특정 당파와 무관한 연방준비이사회가 맡고 있다. 연방준비이사회는 신뢰할 만한 정직성과 여러 권한을 갖고 안정된 물가를 유지하는 범위 안에서 최대한 높고 안정된 고용 수준을 유지하려 한다. 연방준비이사회의 역할에 대해서는 곧 살펴보게 될 것이다. 중요한 점은 경기 순환은 본질적으로 연방준비이사회의 영역이지 행정부의 영역이 아니라는 사실이다.

보수파의 경제 정책이 경기 순환을 목표로 삼지 않았기 때문에, 그리고 1980년 이래 미국 경제의 단기 변동이 행정부의 정책과는 거의 무관하기 때문에 성장 촉진을 노린 보수주의 정책의 성공 여부를 평가하려면 잠재적 산출물의 성장에 초점을 맞춰야 함이 분명한 것 같다. 이 작업에는 다음 두 가지 방법이 있다. 좀 더 정교한 방법으로는 잠재적 산출물의 성장 여부를 매년 계산해 보는 것이다. 이보다 수월하고 다른 여러 가지 비교를 하는 데 유용한 다른 방법은 경기 순환의 측면에서 어느 정도 비교가 되는 시기를 한 쌍씩 골라 검토하는 것이다. 미국의 성과를 평가하기 위한 자연스런 계산법은 주요 경기 순환기의 정점 간의 성장, 즉 1979년에서 1990년까지의 성장과 1969년이나 또는 1973년에서 1979년까지의 성장을 비교하는 것이다.

우리는 이미 연도별 잠재적 산출물의 계산을 통해 1973년 무렵부터 성장이 둔화되어 1980년대에 들어서는 아무런 가속도가 붙지 않았다는 사실을 살펴본 바 있다. 경기 순환의 정점을 비교해도 똑같은 결과가 나온다. 1979년부터 1990년까지 미국 경제는 연평균 2.3퍼센트 성장하였으며 1973년부터 1979년까지는 2.4퍼센트, 그리고 1969년부터 1979년까지는 2.8퍼센트 성장하였다. 1980년대의 성장은 1970년대 전 시기에 비하면 둔화된 편이고, 1973년 이후와 비교하면 거의 같다. 아무리 따져 보아도 1980년대의 성장 수준은 예외적이기는커녕 만족할 만큼도 못 된다.

이것은 소박한 사실이다. 12년에 걸친 보수주의적 경제 정책들이 성장에 치명적이었던 것은 아니다. 그러나 그 정책들이 성장 촉진에 이바지하였다는 징표 또한 전혀 없다.

보수파의 답변

레이건과 부시하에서 시행된 정책들이 미국의 경제 성장을 가속화하는 데 거의 아무런 역할을 하지 못하였다는 결론을 수긍하는 보수주의자들도 많다. 과연 1992년도 『대통령 경제 보고서 Economic Report of the President』에는 생산성 성장과 관련하여 1973년부터 1990년까지의 전 기간을 한 시대로 분류한 분석표가 들어 있었다―즉 조지 부시의 경제 고문들도 실망스런 경제 성장의 시대가 보수파의 집권기 내내 계속되었다는 사실을 속으로는 인정하였던 것이다. 그런데 이와 같이 생각하는 보수주의자들이, 미국이 성장률 제고에 실패한 것은 그들의 통제 밖에 있는 요인 때문이라거나 보수파의 제안이 제대로 적용되지 않았기 때문이라고 비난한다. 이것이 왜 그릇된 것인가 하는 이유에 대해서는 나중에 살펴볼 테지만, 바로 이러한 생각이야말로 정직하고 이성적인 사람들이 쉽게 취할 수 있는 입장인 것이다.

진정한 공급 중시론자들 즉 허드슨 연구소Hudson Institute 의 앨런 레이놀즈Alan Reynolds 나 폴 크레이그 로버츠 같은 사람들은 노선이 다르다. 그들은 공급 중시 정책이 굉장한 성공이었다고 주장한다.

어떻게 그런 주장을 할 수 있는가? 부분적인 이유는 그들이 골 포스트에 더욱 근접해 있기 때문이다. 예컨대 앨런 레이놀즈는 1980년부터 1989년까지 중간층 가구의 소득이 11퍼센트 증가한 사실을 놓고 "전대 미문의 중산층 붐"을 이룩한 "거대한 증가"라고 묘사하였다. 그는 호경기에 중간층의 소득이 훨씬 더 빠른 비율로 증가하였다는 사실(예컨대 1967년에서 1973년까지 단 6년 동안 중간층의 소득이 17퍼센트 증가한 바 있다)을 몰랐거나, 아니면 그의 독자들이 몰라주기를 기대하였던 것 같다.

그러나 보수주의자들은 대개 경기 순환과 장기 경제 성장의 구별을 부정함—그리고 좋은 결과는 모두 자기들의 공로이고 경기 순환이 나쁘게 전개되는 것은 모두 자유주의자들 때문이라고 비난함—으로써 스스로에게 상을 수여한다. 어떻게 그리 하는지는 이미 살펴본 바 있다. 즉 현재의 전형적인 보수주의 노선은 1982년까지 미국 경제에 발생한 것은 모두 지미 카터의 정책이 시행된 결과 내지는 그 영향이 지체된 결과라고 비난하고, 1982년부터 1990년까지의 경제 회복은 전적으로 로널드 레이건의 공로라고 간주한다. 1990년 이후의 경제 침체에 대해서는 조지 부시의 변절 때문이라는 것이다. 만일 레이건이 여전히 권좌에 있었다면 1982~1990년의 팽창은 지속되었을 것이다.

그러나 이것은 당치않은 말이다.

1979~1993년의 경기 후퇴와 경기 회복

경제 공약의 핵심이라는 의미에서, 즉 경제의 잠재적 산출물의 성장률을 증가시킨다는 의미에서 공급 중시 경제학은 성공 또는 재앙이 아니라 단지 효과가 없었을 뿐이다. 실제로 잠재적 산출물은 포드와 카터의 재임기에 그랬던 것만큼 레이건과 부시하에서도 빠르게 성장하였다. 그러나 보수파의 집권기에 경제가 평온하였다고는 누구도 말할 수 없다. 반대로 심각한 경기 후퇴가 공격적인 보수파를 도와 집권하도록 하였던 것이다. 그 경기 후퇴로부터의 강력한 회복이 레이건의 통치를 승리로 이끌었다. 그리고 최후의 완강한 경기 후퇴가 조지 부시에게 상처를 주어 보수주의 운동을 백악관에서 물러나게 하였다. 이 모든 것은 무엇을 말하는가?

정답은 대단히 역설적이다. 즉 1980년대에 걸쳐 정치적 운명을 결정하던 경제적 조류는 행정부의 정책과 거의 무관하다는 것이다. 1979년부터 1993년까지의 경기 후퇴와 회복의 이야기는 본질적으로 화폐 정책, 즉 비당파적이고 준 독립적인 연방준비제도이사회Federal Reserve Board, FRB가 결정하는 통화 정책의 이야기인 것이다.

이와 같이 단언하자면 연방준비이사회란 무엇이며, 또 그 기관은 왜 그와 같은 막강한 힘을 가지고 있는가 하는 배경 설명이 필요하다.

중앙은행의 권한

연방준비이사회는 미국의 중앙은행—독일의 분데스방크Bundesbank 나 영국의 영란은행the Bank of England 및 세계의 다른 유사 기관들과 같은—이다. 중앙은행이 하는 일은 '본원 통화monetary base'—유통되는 현금과 예금주에게 지불하기 위해 현금으로 전환시킬 수 있는 민간 은행의 지급 준비금의 합계—의 공급을 조절하는 데 있다. 연방준비이사회는 더 많은 돈을 찍어 내거나 또 그 돈으로 채권을 구입하는 등의 고유 업무를 통해 본원 통화를 임의대로 늘릴 수 있다. 그 외 다른 어떤 기관도 이런 일을 할 수 없다.•

중앙은행은 본원 통화가 경제에서 특수한 전략적 구실을 하고 있기 때문에 경제 권력의 막강한 원천이다. 금융 시장이 거대하고 복잡하기는 하지만, 누군가 소액이더라도 꼭 필요한 만큼은 현금이나 은행 준비금을 보유하고 있어야 거의 모든 거래가 성립될 수 있다. 가령 수리공에게 현찰(수표보다 현찰을 선호하는 이유는 물을 필요도 없다)로 지불하고자 한다면, 본원 통화 중의 일정량을 개인적으로 지갑 속에 보유하고 있어야 한다. 또 부채를 수표로 갚으려면 은행 계좌에 예금이 있어야 한다—그리고 은행은 전체 예금의 일부에 해당하는 본원 통화의 준비금을 보유하고 있다. 만일 신용 카드로 스테레오를 산다면 은행 계좌에 신용 카드 청구서를 결제할 대금이 있어야 하며, 이 은행 계좌는 본원 통화로 지탱되고……. 이제 이런 생각이 들 것이다. 금융의 전체 구조는 거대하고 복잡하기는 하지만 한 마디로 말해 연방준비이사회가 공급하는 본원 통화 위에 놓인 일종의 역逆피라미드라고.

• 연방준비이사회는 또한 채권을 매각하거나 시중의 현금 통화를 환수함으로써 본원 통화를 줄일 수도 있다.

본원 통화의 전략적 역할 때문에 연방준비이사회의 행위는 경제에 심각한 영향을 초래할 수 있다. 만일 연방준비이사회가 무책임하게 가령 본원 통화를 20퍼센트 증가시킨다면 엄청난 인플레이션이 유발될 것이다. 또 어떤 이유로 해서 본원 통화를 10퍼센트 감소시키기로 한다면 경제는 극한적인 경기 후퇴에 빠질 것이다.

그러나 경기 후퇴와 회복의 차원에서 연방준비이사회의 역할을 그렇게 결정적으로 만드는 것은 단순히 연방준비이사회가 갖는 영향력의 크기가 아니라 정책 면에서 급격한 변화를 가능하게 하는 속도와 용이성이다. 하루의 금융 거래량이 수조 달러로 추정되는 경제에서 본원 통화는 1992년 말 현재 3480억 달러에 불과하였다. 이는 연방준비이사회가 본원 통화를 아주 짧은 시간 안에 급격하게 조정하는 것이 용이함을 뜻한다. 가령 어찌 어찌되어 연방준비이사회가 정신병자의 수중에 들어가는 바람에 월요일에는 본원 통화가 10퍼센트 증가되고 화요일에는 반대가 되는 정책이 정해진다고 하자. 정신병자 마음대로 그런 정책이 시행될 수 있겠는가? 아무 문제가 없다. 어느 경우에도 일반 은행에 몇 번만 전화를 하면 당장 시행된다.

이 모든 것은 다른 유형의 경제 정책이 효과를 발휘하는 데 대단히 지지부진하다는 사실과 확연한 대조를 이룬다. 1993년에 클린턴 정부가 그랬던 것처럼 행정부는 경제 부양이 필요하다고 보아 투자에 대한 세제 혜택을 부여하거나 여러 공공 사업에 착수할 수 있다. 그러나 백악관을 장악한 여당이 의회에서도 다수당이라 하더라도 우선 그러한 수단을 입법화하는 데, 그리고 구체적으로 정책을 추진하는 데는 계속해서 시간이 걸린다. 정부의 돈이 지출되는 경우에도 입찰에 부치고 계약을 하는 등 역시 시간이 필요하다. 바꿔 말하자면 통화 정책은 10센트짜리 동전 하나로 너끈히 돌아가지만 정부의 다른 정책은 회전의 폭이 너무 크다.

방금 '정부의 다른 정책'이라고 말하였는데 이는 좀 오해의 여지가 있는 말이다. 왜냐하면 연방준비이사회에 관하여 끝으로 지적해야 할 요점 사항이 있기 때문이다. 즉 연방이사회는 정부에 속한 기관이 아니라는 사실이다.

그렇다고 꼭 정부에 속한 기관이 아닌 것도 아니다―일종의 중간 형태이다. 영국에는 연방준비이사회처럼 물고기도 아니고 새도 아닌 존재를 지칭하는 데 쓰는 알맞는 용어가 있다. 그들은 이와 같은 '준자치 비정부 기관quasi-non-governmental'을 줄여 'quangos'라고 한다. 법적 측면에서 볼 때 연방준비제도는 민간 은행들이 회원으로 참여한 연합체로서, 1914년 법에 의해 본원 통화 조절 권한을 위임받았다. 최고 기구인 이사회Board of Governors는 혼성으로, (의장을 비롯한) 일부 위원들은 대통령이 임명하며, 나머지 위원들은 회원 은행들이 선임한다. 그러나 대통령이 임명한다 하더라도 14년의 임기 동안 정치적 압력에 대해 중립성을 보장받도록 되어 있다.(다만 의장의 임기는 딱 4년이다. 따라서 의장이 완전히 격리된 기관인 것은 아니다.) 더욱이 연방준비이사회에는 독립성을 지향하는 강력한 문화가 있다. 연방준비이사회는 적합하다고 판단되는 결정을 내릴 권리를 수호하는 데 추호도 타협하지 않으며, 무엇보다 통화 정책을 수립하는 데 여당의 이해에 굴복하는 법이 없다.

주목할 것은 연방준비이사회와 같은 경우가 다른 나라의 중앙은행들과 반드시 일치하는 것은 아니라는 사실이다. 독일의 분데스방크는 연방준비이사회보다 더 독립적이지만, 영국의 영란은행은 자율성이라고는 전혀 없이 단지 재무성의 수족에 불과하다.

그러나 영란은행의 불행한 과거 족적을 들춰 본다면 아무리 연방준비이사회에 비판적인 정치가라 하더라도 연방준비이사회의 자율성을 위협하는 일에는 꺼리지 않을 수 없을 것이다.

중요한 점은 경제의 단기적 성과, 즉 대통령의 연임 여부를 간단히 좌우할 수도 있는 단기 경제 운용에 막대한 영향을 끼칠 결정을 내리는 기관이 다소 정치와는 무관한 테크노크라트에 의해 운영되는 비당파적 조직이란 사실이다.

연방준비이사회와 경제

경기 회복과 경기 후퇴를 통제하는 기관은 행정부가 아니라 연방준비이사회라는 점을 이해하게 되었으므로 보수파의 집권기에 무슨 일이 벌어졌는지 이야기할 수 있을 것이다.

서론에서와 같이 연극에 비유하는 것이 좋겠다. 그것은 다음과 같은 3막짜리 이야기이다.

제1막은 1979년에 시작되었다. 1979년 가을에 이르러 미국 경제는 대외적으로는 세계 유가 폭등과 같은 충격과 대내적으로는 통화 정책상의 누적된 실책이 결합된 결과로 인플레이션이라는 위험한 문제를 안고 있음이 모든 사람들에게 명백해졌다. 그해 11월 폴 볼커Paul Volcker가 연방준비이사회의 의장으로 임명되었다. 양당의 지지를 받고 있던 볼커는 우리가 아는 신뢰할 수 있는 유일한 방법, 즉 긴축 통화 정책을 가지고 인플레이션과 싸워 나가기 시작하였다. 만일 1장에서 서술하였듯이 케인스에 대한 보수파의 비판이 옳다면, 인플레이션을 잡기 위한 볼커의 상당히 신뢰성 있는 정책 집행은 심각한 경기 후퇴를 초래할 이유가 없다. 그러나 사실상 그것은 경기 후퇴로 귀결되었다. 아니나 다를까 1982년 여름에 이르러 인플레이션은 급격하게 떨어졌지만 실제 경제 상황은 심각한 하강 곡선을 그리고 있었다. 그래서 연방준비이사회는 정책을 전면 변경하여 경제를 부양하기 시작하였다.

제2막은 1982년부터 1990년까지에 이르는 '레이건의 확장Reagan expansion'이다. 사실상 이것은 1982년 여름 전면 전환된 통화 정책에 그 뿌리가 있으므로 볼커의 확장Volcker expansion이라고 해야 마땅하다. 전환된 통화 정책은 제대로 움직여 주어서 경제의 엔진이 그해 11월 완전히 활력을 되찾았다. 이미 앞에서 살펴보았듯이 경기 후퇴의 결과로 가용 가능한 유휴 자원이 많이 남아돌고 있었기 때문에 호황이 빠르게 살아나 오래 지속될 수 있었다.

또 확장이 지속될 수 있었던 것은 최소한 부분적으로는 볼커와 그의 후임자인 앨런 그린스펀Alan Greenspan의 판단이 옳았기 때문이기도 하다. 1984년 경기 회복이 순조로운 시점에서 연방준비이사회는 그간의 경제적 성과를 인플레이션으로 빼앗기지 않기 위해 경제의 고삐를 쥐기 시작하였다. 그 결과는 성공적이었으며 그에 따라 느리긴 했지만 확장이 지속되었다. 1987년 주식 시장의 대대적인 붕괴로 인해 새로운 경기 침체의 위기가 닥쳐 왔다. 이에 연방준비이사회는 당시의 의장 그린스펀의 지도에 따라 재빨리 본원 통화를 확대 공급하는 방안으로 대처함으로써 어떠한 경기 침체도 피할 수 있었다.

제3막은 대조적으로 연방준비이사회가 더듬거린 이야기이다. 1989년에 이르러 미국의 실업률은 인플레이션이 극심하였던 1970년대 말의 수준 이하로 떨어져 있었다. 인플레이션이 극적으로 치솟을 징후는 없었지만, 연방준비이사회의 관리들은 잠복해 있던 인플레이션이 점차 가속화되어 임금 협상이나 가격 변동으로 드러날 것이라고 믿었다. 동시에 일부 보수파 의원들은 5년 이내 인플레이션 제로 정책을 강요하고 있었다. 따라서 연방준비이사회는 지속적인 확대 경제를 유지하기보다 인플레이션을 더욱 우려하였다. 실제로 연방준비이사회의 한 간부는 당시를 회고하여 "인플레이션을 잡기 위해 나서서 경기 후퇴를 조장할 수야 없지만, 가벼운 경기 후퇴라면 우리의 구상대로 내버려 두어 그 이득을 살릴 수는 있다"라고 말하였다.

이러한 마음 자세 때문에 연방준비이사회는 실제로 일어나고 만 대규모의 경기 후퇴에 미처 대비하지 못하였다. 솔직히 말해서 1990~1992년에 왜 미국 경제가 그렇게 허약하였는가 하는 문제는 아직도 상당한 논쟁거리로 남아 있다. 1980년대 내내 저축률을 계속 떨어뜨리던 소비자들이 갑작스럽게 조심스러워하기 시작하였는데, 이는 그들이 과거에 너무 많은 부채를 쌓아 놓은 때문인가, 아니면 미국에 아침이 밝았다라고 하는 보수파의 주장의 허구성을 드디어 깨닫게 된 때문인가? 신용은 전 경제 부문에 걸쳐 위축되었는데, 이는 1980년대의 잘못된 규제가 은행들의 방만한 확장을 방임하였기 때문인가? (금융 시장에 대해서는 6장에서 논할 것이다.) 1990년 이후 경제가 약화된 것은 최소한 레이거노믹스의 유산에 일부 원인이 있다고 말할 수 있다.

그럼에도 경기 후퇴에 관하여 가장 중요한 사실, 즉 본질적으로 연방준비이사회가 계속 오판하여 경기 후퇴를 막는 데 실패하였다는 사실은 여전하다. 첫째, 연방준비이사회는 인플레이션의 위험성은 과대 평가하고 경기 후퇴의 위험성은 과소 평가하였다. 그리하여 연방준비이사회는 통화 정책을 꾸준히 늦추었지만 언제나 그 폭은 너무 작았고 또 그 시점은 너무 늦었다. 다만 연방준비이사회에 이 모든 것에 대해 책임이 있다고 비난하기 전에 1990년 여름부터 1992년 여름에 이르는 당시 거의 모든 예측가들이 한결같이 지나치게 낙관적이었다는 사실을 염두에 두어야 한다.

그리고 마침내 연방준비이사회의 정책이 움직였다. 1992년 하반기 들어 경제 성장률은 순식간에 4퍼센트 이상으로 치솟았다. 고용 창출은 당초 실망스러웠지만 경기 후퇴는 확실하게 끝이 났다.

부당성

유권자들이 대통령을 재임 중 이룩한 경제적 성과로 판단한다는 것은 이해할 수 있는 일이다. 그러나 실제로 4년 임기 동안의 성장률을 지배하는 것은 경기 순환의 부침—이는 행정부의 책임이라기보다는 주로 연방준비이사회의 책임이다—이다. 그런데 유권자들이 대통령의 전체 재임 기간이 아니라 단지 선거 전의 몇 분기 동안의 경제 성장률에 근거하여 투표한다는, 즉 짧은 기억만 갖고 투표한다는 익히 입증된 성향 때문에 상황은 더욱 악화된다. 그러므로 그들의 정책과는 거의 상관없이 주로 단기적 경제난 때문에 대통령직에서 물러난 지미 카터와 조지 부시에게는 일말의 유감을 표하지 않을 수 없다.

장기로의 회귀

보수파의 집권기에 미국 경제는 근본적이고 잠재적인 성장률이 완연하게 둔화되었음을 기정 사실화하자. 그런데 더 잘 해낼 수는 없었는가?

가장 기본적인 수준에서 경제의 잠재적 성장률은 다음 두 비율의 합이다. 하나는 일할 능력과 용의가 있는 노동자 수의 확대율이고, 다른 하나는 평균적인 노동자의 생산성 증가율이다.

지난 20년 동안 미국은 노동력의 공급 면에서 예외적일 만큼 빠른 성장을 보였다. 과연 고용의 성장률은 호황기였던 1950년대와 1960년대보다도 불황기였던 1970년대와 1980년대에 훨씬 높았다. 그 까닭은 충분히 납득할 수 있다. 노동력의 공급이 엄청나게 늘어났기 때문에 고용이 급속도로 성장할 수 있었던 것이다. 베이비 붐 시대의 아이들이 성인이 되었으며 또 여성들이 대거 노동 시장에 진입하였다.

이와 같은 고용 성장은 미국 경제가 거둔 위대한 성공의 하나이다. 제대로 된 것이니 솔직히 인정한다. 일하고 싶어 하는 사람들의 수가 늘어나면 일자리의 수도 반드시 늘어난다는 사실은 폐기된 결론이 아니다. 과연 서유럽에서는 1970년대 및 거의 1980년대에 걸쳐 고용이 정체됨으로써 실업도 꾸준히 증가하게 되고 말았다. 미국은 공급에 수요를 충족시키는, 그래서 일을 원하는 사람들이 대폭 증가해도 실업이라는 결과를 거의 낳지 않고 흡수할 수 있는 탄력적이고 자유로운 노동 시장을 지녔음이 판명 났다.

물론 자유롭게 기능하는 노동 시장이 일을 원하는 거의 모든 사람에게 일자리를 보장하는 방법은 공급에 수요를 맞추기 위해 필요하다면 임금률을 떨어뜨리는 것이다—그리고 5장에서 살펴보겠지만 대다수 미국 노동자들은 임금이 대폭 하락하였다. 그러나 고용 문제에 관한 미국의 경험은 미국이 거둔 위대한 업적의 하나이다. 미국의 고용 성장세에 견줄 만한 사례는 오늘날의 산업화된 세계 어디에도 없다.

그런데 그렇게 많은 사람들을 일하게 하였는데도 왜 미국은 급속하게 성장하지 못하였는가? 해답은 생산성을 올리는 데 별로 노력하지 않았다는 것이다.

1970년대와 1980년대 미국의 경제 성장을 평가할 척도로 다음 두 가지가 있다. 첫째는 자본당 실질 GDP의 성장이다. 이 기준에서 볼 때 미국의 경험은 대단히 인상적이다. 70년대에 18퍼센트, 80년대에 다시 18퍼센트, 합계 36퍼센트 성장에 달한다. 그러나 이러한 성장세의 주요 기반은 고용 인구 부문이 급속히 증가한 데 있다. 두 번째 척도는 고용 1인당 산출물의 성장이다. 그 성장률은 1979~1989년 사이에 불과 10퍼센트, 연평균 0.8퍼센트에 그쳤다. 이는 제2차 세계 대전 이후 25년 동안의 평균 성장률 2.8퍼센트에 비해 대조적이 아닐 수 없다.

그러므로 1980년대의 전체 성장이 평범한 수준이라도 유지할 수 있었던 것은 급속한 노동력의 성장이 둔화된 생산성 성장과 합산되었기 때문이다. 그런데 노동력이 급속히 증가한 데 대한 공로를 공화당에 돌릴 수는 없다. 오히려 그들에게는 생산성 둔화에 대한 책임을 물어야 하지 않을까?

조금은 그럴 수도 있다는 것이 답이다. 성장이란 말로 포장되었음에도 불구하고 레이건과 부시 시절의 정책들은 사실상 생산성 성장과는 어긋났던 것이다. 그렇다고 실망스런 성과에 대한 책임을 전적으로 그 정책들에 전가하는 것은 불공정하다.

정책과 생산성

경제가 노동자의 생산성을 높일 수 있는 주요 방법으로 다음 세 가지가 있다. 우선 기업 자본business capital의 양과 질을 높일 수 있고, 둘째로 민간 경제를 지원하는 공공 자본public capital을 개선할 수 있다. 그리고 더러 인적 자본human capital이라 말하는 노동력의 질을 개선할 수 있다.

합리적인 경제학자라면 성장의 이 세 가지 원천 가운데 어느 하나도 그 가치를 정확하게 계산해 낼 수 있다고 주장하지는 않을 것이다. 성장에 대해 기업 자본과 인적 자본이 차지하는 효과에 대한 대개의 평가는 시장 수익률에 토대를 두고 있다. 그러나 어떤 투자로부터 사회가 돌려받는 수익이 민간 투자자가 받는 수익보다 더 적거나 더 많을 수 있다는 점은 익히 알려진 사실이다. 공공 투자의 경우에는 지표로 사용할 만한 시장 수익이 없기 때문에 상황이 더욱 악화된다.

그러므로 미국이 투자를 통해 어느 정도의 생산성 성장률을 시현할 수 있다거나, 또 모든 것이 제대로 되었다고 할 경우 생산성 성장이 얼마나 더 나아지겠는가 하는 데 대해 한 마디 말도 할 수가 없다. 고작 할 수 있는 말은 보수파가 집권하는 동안 미국은 고도의 생산성 성장 달성에 목표를 둔 나라처럼 행동하지 않았다는 정도이다. 사실상 미국은 거의 모든 것을 잘못 행하였다.

기업의 투자 문제부터 검토해 보기로 하자.

민간 투자가 저축의 세 가지 원천 즉 민간 저축, 정부 저축(즉 예산 흑자) 및 해외 자본 순유입분의 합이라는 것은 항등식—정의상 참眞일 수밖에 없는 공식—이다. 따라서 민간 투자를 늘리려면 이 세 가지 저축의 원천 가운데 하나를 증가시킬 계획을 세워야 한다.

공급 중시론자들은 물론 일부 온건 보수주의자들조차 레이건의 조세 삭감이 민간 저축을 높일 인센티브로 작용하리라고 기대하였을지 모른다. 만일 그렇게 작용하였다면 그 인센티브는 다른 요인에 질식당하고 만 셈이다. 미국의 민간 저축률은 1980년에는 가처분 소득의 9.1퍼센트이던 것이 1987년에는 5.1퍼센트 수준으로 1980년대에 걸쳐 붕괴 상태에 빠져 있었으니 말이다. 또 동시에 레이건 행정부하에서는 재정 적자가 눈덩이처럼 불어나고 있었으며, 이와 같은 공공 '차입dissaving'은 민간 저축의 상당 부분을 구축驅逐하기 시작하였다. 공공 부문과 민간 부분을 합한 국민 전체의 저축률은 1970년대에는 평균 7.7퍼센트였으나 1988년에서 1990년까지는 불과 3퍼센트였다.

만일 이 세계에 미국 한 나라밖에 없다고 한다면, 이와 같은 국민 저축의 붕괴는 민간 투자 부문에서 동등한 하락을 수반하였을 것이다. 본질적으로 정부의 차입 욕구는 자금에 대한 수요와 공급을 일치시키는 데 충분한 투자가 완전히 채워질 때까지 이자율을 끌어올릴 것이다. 아니나 다를까 이자율은 올랐다. 미국의 실질 이자율은 1960년부터 1980년까지는 평균 0.5퍼센트에 불과하였지만 1980년대에는 평균 4.9퍼센트에 달하였다. 그나마 능히 더 오를 수 있음에도 그 정도 수준에서 머무른 것은 높은 이자율을 노리고 외국 자본이 흘러 들어와 저축 부문의 부족을 보충하였기 때문이다.

외국 자본의 순 유입분이 미국의 무역 적자분(더 정확히 말해서 경상 계정의 적자분)과 같다는 것은 또 하나의 항등식이다. 그러므로 재정 적자의 급증에 일부 원인이 있는 미국의 국민 저축의 붕괴는 1980년대에 들어 대규모 무역 적자가 발생하게 된 데 간접적인 책임이 있는 것이다. 이 관계는 '쌍둥이 적자twin deficits'라는 명칭으로 유명해졌다. 그러나 이는 여기서 다루고자 하는 주제가 아니다. 여기서의 목적을 위해 반드시 짚고 넘어가야 할 논점은 공화당의 정책이 민간 투자를 저해하는 효과만 낳았다는 사실이다. 그리고 실제로 1980~1992년간의 민간 투자는 1970년대의 18.6퍼센트와는 대조적으로 GDP의 17.4퍼센트에 불과하였다.

공공 투자 부문은 어떠하였는가? 미국의 경우 공공 투자는 1950년대와 1960년대에 정점에 달하였는데, 당시 주간州間 고속도로 건설과 같은 대규모 사회간접자본 사업에 따라 이 부문에 대한 정부 지출은 GDP

의 3퍼센트에 이르렀다. 이후 그 비중은 점차 하락하여 GDP의 약 1퍼센트 수준까지 떨어졌다. 이와 같은 하락세가 레이건과 부시 행정부하에서 처음 시작된 것은 아니지만 그들의 정책으로 하락세는 더욱 가속화되었다. 적자에 시달리는 연방 정부는 단기 수치를 분식하기 위해 장기 지출을 연기하였을 뿐 아니라, 주 정부 및 기타 지방 정부들에 대한 재정 보조금을 사실상 중단함으로써 지자체의 예산 편성도 낮은 수준으로 묶어 버렸다.

끝으로 인적 자본 문제이다. 인적 자본이란 무엇보다도―넓은 의미에서―한 나라의 어린이들에 대한 교육을 뜻한다. 미국에서 교육에 대한 책임은 일차로 주 정부 및 지방 정부에 있으며, 이들 지방 정부는 어떻게든 교육을 강화하려고 노력한다. 교재나 기구를 사기도 어려운 '궁핍한' 학군 수가 늘고 있음에도 교실 크기와 같은 전체 환경은 개선되었다. 그러나 이 같은 재정적 노력은 빈곤 아동의 확대와 그에 따른 각종 사회 문제에 압도당해 버렸다. 레이건 경제 성장기의 말기에도 미국의 빈곤 수준은 지미 카터 시절보다 더 높았다. 더욱이 빈곤 아동의 수는 급속한 상승세를 보이고 있었다. 그런데 이와 같은 빈곤 아동의 증가는 확대 일로에 있던 소득의 불균형 분배와 긴밀히 결부되어 있던 문제였다. 물론 집권 보수파가 그러한 불균형을 유발하였다고 할 수는 없지만, 불균형을 제한하거나 그에 따른 문제를 해결하기 위한 아무 일도 하지 않았다.

만일 점검 목록을 쭉 살펴본다면 레이건과 부시 행정부의 정책은 장기 성장에 반하는 것이었음을 알게 될 것이다. 그러나 더 나은 정책이라고 해서 얼마나 많은 차이를 낳겠는가? 생산성의 둔화가 지속된 데 대해 레이건과 부시가 비난받아야 하는가?

그래서는 안 될 것이다. 재정 적자로 인해 투자에 가용할 수 있는 자금이 줄어들고 외채가 누적되긴 하였지만, 적자 규모에 따른 영향을 환산해 보면 그 결과는 상당히 미미한 것으로 나타난다. 예컨대 뉴욕 연방 준비은행이 발표한 한 포괄적인 연구에 따르면, 1980년대에 예산 적자가 없었다고 할 경우 1990년의 실질 소득은 불과 3퍼센트 오르는 데 그쳤을 것이라고 추정되었다.(여기서 사용된 계산법의 기초에 대해서는 6장에서 설명할 것이다.)

사회간접자본에 대한 낮은 지출의 효과는 더욱 논쟁적인 문제이다. 이 문제에 대해서는 베이츠 대학의 데이비드 애쇼어David Aschauer의 연구가 널리 인용된다. 그는 사회간접자본에 대한 지출 감소가 생산성 둔화의 주요 원인이라고 주장하였거니와, 빌 클린턴 후보가 적극 채택한 것이 바로 이 주장이었다. 그러나 대다수 경제학자들은 애쇼어의 통계 분석을 오락가락하는 것으로, 즉 인과 관계보다는 상관 관계에 더 가까운 내용으로 간주한다. 한편 사회간접자본에 대한 지출의 상세 내역을 알고 있는 전문가들은 이와 같은 지출이 생산성을 제고할 잠재력을 가진다는 데 대해 회의적이다. 교각 보수와 같이 1년에 100억 달러 정도는 간단히 잡아먹는 몇몇 우선 순위 사업이 있기는 하지만, 그 이상으로 성장에 상당히 긍정적인 영향을 줄 수 있는 사업을 제안하기란 어려운 일이다.

궁극적인 문제를 논하자면 전국의 아동들을 돌보는 일이다. 보수주의 이데올로기에 덜 물든 정부라면 더 잘 할 수 있지 않았겠는가 하고 바랄—그러나 정확히 무엇을 더?—수도 있다. 또 교육이란 아동들이 자라서 일할 수 있게 될 때까지 문제가 될 수 없는 만큼 생산성에 미치는 영향이 대단히 장기적일 뿐임은 자명하다. 그러므로 얼마가 되었든 미국이 보수주의자들의 태만죄 때문에 치러야 할 대가는 1990년대 말이나 21세기 초까지 유예될 것이다.

요약해 보면 보수주의자들이 범한 가장 나쁜 죄는 위선죄이다. 그들은 성장을 목표로 내걸고 성장이 모든 문제의 만병통치약이라고 떠벌렸지만, 사실상 그에 따른 모든 정책은 최소한 아주 조금이라도 성장을 저해하는 것이었다. 그들의 집권 말기에 즈음하여 확인된 가장 놀랄 만한 사실은 그들의 집권하에서 좋은 의미에서든 나쁜 의미에서든 미국의 장기 성장에 변화가 거의 없었다는 것이다.

예외가 있다면 집권 마지막 해이다.

1992년의 혁명

조지 부시가 낙선한 해인 1992년에 미국 경제에는 한 가지 재미있는 일이 일어났다. 그해에 생산성이 2.8퍼센트—1972년 이래 가장 높은 수치이다—나 성장하였던 것이다.

경기 순환 중 회복기의 초기 단계에서는 생산성이 일시에 뿜어져 나오는 것이 보통이다. 왜냐하면 침체기에 기업들은 당장 필요한 인력은 아니어도 해고를 꺼리기 때문이다. 따라서 수요가 회복되면 기업들은 '사장되어 있던' 노동력을 동원하여 신규 고용 없이도 산출물을 확대할 수 있다. 그러나 1992년의 경우는 이와 같은 유형에 부합하지 않았다. 일반적으로 생산성 성장과 고용이 혼합되어 경기 회복과 결부되는 것이 보통인 데 비해, 이 경우는 고용은 없이 오직 생산성 성장만 있었다. 더욱이 느린 회복 단계에서 발생한 이 생산성의 파고는 급격한 회복기였던 1984년의 생산성 성장보다도 훨씬 대규모였다.

무슨 일이 있기에 그러하였는가? 아직 너무 일러서 확실하게 말할 수는 없지만 몇몇 관찰자들은 심각한 현상—가령 예기치 않은 곳에 적용된 신기술과 결부된 근본적인 생산성 성장의 가속화—이 일어나고 있는 것이 아닌가 하는 느낌을 받고 있다.

이와 같은 갑작스런 예기치 못한 발전의 의미에 대해서는 나중에 다루기로 하고, 이 4장에서는 미국의 경제 성장사는 정치적 불의뿐 아니라 정치적 역설에 의해서도 기록된다는 말로 논의를 매듭짓고자 한다. 보수파의 실패한 약속에 길들여진 미국인들이 변화를 모색함과 동시에 경제도 스스로 치료되기 시작하였는지도 모른다.

5장
소득 분배

보수파의 집권기에 관한 이야기의 큰 줄거리는 소득의 성장이 아니라 분배distribution이다. 경기 순환의 변동에 대해 올바로 이해한다면, 경제의 성장 가도는 로널드 레이건의 집권 이전이든 이후이든 실질적으로 다름이 없다는 것을 알게 된다. 그러나 이 보수주의의 시대는 소득 분포가 거대한 부채 모양으로 펼쳐지게 된 것이 특징이다. 부유층은 더욱 부유해졌고 빈곤층은 더욱 빈곤해졌으며, 특히 중산층은 설자리를 잃었다.

물론 소득 불균형income inequality의 심화에 관한 중요한 문제는 왜 그런 일이 일어나고, 그에 관해 무엇을 할 수 있으며 또 해야 하는가 하는 점이다. 그러나 이러한 문제들을 해결할 수 있으려면 먼저 사실을 직시할 필요가 있다. 미국의 점증하는 소득 불균형 문제를 둘러싼 논쟁에서 가장 주목할 만한 점은 많은 보수주의자들이 불균형의 사실조차 도무지 인정하려고 하지 않는다는 것이다.

몇 가지 기본 사실

말뚝형에서 계단형으로

그림 6의 도형은 1970년대 이래 미국 경제의 흐름을 생각하는 사람이라면 의식하고 있어야 할 내용이다. 이 그림에는 여러 기간에 걸친 소득 분배에서 특정 지점의 소득 성장률이 나타나 있다.

소득 분배의 측정 기준은 백분율이다. 예컨대 막대 그래프의 첫 번째 집합은 소득이 하위 20퍼센트에 속하는 가계의 소득 성장률을 표시하고, 두 번째 집합은 20~40퍼센트에 속하는 경우의 성장률을 표시하며, 계속 마찬가지이다. 다만 20퍼센트에서 95퍼센트까지만을 선택한 것은 실질적인 양극단—즉 한편으로 하위 5분의 1에 해당하는 가계의 소득 변동과 다른 한편으로 상위 5퍼센트의 소득 변동—을 제외하였음을 뜻한다. 곧 알게 되겠지만 양극단 특히 상위 5퍼센트의 소득 변동을 제외함으로써 매우 중요한 발전 양상을 놓치게 된다. 그러나 이 그림은 여전히 유용한 지침을 제공해 준다.

선택된 세 시기는 1947~1973년, 1973~1979년 및 1979~1989년이다. 첫 번째 시기는 우리가 이미 호시절—즉 전후의 굉장한 호경기 시대—로 인식하고 있는 시기이며, 다른 두 시기는 각각 '70년대'—경기 순환의 정점에 있던 1973년에서 1979년의 정점까지—와 '80년대'—1979년의 정점에서 1989년의 정점까지—이다. 하필 경기 순환의 정점에서 정점까지를 기준으로 한 것은 이미 4장에서 논한 성장 문제와 관련해서 의미가 있기 때문인데, 이 점은 논란의 여지가 있다. 그 논란에 대해서는 이 장의 말미에서 살펴볼 것이다.

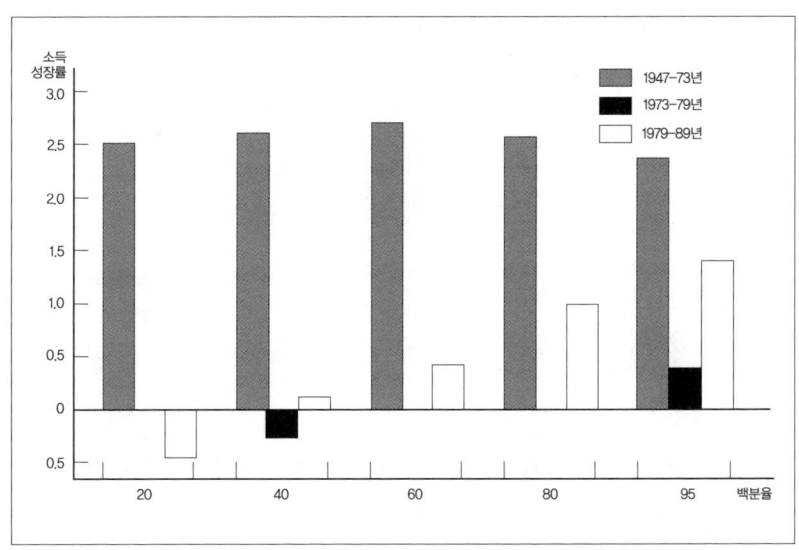

그림 6 말뚝형에서 계단형으로 성장 유형의 변화는 가계 소득의 점증하는 불균형을 반영한다.

그러면 이 그림을 통해 무엇을 알 수 있는가? 첫째, 1947~1973년의 수치에서 실질적인, 그리고 저변이 넓은 번영이란 어떤 것인가를 알 수 있다. 이 기간 동안 모든 집단의 소득은 거의 같은 속도로 해마다 2.5퍼센트 이상씩 증가하였다. 즉 호시절은 모두가 똑같이 좋았던 것이다. 1973년과 1979년간에는 경제가 생산성 성장의 둔화와 오일 쇼크로 일그러지면서 소득 성장도 둔화되고 불공평해졌다.

끝으로 1979년 이후에는 새로운 유형이 나타났다. 전반적으로 소득의 성장이 한층 둔화된 가운데 소득 수준에 따른 불균등 성장 현상이 강하게 나타나, 최상위 계층은 중간 계층보다 소득이 월등히 빠르게 증가하였으며, 하류 계층은 사실상 소득이 하락하였다.

1980년대를 옹호하는 사람들은 그 시기에 일어난 모든 일은 정상적인 과정으로서 소득 불균형의 심화와 관련하여 비정상적이거나 비참한

5장 소득 분배 **177**

사태는 아무 것도 없다고 주장해 왔다. 논의가 조금 복잡하게 되므로 그림 6의 기본 이미지를 염두에 두는 것이 유용할 것이다. 즉 '호good' 성장은 모든 미국들에게 해당되는 말뚝 같은 모양이지만, 1980년대의 성장은 부유층만이 잘 나가는 계단 같은 모양이었다.

부의 편중

그림 6의 수치는 미 연방 인구조사국 U. S. Bureau of the Census의 자료, 특히 인구 조사 현황 Current Population Survey 이란 앙케트 조사서에서 인용한 것이다. 이 수치에 나타나고 있는 이야기는 대단히 명백하다. 그럼에도 불구하고 최상위 고소득 가계의 소득을 완전하게 묘사하는 데는 실패하였기 때문에 이야기는 불완전하다.

인구 조사 통계는 고소득층 가계의 연구에 다음의 두 가지 이유, 하나는 중요하고 다른 하나는 사소한 이유 때문에 별 소용이 없다.

먼저 중요한 문제는 '탑 코딩top-coding'이라는 비밀스런 기법적 내용이다. 인구 조사 현황이 근거하고 있는 앙케트 조사서에는 정확한 소득을 묻는 항목이 없다. 대신에 조사 대상 가계는 최고 한도가 '얼마 이상'—이 조사서에서 얼마란 25만 달러이다—으로만 되어 있는 일련의 범위 중 하나에 표시하면 된다. 물론 이러한 사실은 인구 조사 자료가 앙케이트 항목의 최고 수치를 훨씬 초과하는 고소득 가계의 재산 변동에 관하여는 아무런 정보도 제공해 주지 못함을 의미한다.

다음 사소한 문제란, 인구 조사 자료에서는 고소득 가계의 한 가지 중요한 소득원, 즉 살 때보다 팔 때 가격이 훨씬 높아져 발생하는 자본 이득이 고려되지 않는다는 점이다. 고소득층은 봉급이라는 형태보다는 투자에 대한 수익을 통해 소득을 얻는 것이 보통이다. 이와 같은 소득은 대개 이자나 주식 배당 같은 형태이지만 그 일부는 우량주에 대한 성공적인 투자나 또는 가치가 급격히 상승한 부동산 등에서도 나온다.

인구 조사 자료를 써서 고소득층을 분석할 때 보통 95퍼센트 범위 이상의 최고 소득층, 즉 최상위 5퍼센트의 경우를 확인할 수 없는 것은 바로 이처럼 인구 조사 자료가 취약하기 때문이다.

모든 사람의 소득이 거의 똑같은 비율로 상승하였던 1947~1973년 사이에는 최고 소득층에 대한 인구 조사 자료의 취약함이 그다지 문제되지 않았다. 그러나 1980년대에는 최고 소득층이 나머지 95퍼센트 계층보다 소득이 훨씬 빠르게 성장하였음이 명백해졌다.

이러한 사실은 단지 그림 6만 놓고서도 추정할 수 있다. 기존의 자료에서 소득 수준이 높을수록 소득 이득이 더 커진다는 사실이 확인되고 있는 만큼, 동일한 내용이 구할 수 없는 자료에도 충분히 적용되리라고 추측할 수 있다. 과연 1980년대 미국의 소득 분배의 변동에 대한 자료는 '프랙탈한fractal' 성질의 것이었다. 사회 전 계층 내부에서 점증하는 불균형의 유형은 한 계층 내부의 하위 집단들 간에서도 그대로 재현되고 있었고, 따라서 상위 5퍼센트의 계층 안에서도 불균등은 확대되었던 것이다. 가령 그 5퍼센트 중 최상위 1퍼센트의 집단이 나머지 99퍼센트의 집단보다도 더 많은 소득을 올렸으리라고 생각할 수가 있는 것이다.

고소득층일수록 소득이 특히 빠르게 증가하였다는 사실은 다소 비공식적인 자료를 통해서도 추정할 수 있다. 예컨대 경영 보상 문제의 컨설턴트인 그래프 크리스털Graef Crystal은 1970년대 중반부터 1990년까지 일반 노동자의 임금과 비교하여 최고 경영진CEO에 대한 보상 비율은 3배로 뛰었다고 지적한 바 있거니와, 실질적으로 모든 사회 관측통들은 최상위층의 풍요함이 폭발적으로 확대된 데 주목하였다.(톰 울프Tom Wolf

의 『허영의 모닥불Bonfire of Vanities』은 누구나 위대한 소설이라고 생각하는 것은 아니지만, 일종의 보고서로 치면 분명히 뛰어난 점이 있다.) 그러므로 여기서 무엇인가 일어나고 있었고 또 그것이 무엇인가 하는 것은 아주 명백하였다. 다만 부족한 것은 확실한 통계 증거였다.

의회 예산국Congressional Budget Office, CBO의 작업이 그 갭을 메웠다. CBO는 하원 운영위원회로부터 연방세의 과세가 가능한 범위에 대해 평가하는 과제를 위임받았는데, 이는 동 위원회가 매년 발행하는 방대한 분량의 『예산 청서Green Book』에 부록으로 수록되었다. 이를 위해 CBO는 국세청으로부터 넘겨받은 자료와 인구 통계 자료를 종합한 모델을 개발하였다. 이 모델을 써서 CBO는 탑 코딩의 함정을 벗어날 수 있었으며 또 과세 가능한 자본 이득을 종합할 수 있었다.

그림 7에는 1977~1989년 사이에 걸쳐 소득 수준이 다른 여러 계층의 소득 이득에 대한 CBO의 평가가 나타나 있다.(이상적으로라면 1979~1989년의 경우를 따져 보아야 할 것이다. 그러나 불행하게도 CBO는 과세 범위에 초점을 맞추라는 당초의 훈령에 충실해야 하였기 때문에 1979년의 경우를 다루지 않았다. 이와 같이 시차로 인한 문제는 나중에 다시 살펴보아야 할 것이다.) 그림 7에 나타나 있는 자료는 그림 6의 내용과는 조금 다르다. 말하자면 그림 7은 최상위 5퍼센트의 개별 가계보다는 최하위 5퍼센트에 속한 가계의 평균 소득의 변동 내용을 보여 주며, 그림 속의 수치는 소득의 연간 변동율보다는 전체 기간 중의 백분율 변동을 보여 준다. 그러나 이 표의 내용은 명확하다. 즉 최상위층의 경우에는 진정 엄청난 소득 이득이 있었다는 것이다. 특히 최상위 1퍼센트의 가계는 12년 동안에 소득이 대략 두 배가 되었다. 6퍼센트의 성장률에 해당하는 이러한 결과는 잘사는 사람들에게 1980년대란 정말로 좋은 시절—소득이 낮을수록 성장도 둔화된 계층에 비해서뿐만 아

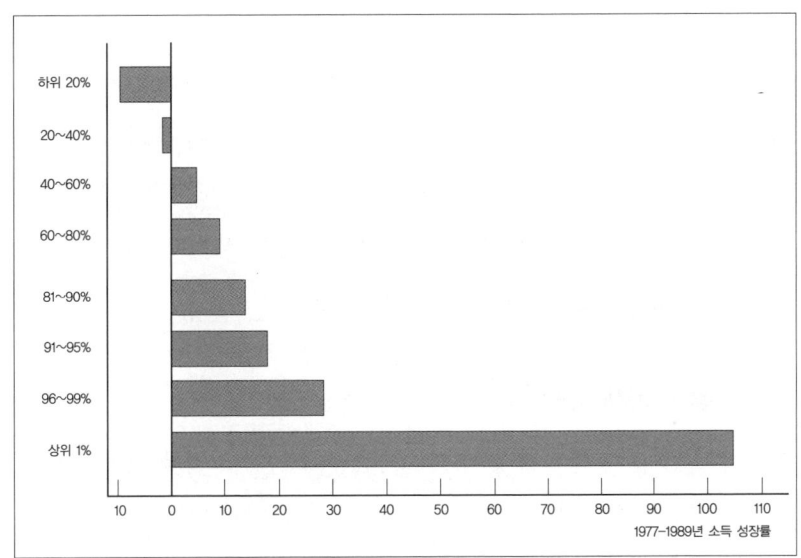

그림 7 1980년대 성장 과실의 대부분은 최상위층 가계에 귀속되고 있었다.

니라 전후의 호경기 시절에 비해서도—이었음을 뜻한다.

CBO의 자료에는 알아두어야 할 또 하나의 중요한 사실이 들어 있다. 즉 잘 사는 사람들은 실제로 얼마나 잘 사는가 하는 점이다.

일반적인 설명—여전히 보수주의자들이 제시하는 설명—에 따르면 이른바 부자들은 실제로는 그리 부유하지 않다고 한다. 보수주의자들이 흔히 지적하는 것은, 인구 조사 자료에 의거하자면 가령 1989년의 경우 5만 9550달러 정도의 소득이 있는 가계라면 상위 5퍼센트 안에 들고, 9만 8663달러의 소득이라면 그 5퍼센트의 5퍼센트 안에 들지 않느냐는 것이다. 이 말이 함축하는 바는 미국은 본질적으로 중산층의 사회이며, 다만 한 줌도 안되는 별볼일 없는 부자들이 없지 않아 더러 부정한 이득을 노리기도 한다는 것이다.

그러나 CBO의 수치가 나타내는 그림은 내용이 다르다. 왜냐하면 그 수치는 부분적으로는 고소득층의 더 높은 소득을 보여 주고 있기 때문이고, 주로는 소득 분포 상의 더 높은 부분을 보도록 하고 있기 때문이다. CBO에 띠르면 4인 가계의 경우 최상위 1퍼센트에 들기 위해서는 최소한 (1993년도 달러화로) 33만 달러의 세전 소득이 필요하다.[•] 그리고 최상위 1퍼센트에 속해 있는 4인 가계의 **평균** 소득은 약 80만 달러에 달하였다. 더 이상 중산층에 관해 말할 수가 없는 것이다.

왜 부유층이 문제되는가

미국의 소득 분배 문제에 있어 고소득층의 소득이 그토록 높아진 것은 주목할 만한 사실이다. 그러나 이것이 중요한 문제가 되는가? 최근까지도 대다수 경제학자들은 별로 중요하지 않다고 말해 왔다. 점증하는 빈곤은 중요한 사회 문제일 수 있지만 일부 사람들이 극히 부유하다는 사실은 사회적 호기심의 문제일 뿐이라는 것이다. 그러나 1980년대를 거치며 부유층의 소득 증가는 경제 현상의 본질적인 부분이 되었다.

알쏭달쏭한 사실에서부터 이야기해 보자. 대부분의 통계에 따르면 1980년대에 미국의 전형적인 노동자나 가계는 소득이 매우 완만하게 성장하였다. 예컨대 표준 지수보다 낮은 인플레이션을 보여 주는 개정된 소비자 물가지수를 사용한다고 하더라도 중간층 가계의 소득—소득 분포 상의 중간 지점에 있는 가계의 소득—은 1989년의 경우 1979년보다 불과 4.2퍼센트 높아졌다. 즉 중간층 가계의 소득은 1년에 약 0.4

• CBO 모델은 소득의 액수가 아니라 소득이 빈곤선의 몇 배가 되는가 하는 기준에 따라 가계의 순위를 매긴다. 그리하여 가령 4인 가족의 가계는 부부 2인의 가계보다 소득이 더 많아야 최상위 1퍼센트 안에 들 수 있는 것이다. 그런 만큼 CBO는 소득을 절대 규모가 아니라 '조정된 가계 소득adjusted family income' 이란 단위, 즉 빈곤선의 배수로 측정하기를 선호한다.

퍼센트가 증가하였을 뿐이다. 그리고 대부분의 통계가 보여 주고 있는 바, 전형적인 노동자의 실질 임금은 1980년대에 사실상 하락하였다.

일단 미국인의 소득 성장이 1973년 이전의 호시절보다 크게 둔화된 까닭은 생산성이 둔화되었기 때문이라고 생각할 수 있다. 미국 경제의 생산성 성장률은 전후 호경기 시절의 연 3퍼센트 수준에서 1973년 이후에는 연 1퍼센트 수준으로 떨어졌다. 그리고 생산성 성장과 실질 소득 간에는 거의 1 대 1의 대응 관계가 있는 것이 보통이다.

그러나 생산성 성장이 느리다고 무시할 수는 없다. 미국은 근본적으로 1979년보다 오늘날 더 생산적인 나라가 되어 있다. 그러면 왜 전형적인 가계는 그만큼 나아지지 않았는가? 생산성 성장은 어디로 사라졌는가? 해답은 **평균**average 소득과 **중간**median 소득의 구분에 달려 있다.

평균 가계 소득은 좀 더 이해하기 쉬운 척도이다. 평균 가계 소득이란 모든 가계의 총 소득을 가계의 수로 나눈 것이다. 그것은 소득의 분배 문제와는 상관이 없다.

이에 비하여 **중간** 소득이란 전형적인 가계의 생활 수준이 어떤지를 대변해 주는 척도이다. 중간 소득은 실제 모든 가계를 소득 순으로 늘어놓고 그 정 중앙에 있는 가계의 소득을 택함으로써 계산된다.

여기서 소득은 증가하는데, 그 증가분이 대부분 고소득층의 가계로 돌아간다고 가정해 보자. 어떤 일이 일어나겠는가? 해답은 **평균** 소득은 올라가지만 **중간** 소득은 그렇지 않으리란 것이다.

가령 앞으로 5년 동안 연 수입 30만 달러 이상인 가계는 소득이 두 배가 되고 나머지 가계는 제자리에 머물고 있다고 하자. 이 경우 평균 가계 소득은 확실히 증가—구체적으로 약 12퍼센트—할 것이다. 그러나 중간에 있는 가계는 조금도 이득이 없고, 따라서 중간 소득은 전혀 증가하지 않는다.

　1979년부터 1989년까지 평균 가계 소득은 11퍼센트 증가하였는데, 이는 생산성이 1퍼센트 성장할 경우 예상되는 소득 증가율과 거의 일치한다. 다만 중간 소득은 불과 4퍼센트 증가에 그쳤다. 그 까닭은 현실이 위에서 살펴본 사례와 유사하기 때문이다. 즉 평균 소득의 성장은 주로 극소수의 부유층 가계에 집중되었던 것이다.* 그런데 '부유층well-off' 가계라고 하지만 이들은 도대체 누구인가? 맞벌이 소득이 65만 달러로 상위 5퍼센트의 소득층에 속하는 부부 교사를 말함인가? 아니면 1992년 소득이 평균 300만 달러를 넘는 주요 기업의 CEO들을 말함인가?

　정답은 부부 교사를 말함이 아니라는 것이다. 정말로 큰 소득 이득은 상위 5퍼센트 중에서도 그 최상위에 집중되어 있다. 과연 CBO 자료에 따르면 아홉 번째 10퍼센트 소득층—81퍼센트에서 90퍼센트 범위에 속하는 가계—에 돌아간 세후 소득의 비중은 사실상 1977년에서 1989년 사이에 조금 하락하였다. 그러므로 모든 과실은 상위 5퍼센트 내지 10퍼센트의 가계에 돌아갔던 것이다. 그리고 그 상당 부분은 최상위 1퍼센트에 돌아갔다.

　소득 집중 현상에 대한 감을 잡기 위해 다음과 같은 두 마을이 있다고 상상해 보자. 두 마을은 각각 100가구씩으로 구성되어 있는데, 각 가구

---

* 원리적으로는 소득 불균형이 확대된다고 해서 중간 소득이 저하되지는 않는다. 즉 고소득층 가계로 이전된 소득은 저소득층 가계로부터 흘러나와 이전된 것이며, 중산층 가계의 소득과는 무관하다. 현실적으로는 이와 같은 일이 있을 수 없다. 왜냐하면 최상위층 가계의 소득이 그 이상으로 높기 때문이다. 예를 들어 1980년의 경우 최상위 5퍼센트 가계의 평균 소득은 최하위 5퍼센트 가계의 약 8배였다. 그러므로 중산층을 손대지 않는다면 상위 그룹의 소득 1퍼센트 증가는 하위 그룹의 소득 8퍼센트 하락으로 이어져야 할 것이다. 실제로 소득 불균형의 증가는 평균 수준에 있는 중간 소득을 항상 낮추며, 이와 같은 중간 소득의 하락은 항상 소득 불균형이 확대되고 있다는 신호가 된다.

는 특정 연도—여기서는 특히 1977년 마을과 1989년 마을을 상정한다—의 가계 소득 분배의 백분비를 대표한다. CBO 자료에 따르면 1989년 마을의 총 소득은 1977년 마을의 총 소득보다 약 10퍼센트가 높다. 그러나 전체 가구의 소득이 고르게 10퍼센트씩 높아진 것은 아니다. 사실은 1989년 마을에서 가장 부유한 가구는 1977년 마을의 가장 부유한 가구보다 소득이 두 배나 되는데 1989년 마을의 하위 40개 가구는 1977년 마을의 하위 40개 가구보다 소득이 낮은 것이다.

그러면 물어 보자. 두 마을의 소득 차이 가운데 얼마만큼이 가장 부유한 가구의 소득 차이에 의해 설명되는가? 마찬가지로 실제 수치에 의거하였을 때 평균 가계 소득 증가분의 얼마만큼이 상위 1퍼센트의 가계에 돌아갔는가? 이 자료에 근거해 보면 평균 소득의 성장에 따른 과실을 '독차지한' 것은 누구였는가에 대한 감을 가질 수 있으며, 중간 소득은 거의 증가하지 않았다는 사실을 설명할 수 있다.

위 질문에 대한 답변은 깜짝 놀랄 만한 것, 즉 평균 가계 소득 증가분의 70퍼센트를 상위 1퍼센트가 차지하였다는 것이다.

이는 무엇을 말하는가? 1970년대 이래 중간 소득은 평균 소득을 유지하는 데 실패하였다는 것이다—또는 바꿔 말해서 전형적인 미국인 가계는 생산성 증가에도 불구하고 그에 따른 이득은 거의 보지 못하였다는 것이다. 이것은 소득 불균형의 확대에 기인함을, 즉 고소득 계층이 이득의 상당 부분을 차지하였기 때문임을 우리는 이미 알고 있다. 그러니 '고소득층high-income'이라고 일컫게 되는 대상은 **정말로** 소득이 높은, 즉 다양한 부류의 여피 족 정도가 아니라 톰 울프가 우주의 지배자 Masters of Universe 라고 한 계층에 국한됨을 알겠다.

정치적 의미

불균형이 확대되고 있다고 해서 어떤 정치적 의미가 따르는 것은 아니다. 좀 더 공평한 분배를 선호한다 하더라도 다른 조건이 똑같다면(더욱이 모두의 목표가 공평 분배도 아닌데) 그에 대해 무엇을 제안하겠는가? 오늘날 미국에는 세전 소득의 분배에 개입하게 될 임금 및 봉급의 통제 정책을 지지할 사람은 거의 없다. 불균형이 확대되고 있는 문제는 누진세제를 도입하자는 주장의 근거가 될 수 있을 것이다. 그러나 불균형 문제는 세전 소득의 변동에 기인한 것이지 역진세 정책에 기인한 것이 아니다. 미국기업연구소American Enterprise Institute의 허버트 스타인Herbert Stein 같은 정직한 보수주의자라면, "그래요, 점점 더 불공평해지고 있습니다. 그렇지만 그에 대해 어떤 정책 대응이 필요하다고는 생각하지 않습니다"라고 거리낌없이 말할 것이다.

그럼에도 불구하고 많은 보수주의자들은 1990년 초 소득 분배 문제가 정치 쟁점으로 부각되는 데 격분하였다. 소득 분배가 쟁점이 되자 누구보다도 『월 스트리트 저널』의 편집자와 부시 행정부가 분통을 떠뜨렸다.

그 이유는 명백하였다. 로버트 바틀리 같은 공급 중시론자들은 레이건 시절을 엄청난 경제적 성공으로 인식하고 그것은 곧 자신들의 이데올로기가 정당화된 것이라고 생각하고 있었다. 그런데 그 시절이 대부분의 사람들에게는 그다지 성공적이지 않았으며, 대부분의 과실은 극소수의 부유 계층에 돌아갔다는 주장은 정치적 치명타가 아닐 수 없었다. 그리고 과연 1992년 봄 소득 불균형 문제가 뒤늦게 주목받은 것은 클린턴 진영이 대중의 분노가 쏠릴 새로운 초점과 새로운 목표를 발굴하게 된 데 명백한 계기로 작용하였다.

즉 중산층 유권자들은 그들의 비탄을 캐딜락을 타고 다니는 복지 귀부인들―그리고 빈민을 도우려 하는, 사회 개량을 지향하는 공상적인 관료들―을 향해 터뜨리는 대신에 리무진을 타고 다니며 불법 거래를 일삼는 사업가들―그리고 조세 감면을 노리는 보수주의자들―을 향해 터뜨리도록 부추김받았다.

그러므로 보수파의 실망과 분노를 이해할 수 있다. 부시 행정부와 『저널』 및 다른 보수주의자들이 한 목소리로 보인 반응은 소득 불균형이 명백히 확대되고 있다는 사실을 인정할 수 없다는 것이었다.

보수파의 부인

미국에서 소득 불균형이 확대되고 있다는 현실에 대한 보수파의 부인은 주로 다음과 같은 세 가지 형태로 나타났다. 첫째로 통계 수치에 의문을 표하는 것이다. 둘째는 성장이 승리하였다고 내세움으로써 분배 문제는 부적절하다고 무시하는 것이다. 셋째, 소득 분배는 사회적 이동이 높은 사회에서는 부적절한 문제라고 논하는 것이다.

자료에 대한 의심

신중하지 못한 일부 보수주의 논객들은 소득 불균형의 확대에 관한 문제 전체가 일종의 자유주의적 기만이라고 설파하려 하지만, 소득 불균형이 확대되고 있다는 사실은 의문의 여지가 없다. 특히 그림 6에 나타난 도형―말뚝형이 계단형으로 변해 가는 과정―은 누구도 이의를 제기하지 못한 인구 통계 자료에 근거한 것이다.

다만 조금이나마 의문의 여지가 있는 것은 최상위 부유층이 실제로

그림 7에 나타나 있는 수치만큼이나 많은 소득을 올렸는가 하는 점이다. CBO가 최상위 소득층에 대해 특별히 주목한 이유 중의 하나가 그들의 소득 가운데 자본 이득이 차지하는 중요성 때문이었다는 사실을 상기해 보라. 많은 보수주의 논객들은 이와 같은 이득이 CBO의 평가치에 포함되어서는 안된다고 주장하였다. 그들은 자본 이득이 포함되면 부유층의 소득이 여러 모로 과장될 것이라고 비난하였다.

즉 1회의 매각에 따른 자본 이득이 마치 영속적인 소득인 것처럼 계상된다. 또 부유층의 소유 자산에 대한 자본 이득은 계상하지만 중산층 가계가 자가 주택에서 얻는 비과세 이득은 무시한다. 아울러 자본 이득에 포함된 인플레이션 상각분도 소득으로 계산한다는 것이다. 그리고 이들 논객들은 모두 CBO의 자본 이득 평가치가 부유층이 대중 일반보다 훨씬 많이 벌었다는 결론의 기초라고 주장하였다.

이와 같은 비판에 대해 하나하나 반박할 수 있다. 자산의 매각은 어느 시점에선가 이루어져야 한다. 또 주택에서 얻게 되는 자본 이득은 그들 논객들이 상상하는 것보다 훨씬 작다. 그리고 인플레이션에 따른 상각분은 물가 상승률에 맞추어 떨어진다. 그러므로 어떤 경우에도 최상위층의 소득 성장률은 과소 평가되고 있는 것이다.

그러나 중요한 점은 CBO의 통계 수치에서 자본 이득을 제외한다고 해도 차이가 별로 없다는 것이다. CBO의 자료에 나타난 바, 자본 이득이 포함될 경우 1977년에서 1989년 사이에 상위 1퍼센트 계층이 차지하는 소득의 비중은 7퍼센트에서 12퍼센트로 늘어났다. 자본 이득을 제외해도 그 비중은 6퍼센트에서 10퍼센트로 늘어난 수치를 보인다.

다시 말해서 어떤 식으로 계량하든 소득의 불균형이 급격히 확대되었던 사실은 변함이 없다. 세부적인 면에서는 논란의 여지가 있을 수 있지만 전체 그림이 바뀌지는 않는다.

성장의 강조

보수파의 두 번째 방어선은 낯익은 내용이다. 즉 레이건 시절의 성장 기록은 공급 중시 정책이 모두에게 이득을 안겨 주었다는 사실을 보여 주고 있는 바, 소득 분배에 대해 우려하는 것은 물론 주목하려는 것조차 유해한 노릇이라고 주장하는 것이다.

시기를 잘 골라 적절한 유형의 게임을 하고자 한다면 이것은 맞는 말처럼 들린다. 경기 후퇴기였던 1982년부터 경기 순환의 정점에 오른 1989년까지 중간 소득은 실질적으로 증가(평균 소득의 증가율 16.8퍼센트 대비 12.5퍼센트)하였다. 이 시기를 비교의 기준으로 삼는다면 중간 소득이 평균 소득보다 지체되는 것은 그리 중요하지 않을 것 같다. 문제는 이 시기가 비교의 정당한 기준이 될 수 있는가 하는 점이다.

물론 그렇지 않다. 1982년부터 1989년까지 급속한 성장이 가능하였던 것은 경제가 심각한 경기 후퇴로부터 회복되고 있었기 때문이다—그리고 그 회복조차도 집권 행정부와는 거의 무관하였다. 그러나 장기 성장률은 거의 변하지 않았다. 그리고 소득 분배란 쟁점은 장기 성장에 따르는 혜택이 어떻게 나눠지는가 하는 데 관한 문제이거나 또 그런 문제이어야 한다.

소득의 이동

끝으로 가장 뛰어난 보수주의자의 반응, 즉 어느 한 시점에서의 소득 분배 상황에 치중하면 전체 그림을 잘못 볼 수도 있다는 주장을 검토할 차례가 되었다.

미국은 정체된 사회가 아니다. 어느 해에는 소득이 높았던 사람이 다음 해에는 소득이 낮아질 수 있으며 그 반대의 경우도 있을 수 있다. 가령 앞에서 묘사하였던 두 가상 마을의 경우 같은 사람들(또는 그들의 자녀)이 1977년에도 1989년에도 같은 위치에 있다고 가정할 수는 없다. 그리고 경제적 후생은 어느 한 해의 소득보다는 장기간에 걸쳐 벌어들인 평균 소득에 더욱 의존한다. 그러므로 경제적 후생의 분배에 관하여 어느 한 해의 소득 분배에 대한 통계로부터 너무 많은 결론을 도출해 내는 데에는 어느 정도 위험이 따른다.

소득의 이동income mobility—가계가 소득 순위에서 올라가거나 내려감에 따라 일어나는 경제적 층위의 뒤섞임—의 불균형이 급격하게 확대되었다는 명제를 상쇄할 수 있는 방법으로는 다음 두 가지가 있다. 첫째, 만일 소득 이동이 매우 높다면 어느 한 해의 불균형의 정도는 그리 중요하지 않을 것이다. 왜냐하면 평생 소득은 분배가 매우 일정할 것이기 때문이다. 나는 이것을 혼합 모형이라고 생각한다. 즉 믹서기에서 거품이 현재 어디에 있건 간에 2~3분만 지나면 평균적으로 중간쯤에 모이게 되는 것과 같다. 둘째, 소득 이동이 시간의 경과에 따라 확대된다면 이것은 매 시점에서 확대된 불균형을 상쇄할 것이다. 소득 이동의 확대는 평생 소득의 분배를 균등하게 하는 경향이 있는데, 왜냐하면 부유한 사람은 더 이상 올라갈 곳이 없이 내려갈 도리밖에 없으나 가난한 사람들은 올라갈 수밖에 없기 때문이다.

그런데 불행하게도 이 두 가지 가능성은 어느 것도 사실상 미국 경제의 특징에 해당되지 않는다.

미국에도 상당한 소득 이동 현상이 있지만 결코 소득 분배 문제를 무시하게 할 정도는 아니다. 예컨대 인구 조사 자료를 보면, 1985년의 경우 최하위 5퍼센트의 저소득층에 속해 있던 가계의 81.6퍼센트가 이듬 해에도 그대로 남아 있었으나 최상위 5퍼센트에서 이와 같은 비율은 76.3퍼센트였다. 시한을 길게 잡으면 이동량이 더 많겠지만 그렇다고 눈에 띌 만한 수준은 안 된다. 도시문제연구소Urban Institute 와 재무부의 연구에 따르면 상·하위 각 5퍼센트의 소득층에 속해 있던 가계의 약 반수가 10년 후에도 그 상태로 머물러 있었으며, 불과 3~6퍼센트만이 최하위에서 최상위로 상승하였거나 최상위에서 최하위로 전락하였음이 확인되었다.

이 연구에서조차 소득 이동은 과장되어 있다. 왜냐하면 (1)최상위 5퍼센트에서 미끄러진 사람들은 전형적으로 최상위층에서도 바닥권에 있던 경우이고, (2)상승 및 하강 운동은 대개 상당히 안정된 장기적 분배를 중심으로 하는 파동으로 나타나기 때문이다. 미시간 대학의 조엘 슬렘로드Joel Slemrod 는 고소득이 얼마나 지속될 수 있는가 하는 문제를 검토하는 데 유용한 지표를 제시하였다. 그에 따르면 1983년을 기준으로 소득이 10만 달러를 넘는 가계의 평균 소득은 그해에 17만 6000달러였다. 그리고 1985년까지 7년 동안의 평균 소득은 15만 3000달러였다.

1980년대에 소득 이동이 의미를 가질 만큼 크게 확대되었다는 징표는 없다. 같은 미시간 대학의 그레그 던컨Greg Duncan 은 '중산층middle class'에 대한 어느 정도 임의적이면서도 합리적인 정의를 통해 5년 동안의 변동 상황을 계산해 내었다. 이 중산층의 범위는 1980년대에 위축되었는데, 즉 원래부터 중산층에 속해 있던 가계는 대거 상·하위층으로 흡수되었는데 하위층 가계가 상승하거나 상위층 가계가 하락하여 중산층으로 흡수된 경우는 별로 없었다.(가난한 가계가 부유해지거나 그 반대의 경우는 더욱 드물었다.) 전체적인 그림은 이동이 거의 없었음을 시사한다.

소득 이동은 원칙적으로는 소득 불균형의 확대를 상쇄할 수 있는 중요한 요소이지만 실제로는 그렇지 않은 것으로 판명되었다. 그러나 그렇다고 해서 보수주의자들이 그것을 논쟁점으로 삼으려는 것을 막지는 못하였다.

이와 같은 논쟁의 모든 내용을 살펴볼 필요는 없고 다만 다음 한 가지 계산법은 필히 언급해야 하겠다. 왜냐하면 이것은 통계치를 어떻게 오용할 수 있는지 그에 대해 잘 보여 주는 고전적인 사례이기 때문이다.

먼저 사실을 살펴보자. 당초부터 고소득층에 속해 있던 가계는 평균적으로 향후 10년 동안 저율의 또는 마이너스 소득 성장을 보이는데, 저소득층 가계는 평균적으로 급속한 소득 성장을 보인다. 1977년에 최하위 5퍼센트 층에 속해 있던 가계는 1986년까지 소득이 77퍼센트 성장하였고, 최상위 5퍼센트 층의 가계는 불과 5퍼센트의 소득 성장을 보였다.

이와 같은 계산은 충격적인 것 같다. 그러나 그것은 미국에서 불균형이 급속하게 확대되고 있다는 결론과 완전히 일치한다. 단지 소득 이동이 없지는 않다는 사실만을 보여 줄 뿐이다─아무도 그 점을 부인하지는 못한다. 그리고 그것은 극소수의 사람들이 몇 년 동안 복권에 연속 당첨된 결과일지언정 공급 중시 정책이 빈곤층을 지원하였다는 표시인 것은 아니다.

불행하게도 숫자가 들어간 예를 들지 않고서는 이를 설명하기가 마땅하지 않다. 그러므로 독자의 양해를 바라면서 논의를 계속하기로 한다.

연간 수입이 전체 가계의 반은 10만 달러이고 나머지 반은 20만 달러인 경제가 있다고 하자. 아울러 이 경제는 혼합 모형에 잘 들어맞아 현재 하위 50퍼센트에 속해 있는 가계가 10년 후에 상위 50퍼센트에 들 가능성은 50퍼센트이며, 그 역도 성립한다고 하자.

그러면 계산을 해 보자. 하위 50퍼센트의 가계는 10만 달러로 시작한다. 10년 후 평균 수입은 15만 달러가 되므로 그들은 50퍼센트를 번 셈이다. 상위 50퍼센트의 가계는 20만 달러로 시작한다. 10년 후 그들의 수입 또한 15만 달러이고 따라서 그들은 33퍼센트를 잃은 셈이다.

그렇다면 소득 분배가 공평해졌는가? 아니다. 공평해진 것이 아니다. 우리가 보는 것은 '평균으로의 회귀regression toward the mean'라는 익숙한 통계적 현상이다. 본질적으로 당초 부유했던 가계는 내려갈 수밖에 없고 당초 가난했던 가계는 올라갈 수밖에 없다. 그러므로 소득 분배가 안정적이라면 소득 이동은 필연적으로 익히 아는 결과를 산출하게 된다. 심지어 소득 불균형이 확대되고 있을 때조차 이와 같은 결과가 나온다고 해서 놀랄 일이 아니다.

물론 소득 이동이 위의 사례에서와 같이 높다면 어느 한 시점에서의 소득 분배는 별로 문제되지 않을 것이다. 그러나 이미 살펴보았듯이 소득 이동이란 그렇게 높지가 않고, 가난한 사람들은 가난한 채로 부유한 사람들은 부유한 채로 남아 있는 것이 보통이다. 그러므로 미국의 소득 이동 수준을 보면 위에서 제시한 계산 방법이 맞는 것도 같지만 불균형이 확대되고 있는 현실이 바뀔 만큼은 못 된다.

더 구체적인 그림을 원한다면 다음과 같이 생각해 보자. 어느 때라도 그해의 운수가 나빠 소득이 떨어진 사람들이 일부 있기 마련이다. 일시 해고 노동자나 미수금만 잔뜩 안은 중소 기업인, 나쁜 기후로 타격을 받은 농부들 말이다. 이들은 2~3년 안에 더 잘 될 수도 있다. 그러므로 현재는 소득이 낮은 사람들도 조만간 평균 소득이 상당히 오를 것이다. 그러나 이것은 항상 소득이 낮은 사람들이 잘 될 것이라는 뜻이 아니다. 그들은 그렇지 못하다.

아마도 이 계산에 잘못된 것이 무엇인지를 보여 주는 가장 확실한 방법은 도시문제연구소의 이사벨 소힐Isabel Sawhill이 하였던 것처럼 역산해 보는 것이 아닐까 한다. 그녀의 자료를 보면* 1977년에 상위 5퍼센트 층에 있던 가계는 1986년까지 11퍼센트의 소득 하락을 겪었다. 그러나 1986년 현재 상위 5퍼센트 층의 가계를 살펴보면 65퍼센트나 되는 이득을 올리고 있는 것으로 나타났다.** 10년 동안 부유층 가계가 어떻게 되었는가를 나타낼 올바른 척도는 어느 것인가? 분명히 어느 것도 아니다.

보수주의자들은 소득 이동을 강조하고 싶어 한다. 그럼으로써 기회의 나라라고 하는 미국의 역사적 이미지, 즉 전적으로 진실은 아니더라도 부분적으로는 늘 진실이었던 이미지를 불러일으킬 수 있기 때문이다. 그러나 모든 것을 밝혀 놓고 보면 소득 이동에 관한 사실은 확대되는 불공평이란 거대한 그림에 거의 아무런 변화를 주지 못한다.

원인

미국의 경우 소득 불균형이 레이건과 부시 시절에 급격하게 확대되었다는 것은 누구도 부인할 수 없는 명백한 사실이다. 그리고 상당수의 보수주의자들이 그 사실을 부인하기 위해 그토록 노력하였다는 것은 그들에 대한 서글픈 논평이 되겠다. 그러나 그

---

* 여기서의 수치는 앞서 인용한 수치와 약간 다르다. 적용 범위가 다르기 때문이다.
** 예가 되는 수치를 다시 들면 1986년 현재 상위 50퍼센트에 속한 가계의 평균 소득은 1977년의 15만 달러에서 20만 달러로 33퍼센트가 는 반면에 하위 50퍼센트는 33퍼센트가 줄었다.

들은 그 사실을 인정하지 않은 데 대해서 만큼이나 소득 불균형의 확대에 대해서도 비난받아야 하는가?

성장에 대한 보잘것없는 기록의 경우와 마찬가지로 답은 그렇다인데, 다만 아주 부분적으로 그렇다가 된다. 레이건의 세금 삭감은 최상위 고소득층의 가계에 대부분의 혜택이 돌아갔는데, 보건 복지 이외의 나머지 부문에 대한 사회적 지출의 대폭적인 실질 삭감은 불공평하게도 빈곤층에 큰 타격을 주었다. 여전히 소득 불균형 확대의 주된 이유는 세전 수입 면에서 불공평이 확대된 데 따른 것으로 설명되거니와, 세전 수입 상의 불공평이 확대된 것을 정부의 정책 탓이라고 비난하기는 곤란하다.

그렇다면 미국의 경우 도대체 무엇이 불균형의 확대를 초래하였는가? 한편에는 의미 있고 합리적으로 들리지만 사실에 어긋나는 대중적인 견해가 있고, 다른 한편에는 아직까지 논박될 기회가 없었던 소수 의견이 있다.

대중적인 견해: 세계화

확대 일로에 있는 소득 불균형 문제에 대한 가장 일반적인 설명은 미국이 점점 세계 경제에 통합되고 있기 때문이라는 것으로, 논지는 다음과 같다. 미국은 고등 교육을 받은 숙련된 노동력을 지닌 나라이다. 그런데 대외 무역이 전체 경제에서 차지하는 비중이 부수적인 한은 정상적인 경제 상황에서 교육 수준이 높은 숙련된 노동자가 풍부하므로 그들의 수입은 상대적으로 낮게 유지되고 비숙련 노동자의 임금은 상대적으로 높게 유지된다. 그러나 미국은 점점 세계 경제의 일부로 통합되고 있다. 세계 경제는 미숙련 노동력은 풍부한 데 비해 교육 수준이 높은 노동력은 그만큼 희소하다. 그러므로 미국 경제의 세계화globalization 란 비숙련 노동자에게는 실질 임금의 하락을, 교육 수준이 높은 노동자에게는 큰 이득을 의미하게 된다.

멋지고 명확한 이야기이다. 사실 이것은 대학의 국제무역론에 나오는 일반화된 이야기로서, 1940년대에 MIT의 폴 새뮤얼슨이 '요소 가격의 균등화factor price equalization'에 대한 일련의 깔끔한 논문들을 통해 소개한 바 있다. 이 이야기의 개정판이 로버트 라이히Robert Reich의 1991년 작 『국가의 과업 The Work of Nation』의 핵심을 이루고 있으며, 『비지니스 위크』 같은 기업 관련 간행물들에서는 이 이야기가 종종 이론이라기보다는 아예 사실로서 언급된다.

그러나 불행하게도 사실을 좀 더 자세히 살펴보면, 특히 통계 수치와 함께 검토해 보면 이 이야기는 잘 들어맞지 않는 듯하다.

빠지기 쉬운 첫 번째 함정은 시간의 문제이다. 미국은 1970년대 중반까지 늘 일정한, 심지어 균등하기까지 한 소득 분배를 보여 왔다. 그러다가 1980년 이후에 불공평이 급속도로 확대되기 시작하였는데, 이는 국제 무역의 비중이 갑자기 증가하였기 때문인가? 그림 8은 1960년부터 1991년까지 수입과 수출이 미국의 GDP 중 차지하는 평균 규모로 계량된 국제 무역의 비중을 나타내고 있다. 이 기간 중 과연 무역은 대규모로 증가하였지만 그것은 1980년대가 아니라 1960년대와 1970년대에 그러하였다.(현재 세계화란 화두가 경제 논쟁을 풍미하고 있거니와 클린턴 행정부의 초창기에 무역이 GDP에서 차지하는 비중이 지미 카터가 퇴임할 때보다 별로 높지 않다는 사실은 그저 놀랍기만 하다.)

시간의 범위를 늘린다 하더라도 통계 상의 수치는 그리 커 보이지 않는다. 무역의 증가로 인해 사실상 미국에서는 미숙련 노동력이 더 풍부해지게 되었는데, 왜냐하면 수입 상품에 미숙련 노동이 '구현embodied'

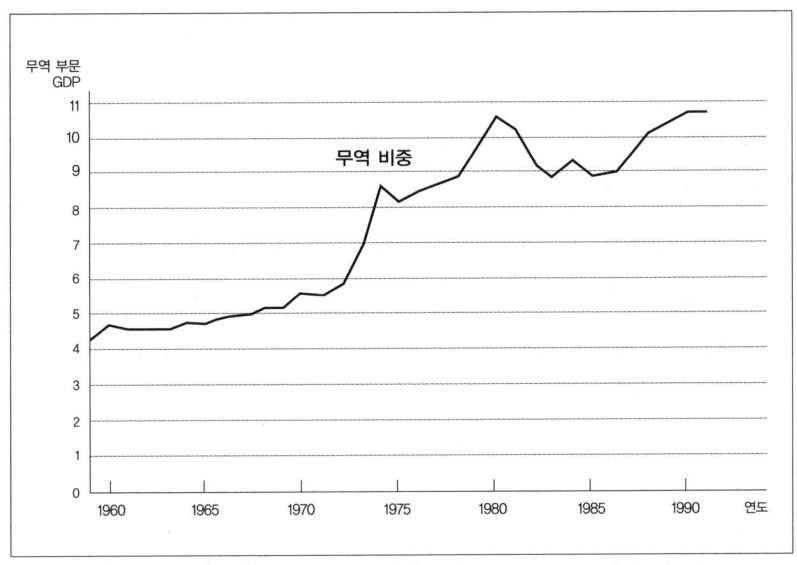

그림 8 미국 경제에서 무역이 차지하는 비중은 1980년대가 아닌 1960년대와 1970년대에 두드러졌다.

되어 있기 때문이다. 그러나 그로 인해 숙련 노동력은 희소화되었는데, 이는 실제적으로 숙련 노동의 일부를 수출품에 구현하여 해외로 내보낸 것이기 때문이다. 그러나 1970년 이래 무역의 증가에 기인한 '실제적인' 숙련 및 미숙련 노동의 공급 변화를 계산해 보면 그 차이가 그렇게 크지는 않다.

어떻게 이것이 진실일 수 있는가? 주된 이유는 미국 경제가 저임금 국가의 수입품으로 흘러 넘친다는 이미지가 옳지 않기 때문이다. 미국은 저임금의 제3세계 국가들과 무역을 하기는 하지만, 그 규모는 전체 무역량의 일부이고 대부분은 임금 수준이 비슷하거나 오히려 더 높은 선진국들과의 교역이 차지하고 있는 것이다. 하버드 대학 케네디 스쿨의 로버트 로렌스Robert Lawrence가 최근 계산한 바에 따르면 이 점은 확실하다. 무역량의 규모에 따라 가중치를 더하여 미국과 교역하고 있는 모든 나라의 임금률의 평균을 취하면, 미국의 '전형적인' 무역 상대국의 노동자들은 미국 임금률의 거의 90퍼센트를 받고 있음을 알 수 있다.●

또 무역의 증가가 미국에서 소득 불균형이 확대되고 있는 주된 원인이라면 그 반대의 경우가 해외에서 발생해야 한다. 예컨대 멕시코는 기술 수준이 낮은 상품을 미국에 수출하고 기술 수준이 높은 상품을 수입한다. 만일 무역이 소득 불균형을 확대시키고 있는 주요 동인이라면 멕시코에서는 기술상의 프리미엄이 떨어질수록 소득 불균형이 더욱 더 확대되어야 하나 실제로는 그렇지가 않다. 소득 불균형은 양국에서 거의 똑같이 확대되고 있는 것 같다.

끝으로 미국에서 소득 불균형이 '프랙탈'하게 확대되고 있다는, 즉 집단들 사이에서뿐 아니라 집단들 내에서도 확대되고 있다는 사실에 주목하였음을 상기해 보자. 예컨대 변호사들은 공장 노동자들에 비해 수입이 더 많이 늘었을 뿐 아니라 가장 많이 받는 변호사들은 변호사들의 평균 수입을 훨씬 능가하는 돈을 벌고 있다. 원칙적으로 무역은 대학 학위의 가치가 왜 오르는가에 대해서는 설명해 줄 수 있다. 그러나 교육 수준이 엇비슷한 사람들 중에서 특히 성공한 사람에게 지불된 프리미엄은 왜 그렇게 많이 증가하였는가에 대해서 무역이 도대체 어떻게 설명해 줄 수 있다는 말인가? 아니면 바꿔 말해서 세계화가 5000만 달러의 봉

● 이와 함께 지적해 두어야 할 사실은, 현재 미국은 중국과 같은 저임금 국가들로부터 전보다 더 많이 수입하고 있는 반면에 오늘날 일부 미국의 전통적인 무역 상대국은 과거보다 임금이 훨씬 높아졌다는 것이다. 일본의 경우 20년 전에는 임금이 미국의 3분의 1에 불과하였지만 오늘날에는 미국보다 조금 더 높다. 로렌스의 계산이 밝혀 주고 있는 또 하나의 놀라운 사실은 저임금 국, 즉 정의상 임금률이 미국의 50퍼센트 이하인 나라들로부터의 수입이 시간의 경과에도 불구하고 거의 증가하지 않았다는 점이다. 그 수입량은 1960년 GDP의 2퍼센트였고 1990년에는 2.7퍼센트였다.

급을 받는 마이클 아이스너Michael Eisner와 도대체 무슨 관계가 있다는 말인가?

다른 설명

소득 불균형의 확대가 무역으로 설명되지 않는다면 만병통치약이라 할 '기술technology' 하나만 남은 셈이다.

 소득 불균형의 확대에 대한 간단한 설명은 기술이 한층 복잡해짐에 따라 기술을 이용하도록 훈련받은 사람들이 점점 더 많은 프리미엄을 받게 된다는 것이다. 이와 같은 설명에는 확실히 무엇인가가 있다. 즉 컴퓨터 해커인 마이크로소프트의 빌 게이츠Bill Gates가 미국 최초의 애송이 백만장자로 등장한 것은 확실히 시대적 상징이다. 그러나 좀 더 넓게 보면 소득의 가장 큰 부분이 가장 전문적인 기술자에게 귀속되는 것 같지는 않다. 변호사, 의사 그리고 기업의 중역이 엔지니어와 프로그래머를 능가하고 있는 것이다.•

 시카고 대학의 노동경제학자 셔윈 로젠Sherwin Rosen은 '슈퍼스타 superstar' 모형 이론을 대안으로 제시하였다. 그는 오늘날 엄청난 소득을 올리는 연예인은 극소수이며, 대다수의 코메디언이나 가수 등 공연 무대에 섬으로써 생계를 꾸려 가는 연예인들은 소액의 임시 수입에 시달리고 있다는 사실을 지적한다. 그 이유는 물론 (상품 가치가) 최고의 연예인들을 수많은 대중에게 나타나도록 하는 현대의 미디어가 시공을 초월

• 내 비서의 방 문에 기술자(주머니에 나와 있는 볼펜 뚜껑으로 알 수 있다)를 그린 만화가 붙어 있는데, 주인공 기술자는 컴퓨터 지식의 힘에 대해 이렇게 선언한다. "머지않아 세계는 컴퓨터를 쓸 줄 아는 사람들과 모르는 사람들로 나뉘리라. ……쓰는 사람에게 말씀 있으라." 말 줄임표 자리에 이런 글자를 대신 넣으면 어떨까. "비서"란 글자를.

하여 보급되었기 때문이다. 로젠은 다른 직업도 마찬가지라고 본다. 즉 일류 변호사나 기업 중역 같은 사람들의 통제 범위가 현대의 정보통신으로 확대됨에 따라 수많은 사람들이 최고라고 인정받는 사람들의 서비스를 받기 위해 경쟁하게 되었다. 그 결과 노동 시장에서의 경쟁은 소수의 승리자가 막대한 보수를 받고 나머지는 받는 게 거의 없는 일종의 토너먼트가 되고 말았다. 또는 바꿔 말하자면 리 아이아코카Lee Iacocca 와 마돈나Madonna 는 경제적 측면에서 기본적으로 같은 현상인 것이다.

필자는 세 번째의 기술적 이야기를 덧붙이고자 한다. 소득 불균형이 확대되는 일부 원인은 현대적 기술이 불완전하게 적용됨에 따라 야기된 일시적인 기술 부족 현상에 기인하기 때문일 수 있다는 것이다. 영국의 산업 혁명 초기 단계와 비교된다. 방적과 같은 작업 과정 일부가 기계화됨에 따라 일시적인 숙련 노동력의 공급 부족이 야기되고 숙련 기술자는 매우 높은 임금을 받았다. 물론 그 높은 임금은 얼마 후 새로운 기술이 더욱 광범위하게 적용됨에 따라 붕괴되었다. 오늘날의 경우에는 투자 은행의 화이트 칼라 노동자들에게 마찬가지 상황이 벌어지고 있다고 생각한다—10장에서 이에 대한 이야기로 돌아올 것이다.

소득 불균형 문제에 관해 말할 수 있는 하한선은 왜 불균형이 확대되는지 여러 흥미로운 생각은 가능하지만 사실 정확한 이유는 잘 모른다는 것이다. 그러나 그렇다고 해서 이 문제에 대해 아무것도 할 수 없다는 말은 아니다—다만 이에 대한 토론은 자유주의의 부활 이야기가 나올 때까지 유보하기로 하자.

6장
예산 적자

한때 예산 적자budget deficit에 융통성을 보였던 사람들은 바로 자유주의자들이었다. 케인스적 거시 경제학에서는 더러 예산 적자가 경제에 도움이 될 수 있다고 주장하였다. 여하간 자유주의자들은 항상 사회적 프로그램에 더 많은 지출을 원했고 그것을 조달하는 방법을 찾아내는 데 어려움을 겪었다. 한편 보수주의자들은 정부 차입의 위험성에 대해 끊임없이 경고하는 완강한 유형의 사람들이었다.

공급 중시론자들이 이 모든 것을 바꿔 버렸다. 3장에서 살펴보았듯이 그들은 조세 삭감이 적자를 초래할 가능성에 대하여 유연한 입장을 보였다. 운만 좀 따라 준다면 세금 인하가 실은 세수를 증가시킬 수 있다고 생각하였다. 설령 적자가 는다고 하더라도 세금 인하에 따른 경제적 이득은 사소한 예산 상의 걱정거리를 능가할 수도 있다는 것이다. 그런데 막상 공급 중시론자들이 권력을 잡게 되자 거의 희극적인 역할 반전이 있었다. 다시 말해 자유주의자들은 재정 파탄을 경고하는 고집센 예언자가 되었으나, 조지 부시는 바비 맥퍼린Bobby Mcferrin의 노래 "걱정 말아요, 행복이 찾아와요Don't worry, be happy"를 비공식적인 주제곡으로 채택하였다.

누가 옳았는가? 이야기를 간단히 줄여 보면 줄거리는 대략 다음과 같다. 로널드 레이건은 다른 부문에 대한 지출은 거의 손대지 않으면서 부유층의 조세를 삭감하고 군비를 증액시켰다. 그는 경제를 충분히 성장시켜 적자를 늘리지 않을 것이라고 공약하였지만, 틀렸다. 결과적으로 그는 미국에 거대한 연방 정부 부채라는 짐을 지웠으며, 이것이 현재 미국 경제를 휘청거리게 하고 있다.

생각해 보자. 이 단순화된 이야기는 기본적으로 옳지만 마지막 한 줄만은 아니다. 레이건은 요약한 대로 예산 적자를 대폭 증가시켰다. 그러나 그가 남긴 부채는 미국 경제를 살짝 잡아끄는 정도의 걸림돌이지 휘청이게 할 정도의 짐은 아니다.

적자의 원천

일견하건대 미국의 적자 문제는 로널드 레이건이 등장하기 훨씬 전부터 시작되었다고 생각할 수도 있다. 연방 정부가 흑자 예산을 운용한 것은 지난 30년에 걸쳐 딱 1년뿐이었기 때문이다. 적자 추세가 지속된 데 대해 왜 레이건이 비난받아야 하는가?

답변하자면 레이건 이전까지는 예산 적자가 규모도 작았고 경제와도 다소 무관하였다는 것이다. 경제와의 무관성을 보여 주는 간단한 지표는 GDP에 대한 연방 정부의 부채 비율, 즉 경제 규모 대비 부채 규모라

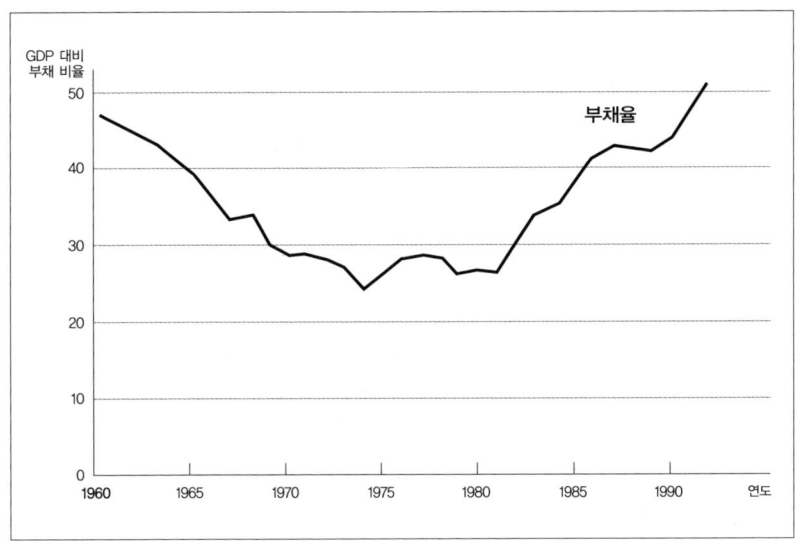

그림 9 로널드 레이건의 취임 이전까지 연방 정부의 부채는 세원보다 완만하게 확대되었다.

는 척도이다. 그림 9에 나타나듯이 1960년대에 그 비율은 일반적으로 하락세에 있었고 1970년대까지도 기본적으로 평탄한 추이를 유지하고 있었다. 그 이유는 적자 폭이 워낙 작아서 인플레이션과 성장의 결합된 효과가 예산 적자를 능가하였기 때문이다. 인플레이션은 부채의 실질 가치를 현저하게 잠식한 데 비해 실질 경제는 성장하였다. 그러므로 부채의 달러 가치가 오른다 하더라도 국민 소득 대비 부채 비율은 실질적으로 떨어졌던 것이다. 세원 규모 대비 부채 규모라는 측면에서 미국 정부는 J. F. 케네디의 취임시가 지미 카터의 퇴임시보다 현저하게 나쁜 상태였다.

그러나 1980년 이후에는 점진적인 하락세가 가파른 상승세로 바뀌었다. 적자 시대가 시작된 것이다.

세입과 세출

표 1을 통해 미국이 끊임없이 적자를 내는 이유에 대해 분명하게 알게 될 것이다. 표 1은 연방 정부의 세입과 세출 상의 몇 가지 주요 요소(각 항목은 GDP의 백분율로 환산되어 있다)에 대해 레이건의 취임 직전인 1981 회계 연도와 1992 회계 연도의 경우를 비교하고 있다. 1981년과 1992년에는 경제가 모두 침체기에 있었고 그에 따라 평상시보다 적자 폭이 가중되었다―침체기 동안 세수는 떨어지는데 실업 보험과 같은 정부 비용은 증가하기 때문이다. 그러나 실업률은 두 해에 거의 똑같았다. 이러한 상황에 근거하여 합리적인 비교가 가능하다.

1981년에 연방 정부는 GDP의 2.7퍼센트에 해당하는 적자를 냈다.

표1

	1981	1992
수입 : 총계	20.2	18.6
개인 소득세	9.6	8.2
법인세	2.1	1.7
사회 보험	6.2	7.0
지출 : 총계	22.9	23.5
국방비	5.3	5.1
의료 보장 지출	2.2	3.5
사회 보장 지출	4.7	4.9
이자 지출	2.3	3.4

1992년에는 4.9퍼센트였다. 몇 가지 단서에 근거하여 두 수치 상의 차인 GDP의 2.2퍼센트는 레이건이 만든 적자 문제라고 말할 수 있다.

어디서 적자가 그렇게 늘어나게 되었는가? 대부분 조세 수입이 감소한 데 기인한다. 적자 증가분의 70퍼센트 이상은 정부 수입으로 거둬들인 GDP의 비중이 하락한 때문으로 설명된다. 나머지는 GDP의 일부를 차지하는 정부 지출이 사실상 소폭 증가한 데 기인한다. 이에 대해 보수파가 조세 삭감에는 성공하였지만 정부의 규모 축소에는 실패하였다고 요약하고 싶어질 수도 있다. 그러나 그것은 옳지 않다. 1992년에 이르러 연방 정부는 1981년에 GDP에서 차지했던 비중의 두 배나 되는 부채에 대해 이자를 지급하였고, 따라서 비록 이자율은 낮더라도 이자 지급 규모는 훨씬 많았다. 그리고 이자 외 지출은 사실상 산출물의 비중만큼 떨어졌다.

보수주의 정치의 영향과 끊임없는 적자의 이유는 정부 지출의 사용처를 살펴보면 한층 명확해진다. 연방 예산은 크게 부채 이자 상환, (의료 보험을 포함한) 의료 보장, 국방, 사회 보장 및 기타 등 비교 가능한 5대 부문으로 구성되어 있다고 생각하면 좋다.

정부 지출을 낭비적이라고 생각하는 사람들은 앞의 4개 부문을 염두에 두지 않는 것이 보통이다. 그러나 문제는 바로 이들 부문에 있었다. 부채 이자는 부채와 함께 증가하였다. 의료 보장 지출도 치솟는 의료비에 연동되어 급격히 증가하였다. 방위비는 1992년 냉전 종식과 함께 1981년 수준으로 복귀하였지만 1980년대 중반의 과다 지출로 인해 부채가 누적된 실정이다. 사회 보장 부문의 지출은 GDP의 비중만큼 오르진 않았지만 조만간 인구가 고령화됨에 따라 늘어나기 시작할 것임은 거의 확실하였다. 그러나 '기타' 부문인 정부 경상비 및 빈곤이나 환경과 같은 인도주의적 목표를 가진 프로그램의 운영 경비 등은 실제로 상당히 삭감되었다.

그러므로 사실상 레이건과 부시 행정부는 정부 지출을 상당량 삭감—다음에서 보게 되듯이 언제나 현명하지는 못하였지만—하였다. 그러나 그들은 조세 삭감과 계속 증가하는 의료 보장비를 보충할 지출

절감 부문을 찾을 수가 없었다.

얻은 자와 잃은 자

레이건 혁명이 모든 세금을 공평하게 내렸던 것은 아니다. 표 1의 첫째 부분에 나타나 있듯이 소득세는 현저히 하락하였으나 사회 보장과 의료 보장 지출 같은 '사회보험기금social insurance contributions'은 실제로 증가하였다. 이것은 단순히 한 손에 든 것을 다른 손으로 옮겨 드는 문제가 아니다. 소득세는 누진세이다. 즉 세율이 소득에 비례하여 올라간다. 이에 비해 사회보험기금은 일정한 소득—사회 보장의 경우 4만 달러—까지만 부과되는 것이 보통이며, 따라서 그것은 사실상 부유층의 소득에서 훨씬 작은 부분에 불과하다. 소득세로부터 사회보험기금으로 이전은 저소득층과 중간 소득층 가계의 세금은 올렸으나 부유층 가계의 세금은 낮추는 경향이 있다. 더욱이 소득세의 삭감은 주로 고소득층에 대해 취해졌다. 공급 중시론에서 조세를 감면하려는 핵심 목적은 한계 세율, 즉 사람들이 벌어들이는 부가적인 소득에 지불하는 세율을 낮추는 것이었다. 여기에는 경제적인 의미가 있다. 즉 평균 세율보다 한계 세율이 노동 및 투자 유인을 결정하기 때문이다. 그러나 한계 세율을 삭감함에 따라 정부는 또한 불균형하게도 고소득층 가계의 세율을 낮추어 버린 셈이었다.

세제 상의 변화가 뒤섞임에 따라 순전히 최고 소득층 가계만이 세금 부담이 경감되는 결과가 빚어졌다. 의회 예산국은 1980년 이후의 모든 세제 변화가 소득 수준이 각기 다른 가계들에 미치는 영향을 계산하였다. 그에 따르면 소득 분배의 중간에 있는 가계는 실제로 1980년보다 1989년에 소득의 더 많은 부분을 세금으로 내고 있음이 밝혀졌다. 사회

보험기금의 증가분이 소득세의 하락분보다 두 배 이상 많아진 것이다. 대조적으로 최상위 1퍼센트 소득층에 속해 있는 가계는 많은 세금 경감 혜택을 보았다. 소득세의 하락분이 사회보험기금의 증가분보다 20배나 많았던 것이다.* 이들 고소득층 가구의 전체 세율은 1980년 36.5퍼센트에서 1989년 26.7퍼센트로 떨어졌다.

그 사이에 가난한 사람들에게는 어떤 일이 일어났는가? 빈곤선 이하의 가계들은 상대적으로 과세될 소득이 거의 없는 만큼 세제 상의 변화에 별다른 영향을 받지 않았다. 그러나 레이건 재임 중에는 지출 절감 정책으로 배급제와 같은 구빈 프로그램이 급격하게 위축되었다. 이러한 프로그램의 수혜 가치를 고려하면 빈곤선 이하의 사람들은 1979년과 1989년 사이에 700만 명이 더 늘게 된 셈이다. 이러한 새로운 극빈자 중 약 300만 명이 구빈 혜택이 삭감된 데 따라 형성된 것이다.

공급 중시론자들은 레이거노믹스가 부유층의 세금을 삭감하고 그만큼을 중산층에 전가했으며 빈곤층을 쥐어짰다고 하는, 그들이 보기에는 단순하기 짝이 없는 주장에 격분한다. 그러나 실제로 바로 그와 같은 일이 일어났던 것이다.

적자의 부담

예산 적자가 등장한 방식은 대중들이 알고 있는 그대로이다. 로널드 레이건은 부유층의 세금을 삭감하고 빈곤층에

• 엄밀하게 말해서 이 계산은 1989년 현재 실질 소득이 상위 1퍼센트 안에 드는 가계에 대한 것이다.

대해서는 기꺼이 악역을 맡을 용의가 있었지만, 균형 예산에 필요한 충분한 지출 절감 부문을 찾을 수 없었다. 그러면 왜 예산 적자를 걱정해야 하는가? 적자가 해를 끼치기라도 하는가?

이 주제에 대해서는 진부한 입장이 두 가지 있다. 하나는 이른바 로스 페로H. Ross Perot의 견해라 하는 것으로 다음과 같은 내용이다. 적자는 생활 전반을 위협하는 무서운 괴물이다. 무엇보다 통계만 보아도 연방 정부의 부채는 1981년 9940억 달러였는데, 1992 회계 연도 말에는 4조 달러를 넘었다. 파멸이 불을 보듯 뻔하지 않은가?

그 반대 입장은 이른바 로버트 바틀리의 견해로서, 적자란 크게 성공한 정책의 하찮은 부산물이란 것이다. 레이건의 조세 삭감은 죽어 가는 경제를 회생시켰다. 그러니 일부 통계 수치가 증가한들 뭐가 걱정인가?

물론 이 두 견해는 모두 틀렸다. 적자는 실질적인 문제이다. 그러나 페로 및 여타 인사들이 생각하는 것과 같은 괴물은 아니다.

공급 중시론자들의 변명

공급 중시론자들의 주장 즉 예산 적자는 문제되지 않으며, 또 그들의 이데올로기가 실패했다는 증거도 아니라는 주장부터 검토해 보자.

래퍼 곡선이 표현하는 바와 같이 매우 강력한 형태의 공급 중시 이데올로기에서는 레이건의 조세 삭감이 조금이라도 적자를 증가시켜서는 안 된다. 사람들은 더 열심히 일하고 더 많이 투자하여 세수가 실제로 증가해야 하는 것이다. 그런데 분명히 이와 같은 일은 일어나지 않았다.

그러나 적자라는 현실이 표면화되기 이전—표면화된 이후에는 그 정도가 한층 심해졌거니와—에 이미 공급 중시론자들은 한 발짝 물러선 입장에 있었다. 그들은 조세 삭감으로 적자가 늘어날 수 있지만 아울러 경제의 대폭 성장과 그에 따른 저축의 증대를 이루어 적자의 증가가 민간 투자를 희생시키지는 않을 것이라고 논하였다. 그들은 현실로 닥친 적자 문제를 인정하고서 바로 이와 같은 사태가 발생한 것이라고 주장하였다.

이와 같은 논의는 이미 다룬 바 있다. 4장에서 우리는 1980년대의 성장 기록을 검토했으며 보수파가 승리하였다는 주장은 현실적으로 근거가 없음을 확인하였다. 이제는 단지 저축과 투자의 기록을 보는 일만 남아 있을 뿐이다. 민간 저축은 실질적인 투자의 증가분만큼 증가하였는가?

그에 대한 답변은 다시 한 번 아니라는 것이다. 실제로 현실은 거의 최악의 상황이어서 믿을 수가 없을 지경이다. 어떤 기준에 의거해서도 전 기간에 걸쳐 투자는 하락하였다.

보수주의 시대를 옹호하는 데 가장 그럴듯한 통계 수치는 GDP 대비 총투자—즉 공장이나 쇼핑 센터 등을 짓는 데 지출된 모든 자금—의 비율이다. 확실히 기업의 조세 인하, 고소득 개인의 세 부담 경감 및 기업에 유리한 환경 조성 등은 한층 더 높은 투자를 불러일으킬 것이라고 예상할 수 있다. 그러나 현실에서 총투자 비율은 하락하였다. 주요한 경기 후퇴 국면이 두 차례 있었고 많은 주요 기업인들이 임박한 자본 부족을 경고하던 때인 1974년부터 1980년까지의 시기에도 총투자는 GDP의 평균 18.8퍼센트였다. 그런데 1981년부터 1991년까지는 불과 17퍼센트였다. 설령 로버트 바틀리의 풍요의 세월Fat Years을 1983년부터 1989년까지로 잡더라도 평균 투자 비율은 18퍼센트에 불과하였다. 이처럼 기준을 어떻게 정하든 보수주의 시대의 투자는 그 이전의 경우와 비교하여 결코 높지 않고 오히려 낮았다.

더욱이 국내 투자 부문만을 살펴보는 것은 현상을 너무 호의적으로 대하는 일이다. 미국은 전통적으로 국내에서만큼 해외에도 투자해 왔으며, 최소한 국내 저축의 일부를 해외 순투자의 조달에 사용해 왔다. 1980년대에 그 전통적인 지위는 역전되어 미국 경제는 주요 자본 수입국이 되었고, 그에 따라 전 세계에 대하여 순 채무국으로 전락하였다. 총투자로부터 이와 같은 자본 수입을 빼면 '국민 총저축gross national saving'이 나오는데 국민 총저축은 1980년 GDP의 19.2퍼센트에서 1989년 15.6퍼센트로, 그리고 1990년에는 불과 14.4퍼센트로 떨어졌다.

끝으로 자본재의 감가 상각분을 뺀다면 정말로 비참한 그림 즉 국민 순 저축이 나온다. 1970년대에 순 저축은 GDP의 8퍼센트였는데 1980년대에는 평균 3.4퍼센트에 불과하였다.

종합하자면 적자에 대해 낙관적인 공급 중시론자의 견해를 정당화할 기록은 전혀 없다는 것이다. 성장은 가속화되지 않았고 투자는 상승은커녕 오히려 하락하였다.

그런데 적자가 좋은 것이 아니라면 얼마나 나쁜 것인가?

적자의 비용

예산 적자가 추상적인 위협이 아니라 정부의 실제적인 지불 능력이 아슬아슬한 선상에 있는 나라는 많다. 정부가 불신을 받고 있다거나 이미 갚기 힘든 빚더미 위에 올라앉아 있다거나 해서 더 이상 차입이 어려울 때, 예산 적자는 정부의 예산 집행을 불가능하게 한다―단순하게는 돈을 찍어 집행하는 방법이 있겠는데 그렇게 되면 최악의 인플레이션을 맞을 수밖에 없다. 그러나 미국이 그와 같은 상황에 처해 있는 것은 아니다. 1993년에 『파산 1995년Bankruptcy 1995』이라는 책이 수개월 동안 베스트셀러 목록에 올랐을 때조차 금융 시장은 아주 기꺼이 미국 재무부에 돈을 빌려주었다. 미국 정부의 부채도 방대하지만 세원, 말하자면 미국 경제도 그러하다. GDP의 일정 부분을 차지하는 연방 정부의 부채가 꾸준히 늘고 있기는 하지만 제2차 세계 대전 말의 수준에 비하면 절반도 되지 않는다. 미국 정부는 어떠한 유형의 재정 위기에도 처해 있지 않은 것이다.

그러므로 연방 정부의 예산 적자는 그것이 간접적으로 미국 경제를 해친다고 생각하는 한에서만 문제가 된다. 적자에 따른 피해가 어떤 경로를 통해 일어나는가 하는 데 관해 신비스런 요소는 하나도 없다. 정부가 돈을 빌린다는 것은, 그렇지 않을 경우 실질 투자에 조달되어 생산성을 높일 수 있었을 저축을 앗아간다는 것이다. 어림잡아 1980년 이래의 부채 증가분은 기계와 컴퓨터, 공장 건설 등과 같은 부문에서 그만큼의 생산적인 투자분을 앗아 갔다고 생각할 수 있다.(또는 외국 자본을 끌어들여 이들 부문에 투자한 정도만큼 부채의 일부는 일본 및 유럽의 투자자들에게 팔린 증권이나 채권 및 회사의 규모와 일치한다.)

미국 정부가 1980년부터 현재까지 균형 예산을 유지해 왔다고 가정해 보자. 1981 회계 연도 말에 연방 정부의 채무는 9940억 달러였지만 1992 회계 연도 말에는 4조 40억 달러였다. 그러므로 만일 균형 예산이 유지되었다면 연방 정부는 현 상태보다 약 3조 달러를 덜 빌렸을 것이다. 1년 산출물의 반에 해당하는 3조 달러는 생산에 투자될 수 있었을 것이며 그에 따라 미국은 더욱 부유해질 수 있었을 것이다.

그러나 얼마나 더 부유해졌을 것인가? 대답은 좀 실망스럽게도 약 3퍼센트라는 것이다. 즉 1980년대의 그 무시무시한 예산 적자의 전체적인 효과는 미국이 균형 예산을 유지하였을 경우보다 3퍼센트 정도 빈곤하게 된 데 불과하다. 그 정도도 무시할 만한 규모는 아니지만 적자 재정을 나무라는 많은 비판가들의 과장된 수사법을 뒷받침하기에는 역부족이다.

어떤 근거에서 이처럼 놀랄 만큼 낮은 수치가 나오는가? 적자 예산의 효과를 평가하는 방법에는 여러 가지가 있지만 평가 결과는 거의 똑같다. 가장 간단한 방법은 만일 정부가 차입하지 않았다면 시중에 풀렸을 자금의 실질 수익률을 모든 민간 자산의 평균 수익률과 같다고 가정하는 것이다. 이 실질 수익률의 평균은 약 6퍼센트이다. 전체 부채가 1년 산출물의 절반이므로 그 부채에 대한 수익은 6퍼센트×1/2 또는 GDP의 3퍼센트가 된다.

최소한 두 가지 이유 때문에 3퍼센트도 높게 잡은 수치라고 논할 수 있다. 첫째, 1981~1992년간의 실질 적자를 완전한 균형 예산의 기준과 비교하는 것은 무리한 일일 수 있는 것이다. 무엇보다도 미국은 수십 년이 넘도록 글자 그대로 균형 예산을 유지해 본 적이 없다. 좀 더 자연스런 방법은 GDP 대비 부채 비율이 일정하게 지켜질 만큼 부채 규모가 작았던 1970년대의 적자 수준과 비교하는 것이다. 그러면 부채 비율은 1981년부터 1992년까지 35퍼센트 포인트 올랐을 뿐이고 이는 2퍼센트 미만의 순 비용을 의미한다.

둘째, 미국은 적자의 상당 부분을 외자 도입, 이를테면 주로 (정부나 기업 발행의) US 본드를 해외에 매각하는 형태로 외자를 도입하여 조달하는 데 성공하였다는 점이다. 일반적으로 채권의 수익률은 다른 좀 더 위험성이 있는 자산의 수익률보다 낮다. 따라서 대외 부채를 늘려 가는 나라가 부담하게 되는 비용은 그만 한 규모를 국내 투자에서 감축하는 경우의 비용보다 실질적으로 작다.

따라서 적자가 미국 경제에 미치는 효과를 냉정히 계산해 보면 결과는 아주 미미하다. 수십 년 동안 전례 없는 적자를 보이면서도 기껏 3퍼센트 내지 그 이하의 소득 감소를 불러왔을 뿐이다.

주목해야 할 것은, 1980년대의 적자가 성장에 미치는 부정적인 영향이 미미할 뿐이라는 결론이 4장에서 제시된 증거와 부합한다는 점이다. 4장에서 우리는 레이건과 부시 행정부가 장기 성장에 끼친 영향에 대해 살펴보았고 아무런 영향—긍정적이든 부정적이든 대세를 바꾼—도 없었음을 확인하였다. 만일 적자가 경제에 심각한 피해를 주었다면 성장에 가해진 영향이 가시적으로 확인되어야 할 것이다. 그와 같은 가시적인 영향의 부재는, 적자는 나쁘지만 두려운 것은 아니라는 생각을 확신시켜 주지는 못하지만 그러한 생각과 일치한다.

그럼에도 불구하고 많은 사람들의 경우에 이와 같은 결론을 인정하기란 어렵다. 그 이유 중 하나는 사람들이 경제학을 도덕극처럼 읽고 싶어 하기 때문이다. 가령 로널드 레이건은 뛰어난 지도자이거나 못난 지도자 둘 중의 하나여야 한다. 만일 뛰어난 지도자라면 그의 정책은 성공한 것임에 틀림없고, 못난 지도자라면 엄청난 파탄을 가져왔음이 분명하다는 식이다. 그의 정책이 성공하지는 못하였지만 아주 제한된 피해만을 끼쳤다는 결론으로는 멋진 줄거리를 짤 수가 없는 것이다.

기실 이처럼 순수하게 재정적인 측면에 국한된 설명이 1980년대에 발생한 사태의 전모를 다 보여 주는가 하는 문제에 대해 생각하는 것이 더욱 정당한 일이다. 재정 적자는 다만 빙산의 일각일 뿐으로, 피해 정도가 연방 정부 부채의 누적은 상대도 안 되는 '숨겨진 적자hidden deficits'가 1980년대에 있지 않았는가 하고 생각해 볼 수는 없는가?

숨겨진 적자

1980년대에 미국 경제의 장기적 전망에 피해를 입힌 '숨겨진 적자'의 존재에 대해 세 가지 경우를 들 수가 있다. 첫째로 저축대부조합(savings and loan associations, S&L, 주택 자금을 전문으로 취급하는 일종의 상호신용금고—옮긴이), 은행 및 연금 기금과 같은 금융 기관들에 대한 잘못된 규제가 비록 기존 예산의 적자분을 당장 더 증가시키지는 않는다고 하더라도 납세자들이 미래에 비용을 더 치르게 될 환경을 조성해 놓았다는 것이다. 둘째로 사회간접자본, 공공 서비스 등에 대한 공공 투자가 거의 없었다는 것이다. 끝으로 연방 정부는 훨씬 더 적은 수의 노동자들이 훨씬 더 많은 은퇴 인구를 부양하게 될 미래에 대한 준비를 거의 하지 않았다는 것이다.

숨겨진 재정 부채

1989년 일반인들은 연방 정부에 뜻밖의 의무 조항, 즉 정부가 1000억 달러가 넘는 돈을 파산한 S&L들의 예금주들에게 보전해 주게 되었다는 사실을 알고 크게 놀랐다. 당초 의회와 행정부는 정교한 회계 조작을 해서 S&L들에 대한 구제 금융 비용이 예산 항목에 드러나지 않도록 시도하였지만 결국 진상이 밝혀졌던 것이다. 1980년대 후반에 들어 소득 대비 비중이 하락하고 있었던 예산 적자가 1990년 이후에 갑자기 다시 치솟았던 이유의 하나가 바로 이와 같은 구제 금융 비용에 있었다. 그러나 경제학적인 측면에서 S&L 지원 비용 문제는 1980년대에 일어난 만큼 그 시기의 숨겨진 적자로 보아야 한다.

S&L의 파산 문제는 작금에 이르러 익숙한 이야기가 되었다. S&L은

금융 시장이 고도로 통제받던 시절에 번창하였던 특수한 유형의 은행이다. 다른 은행과 마찬가지로 S&L은 예금을 받고 대출을 해 주지만 일반적으로 이자율이 더 높다. 그리고 다른 은행의 예금주들과 마찬가지로 S&L의 예금주들도 국가의 보험 제도, 즉 은행이 파산할 경우 예금액을 보장해 주는 연방저축대부보험공사Federal Savings and Loan Insurance Corporation, FSLIC의 보호를 받는다.

은행의 예금을 보장해 주는 것이 은행주에게 위험한 유혹임은 오래전부터 알려진 사실이다. 가령 우리가 은행을 소유하고 있고 정부가 우리 은행에 예금한 모든 사람들에 대하여 손실 보전을 보장해 준다고 가정해 보자. 그러면 우리에게는 납세자의 돈으로 도박을 벌일 멋진 기회가 생기는 셈이다. 우리는 단지 가능한 한 많은 예금을 끌어들이기만 하면 되는데, 이는 다른 은행들보다 약간 더 높은 이자율을 제시해 주면 충분하다.(예금주는 우리가 정말로 그 높은 이자를 챙겨 줄 수 있을까 하는 문제에 대해서는 걱정하지 않는다. 왜냐하면 어떤 경우에도 자기 돈은 보호받고 있음을 알기 때문이다.) 이제 우리는 위험성이 높은 대부자, 즉 금리를 불문하고 선뜻 대출받으려 하지만 제대로 갚지 못할 수도 있는 개인이나 기업에 대출해 준다. 만일 그들이 갚아 준다면 우리는 예대 금리 차이만큼 돈을 버는 것이고, 대부자가 갚지 못한다면 우리는 그저 은행 문을 닫고 나오면 된다. 예금주들에게는 정부가 대신 갚아 줄 테니까 말이다. 이겨서 버는 건 우리고 져서 무는 건 납세자이다.

이와 같은 유형의 유혹에는 '도덕적 해이moral hazard'라는 기묘하지만 그럴듯한 이름이 붙어 있다. 금융 전문가들은 오래전부터 예금 보장 체제를 갖춘 미국의 은행 제도에 도덕적 해이라는 문제가 잠재해 있음을 우려해 왔거니와, 1980년대까지는 은행 제도가 철저하게 규제받던 편이어서 이러한 문제가 통제 범위를 벗어나지는 않았다. 은행에 대한 규제에는 세 가지 효과가 있었다. 첫째, 은행들은 규제 당국이 너무 위험하다고 생각하는 대부를 승인받지 못하였다. 그러므로 가령 S&L들의 경우에는 업무가 주로 주택 융자금을 취급하는 데 한정되었다. 둘째, 은행주들은 이른바 자본의 요구, 즉 위험한 곳에는 은행 자본금과 같은 자체 자금을 투입하도록 하고 예금주의 돈으로 하는 도박은 덜 매력적이게 하는 근본 규칙에 따르게 되었다. 끝으로 수신 금리 인상을 제한하고 신규 은행의 진입을 어렵게 한 규정 때문에 은행업은 수익성이 매우 높은 사업이었다. 따라서 은행업자들은 수익성 높은 '독점권franchises'을 위태롭게 할 수도 있는 모험을 감수하고자 하지 않았다.

1970년대의 인플레이션과 고금리가 비록 효율적이지는 않았지만 그런대로 작동하던 이 제도를 끝장나게 하였다. 두 자리 수의 이자율이 경쟁하는 세상에서 예금을 끌어들이자면 S&L은 더 높은 이자율을 제시할 수 있어야 하였다. 그러나 S&L은 대개 자금의 상당 부분이 저금리 시절의 장기 주택 융자금에 묶여 있었다. 결국 그들은 대출 금리보다 더 높은 수신 금리를 예금주들에게 지불해야 할 형편에 빠졌다. 1980년까지 많은 S&L들이 사실상 파산하게 되었다.

그 시점에서 예상된 연방 정부의 정책 방향은 파산한 S&L을 정리하고 예금주의 예금을 정산해 주는 것이었다. 그러나 그렇게 하는 대신에 연방 정부는 규제를 풀었다.

즉 S&L들이 스스로 파산에서 회복할 수 있으리라고 기대하여 투기성 대출을 허용하였던 것이다. 이 정책의 결과는 예측 가능한 것이다. 바로 도덕적 해이의 유행이었다. S&L들은 정크 본드와 부동산 투기 자금 대출 같은 위험성 높고 대부분 성공하지 못한 부문에 투자하였다. 문제의 본질과 규모는 1986년경에 이르러 많은 전문가들에게 명백하게 보였지만 1988년 선거 후까지도 그것은 안일하게 무시되었다.

1980년부터 1989년까지 조용히 불거진 S&L 문제는 숨겨진 연방 정부 적자의 심각성을 반영한다. 사실상 장부 상으로는 나타나지 않는 납세자의 조세 부담이 가중되었다. 그러나 그 시점에서 S&L 청산 비용은 이미 대부분 예산안에 편성되어 있었다. 여기서 다루고 있는 흥미 있는 질문은 예산 적자 안에 숨겨진 다른 요소, 즉 1980년 이래 누적된 저 3조 달러의 부채 속에 아직 나타나지 않은 요소가 있는가 여부이다.

대답은 확실히 그렇다는 것이다. S&L 이야기는 더욱 광범위한 현상의 가장 극단적인 사례일 뿐이다. 은행 제도의 나머지 분야 특히 시중 은행들—시티 은행이나 체이스 맨해턴 은행 같은 기업 대출 전문 은행—에 대해서부터 시작해 보자. 시중 은행들도 S&L의 붕괴를 초래하였던 똑같은 압력에 크게 영향받았다. 1970년대에 이들의 수익률은 인플레이션과 규제로 잠식당하였다. 그들은 높은 수익성을 더 이상 기대할 수 없게 되자 투기성 대부의 유혹을 느꼈고, 연방 정부는 그들의 투자 제한을 완화함으로써 이를 자극하였다. 그 결과 의심스러운 대출 특히 금융 자금을 통한 기업 인수leveraged buyouts, LBO• 같은 금융 계획에 대한 금융 지원과 투기적인 부동산 거래에 대한 금융 지원 등 이 두 유

• 시중 은행들은 정크 본드를 매입하지는 않지만 정크 본드가 포함된 거래에는 참여한다. 1980년대에는 일단의 투자자들이 기업을 인수하는 경우 대개 다음과 같은 방법을 통해 자금을 조달하는 것이 전형적이었다. 즉 자금의 10퍼센트는 신규 소유주들이 내놓고 30퍼센트는 정크 본드로, 60퍼센트는 은행 대출로 조달하는 것이다. 원칙적으로는 은행이 해당 기업의 어떠한 이윤에 대해서도 우선권을 가지므로 리스크를 그다지 크게 여기지 않았지만, 실제적으로는 발생하는 부채 규모가 아주 큰 경우가 보통이므로 은행 대출에 대한 충실한 상환이 확실히 보장될 수는 없었다.

형에 대출이 많이 이루어졌다. 1991년까지 상당수의 합리적인 사람들은 S&L들에 대한 구제와 유사하게 500억 내지 1000억 달러 규모의 시중 은행 구제 금융이 필요하게 될지도 모른다고 경고하고 있었다.

이 글을 쓰는 시점에서 그러한 위기 사태를 모면한 것은 아니지만 다행히 연기—그것도 아슬아슬하게 운이 좋아—되었다. 미국 경제를 극심한 후퇴 국면에서 끌어올리고자 연방준비이사회는 은행의 단기 이자율을 매우 낮게 책정하였다. 이 이자율이 은행의 수신 금리를 결정하기 때문에 은행의 수익성이 높아진 역설적인 결과가 나왔다. 그러나 이와 같은 횡재가 1980년대에 걸쳐 은행의 대출 업무에 잘못된 규제 정책이 이상하게 작용하고 있었다는 결론을 반박하지는 못한다.

또 숨겨진 미래의 부채를 낳는 모호하기 짝이 없는 정책들도 많다. 예컨대 연금수혜보장공사 Pension Benefits Guarantee Corporation, PBGC 라는 기관이 있는데, 이 기관은 FSLIC가 S&L의 예금을 보장하였던 것과 거의 똑같은 방식으로 법인 연금 계획을 보장한다. 이는 기업들이 응분의 연금 계획에 충분한 자금을 적립해 가는 것이 아니라 문제를 PBGC에 떠넘기려는 유인으로 작용하고 있음이 분명하다. 연방운영예산국 Federal Office of Management and Budget 은 이에 따라 발생하는 연방 정부의 숨겨진 부채가 300억 달러에서 450억 달러에 달할 것이라고 평가하였다.

이는 대단한 액수인 것 같다. 그러나 1980년대에 누적된 연방 정부의 부채 추가분 3조 달러와 비교하면 별것도 아니다. 언젠가 에버렛 덕센(Everett Dirksen, 1896~1969. 공화당 출신 상원 의원—옮긴이)이 연방 정부의 예산에 대해 말하였듯이 여기에 10억 저기에 10억 달러가 널려 있다 보니 돈이 돈으로 보이지 않는다. 똑같은 말이 여기에도 확실히 적용된다. 그러나 규모가 6조 달러나 되는 경제의 성장에 예산 적자가 미치는 영향을 평가하고자 한다면, 미국 정부의 숨겨진 재정 부채 가운데 어느 것도 실질적이지만 미미한 비용이란 기본 구도를 변하게 할 것 같지는 않다.

공공 투자

가정 경제의 경우 어떤 이유로 소득이 감소하면 여러 가지 방식으로 그에 대응할 것이다. 가령 생활 수준을 낮추든가 아니면 대부를 받든가 한다. 세 번째 방법은 장기적 지출을 연기하는 것이다. 예컨대 지붕을 수리하거나 가구를 교체하는 일을 미룰 수 있다. 이와 같은 장기적 지출의 연기라는 유형은 사실상 미래에 대한 차입의 숨겨진 형태이다.

정부도 마찬가지이다. 입법부가 적자에 직면해 있고 또 차입을 낮추라는 압력을 받는다면, 장기 사업으로 돈이 나가는 프로젝트에 대한 지출부터 연기하려고 할 것이다. 오래된 다리를 새로 놓는 일을 연기하는 것이 학교 선생들을 일시 해고하기보다 훨씬 수월하기 때문이다.

보수파 시대의 재정 적자에는 장기 지출에서의 숨겨진 적자 즉 투자 적자가 최소한 어느 정도는 수반되어 있다. 문제는 그 적자가 얼마만큼 큰가, 그리고 성장에 더 큰 걸림돌이 되는 것은 투자 적자인가 재정 적자인가 하는 점이다. 간단하게 답하자면 합리적인 견해의 범위가 있다는 것이다.

투자 적자를 심각하게 보는 견해는 다음과 같은 내용이다. 미국 경제가 급속한 생산성 성장을 시현하던 1950년대와 1960년대에 연방 정부를 비롯하여 주 정부 및 각 지자체들은 GDP의 약 3퍼센트를 도로, 교량, 상·하수도 등 사회 기반에 투입하고 있었다. 1980년대에 그 수치는 불과 1퍼센트였다. 만일 사회간접자본 지출이 1950년대의 수준을 유지하였다고 가정한다면, 10년 이상 누적된 투자 적자는 GDP의 약 20퍼센트—누적된 총 적자의 상당 부분을 차지하는 규모—에 달할 것이다. 또 사회간접자본 투자에 따르는 높은 수익률을 감안하면 이 숨겨진 적자는 가시적인 적자만큼이나 중요하다고 결론 내릴 수 있다.

이와 같은 논의의 문제점은, 추가 자금이 어떻게 지출되어야 하는가를 고찰해 보면 바로 드러난다. 도로와 교량이 제때 보수되지 않았음은 사실이다. 1980년대에 1000억 달러 정도는 보수와 교체 공사에 더 유용하게 쓰일 수 있었을 것이라는 추정치도 있다. 또 온 나라가 교통난으로 시달리고 있어서 더 많고 더 좋은 도로가 필요한 것도 사실이다.(비록 많은 경제학자들은 기존의 고속 도로망을 더 효율적으로 활용하기 위한 방법으로 러시아워 시간의 통행료를 대폭 인상하는 것과 도로 사용료 체계부터 손질할 것을 건의하고는 있지만.)

그러나 그 이상이 되면 더 의문이 간다. 예컨대 연방 정부 차원에서 고속 철도를 건설할 필요가 있는가? 고속 철도는 일본과 프랑스에서는 명성을 떨치고 있지만 이들 나라에서도 운영 적자가 만만치 않으며, 사회적 반대 급부가 높다는 확실한 증거도 없다. 클린턴 행정부는 온 나라의 컴퓨터를 연결하는 전국적인 '정보 고속도로data highway'와 같은 미래 지향적인 사회간접자본 계획들에 관심을 기울이고 있다. 그러한 계획들의 정당성 여부는 차치하고 그것들이 1980년대에 추진되었어야 한다고 논하기는 곤란하다.

또 다른 유형의 공공 '투자'가 1980년대에는 무시되었다고 논의하기도 한다. 즉 아동 복지와 교육 부문이다. 가난한 취학 전 아동을 위한 헤드 스타트(Head Start, 저소득층 자녀·장애아를 위한 유치원 교육 사업—옮긴이) 프로그램은 성공적이라는 것이 일반적인 평이지만, 보수파의 시대를 통틀어 해당 아동들 모두에게 베풀 만큼 자금이 충분하지는 못하였다. 아동 복지를 주창하는 사람들은 가난한 어머니와 아동을 유아 시절부터 돕는 프로그램이나 재정적으로 어려운 학군의 지원을 비롯해 여러 다양한 사업에 자금을 배분하는 것이 더 생산적이라고 주장한다. 더욱 의문스러운 것은 일부 자유주의자들이 생각하는 바, 예컨대 미국이 신기술 도입이나 세계 시장의 변동에 따라 일자리를 잃은 성인 노동자들을 재교육하는 데 더 많이 지출해야 한다는 입장이다.

보수파의 시대에 그와 같은 '인적 자본'에 대한 지출이 최소한에 머물렀음은 재론의 여지가 없다. 그 부분적인 이유는 보수파가 그러한 지출의 효율성에 회의적이었기 때문이지만, 또 예산 적자로 인해 의회가 모든 지출을 억제하도록 압력을 받았기 때문이기도 하다.

그러므로 두 번째 적자가 생긴다. 즉 연방 정부가 차입한 돈에 더하여 정부가 지출해야 하였으면서도 지출하지 않았던 돈이 있다. 그러나 이 두 번째 적자는 얼마만큼이나 중요하겠는가? 그것은 적자가 미국의 경제 성장에 미미한 걸림돌에 불과하였다는 우리의 결론을 뒤엎는다고 보기 어렵다.

신탁 기금

연방 정부는 원칙적으로 하나 이상의 예산을 편성한다. 사회 보장, 의료 보험 및 실업 보험 등은 특별 지정세로 조달되는 자체 기금이 있다. 즉 연방 정부의 세입과 세출은 공식 통계상 '일반 회계on-budget'와 '특별 회계off-budget'로 나뉘는데, 후자가 바로 신탁 기금trust funds이다.

1980년대에 재미있는 일이 일어났다. 일반 회계 예산은 적자 폭이 크게 늘기만 하였다. 그런데 이와 같은 적자가 늘어나는 특별 회계의 잉여금 증가분으로 인해 부분적으로 상쇄되었던 것이다. 사실상 1983년부터 1991년 말 사이에 누적된 특별 회계 잉여금은 2870억 달러에 달하였다.

이처럼 잉여가 발생한 이유는 의회가 사회 보장 관련 제세를 늘려 놓았기 때문이다. 왜 그랬는가? 그것은 최초의 베이비 붐 세대가 은퇴 연령에 이를 때쯤인 2007년에는 사회 보장 지출이 급증할 것이라고 어렵지 않게 예측할 수 있었기 때문이다. 그 시점에서부터 미국의 은퇴 인구수는 노동 연령 인구수보다 훨씬 빠르게 늘어날 것이다.

사회 보장 제도의 의미는 명백하다. 만일 그것이 2007년까지 낸 만큼 받는 식으로 운영된다면 그때 가서 혜택이 급격하게 줄거나 아니면 사회 보장 관련 제세가 크게 늘어나게 되는 것은 불가피하다. 그와 같은 파국을 피하려면 현 시점에서 사회 보장 제도를 흑자로 운영해서 후일 약속 어음을 갚는 데 사용될 예비비를 적립해 두어야 하는 것이다. 모처럼 참신하게 의회가 책임 있는 입법으로 미래에 대비한 활동을 보였다고 하겠다.

그러나 사회 보장 제도가 예측할 수 있는 미래의 수요에 부응하기 위해 현 시점에서 흑자로 운영하는 것이 불가피하다면, 그 일시적인 잉여를 정부의 나머지 부문에서 발생한 적자의 상쇄분으로 합산하려는 것은 좋은 생각이 아닌 것 같다. 1983년 이래 사회 보장 신탁 기금의 증식분은 현재 3000억 달러를 넘고 있다. 의료 보험 신탁 기금의 증식분과 함께 이것도 적자의 일부로 계산되야 하는가?

그렇다. 그렇게 계산되어야 한다. 적자 규모에 관해서 우리가 통상 듣는 수치는 정확한 규모를 줄여 잡은 것이다. 그러나 그것은 적자의 비용이 문제를 피해 가고 있다는 우리의 평가를 바꾸지는 않는다. 신탁 기금은 연방 부채의 형태로 적립금을 유지하고 있으며, 그림 9에 보이는 수치는 연방 부채 전체로서 사회 보장과 의료 보험의 신용 기금으로 유지되는 부분을 포함하고 있다. 그러므로 부채가 3조 달러 증가한 데에는 사회 보장 제도의 증가된 자산이 포함된다.

따라서 보수주의 시대의 적자는 정부가 21세기 초 인구 고령화에 대비한 잉여금까지 활용해야 하였다는 점에서도 겉으로 나타난 것보다 더 나쁜 것이 사실이다. 그러나 이와 같은 사실을 감안한다고 하더라도 좀 더 책임 있는 정책을 폈더라면 보수파의 집권 말에 국민 소득은 실제의 현실보다 기껏해야 3퍼센트 더 높아졌을 것이라는 우리의 결론이 바뀌지는 않는다.

평결

사회적 통념이라는 법정에 로널드 레이건이 나라에 방대한 부채의 짐을 지웠다는 혐의로 기소되어 서 있다. 그는 부자들의 세금을 삭감해 주고 군비 지출을 증가시켰지만, 씀씀이가 헤픈 다른 부문에서 지출을 충분히 절감하는 데는 실패하였다. 그 결과 평화 시임에도 불구하고 유례 없는 적자가 계속되었고, 향후 수십 년 동안 국민의 생활 수준 향상에 걸림돌이 될 부채를 누적시켰다.

레이건은 유죄 평결을 받았다. 공급 중시론자들이 적자를 감안한다고 해도 비상한 경제적 성공을 거둔 것이 없지 않은 만큼 레이거노믹스는 무죄라고 변호하였지만, 증거 앞에서는 설득력이 없었다. 그러나 문제는 죄가 무거운가 가벼운가 하는 것이다.

여기서 제시하는 답변이 드라마를 좋아하는 사람들을 만족시키지는 못할 것이다. 레이건은 적자를 창출하였고 그것은 미국 경제의 성장에 피해를 입혔다. 그러나 가시적인 적자의 효과가 1980년대에 발생한 몇 가지 숨겨진 적자로 더욱 악화된다고 하더라도 파탄이 벌어지는 것은 아니다. 적자는 일부 사람들이 상상하는 것과 같은 괴물은 아니다.

7장
해외의 보수주의자들

1990년대에 들어 미국인들 사이에서는 오늘날 미국이 더 넓어지는 세계와 어느 정도 통합되어 있는지 제대로 알지 못한다고 자책하는 일이 유행처럼 되었다. 사고방식이 구식이라고 토로하는 것이다—즉 진정으로 문제인 것은 세계 경제를 휩쓸고 있는 변화의 바람인데, 우리는 국내 문제에만 매달린다는 것이다.

사실상 이것은 넌센스이다. 미국인들은 전 국민이 세계 경제에 대하여 경험이 부족하며 또 그것을 순진하게 생각하는 편이지만, 그처럼 무지하다고 해서 국제 관계의 중요성을 과소 평가하는 일은 드물다. 오히려 무지하기 때문에 국제 관계를 미화하고 따라서 과대 평가하는 것이 보통이다. 미국이 더 이상 세계를 주도하는 경제 대국이 아니라는 충격적인 사실을 확인하고서 미국인들은 국제 경제 문제를 일종의 소박한 경외심을 품고 대하게 되었다. '세계적global'이라는 관형어가 붙기만 하면 위신이 달라졌다. 독점 금지나 은행 규제 같은 순수 국내 문제를 논하는 것보다 국제 경쟁력이나 국제 금융 시장에 대해 한 말씀하는 것이 훨씬 더 세련되어 보였다.

미국인들이 국제성의 신비로움에 넋을 잃음으로써 더러 심각한 결과를 낳을 수도 있다. 1980년대 초중반에 경제학자들과 정치가들이 제3세계의 외채라는 도발적인 쟁점에 대거 달려들었으나, 그 문제가 미국 경제에 미치는 영향은 극히 미미할 뿐임이 밝혀졌다.

그보다 S&L들에 대한 규제와 같은 따분한 국내 문제에는 어느 누구도 끼어들기를 꺼렸다. 이와 같은 고의적인 무시로 인해 충분히 해결될 수 있던 문제가 세기적인 금융 스캔들로 확대되었다. 1990년대에 들어 국제성이 미화됨에 따라 미국의 경제난은 전적으로 (마술적 단어를 다시 한 번 쓰면) 국제 시장에서 경쟁력을 상실한 결과라고 하는 근본적으로 잘못된 생각이 널리 받아들여졌다. 이와 같은 오류는 10장에서 다시 다룰 것이다.

그러나 미국인들이 세계 경제에 별로 관심을 보이지 않는 데에는 의미가 하나 있다. 미국의 대중들은 한결같이 미국의 골칫거리가 외국놈들 탓이라고 여기는 것이 보통이고, 식자인 양하는 자들도 국내 문제의 국제적 측면을 과장하는 경향이 있다. 또 전 국민이 외국의 경험으로부터 뭔가 배운다는 것을 매우 꺼리는 편이다.(이 점에서는 교양 있는 사람들도 외국 억양을 쓰는 악역은 좋아해도 외국 영화는 외면하는 미국의 십 대 영화 관객들과 전혀 다르지 않다.)

로널드 레이건을 숭배하는 보수주의자들이나 그를 매도하는 자유주의자들이나 마거릿 대처의 업적이 무엇인지 아는 게 없기는 마찬가지이다. 그러나 대처의 이야기는 양자의 논쟁을 위한 극히 중요한 교훈이 있다. 공급 중시론자와 부활한 케인스주의자들은 미국의 경기 후퇴와 회복의 근원에 대해 논전을 벌이면서도 유럽의 경기 순환에서 얻을 수 있는 풍부한 교훈은 거의 주목하지 않는다.

이 책도 똑같은 우를 범하고 있음은 말할 나위가 없다. 이 책이 다루는 논쟁과 증거는 압도적으로 미국 국내의 것에 치우쳐 있으니 말이다. 그러나 최소한 이 장에서만큼은 바깥 세계에서 일어난 일을 몇 가지 이야기해 보고자 한다. 특히 보수주의 경제 이데올로기가 유럽에서 벌인 결정적인 모험 두 가지, 즉 대처리즘Thatcherism이라고 알려진 주목할 만한 실험과 유럽 통화에 관한 슬픈 이야기에 초점을 맞추고자 한다.

대처리즘

영국의 대처리즘 이야기와 미국의 레이거니즘 이야기는 유사성이 강하다. 두 경우 모두 강력한 이데올로기적 입장과 아웃사이더의 심성을 지닌 지도자가 좌파는 물론이고 온건 보수적 기득권에도 도전하였다. 또 두 경우 모두 새로운 지도자가 집권한 것은 인플레이션이 극심하고 침체 분위기가 만연한 시기였다. 또 극심한 경제 불황기에 출범한 이들 새 정권에는 새로운 정책의 승리라고 주장되는 경기 회복 국면이 뒤따랐다. 아울러 이들 정권을 승계한 차기 정부는 심각한 경제난에 직면함으로써 지도자의 이름을 딴 운동에 대한 대중의 환멸을 초래하였다.

그러나 역사와 정치 제도의 차이로 인해 마거릿 대처와 로널드 레이건의 역사는 세부적인 면에서 전혀 다른 것이 되었으며, 따라서 영국의 이야기는 집권 보수주의의 성취와 실패에 대하여 다른 관점을 제시한다.

흥미로운 이야기 두 가지를 살펴보도록 하자. 하나는 영국이 인플레이션과 디플레이션, 경기 침체와 회복을 오르락내리락한 이야기이고, 또 하나는 민영화라고 하는 독특하지만 결국 파국에 이른 이야기이다.

통화, 인플레이션 및 실업

마거릿 대처의 보수당이 집권한 것은 1979년이었다. 1년 후의 미국 공화당처럼 보수당은 인플레이션에 대한 심각한 불안 심리가 팽배한 가운데 선거에서 이겼다. 그러나 영국의 경우 상황이 더욱 나빴다. 영국은 이미 1970년대 전반기에 인플레이션의 악순환이 통제 불능 상태였다. 1976년 영국은 국제통화기금으로부터 구제 금융과 권고─제3세계 국가들에게나 해당되던 치욕─를 받아들이지 않을 수 없었다. 그럼에도 두 자리 수에 달하는 인플레이션이 재발하자 순식간에 공황 심리, 즉 나라가 파탄에 빠져들고 있다는 공포감이 조성되었다. 또 인플레이션의 파고는 영국이 미국보다 훨씬 높아서 1980년에만 소비자 물가가 18퍼센트 이상 올랐다.

미국과 마찬가지로 영국에서도 인플레이션 문제를 풀 정통 해답은 경기 침체를 수반하는 고통 속에서 인플레이션을 쥐어 짜내 버리는 것이었다. 두 나라 모두 그 일은 결국 통화 정책이 맡았다. 그러나 앞에서 살펴보았듯이 연방준비이사회는 이 무자비하지만 효과적인 정책을 무언가 다른 이름을 붙여 수행할 수 있었다. 통화주의의 수사법은 혹독한 현실을 애매한 모양으로 덮어 버린다. 즉 '총통화가 목표targeting monetary aggregates'였지 사람들을 일터에서 내모는 것이 아니므로 일자리가 있는 사람들은 임금 요구를 자제해야 한다는 것이다. 똑같은 수사법이 영국에서도 똑같은 정책을 정당화하는 데 사용되었다.

차이점은 영국의 경우 통화 정책을 결정하는 사람들이 자신들의 수사법을 믿었다는 사실이다.

이와 같은 차이는 부분적으로 영란은행英蘭銀行, The Bank of England이 연방준비이사회와는 달리 자율적인 기관이 아니기 때문이다. 영란은행은 단지 재무성의 수족으로 집권당의 뜻에 따라야만 한다. 이로 인해 희한한 역할 반전이 일어난다. 전통적으로 미국은 경험이 없는 정치적 임명자가 관리하지만 영국은 직업 공무원들(그들의 능력에 대한 존경심과 함께 그들이 선출되지 않은 통치 계급이라는 데 대한 거북한 심정을 모두 반영하여 영국인들 스스로 '나리 mandarin' 라고 일컫는)이 다스리는 것이 보통이다.

그러나 통화 정책의 경우 미국은 연방준비이사회의 나리들이 결정하는데, 영국은 총리의 측근 정치가들이 결정한다. 오늘날 연방준비이사회의 전문가들은 통화주의에 대해 한결같이 회의적이다. 간단히 말해서 가령 그들은 1979~1982년에 통화주의적 처방을 자신 있게 내놓았는데, 그것은 그렇게 함으로써 그들의 실제 정책에 따르는 가혹함을 위장할 수 있다고 보았기 때문이다. 그러나 마거릿 대처는 밀턴 프리드먼을 진정으로 믿고 따르는 사람들에 둘러싸여 있었다. 그들의 통화주의에 대한 취향은 현실의 사태가 정책 상의 변화를 필요로 하는 순간 바로 벗어 버릴 수 있는 편리한 망토가 아니었다. 그들은 사태가 프리드먼 식의 통화주의 정책을 포기하도록 강요할 때조차 경제를 적극적으로 운영하려고 하지 않고 어떻게든 통화 정책을 밀고 나갈 방안만을 모색하였다. 그러므로 파국적인 결과를 피할 수 없었다.

거의 7년 동안 영국의 통화 정책은 프리드먼의 노선을 충실하게 준수하였다. 영란은행은 산출물이나 실업 및 인플레이션 등의 부문에서 도달할 목표를 발표하지 않았으며, 고작 총화폐량 M3의 공급 목표만을 발표하였을 뿐이다.

만일 1장에서 기술한 보수주의적 거시 경제 이론이 옳다면 통화주의 이론을 채택한 이와 같은 결정은 바람직한 결과를 두 가지는 내놓았어야 한다. 첫째로 경제 전반에 걸쳐 안정적인 성장률이 시현되어야 한다. 둘째로 통화 목표 관리에 대한 정부의 가시적인 조치는 기대 인플레이션에 바람직한 결과를 즉각 낳기 때문에 인플레이션 비용은 감소될 수밖에 없다. 불행하게도 이와 같은 바람직한 결과는 어느 것도 구체적으로 실현되지 않았다.

M3 정책은 경제 안정을 이루지 못하였다. 1979년에서 1983년까지 영국 경제는 무섭도록 깊은 경기 침체에 빠져들었다. 실업률이 5.4퍼센트에서 11.8퍼센트로 치솟았다. 불황은 예상한 것보다 너무 심해서 영란은행은 스스로 설정한 M3 목표를 깨고 불필요하게 여겨질 정도로 통화를 확대 공급하는 정책을 임의로 시행하였다. 이와 같은 탈선을 영국의 통화주의자들은 금융 산업과 금융 시장의 구조 변동과 같은 특수 사태가 발생하였기 때문에 불가피한 것이라고 설명하고자 하였다. 그들은 본원 통화가 M3보다 훨씬 서서히 확대되고 있다는 점을 지적하였다. 그리고 영란은행은 기존의 M3 목표를 고수하였다. 그러나 실물 경제가 변덕스런 하강세를 반복함에 따라 영국의 통화 당국은 목표에서 벗어나지 않을 수 없는 압력을 계속 받았다. 마침내 1986년 영란은행은 통화 목표 발표를 완전히 포기하였다.

이것은 미국의 식자층들조차 한번도 의식해 보지 못한 중요한 교훈이었다. 미국에서는 통화주의가 실제로 시행된 적이 없고 연방준비이사회의 경우에는 겉으로만 통화주의를 표방하는 일에도 무성의하였다. 그러나 영국에서는 진정한 통화주의자들이 온 정성을 다하여 통화주의 원리

그림 10 보수당은 영국의 실업률을 지속적으로 줄여 나갈 수 없었다.

에 입각해서 경제를 운용하였고 완전히 실패하였다.

　보수주의 거시 경제학의 다른 측면, 즉 물가 상승을 통화 확대로 조절하지 않는 가시적인 정책이 인플레이션을 빠르고 쉽게 안정시킨다는 주장은 어떠한가? 여기서도 대처의 실험은 또한 실망스런 것이었다. 인플레이션은 1980년의 무려 18퍼센트에서 1986년에는 4퍼센트로 안정되었지만 그것은 실업률의 엄청난 상승이라는 대가를 치른 결과였다. 그림 10이 보여 주듯이 영국의 실업률은 1960년대에는 평균 3퍼센트 미만이었고 대처가 집권할 때만 해도 5.4퍼센트 수준을 유지하였는데, 그로부터 8년 후에는 10퍼센트를 넘어서고 말았다.

　실제로 대규모 장기 실업의 출현은 보수당이 집권하던 영국의 가장 두드러진 특징이었다. 보수당이 그 문제의 주범이라고 비난하는 것은 정당하지 못하다. 1970년대 중반 이래 지속적으로 높은 실업률은 전 유럽의 풍토병이 되었으며, 그에 대한 궁극적인 설명은 여전히 미스터리로 남아 있다. 그러나 문제의 핵심은 대처리즘이 이를 치유하기 위해 아무런 일도 하지 않았다는 점이다.

1980년대 미국의 성장 이야기를 상기해 보면 1980년대 초의 경기 침체 후에 생산과 고용이 극적으로 회복되었다는 사실이 기억날 것이다. 레이건 행정부는 초기의 침체에 대한 책임을 카터에게 전가하고, 이후의 회복에 대한 공로를 내세움으로써 위대한 성공을 거두었노라고 한동안 선전할 수 있었다. 영국의 이야기도 미국의 경우와 일부 유사점이 있지만 몇 가지 중요한 차이가 있다.

미국과 마찬가지로 영국도 1982년 이후 성장이 회복되었다. 그러나 미국의 사례와는 대조적으로 영국에서의 성장은 우선 실업률을 거의 떨어뜨리지 못하였다. 1983년을 기점으로 실업률이 안정되기는 하였지만 1987년에 이르러서도 여전히 10퍼센트 이상이었다. 대처의 실험 8년 동안 영국의 보수주의가 실업률의 급상승을 관장하였다는 사실을 부정할 수는 없다.

그러다 보니 부득이 경제적 승리를 주장하려면 다른 각도의 지표에 의거해야 하였다. 바로 생산성이란 지표이다. 영국은 오랫동안 생산성의 문제를 앓고 있었다. 영국의 생산성은 19세기 후반의 어느 시점에서부터 미국에 뒤지기 시작하여 제2차 세계 대전 종전 무렵에는 미국의 절반 수준에 불과한 상태였다.

다른 유럽 국가들도 사정이 같았지만 1950년에서 1980년까지 프랑스와 독일은 그 격차를 상당히 좁혔다. 영국은 그렇지 못하였다. 1980년 영국은 유럽의 주요국들 중에서 생산성이 가장 떨어지는 나라였다. 1973년에서 1979년까지 영국의 생산성은 연 1.3퍼센트 성장하였는데,

이는 다른 유럽 공동체 국가들의 성장률의 반에도 못 미치는 것이었다.

그런데 1981년부터 1987년 사이에 2.8퍼센트라는 인상적인 생산성 성장률을 보였다. 영국은 노동자의 생산성이 1981년 독일의 80퍼센트 수준에서 1987년에는 88퍼센트 수준으로 오름에 따라 경제 성적표 상의 석차도 올라갔다. 대처의 지지자들은 영국의 쇠퇴는 끝났다고 선포하였다. 새롭게 기운 차린 영국은 이제 과거의 영광을 되찾을 수 있을 것이다.

생산성의 고도 성장은 지속되지 않았다. 설령 지속되었다고 하더라도 그 효과는 반복되는 경기 순환에 묻혀 버렸을 것이다. 그러나 1993년의 시점에서 돌이켜 본다고 해도 대처의 실험이 비틀거리는 와중에서도 1980년대에 영국은 상대적으로 어느 정도의 생산성 향상을 거두었음을 인정해야 한다. 그것이 대처의 공인지 아니면 저절로 일어나는 일의 하나인지는 분명하지 않다. 여하간에 생산성은 향상되었다.

그럼에도 불구하고 높은 실업률은 대처 정부의 아픈 약점으로 남아 있었다. 대처주의자들은 그들의 보수주의적 미덕이 더 낮은 실업률로 보상받아야 한다고 느끼고 있었거니와, 만사가 잘 돌아가야 한다는 이와 같은 감정이 1987년 이후 비참한 정책 오판을 하는 데 일조하였다.

1987~1989년의 파탄

1987년 영국의 실업률은 급속히 떨어지기 시작하였다. 대처의 집권 당시보다 여전히 높기는 했지만 2년만에 실업률은 정점에 이르렀던 1986년의 절반 이하로 떨어졌다. 일부 보수당원들은 이와 같은 호황이야말로 보수당 정책의 성공을 최종적으로 입증하는 증거라고 공표하였다. 그러나 급격히 늘어났던 고용은 곧 지속되기 어려운 것으로 드러나, 그

다음 2년만에 실업률은 다시 두 자리 수로 돌아섰다.

　무슨 일이 일어났는가? 1980년대 후반의 급속한 고용 확대가 경제적 건실성의 신호는 아니라는 단서가 이미 몇 가지 있었다. 수요의 급격한 증가는 부분적으로 1986년 가처분 소득의 4퍼센트에서 1988년 제로로 떨어진 민간 저축의 파탄에 기인하였다. 그리고 수요의 증가는 급속한 고용 확대로 전환되었다. 왜냐하면 1980년대 중반 급성장하던 생산성이 갑작스럽게 끝나 버렸기 때문이다. 가장 중요한 점은 실업률의 하락이 곧바로 인플레이션의 상승에 반영되기 시작하였다는 사실이다.

　미스터리는 왜 영란은행이 수동적인 태도를 취하여, 경제를 죄려고 하기보다는 인플레이션이 수반된 호황 국면을 방관하였는가 하는 점이다. 이에 대해서는 두 가지 설명이 가능할 것 같다.

　첫째, 마거릿 대처의 자문가들은 실물 경제는 신경 쓸 필요 없이 통화정책이면 다 되는 방법이 있을 것이라는 기대를 결코 버린 적이 없었다. M3 정책은 실패했지만 그 뒤를 이을 단순하면서도 기계적인 준칙을 찾는 일에 여전히 부심하였다. 그들이 선택한 것은 환율을 목표로 하는 정책이었다.

　이것은 명시적인 정책은 아니었다. 대처는 정치적인 이유로 영국의 유럽통화제도European Monetary System, EMS 가입 문제에서 거센 반대에 직면하고 있었다. 그러나 통화 정책의 구심점을 모색하면서 영란은행은 영국 경제를 관리하기보다는 독일의 마르크화를 '그림자처럼 따라다니기shadow'로 결정하였다.

　이와 같은 정책과 연관된 소극성은 희망적인 생각으로 한층 굳어졌다. 대처주의자들은 자신들의 정책이 실업률을 줄이는 데 완전히 실패하였음에도 대성공을 거두었다고 믿고 싶어 하였다. 따라서 실업률의 하락을 경제가 위험한 과열 상태임을 알리는 증거라기보다는 보수주의적 미덕에 대한 보상이 오랫동안 지연되고 있다가 나타난 것이라고 보는 입장에 솔깃할 수밖에 없었다.

그리하여 영국의 정책 담당자들은 인플레이션이 다시 두 자리로 치솟을 때까지 그대로 수수방관하였다.

그 시점에서 그들은 갑자기 브레이크를 꽉 밟았다. 이자율은 1980년대 초 이래 최고 수준으로 뛰었다. 호황은 극심한 불황으로 반전되면서 곧바로 실업률을 두 자리 숫자로 되돌려 놓았다. 인플레이션은 다시 진정되었으나 1987~1989년의 짧았던 행복감은 고통의 신음 소리로 바뀌었다. 1990년 마거릿 대처는 자신이 속한 보수당으로부터 사퇴 압력을 받고 존 메이저에게 자리를 넘겼다. 메이저는 대처가 하지 않으려고 하였던 일, 즉 영국이 유럽통화제도에 가입함으로써 상처를 치유하고자 하였다.

그것은 또 다른 재앙으로 드러났다. 그 점은 좀 더 전반적인 유럽의 상황과 관련지어 이 장 뒷부분에서 조망할 것이다.

민영화

미국의 경험과 유사성이 전혀 없는 주요 측면 하나가 과거 국가 소유의 경제 부문을 민영화privatization하는 문제이다.

마거릿 대처가 집권할 당시 영국 정부는 미국의 경우에는 민간이 소유하는 기간 사업 부문을 운영하고 있었다. 이들 중 가장 중요한 것은 전화, 가스, 전력 등 공공 사업이었고 덜 중요한 것으로는 국철 회사 소유의 호텔에서부터 국영 광산에 이르기까지 다양한 사업이 있었다.

자유주의 경제학자와 보수주의 경제학자는 모두 영국 정부가 호텔처럼 민간 기업의 활동과 사업을 실질적으로 운영할 아무런 이유가 없다는 점에 의견을 같이하였다. 그러나 중요한 국영 기업들의 경우에는 '자연 독점natural monopolies'이었거나 '자연 독점'이기 때문에 사정이 매우 달랐다. 어떤 특정 도시의 소비자를 위해 경쟁하는 전력 회사나 가스 회사가 여러 개 있을 수는 없는 것이다. 미국에서는 새로운 기술 덕분에 다수의 경쟁 회사가 장거리 서비스를 제공할 수 있게 되었지만, 한 지역에 단 하나의 지역 전화 회사만 존재할 여지는 여전히 남아 있다.

자연 독점은 공공 정책에 익히 알려진 난제를 제기한다. 자연 독점을 다루는 데에는 세 가지 방법이 있지만 제각기 문제를 안고 있다.

첫째는 방임하는 것이다. 이는 보수주의자들이 선호하는 해결책이다. 이때의 문제는 통제받지 않는 독점 기업들이 독점력을 이용하여 소비자를 착취한다는 점이다. 보수주의자들은 독점력에 대한 우려를 자유주의자들의 신화라고 무시하는 경향이 있지만 이 문제는 명백한 진실이다.(미국의 대중들은 로널드 레이건이 케이블 TV를 자율화하였을 때 독점력의 교훈을 직접 체험하여 대처의 경험을 가볍게나마 맛본 셈이었다. 케이블 TV 회사들은 곧바로 요금을 평균 40퍼센트 올렸으나 이들 회사의 서비스는 그것과 관련한 농담이 수없이 나올 정도로 질이 형편없어지고 말았다.)

둘째, 첫 번째와는 완전히 반대되는 방법인데 자연 독점을 공적 소유로 하는 것이다. 이 경우 이상적인 세계에서라면 공익을 도모하여 효율적으로 운영된다. 그러나 결코 이상적이지 못한 현실 세계에서 그것은 보통 더 많은 정부 관료의 양산을 피하기 위한 멋진 아이디어일 뿐이다.

중도적인 해결책이 자연 독점을 민간 소유로 두고 가격과 서비스 질을 규제하는 방법이다. 미국의 통상적인 해결책이다. 이 역시 그 나름의 문제점을 안고 있다.

가장 두드러진 문제는 규제를 받는 기업의 직접적인 인센티브에 역효과가 날 수 있다는 것이다. 예컨대 규제를 받는 기업이 미래에 비용을 줄일 수 있는 연구를 위해 현재 돈을 쓸 것인지 말 것인지를 검토하는 중이라고 가정해 보자. 만일 엄격한 규제를 받고 있다면 비용 감소의 상당 부분이 소비자에게 돌아갈 수밖에 없는 만큼 투자에 따른 수익은 거의 없으므로 굳이 수고스럽게 그런 연구를 할 필요가 없게 된다. 다시금 이상적인 세계에서라면 규제자들이 인센티브를 크게 왜곡하지 않으면서도 충분히 독점의 남용을 제한하는 게임의 규칙을 만들어 낼 것이다. 그러나 그 정도로 능숙하고 정직한 정부라면 차라리 기업을 직접 운영하는 편이 낫지 않겠는가!

좋은 사례가 1980년 영국이 공공 기업들에 메스를 가한 경우이다. 불문가지이지만 영국의 공공 기업들은 대단히 비효율적이고 서툴게 운영되고 있었다. 한 가지 해결책은 단순히 경영을 개선하고자 하는 일이었다―그리고 실제로 대처 정부는 민영화되지 않은 국영 부문의 생산성을 올리는 데 상당히 성공하였다. 민영화는 또 다른 선택안으로서, 신중하게 다룬다면 비합리적인 대책은 아니었다.

그런데 자연 독점이 자유화되면 어떻게 운영될 것인지에 대해 놀라우리만큼 검토도 전혀 없이 통신 부문을 필두로 다음에는 가스, 그리고 전력과 수력을 차례로 민영화하였다. 대처 정부는 사적 소유가 독점의 조건하에서도 그 생산력의 마법을 발휘할 것이라고 확신한 듯하였다. 또 국민 저축에 대한 순 효과는 완전히 똑같다고 하더라도 차입보다는 기업 매각으로 예산 적자를 충당한다는 생각이 만족스럽기도 하였다.

정보통신 부문이 개시였다. 정부는 금융 시장이 정부가 요구한 주식 가격보다 당장 25퍼센트 이상을 부른 반응에 기꺼워하였다.(그 과정에서 부유한 투자자들이 적잖이 횡재하였다.) 투자자들이 브리티시 텔레콤British Telecom, BT에 왜 그렇게 달려들었는지는 곧 밝혀졌다. 기업이 독점적인 지위에 있으면 가격을 올리고 서비스의 질을 떨어뜨려도 되기 때문이었다. 1987년에 이르러 BT의 사업 수행에 대한 대중의 불만이 크게 고조되자 정부는 하는 수 없이 BT의 가격과 서비스에 대한 규제를 강화하기 시작하였다. 다음 차례는 가스였다. 대중의 불만이 BT보다는 적었지만 많은 사람들이 브리티시 가스British Gas가 소비자들에게 엄청난 바가지를 씌우고 있다고 믿었다.

그러나 흥미로운 이야기는 전력이 민영화될 때 나왔다. 전력 산업은 수평적으로(경쟁적인 생산자들로) 그리고 수직적으로(업스트림 즉 생산 기업과 다운스트림 즉 유통 기업으로) 갈라졌다. 발전소들은 회사 세 개로 분산되었는데, 그중 한 회사가 원자력 발전소만을 맡았다. 또 각 지역의 전기 송전망도 독립 기업으로 전환되었다. 그리하여 영국의 일반 소비자는 대규모 발전 업체로부터 전력을 사오는 지역 업체에서 전기를 사다 쓰는 셈이 되었다. 그러나 각 지역의 송전 회사들은 잠재 경쟁력을 증대하는 방안의 일환으로 자사의 전력 생산 능력을 키우는 것이 자유로왔다.

돌이켜 보면 어떤 일이 발생할지 예측할 수 있었다. 송전 회사들은 공급 업체를 대하고 산업이 고도로 집중되어 있는 모습을 보았다. 새 기업 중의 하나가 단독으로 전력 생산 능력의 반 이상을 소유하고 있었던 것이다. 통신과 가스 가격에 대한 허술하기 짝이 없는 기록을 전제한다면, 송전 업체들이 공급 업체의 압력으로부터 보호받을 수 있으리라고는 도저히 기대할 수 없었다.

따라서 민영화가 이루어지자마자 송전 업체들은 영국 전체의 기존 발전 능력에 부족함이 없음에도 너도나도 자체의 발전 능력 확대 사업에 투자하기 시작하였다. 1993년 초 이미 발표된 투자 계획만으로도 1995년까지 70퍼센트의 초과 생산 능력을 갖추게 될 것이 예상되었다.

이와 같은 과잉 투자의 부작용이 한때 영국이 자랑하던 석탄 산업의 붕괴로 나타났다. 전력 생산에는 다양한 연료가 쓰인다. 전통적인 자원인 석탄으로 가동되는 발전소는 건설비는 비싸지만 운영비가 대단히 저렴한데, 가스 발전소는 그 반대이다. 또 가스 터빈은 신속하게 설치할 수 있다. 그러므로 송전 회사들은 각개 약진에도 불구하고 가스 발전소 건설에 거의 일치하였다. 전력 생산 회사로부터의 전기 구매가 하락함에 따라 석탄 수요도 수직으로 떨어졌다. 1992년 가을 영국 정부는 남아 있는 탄광을 반 이상 폐광하고 광부 인력의 70퍼센트를 해고하는 계획을 발표함으로써 국민을 충격으로 몰아넣었다.

돌이켜 보고 영국의 민영화가 철저하게 잘못되었다고 말하기는 쉽다. 불행하게도 그 양상은 계속될 것 같다. 이 글을 쓰고 있는 시점에 메이저 정부는 영국의 국철을 민영화하겠다는 취지를 발표하였다. 열정은 있지만 관심의 부족으로 지금까지의 결과에서 배운 것이 거의 없는 셈이다. 영국의 보수주의자들은 시장이 마술적이지 않다는 사실을 아직도 분명하게 깨닫지 못하고 있는 것이다. 그들의 방식은 상황이 양호하다면 제대로 작동될 수 있겠지만, 자연 독점이 최악의 상황을 연출하도록 방임하는 것은 맹목적인 이데올로기이다.

유럽 통화

영국에서 통화주의는 완전한 실패였다. 그러나 케인스주의적인 정책이 곧바로 뒤따르지는 않았다. 대신 영국은 잘못 적용된 보수주의의 정통성을 나름대로 해석하여 유럽의 이웃 나라들과 결합하였다. 즉 유럽통화동맹Europe Monetary Union, EMU으로 가는 길로 들어섰던 것이다.

1980년대와 1990년대 유럽의 통화 이야기는 우리가 고찰해 온 일부의 다른 보수주의적 행보보다 더 많은 것을 일깨워 준다. 유럽이 고정 환율에 전념한 것은 어려운 시기에 대응한 합리적인 경제 전략에서 비롯되었으며, 안정을 목표로 한 조심스런 노력을 단일 통화를 창출하려는 야심찬 노력으로 전환한 것은 위엄과 함께 대단한 경제 논리를 가졌다. 불행하게도 경직된 사고는 경직된 정책을 낳았으며 그 결과는 경제적 위기와 정치적 재난이었다.

1979~1989년의 유럽통화제도

유럽 공동체EC의 경제는 다른 산업 국가들의 경제 관계보다 훨씬 더 긴밀하게 연결되어 있다. 예컨대 독일이 GDP의 약 18퍼센트를 EC의 다른 국가들에 수출하는 데 반해, 미국은 생산량의 1.5퍼센트만을 일본에 수출하며 불과 2퍼센트만을 전 유럽에 수출한다. 결과적으로 미국 기업에는 사소할 수도 있는 쟁점들이 유럽에서는 최대의 현안이 된다. 특히 달러에 대한 외환 가치의 변동은 미국에서는 제한된 범위의 기업들에게만 심각한 문제가 되지만, 유럽 각국 통화의 상대적인 가치 변동은 실질적으로 모든 기업의 의사 결정을 좌우하는 요소가 된다.

기업들이 불규칙한 환율 등락으로 야기되는 불확실성에 대해 불평하자, 1979년 유럽 대륙의 선진 국가들은 환율의 불안정성을 줄여 주리라고 기대되는 일군의 규칙에 동의하였다. 이 유럽통화제도, 약칭해서 EMS는 가령 두 국가를 대상으로 양국의 통화 환율이 동의한 수준 부근의 협소한 '변동폭band' 내지 '패리티parity'를 벗어나는 경우, 두 당사국이 시장에 개입하도록 하였다. 예컨대 1982년 말 이래 프랑스 프랑과 독일 마르크 사이에 동의한 패리티는 1마르크 대 3.5프랑이었다. 만일 시장의 환율이 그 수준보다 2.25퍼센트 이상 오른다면, 프랑스는 프랑화를 사들이고 독일은 마르크화를 외국환 시장에 내다 팔아 프랑화가 더 떨어지지 않도록 해야 한다. 또 환율이 2.25퍼센트 이상 떨어지면 양국은 그와 반대로 해야 한다. EMS의 국가들은 동의한 패리티 지수를 재조정realignment이라는 과정을 통해 바꿀 수는 있지만, 이는 가볍게 취할 수 있는 조치는 아니다. 왜냐하면 이런 조치는 자국 통화의 가치를 잃은 나라들에게는 일종의 치욕이고, 자국 통화의 가치가 오른 나라의 산업에는 비용 상의 불이익을 과하기 때문이다.

 EMS를 결성키로 한 결정이 각별히 보수주의적 정책인 것은 아니다. 사실 환율을 고정시킬 것인가 변동시킬 것인가 하는 문제는 대단히 독특한 쟁점이어서, 이데올로기적으로 편을 가르는 통상적인 방법으로 재단하기에는 무리가 있다. 고정 환율제의 지지자들 중에는 보수주의자─전통적인 금본위제 내지 유사한 제도로 복귀를 갈망하는 이들이다─도 있고 환율을 투기적인 시장의 변덕에 맡겨 놓지 않으려는 자유주의자도 있다. 또 변동 환율제의 지지자들 중에는 자국이 엄격한 통화 준칙을 따르기를 원하는 통화주의자도 있고, 완전 고용 정책을 자유롭게 추진할 수 있기를 원하는 케인스주의자도 있다. 앞에서 살펴보았듯

• 엄격히 말해서 EMS는 일종의 기술적 협정의 집합이며, 협정 내의 특별한 사항은 환율 메커니즘Exchange Rate Mechanism, ERM 정립에 있다. 법적으로 영국은 계속 EMS의 회원국이었다. 영국이 1991년 가입했다가 1992년에 탈퇴한 것은 'EMS 내의 ERM'이었던 것이다. 실제적으로 EMS는 협소한 폭의 환율 변동 제도를 의미하는 것으로 간주된다.

이 공급 중시론자들은 통화의 평가 절하를 비난하는 로버트 먼델의 충실한 숭배자들이었으며, 『월 스트리트 저널』지는 1980년대 내내 금본위제로의 복귀를 촉구하는 캠페인을 벌였다. 그러나 가장 유명한 변동환율제 지지자는 밀턴 프리드먼이었고, 통화주의에 기울었던 대처 정부는 유럽통화제도 가입을 격렬하게 반대하였다.

그러나 환율을 고정시키려는 노력에 갈채를 보내던 사람들과 비난하던 사람들 모두 초기에는 EMS의 성공 가능성이 희박하다고 보았다. 무엇보다도 회원국들 간에 엄청난 격차가 있었다. 독일 및 네덜란드 같은 일부 군소 국가들은 낮은 인플레이션을 유지하고 있었고, 또 인플레이션을 낮게 유지하기 위해 필요하다면 어떠한 대가라도 치르는 역사가 있었다.(이와 같은 의지는 궁극적으로 1920년대 독일의 초인플레이션이라는 뼈아픈 기억에 근거한다.) 프랑스와 벨기에는 그리 힘들게 인플레이션과 싸워 본 적이 별로 없었으나 이탈리아의 경우에는 1970년대 내내 통제 불능의 인플레이션을 겪었다.

이와 같은 차이는 중요할 수밖에 없다. 왜냐하면 높은 인플레이션을 보이는 나라는 낮은 인플레이션을 보이는 나라의 통화에 대해 안정된 환율을 유지할 수 없는 것이 보통이기 때문이다. 인플레이션이 높은 나라는 가격과 비용이 계속 상승하므로 자국의 산업이 점점 경쟁에서 밀리게 된다. 인플레이션이 높은 나라는 조만간에 고통스러운 디플레이션을 겪게 되든가 아니면 그에 앞서 자국의 통화를 떨어뜨리라는 압력에 굴복할 수밖에 없다. 따라서 대다수의 전문가들은 이러한 문제들로 인해 EMS는 빈번한 재조정에 나서지 않을 수 없고, 결국 제도 자체가 비효율적이 될 것이라고 예상하였던 것이다.

과연 EMS의 초기 3년 동안은 재조정이 빈번하게 일어났다. 그런데

1982년 이후에 예기치 못한 일이 일어났으니, EMS가 놀랄 만큼 지속적이고 안정된 환율 체제로 공고해진 것이다. 1979년에서 1982년까지는 다섯 차례의 재조정이 있었다. 그러나 1982년에서 1987년까지는 단 두 번 있었을 뿐이다. 그리고 1988년에서 1992년의 9월 회담까지는 단 한 차례의 재조정도 없었다.

무슨 일이 일어났던가? 1980년대에 유럽 국가들이 인플레이션을 통제하고자 고투하고 있을 때 EMS가 유용한 심리적 안식처를 제공하였음이 밝혀졌다. 특히 프랑스와 이탈리아의 정부는 높은 실업률이 지속되더라도 우선 인플레이션부터 잡아야 한다고 보았다. 그러나 이와 같은 정책을 잡다한 해설을 붙여 발표한다는 것은 난감하기 짝이 없었다. 그 대신 다른 EMS 회원국, 특히 독일 마르크화에 대항해 자국의 통화 가치를 유지하기 위한 방편이라고 설명하는 편이 훨씬 수월하였다. 물론 자국의 통화를 변동폭band 범위에 묶어 두기 위해서 프랑스와 이탈리아는 독일의 통화 정책에 상응하는 긴축 정책을 유지할 수밖에 없었으며, 과거의 인플레이션에 따른 여파가 비용과 가격에 전가되어 산업이 경쟁 불능의 상태로 떨어질 때까지의 기간을 감내해야 하였다. 그러므로 최종 결과는 인플레이션 치료를 위한 고실업 정책이었으나 덜 가혹해 보이게 포장할 수 있었던 것이다.

이와 같은 이야기는 이미 낯이 익다. 미국의 연방준비이사회가 1979년에서 1982년까지 시행한 정책과 본질적으로 똑같은 것이다. 4장에서 살펴보았듯이 연방준비이사회는 통화주의의 수사법을 써서 실제로는 혹심한 불황을 초래하여 인플레이션을 경제 체제에서 쥐어 짜내는 정책을 정당화하였다. 연방준비이사회가 진정으로 그러한 수사법을 믿었는가 하는 점은 불분명하지만, 최종적으로 문제가 되는 것은 연방준비이사회가 가혹한 정책을 혼동이 따르는 상표로 포장하는 수법을 썼다는 점이다.

공정하게 말하자면 유럽의 중앙은행들 또한 고도로 투명한 환율 안정 대책을 가지고 인플레이션 완화 비용을 줄일 수 있게 되기를 희망하였다. 가령 가격과 임금을 동결 중인 기업 및 노동 조합이 자국 정부가 통화의 평가 절하를 몹시 꺼리고 있음을 알았다고 하자. 그러면 그 사실은 미래의 인플레이션에 대한 우려를 완화시켜 줄 것이고, 그에 따라 그 같은 사실이 제대로 알려지지 않은 경우보다 실업의 규모를 그리 크지 않게 하면서 인플레이션을 억제하는 것이 가능하다고 보았을 수도 있다. 현실적으로 이와 같은 '신뢰성credibility'의 효과가 작동했다는 증거는 없지만, 설령 있다고 해도 그 증거에는 불확실한 점이 매우 많아서 유럽의 많은 지도자들은 신뢰성의 효과가 실제로 있다고 믿는 입장을 취하였다.

그러므로 EMS가 놀라운 성공을 거둔 것은 불쾌한 경제적 처방을 정당한 듯이 위장하는 데 유용한 방법을 각국 정부에 제공해 주었기 때문이다. 정부가 높은 실업률을 줄일 아무런 대책도 취하지 않고 있는 것은 가혹한 선택이 아니라 실제로 어떠한 선택도 할 수 없기 때문이라고 설명될 수 있었다. 무엇보다도 통화를 방어해야 하니까 말이다.

물론 EMS의 존속은 EMS란 제도가 튼튼하게 근거할 수 있는 한 나라의 존재 여부에 좌우된다. 즉 강력한 인플레이션 억제 정책을 국제 금융의 신비한 관계를 가지고 정당화할 필요 없이 추진할 수 있고, 다음으로 자국 통화가 다른 여러 나라 통화들의 기준이 될 수 있는 나라가 반드시 있어야 하는 것이다. 그 나라는 물론 독일이었다. 그리고 EMS의 부수적인 효과로 독일은 유럽의 경제 현안 전반을 주도하는 듯한 특별한 역할을 맡게 된다.

독일의 패권

1980년대에 많은 사람들은 독일이 유럽에서 경제적으로 지도적인 위치에 서는 것이 불가피하다고 여기기 시작하였다. 그러나 통계 수치를 보면 독일의 주도권이 예정된 일은 아니었음이 드러난다. 서독의 노동자들이 생산성에서 유럽의 다른 어느 나라들에 못지 않은 것은 물론이다. 그러나 서독 노동자들의 생산성은 프랑스 노동자들과 대충 비슷한 수준이고, 영국과 이탈리아의 노동자들도 불과 20~30퍼센트 정도 뒤처질 뿐이다. 그러므로 1990년의 경우 6300만 서독 노동자들의 생산량은 프랑스의 5600만 노동자들보다 불과 25퍼센트 정도 더 많은 수준으로서, EC 전체의 산출물 중 28퍼센트를 차지하는 데 그쳤다. 한 마디로 압도적인 우세를 보이고 있지는 못한 것이다. 미국의 경우와 비교해 보면 미국은 선진국 전체의 산출물 중 35퍼센트를 차지하고 있지만, 그럼에도 미국이 서방의 경제 정책을 호령하던 시절은 오래전에 사라져 버렸다.

독일의 통일로 독일연방공화국의 인구가 급증하였음은 물론이다. 8000만이라는 인구는 오늘날 유럽 국가들 중 최대의 규모이다. 그러나 1700만 동독 인구는 독일의 경제 역량에 아무런 보탬이 되지 못하였다. 오히려 그들이 통일의 지참금조로 서독에 안겨 준 것은 낡은 공장과 환경 오염 및 사회주의적 근로 습관이었다. 그 때문에 최소한 향후 10년 동안 동독인들은 서독인들에게 큰 부담이 될 것이다. 사실상 동독 지역은 이탈리아의 메조지오르노Mezzogiorno 지방, 즉 선진화된 다른 지역과 달리 항구적으로 후진 상태에 머물러 있는 이탈리아 남부 지역의 재판이 될 가능성이 실재하고 있다.

여하간 1980년대에 서독은 유럽에서 가장 크고 부유한 나라였지만 그 격차가 압도적일 만큼은 아니었다. 그러면 도대체 어떻게 이와 같은 중간 규모보다 약간 큰 경제를 초강 경제로 인식하게 되었는가.

그 해답은 EMS의 발전 과정에 있다. 프랑스와 이탈리아 및 기타 유럽 대륙의 군소 국가들은 지푸라기라도 잡고 싶은 심정으로 자국의 가혹한 반反인플레이션 정책을 정당화해 줄 어떤 외부의 기준을 찾고 있었다. 이들 나라는 EMS의 패리티 엄수를 일종의 신성 불가침한 책무라고 규정함으로써 스스로를 단련하는 한편, 유권자들을 진정시키거나 최소한 혼돈을 줄 수 있었다. 인플레이션이 낮은 독일의 화폐가 EMS의 최강 통화가 되는 것은 당연하므로, 그 결과 유럽 대륙의 모든 나라들은 자국 통화를 독일 마르크화에 연동시켰다. 또 독일의 통화 정책에 대응하는 것이 자국의 패리티를 유지하는 유일한 방법이므로, 분데스방크(Bundesbank, 독일의 중앙은행)는 전 유럽의 통화 정책을 담당하는 셈이었다.

돌이켜 보건대 EMS의 성공은 요행의 결과였다고 할 수 있다. EMS가 10년 동안 운용된 것은 프랑스와 이탈리아 같은 부유한 대국들이 기꺼이 외국의 중앙은행으로 하여금 자국의 통화 정책을 주도하도록 허용하였기 때문이다. 이들 나라는 인플레이션 조절이 최우선적인 정책이었기 때문에 기꺼이 그리 하였으며, 분데스방크는 인플레이션 문제에 관한 한 정평이 있었다.

실제로 이들 나라는 마치 선두의 바로 뒤에 붙어 공기 저항을 덜 받으면서 달리는 자전거 경주 선수들처럼 기꺼이 독일의 신용 일부를 차용하였다. EMS의 성공 10년은 오로지 다음과 같은 두 가지 요인 때문에 가능하였다. 즉 유럽의 지도자들이 우선적으로 염두에 둔 것은 실업이 아니라 인플레이션 문제였다는 것이고, 또한 때마침 유럽의 최대 경제 대국에 인플레이션 문제만큼은 좌시하지 않는 중앙은행이 존재하였다는 것이다.

여기서 두 번째의 경우를 반대로 가정해 보자—예컨대 독일이 물가 안정 문제에 정평이 있지 않다고 가정해 보자. 그래도 EMS가 제대로 운용될 수 있었겠는가? 아마도 그렇지 못하였을 것이다. 화폐의 안정성에 정평 있는 유럽 국가로는 네덜란드도 있다. 그러나 네덜란드의 화폐가 패권을 쥔다면 그리 신뢰가 가지 않을 것이다. 독일은 유럽의 각국 화폐에 패권을 **행사할** 만큼은 크지 못하였고, 유럽의 국가들은 한 나라를 선정하여 패권국의 역할을 한시절 맡겨 **놓을** 만큼은 컸다.

그러나 그 한시절은 유럽의 국가들이 하나의 공통적인 통화 목표를 공유할 때까지만—즉 인플레이션과의 싸움이 다른 모든 것들에 우선할 때까지만—계속될 것이다. 만일 다른 목표가 최우선 과제로 등장하여 통화 문제와 마찰을 일으킨다면 어떻게 될 것인가? 이는 독일이 통일될 때 유럽이 알아 차렸어야 할 사안이었다. 그러나 이와 같은 뜻밖의 사태에 대응할 유럽의 역량은 EMS의 성공에 힘입어 성장하였다는 신화에 얽매여 한계를 보이고 있었다.

EMS의 신화와 EMU의 대실패

EMS의 현실성은 유럽 각국의 정부로 하여금 어려운 선택을 정당화할 수 있도록 해 주면서 아울러 그 선택에 따른 가혹한 결과를 모호하게 해 주는 유용한 제도라는 데 있었다. 미국과 마찬가지로 유럽도 인플레이션 조절에는 장기적이고 극히 고통스런 경기 후퇴가 수반된다는 사실을 경험하였다. 이것은 그만 한 대가를 지불할 가치—산업 전반이 두 자리 수의 인플레이션하에서 살아남으려고 할 때 어떤 일이 벌어질 것인지는 상상하기도 어렵다—가 있는 비용일 수도 있다. 여전히 유럽 각국의 정부는 정책에 수반되는 현실 상황을 공개적으로 밝히기보다는 국제 금융의 신비로운 관계로 포장하는 편을 택하고 있다.

그러면 이것은 정녕 나쁜 짓인가? 비록 허구이지만 일국의 정부가 반드시 해야 할 바를 하도록 도와주고 있는데 무엇이 잘못인가? 위험성은 정부가 그 수사법을 그대로 믿어 버릴 수도 있다는 데 있다. 그리고 그런 일이 실제로 일어났다. 즉 EMS에 관한 신화가 경험이라기보다는 이데올로기—특히 보수주의적 거시 경제학의 이데올로기—에 근거를 두고 확립되었던 것이다.

EMS의 신화란 한마디로 EMS에서 얻는 수익에는 비용이 들지 않는다는 것이다. 이 신화에 따르면 환율 안정 과정에 참여한 독립적인 통화 정책의 손실은 전혀 손실이 아니다. 왜냐하면 독립적인 정책을 가지는 것이 경제적으로는 아무런 효용이 없을 것이기 때문이다. 통화의 수단을 통해 실업이라는 비용을 들이지 않고 인플레이션을 낮추게 된다

이러한 낙관적인 견해는, 환율을 고정시키려는 결정에는 항상 고통스러운 부의 상관 관계가 따른다고 하는 전통적인 견해와 완전히 상충된다. 안정된 환율은 경기의 불확실성을 줄여 주며 인플레이션의 폭풍우를 버티게 해 줄 닻이 될 수 있다. 그러나 한 나라에 국지적인 경기 후퇴가 발생하거나 또는 예기치 못한 사태가 일어나서 그 나라의 생산 비용이 교역 상대국과 어긋날 경우 그 나라는 대책이 없는 상태가 된다. 전통적인 견해에 따르면 문제는 부의 상관 관계가 존재하는가 아닌가의 여부가 아니라 국제 금융의 조정력이 최선의 상태를 만들어 준다는 것—'최적 통화 권역 optimal currency area' 논쟁•이라는 명목하에 전개된 논란—이다.

그러나 1980년대에 유럽에서는 고정 환율제에 따른 비용과 변동 환율제에 따른 수익을 무시하는 태도가 점점 일반화되었다. 왜? 보수주의

적 거시 경제학의 사상이 미국의 통화주의자들과 합리적 기대 이론가들의 사상과 밀접하게 결부되었고, 실제로 그것들로부터 많은 것을 차용하였기 때문이다.

로버트 루카스 및 그의 추종자들의 합리적 기대 이론을 상기해 보면 실업은 임금과 물가의 유연성을 통해 자체 치유된다. 이 견해에 따르면 돈을 더 많이 찍어 냄으로써 이 자연 치유 과정을 가속화하려는 어떠한 케인스주의적 정책도 실패하고 말 것이거니와, 고작 인플레이션이나 불러오고 말 것이다.

통화 정책의 유용성에 대한 이와 같은 견해가 유럽의 상황에서는 환율 조정의 유용성에 대한 견해로 바뀌었다. 케인스주의 경제학자들은 한 나라가 비용 손실에 직면할 수도 있는 경우를 우려하였다. 그러나 유럽의 반反케인스주의자들은 시장이 임금과 물가의 하락을 통하여 그런 문제를 해결할 것이라고 논하였다—그리고 그 해결 과정이 완만하고 고통스러울 것이라는 생각은 경직된 케인스주의적 개념이라고 무시하였다. 국가 통화를 평가 절하함으로써 조정 과정을 원활하게 할 수도 있다는 생각 또한 무시하였다. 그들은 평가 절하는 곧바로 인플레이션으로 전환되리라고 주장하였던 것이다.

이와 같은 유럽의 사상은 상당 부분을 미국의 이론가들로부터 빌린 것이고, 그 결과 유럽의 사상은 미국의 최신 조류에 수년의 격차를 보이며 뒤떨어지게 되었다.

- 최적 통화 권역이라는 개념이 1961년 로버트 먼델—후일 공급 중시론자들로부터 지적 스승으로 추앙받게 된 바로 그 경제학자—에 의해 최초로 제기되었다는 사실은 역설적이다. 후일 먼델이 '진짜 돌팔이sheer quackery'라고 도외시해 버린 것이 바로 그 자신의 이와 같은 초기 견해나 다름없었다.

미국의 경우 케인스에 대한 공격이 어떻게 전통적인 거시 경제학을 코너로 몰아넣었는가 하는 1970년대의 양상에 대해서는 이미 살펴보았다. 그러나 1980년대 말에 이르러 미국의 케인스주의는 코너에서 빠져나와 다시 싸우기 시작하였고, 그에 따라 거시 경제적 정책에 대한 보수주의적 사상의 영향력은 빛이 바랬다. 유럽의 경우에는 양상이 사뭇 달랐다. 즉 1992년 가을까지는 고정 환율제를 엄수하려는 강경 노선과 실업 문제에 대한 자유방임주의적 입장이 전 유럽 대륙 국가 중앙은행들의 수사법에서 계속 표준으로 작용하였던 것이다.

사실상 EMS에 비용이 들지 않는다는 신념은 더욱 더 확고해졌다. 그리하여 유럽인들은 다음 단계 즉 단일 통화로 나갈 준비가 갖추어졌다고 스스로 확신하게 되었다.

마스트리흐트 조약

단일 유럽 통화로 나아가기 위한 협정의 세부 사항은 1990년 네덜란드의 도시 마스트리흐트Maastricht에서 체결된 조약에서 하나하나 명시되었다. 네덜란드인 말고는 아무도 조약의 명칭을 정확하게 발음할 수 없다는 사실(대강 '마흐스-트렉흐트mahs-TREEKHT'라고 발음한다)은 앞으로 불러일으킬 문제의 전조와도 같았다. 그러나 조약 자체는 지루한 내용의 조약 문서만 제외하면 매력적인 것이었다.

문서 본문의 대부분은, 덴마크의 휴일용 별장의 법적 지위에서부터 바티칸 공국이 개입되는 무역 분쟁의 경우 교황의 외교적 지위에 이르기까지 기술적으로 쟁점이 될 어마어마하게 다양한 경우를 망라하는 내용이었다. 노동법과 같은 쟁점을 다룬 이른바 사회 헌장은 영국인들에게는 목구멍에 뼈를 돋칠 만큼이나 못마땅한 것이었다. 그러나 조약의 핵심은 한 나라가 자국 화폐를 폐지하고 에큐ecu화, 즉 새로운 유럽 화폐를 채택하기 전에 거쳐야 하는 일련의 검증 절차—이른바 수렴 기준 convergence criteria이다—를 규정한 데 있다. 이와 같은 기준에 관하여 흥미 있는 것은 문안의 액면 그대로는 아무런 의미도 없다는 것이다.

첫 번째 기준은 가입 전 2년 동안 안정된 환율을 유지하는 나라여야 한다는 것이다. 이 기준은 사실상 해당 나라의 자국 통화 운영 기술과 결의를 검증하였다. 즉 독립된 통화를 가지고 잘 지냈음을 입증하는 나라만이 자국 통화의 폐지를 허용받을 수 있다는 것이다.

두 번째 기준은 장기 금리가 EC의 최우량국 수준에 근접해 있어야 한다는 것이다. 장기 금리의 주된 결정 요소는 바로 유럽통화동맹European Monetary Union, EMU에 관한 채권 시장의 신뢰성일 것이다. 만일 조만간 리라화와 마르크화가 모두 폐지되어 에큐화로 통합되리라고 전망한다면, 독일과 이탈리아의 장기 금리는 거의 같아질 것이다. 따라서 이 기준은 순환론적이다. 즉 EMU 가입이 허용될 나라는 시장에서 가입할 것이라고 판단된 나라인 것이다.

세 번째 기준은 인플레이션이 EC의 최우량국 수준에 근접해 있어야 한다는 것이다. 이 기준은 고정 환율제—첫 번째 기준에서 요구하는—하에서 독립적인 통화 정책을 시행하는 나라는 없다는 사실을 알게 될 때까지는 한층 설득력 있게 들린다. 그리하여 어떤 비정상적인 인플레이션도 투자 붐과 같은 시장의 자발적인 선택의 자연스런 결과로 나타날 것이며, 한 나라가 첫 번째 기준을 위배하지 않고서 할 수 있는 것은 실제로 아무것도 없게 된다.

끝으로 예산 적자와 정부 부채의 규모를 제한하는 두 기준이 있다. 이는 합리적인 제한이지만 통화 동맹과 무슨 관계가 있는가? 연방준비이사회는 뉴욕이나 캘리포니아의 예산을 감독할 필요가 없다. 지자체가 화폐를 발행하여 적자를 덮어 버릴 수는 없기 때문이다. 각국 정부들도 EMU에 가입하고 나면 처지가 똑같아질 것이다.

요컨대 일단의 존귀하고 엄숙한 사람들이 책상보가 덮힌 테이블 앞에 탄산수를 한 병씩 놓고 앉아, 듣기에는 좋지만 자세히 검토해 보면 완전히 넌센스인 협정을 창안해 내었다. 그러니 무슨 일이 더 진행되겠는가?

마스트리흐트에 관한 두 가지 이론이 있다. 하나는 '끓리기hazing' 이론으로, 기준의 목적은 실제로 각국들이 EMU에 가입할 수 있도록 준비해 주는 것이 아니라 불유쾌하고 어려운 일을 해 보도록 함으로써 각국의 결의를 한번 테스트해 보는 데 있다는 것이다. 다른 하나는 '이탈리아 형Italian' 이론으로, 기준 목록은 EMU의 필요 사항 목록으로는 아무런 의미가 없다. 다만 어음 남발의 루머가 따라다니는 외교관들 때문에 화가 잔뜩 나 있는 이탈리아의 중앙은행원들이 자국의 외교관들이 마스트리흐트를 국내의 정치적 목적에 써 먹고 있다고 폭로함으로써 자국의 부패 정치인들에게 부과하면 좋을 강제 규정 목록으로는 썩 괜찮다는 것이다.

여하간 1993년 초까지 정치적 경제적 압박감으로 인해 마스트리흐트의 장엄함은 거의 코미디가 되었다. 여기에 교훈이 있다면 인상적인 국제 회의에 모인 엄숙하고 고귀한 선남선녀는 자기들이 무슨 말을 하고 있는지 전혀 생각하지 않는다는 사실이다.

EMS의 붕괴

마스트리흐트 조약은 낙관주의가 팽배한 분위기에서 체결되었다. 무엇보다도 EMS가 대단한 성공을 거둔 바 있었다. 주요 국가 가운데 끝까지 거부하던 영국도 막 가입하였다. 고정 환율제가 대성공이었으므로, 논리적으로 공동 통화가 그다음 단계인 것 같았다.

3년 후 상황은 크게 달라져 보였다. 영국과 이탈리아가 EMS에서 철수하고, 스페인과 포르투갈 및 아일랜드가 자국 통화를 평가 절하하였다. EMS는 사실상 독일, 프랑스 및 기타 군소 나라들 중심으로 위축되었다. 더욱이 프랑스도 약간 흔들리는 것 같았다.

무엇이 잘못되었는가? 간단히 답하자면 EMS의 고정 환율이 베를린 장벽의 붕괴란 예기치 못한 충격에 봉착하여 지속할 수 없게 된 것이다. 그러나 이는 과거를 편리한 신화로 보는 유럽의 정책 결정자들의 무능 때문에 잘못 다루어진 것이다.

문제의 본질은 많은 독자적인 경제학자들에게는 당초부터 명백하였다. 동독이 공산주의 통치에서 벗어났을 때 경제가 엉망이었음이 밝혀졌다. 생산성은 낮았고 시설은 낡았으며 사회간접자본과 환경 정화에 방대한 투자가 따라야 하였다. 서독 경제가 동독의 재건에 지출하기 위해 대규모 적자 예산을 편성 운영해야 할 필요성은 즉각 명백해졌다.

이와 같은 대규모 적자 예산은 서독에서 공급을 불러일으켜 인플레이션을 유발할 수 있었다. 인플레이션의 위험 부담을 상쇄시키고자 분데스방크는—독일의 입장에서는 의외의 정책인데—이자율을 올렸다.

그러나 독일의 이자율 상승은 나머지 유럽 국가들에 심각한 문제를 일으켰다. EMS에 남아 있기 위해 프랑스와 영국은 독일의 재정 자극책에 따른 이득을 보지 못함에도 독일의 통화 긴축을 따라가지 않을 수 없었다. 그리하여 독일 통일의 비용은 독일이 아니라 나머지 유럽 국가들에서 경기 후퇴를 초래하는 역설적인 결과가 나왔다.

논리적인 답변은 패리티를 재조정하여 다른 유럽 통화들에 대한 마르크화의 가치를 절상해야 하는 것이었다. 그러나 고정 환율은 무조건 좋은 것이라고 확신하고 있던 유럽의 정책 결정자들은 EMS를 엄격히 유지하면서 EMU로 나아가는 데 자신들의 정체적 신뢰성을 걸었다. 그리하여 그들은 자국 경제가 극심한 침체로 빠져드는 사태를 보면서도 상황이 저절로 나아지기를 기다리는 것 외에 속수무책이었다.

결국 체제는 깨졌다. 영국의 경우 침체가 깊어지면서 정부에 대한 정치적 압력이 증대되었다. 투기꾼들이 파운드화가 절하될 것이라고 예상하고 화폐를 해외로 내보내기 시작함에 따라 영국 정부는 통화 가치를 유지하려고 막대한 자금을 쓰지 않을 수 없었다. 수일 동안 300억 달러를 쓰고 나서 영국은 손을 들었다. 1992년 9월 17일 EMS를 탈퇴하고 파운드화를 시세에 내맡긴 것이다. 이탈리아도 똑같이 하였다. 그리고 다른 몇몇 나라들도 평가 절하의 압력을 받고 있었다.

붕괴는 경제적인 것만큼이나 정치적이었다. 영국과 독일의 정치 지도자들이 공공연히 상호 비난을 일삼는 가운데 유럽의 통합은 더욱 멀어진 듯하였다.

유럽의 교훈

유럽의 보수주의자들은 미국의 보수주의자들과는 다소 다른 목표를 택하였다. 그들은 복지 국가를 해체하는 데 그리 노력하지 않았으며 국제 문제보다는 통화 문제에 더 얽매여 있었다. 그러나 그들의 경험은 미국의 이데올로기적 맹우들이 한 경험과 마찬가지로 실망스런 교훈을 남겼다. 즉 보수주의적 정책은 선전한 만큼 움직여 주지 않았다는 것이다.

유럽에서 보수주의의 약속은 유혹적이었다. 대처주의자들은 탈규제와 민영화가 생산성과 고용을 기적적으로 높여 줄 것이고 통화주의가 안정적이고 인플레이션이 낮은 경제로 가는 길을 보여 줄 것이라고 믿었다. 유럽통화동맹EMU의 신봉자들은 안정적이고 더욱 생산적인 유럽 경제를 달성할 뿐 아니라 유럽 통합을 향한 거대한 발걸음을 내딛게 할 방법을 찾아내었다고 생각하였다.

실제의 기록은 그리 고무적이지 못하였다. 영국의 보수주의자들은 생산성이라는 측면에서는 미미한 성공을 거두었지만, 실업은 확대 일로에 있었고 성장과 인플레이션은 더욱 불안정해졌다. 유럽의 통화 단일화란 장대한 구도는 유럽통화제도EMS가 깨지면서 경기 후퇴와 정치적 붕괴를 불러왔다.

그리하여 1990년대까지 보수주의는 미국에서와 마찬가지로 유럽에서도 약속을 지키는 데 실패하였다. 대중들은 새로운 사상을 들을 준비가 되어 있었다. 그러나 어떤 종류의 사상을 듣게 될 것인가?

이 책의 3부에서는 진자의 운동 즉 자유주의 경제학 사상의 부활―그리고 자유주의 사상이 권력을 잡는 과정에 발생한 기묘한 일들―을 검토할 것이다.

**Paul Krugman
Peddling Prosperity**

3부
진자의 운동

8장
케인스는 살아 있다

 1992년 MIT 대학 출판부는 그레고리 맨키우N. Gregory Mankiw와 데이비드 로머David Romer가 편집한 두 권짜리 논문 선집『신케인스 경제학New Keynesian Economics』을 출간하였다. 이 해에 하버드의 소장 학자 맨키우는 '신케인스' 사상을 핵심으로 하는 거시 경제학 교과서를 출간하였다. 맨키우의 하버드 대학 동료 Robert Barro가 1984년 출간한 합리적 기대론에 토대를 둔 교재는 반응이 신통치 않았는데, 이 교과서는 곧바로 학계의 베스트셀러가 되었다.

 미국에서는 무슨 일이 진행되고 있었는가? 우리가 미국의 이야기에 대해 마지막으로 살펴보았을 때만 해도 케인스 경제학에 대한 보수주의의 공격이 승리를 거둔 듯하였다. 1980년 어빙 크리스톨은 케인스가 죽었다고 단호하게 선언하기도 하였다. 그러나 12년이 지난 후에도 미국에서는 케인스가 여전히 살아 있어 영향력을 발휘하고 있다. 과연 케인스주의는 경제학의 영원한 활력소처럼 보이기 시작하였으며 계속 그렇게 작용하고 있었다.

이는 그저 학문적 유행의 문제가 아니었다. 1992년까지 통화주의자와 합리적 기대론자들은 미국 및 기타 지역에서 현실 정책에 대한 영향력을 실질적으로 완전히 상실하고 말았다. 연방준비이사회는 1987년의 주가 대폭락 사태에 공격적인 통화 팽창 정책으로 대응하여 통화주의자들을 전율하게 하였지만 결과는 만족스러웠다. 1990~1992년의 경기 후퇴 국면에서 미국 경제를 회복시키려고 한 노력은 효과가 더디었지만, 워싱턴에서는 보수주의자들이 한 차례 처방전으로 제시한 무간섭 정책에 대하여 거의 아무런 논의도 없었다. 더욱이 1993년 2월 민주당 소속의 새 대통령은 공공 사업 지출의 대폭 확대와 투자세의 일시 유예 같은 전통적인 경기 부양책을 경제 정책의 기조로 삼을 정도였다. 영국의 경우가 보수주의자들의 몰락을 가장 극적으로 상징할 것이다. 전적으로 통화주의에 기울었던 보수당 정부가 노골적인 케인스주의적 정책을 통해 불황에서 헤어나지 못하는 영국 경제를 부양해 보고자 1992년 9월 EMS를 탈퇴하였던 것이다.

케인스 경제학의 부활과 보수주의 거시 경제학의 내부 파열에 대한 이야기는 묘하게도 언론에서 무시되고 있었다. 오히려 거시 경제학 관련 보도는 시대착오적인 경향을 보이는 경우가 흔하다. 가령 혜성처럼 등장한 경제학자들(대개 50대의 학자들)이 어떻게 케인스의 정통에 도전하고 있는지를 보도하는 특별 기사가 꾸준히 실리고 있는 것이다. 왜 이야기의 진상이 제대로 알려지지 않고 있는지는 나도 확신이 안 선다. 그 까닭은 보수주의적인 정부들이 그토록 오랫동안 집권할 수 있었던 능력 때문에 보수주의 이데올로기의 대거 몰락이 가려진 탓일 수도 있고, 아니면 단순히 케인스주의의 부활 자체에 이야기를 흥미진진하게 엮어 줄 만한 다채로운 성격이 부족한 탓일 수도 있다.

여하간 미국 경제 정책의 지향점을 이해하고자 한다면 긴 안목으로 볼 때 케인스는 여전히 살아 있다는 사실을, 그리고 수명이 짧은 이들은 바로 케인스의 비판가들이란 사실을 알아야만 한다.

보수주의 거시 경제학의 곤경

경제학 사상은 다음 둘 중의 한 가지 방식으로 곤경에 빠지는 것이 보통이다. 먼저 이론적으로는 타당한데 현실적으로는 맥을 못 추는 사상이 있다—즉 사상을 뒷받침하는 추론은 옳은 듯하나 현실의 경험에 비추어 보면 무엇인가가 잘못된 사상이다. 9장에서 재론하게 될 사례를 들자면 국제 무역이란 부존 자원이 전혀 달라서 부족한 부분을 서로 공급해 줄 수 있는 두 나라 사이에 성립한다고 하는 완전히 합당한 이론이 있다. 그러나 불행하게도 현실 세계에서는 엇비슷한 나라들 사이에 무역이 이루어지는 경우가 대부분이다. 그러므로 그 이론에는 (그리고 그에 근거하여 결정된 정책에는) 뭔가 문제가 있다.

다음으로 현실적으로는 타당한데 이론적으로는 그렇지 못한 사상이다. 1960년대에는 실업과 인플레이션 간의 어느 정도 안정된 부의 상관 관계tradeoff가 모든 자료에서 입증되었다. 그러나 1장에서 살펴보았듯이 밀턴 프리드먼은 순수 논리에 입각하여 이와 같은 부의 상관 관계는 일종의 착시 현상으로, 논리의 안경을 쓰면 교정될 것이라고 논하였다—그리고 그가 옳았다.

1970년대 말까지 보수주의 거시 경제학자들은 누구나 인정할 수밖에 없을 정도로 강력한 경기 순환론을 종합해 내었다. 그 이론은 설득력이 대단해서 전통적인 케인스 경제학을 궁지로 몰아넣었거니와, 이와 같은 보수주의 거시 경제학의 지적 승리에 힘입어 경제적 보수주의가 득세하였다.

그러나 그로부터 몇 년 후 그 이론은 이론적으로도 현실적으로도 타당하지 않다는 사실이 드러나 심각한 난제에 봉착하였다.

이론상의 오류 문제부터 따져 보자. 이미 살펴보았듯이 밀턴 프리드먼은 기본적으로 경기 후퇴란 노동자와 기업이 특정 노동과 상품에 대한 수요 하락을 (임금과 가격을 내려야 하는) 일반적인 수요 하락으로 잘못 판단하는 어리석은 행위를 하는 시기와 일치한다고 지적함으로써 거시 경제학을 최초로 뒤흔들어 놓았다. 다음으로 로버트 루카스는 기업과 노동자가 최소한 정부만큼은 현명하다고 논함으로써 이와 같은 논의를 한 단계 더 진전시켰다. 즉 기업과 노동자는 상황이 진정으로 혼란스런 때에만 어리석은 행위를 한다는 것이다. 따라서 적극적인 정부 정책을 통하여 경기 순환을 다스리려는 어떤 시도도 성공할 수 없다. 과거에 통화 확대 정책이 생산을 증대시킨 사례가 없지 않지만, 그것은 통화 확대가 예상 밖이었고 그래서 혼란을 더욱 부채질한 경우에 국한된 것이었다. 요컨대 적극적인 정부 정책이란 상황과 무관하게 겉돈다면 최선이고, 최악의 경우에는 불안정성을 더욱 가중시키는 주요인이 된다는 것이다. 이와 같은 논의가 지적인 측면에서 다분히 매력적인 까닭은 통화 정책이 과거에는 중요하게 작용한 것 같다고 인정하면서, 미래에도 계속 유용한 역할을 할 수 있다고는 보지 않기 때문이다.

그러나 1980년에 이르러 이와 같은 논의에 커다란 문제가 있음이 분명해졌다. 문제라면? 사람들에게 정보가 너무나 많다는 것이다.

가령 연방준비이사회가 갑자기 통화 공급을 삭감하기로(또는 통화 증가율을 대폭 낮추기로) 결정하였다고 가정해 보자. 그러면 결과적으로 단순히 가격 수준이 하락하는 정도가 아니라 경기 후퇴가 초래된다는 사실을 경험상 알고 있다—그 사실에 대해서는 루카스도 동의한다. 그러나 그의 설명에 따르면 불황은 정확하게, 가격을 동결시키려는 기업이 동결의 시점은 일반적인 불황기이지 자사에만 국한된 불황기가 아니라는 점을 인식하지 못하기 때문에 발생한다. 일단 기업들이 불황의 확산을 깨닫게 되면 불황 자체가 불황을 치료한다.

의문은 경기가 진정 이와 같은 방식에 따라 혼란스럽게 된다고 가정하는 것이 합당한가 하는 점이다. 『월 스트리트 저널』을 펼치기만 해도 경기 불황에 관해 얼마든지 읽을 수 있는 것이 실제 현실이라는 사실은 논외로 하자—기사 내용을 믿지 않을 수도 있다.(사실 사설란만 무시한다면 『저널』의 다른 지면은 손색이 없다.) 그럼에도 불구하고 금리나 주가 등 피부에 와닿는 경기 체감 요소와 같이 경제 상황을 알 수 있는 단서는 많다. 민간 부문이 이와 같은 요소를 감안하지 않을 것인가? 감안한다고 해도 지금 논하고 있는 경기 순환론이 유지될 것인가?

1970년대 말에 루카스와 그의 학도들은, 기업과 가계가 주가와 금리를 관찰할 수 있으면서도 호황과 불황의 창출에 필요한 유형의 합리적 혼란에 종속되는 이론적 모형을 창안해 내기 위한 연구에 열정적으로 매달렸다. 결과는 실패였다. 합리적 기대론자들의 경기 순환론은 이론 자체가 타당하지 않았던 것이다.

동시에 합리적 기대론은 현실에도 들어맞지 않는다는 사실이 점점 명백해졌다. 이 문제는 설명이 아주 간단해서 **불황이 너무 오래 계속되고 있다**는 말로 충분하다.

합리적 기대론자들이 직면한 문제는 불황기에 왜 가격과 임금이 즉각 하락하여 완전 고용을 회복하지 못하는가 하는 데 대하여 설명하는 일이었음을 상기해 보자. 그들이 제시한 답변은 기업과 노동자가 일반적인 불황을 제대로 깨닫지 못하거나 확신하지 못하기 때문이라는 것이다. 이와 같은 답변은 불황이 짧으면 2~3개월, 길어야 1년을 끄는 정도라면 맞을 수도 있다. 그러나 몇 년 동안이나 고실업 상태의 경제가 계속되고 있는데도 사람들이 알아차리지 못한다고 볼 수는 없다.

1980년대와 1990년대 초의 사례는 더없이 확실한 검증 기회였다. 1979년에 시작된 경기 후퇴는 연방준비이사회가 인플레이션을 통제하기로 결정함에 따라 두 배는 더 깊어진 것 같았다. 경제는 1982년에 들어 회복 국면을 맞이하였지만 실업률이 1979년 수준을 회복한 것은 1987년에 이르러서였다. 그렇다면 기업과 노동자가 사태를 알아차리는 데 8년씩 걸린 셈인데, 정말 그런가? 경험은 왜곡되는 법이 없다. 1990년 초에 시작된 불황은 대중 일반 누구에게나 매우 분명해서 한때 인기가 높았던 대통령을 자리에서 물러나게 하였다. 그러나 1992년 중반부터 불황은 완연한 회복세로 돌아섰다. 1979년에서 1993년까지의 경험은 마치 주문 제작품인 듯이 경기 순환을 혼란에 빠진 대중들의 산물이라고 강변하는 이론의 부적합성을 입증하는 데 안성맞춤이었다.

모든 사람들이 합리적 기대 이론에 입각한 거시 경제학의 이론적 경험적 붕괴를 내가 지적한 만큼 분명하게 목격하였던 것은 아니다. 무엇보다도 루카스의 사상과 그의 추종자들의 위세에 대들면서 학문적 경력을 쌓은 경제학자는 극히 소수였거니와, 일부 대학원생들은 이 새로운 이론을 철저히 주입받아서 대안이 있다고는 거의 생각하지 못하였다. 그러나 나는 1980년대 중반, 그러니까 루카스의 경기 순환론이 여전히 널리 위세를 떨치고 있던 시기에조차 그 이론의 신봉자들은 별로 남아 있지 않게 되었다고 말해도 틀림없다고 생각한다. 그러면 거시 경제학자들은 어느 쪽으로 돌아섰는가?

답하자면 일부는 오른쪽, 일부는 왼쪽으로 돌아섰다. 왼쪽으로 돌아선 이들은 신케인스주의자가 되었는데, 이들에 대하여 곧 논할 것이다. 그러나 먼저 오른쪽으로 돌아선 이들, 그랬다가 (내 생각으로는) 결국 지적으로 막다른 골목에 들어서 버린 이들을 살펴보기로 하자.

진정한 신봉자들: 실질 경기 순환론

시장이 효율적으로 움직인다고 믿는 보수주의자들에게 경기 후퇴란 설명이 난감한 문제이다. 시장이 잘 움직여 주는데 도대체 어떻게 통화 공급 감소와 같은 일로 그 많은 낭비와 심각한 곤경이 일어날 수 있는가?

밀턴 프리드먼이 명쾌한 답변을 제시하였다. 즉 변덕스런 통화 정책이 사람들을 혼란스럽게 하기 때문이라는 것이다. 그의 답변은 그가 성공적으로 스태그플레이션을 예언한 이후에 엄청난 명성을 얻었다. 그러나 바로 앞에서 살펴보았듯이 사람들이 경기 후퇴기에 어리석은 행위를 한다는 생각은 일단 사람들이 심각하게 그에 반하는 행위를 하기 시작하면 더 이상 유지되지 못한다. 그러므로 다른 답변을 찾아야만 하였다. 시장이 실제로는 그리 잘 움직이지 않는다든가, 아니면 경기 후퇴란 기존에 생각한 것과는 아주 다른 것이라든가 해야 하였다.

진정한 신봉자들은 시장에 대한 신앙을 양보할 수 없었으므로 대신 경기 후퇴를 재해석하는 편을 택하였다. 1982년 초 경제학계에 새로운 학파가 형성되었다. 카네기 멜론 대학의 에드워드 프레스콧이 주도한 이 학파는 경기 후퇴에 관한 기존의 모든 학설을 부정하였다. 밀턴 프리드먼을 비롯하여 대다수 경제학자들이 통화가 경기 후퇴와 관련이 있다고 생각하였는데, 이 새로운 학파는 통화와 경기 순환은 완전히 무관하다고 주장하였다.• 경제학자들 대다수—그리고 기업 경영인들 대부분도—가 경기 후퇴의 시점은 수요가 부족할 때라고 생각하였는데, 이 학파는 경제의 공급 측면으로 인해 경기 후퇴가 발생한다고 주장하였다. 그리고 사람들 대부분이 경기 후퇴를 나쁜 일이라고 생각하였으나 이 학파는 경제의 자연적인 최적화 행위라고 보았다.

이 일군의 새로운 사상은 '실질 경기 순환real business cycle' 이론으로 알려졌다. 이 이론은 복잡한 수학적 모형을 통해 표현되는 것이 보통이고 이 방면의 전문가들도 미묘한 차이를 즐겨 강조하지만, 요점 자체는 아주 단순하다.

실질 경기 순환론자에 따르면 경기 변동이란 경제의 생산성 변화에 의해 일어난다. 이 같은 변화의 요인은 설명되지 않은 상태이지만, 일반적으로 (농업 수확의 변동, 추운 날씨 등) 자연 요소와 (조세 변동, 유가 상승을 불러오는 전쟁 등) 정치적 사건 및 (1992년 미국의 경이적인 생산성 증대를 가져온) 예측 불가의 기술 진보 등의 혼합에 기인한다고 본다. 그러니 운 좋은 해는 호황이고 운 나쁜 해는 불황이다.

물론 이상이 전부는 아니다. 한 가지 예를 들면 경제의 산출물이 대개 1년 주기로 변동하는 까닭은 노동 단위 시간의 생산성이 변하기 때문이

• 통화와 실제 사건 사이에 명백한 상관 관계가 있을 때는, 가령 밀턴 프리드먼이 주장하였듯이 통화 공급이 갑작스럽게 위축됨에 따라 대공황이 초래된 경우와 같은 때는 어떠한가? 이에 대해 새로운 학파는 원인과 결과의 방향이 실제로는 정반대라고 논하였다. 즉 대공황이 통화량의 위축을 초래하였다는 것이다. 이 같은 단정은 많은 경제학자들이 최소한 부분적으로는 인정하는 내용이다—그러나 금융업의 붕괴를 모면하게 된다고 하더라도 산출물과 실업이 정확히 똑같아질 것이라는 견해만큼은 인정하지 않는다.

아니라 노동 시간의 양에 변동이 있기 때문이다. 또 (노동 시간량의 하락 속도가 생산성의 증가 속도보다 더 빠르기 때문에) 산출물이 몇 분기 동안 연속적으로 하락하는 경우는 흔한 데 반해, 생산성이 실제로 떨어지는 경우는 드물다. 그러므로 실질 경기 순환론자들은 도대체 왜 생산성의 변동이 노동 시간량의 훨씬 큰 변동에 의해 증폭되는가 하는 것을 설명할 수 있어야 하였다.

그들의 답변은 간단하였다. 즉 사람들은 생산성이 보통보다 높을 때 더 일하고 보통보다 낮을 때 덜 일하는 합리적인 의사 결정을 한다는 것이다. 날씨가 오락가락할 때의 농부를 생각해 보라. 농부는 날씨가 좋은 날은 종일 밖에서 일하겠지만 나쁜 날은 집안에 들어앉아 있을 것이다. 농부의 일일 산출물을 집계하면 그날 일한 시간에 따라 변동이 있음을 직감적으로 알 것이다. 그럼에도 불구하고 생산성 변동의 근본 원인은 오락가락하는 날씨이다.

바로 여기서 의외의 난제가 나온다. 만일 근로 의욕의 변동이 예측 불가의 외부 변수에 대한 합리적인 반응이라면 우려할 것이 하나도 없다. 경기 순환은 자유 시장이 변화하는 세계에 대응하는 한 가지 방식에 불과할 뿐이다. 그리고 실질 경기 순환론자들은 시장이 효율적이라고 믿으므로 경기 순환은 사실상 바람직한 일이라는 결론이 나온다.

나는 이상의 내용을 대다수 독자들이 어떻게 받아들일지 알고 있다고 생각한다. 이러한 이야기를 진지하게 대해야 하는가? 아니나 다를까 케인스주의자들 다수는 윌렘 뷰이터Willem Buiter의 "팡글로 박사의 경제학The Economics of Doctor Pangloss"(팡글로 박사는 볼테르의 작품에 나오는 철학자로, 언제나 모든 것이 최선이라고 설명한다)과 같은 논문을 통해 실질 경기 순환론 사상을 통박하였다. 만일 경기 후퇴가 일시적인 생산성 퇴보에 대한 합리적 반응이라면 대공황은 요컨대 전국적으로 자진 휴가를 낸 탓이란 말인가?

그럼에도 이 책에서 이들을 다룬 것은 진지한 경제학자들은 진지하게 평가받아야 한다는 명제에 최소한이라도 충실하고자 해서이고, 또 실질 경기 순환론이 1980년대의 경제학계에 큰 영향을 끼친 것이 사실이기 때문이다. 이 이론의 기본적인 줄거리는 매우 허황되게 들리지만 그 이론적 전제를 받아들인 이들에게는 수백 편의 이론적 논문을, 더욱이 통계 자료를 독특하게 평가하는 경우에는 한층 정교한 수리 논문을 쓸 수 있는 틀을 제공해 주었다. 7~8년 동안은 실질 경기 순환론에 입각한 논문이 이름 있는 경제 학술지들에 거의 매 호 실렸으며, 실질 경기 순환론자들이 다수 대학의 경제학과를 주도하였다.

그러나 보수주의 거시 경제학의 정점인 실질 경기 순환론 운동은 통화주의와 합리적 기대론과는 전혀 다른 과정을 밟았다. 통화주의와 합리적 기대론은 꾸준히 저변을 넓혀 나갔다. 통화주의는 하나의 학설 차원에 머무르지 않고 정책에 관한 일종의 철학으로서, 짧은 기간이나마 몇몇 주요 나라의 통화 정책에 실제로 채택되었다. 합리적 기대론은 비판가들도 중요시하는 학설로서, 정통 케인스 이론의 전체 구조를 거의 산산조각으로 해체해 버렸다.

이와는 대조적으로 실질 경기 순환론은 현실 정책에 근접해 본 적이 없었다―아무리 극단적인 보수주의 정치가라고 하더라도 미국인들에게 경기 후퇴란 경제의 자연스런 최적화 과정이라고 말할 각오는 되어 있지 않았던 것이다. 또 지적 저변을 넓혀 나가는 대신에 시간이 갈수록 안으로만 파고드는 경향이 강해졌다. 그리하여 이 학파를 가리켜 마치 불순 이데올로기를 끊임없이 일소하여 극소수의 조직원들만이 남는 극단적인 정치 운동처럼 되고 있다고 갈파한 이도 있었다.

합리적 기대론의 거인들은 어떠하였는가? 이런 와중에 그들은 어디에 서 있었는가?

답변하자면 그들은 한 옆으로 비켜 서 있던 것 같다. 로버트 루카스와 로버트 바로를 비롯한 주요 학도들은 합리적 기대론의 거시 경제학이 해체되기 시작하고 실질 경기 순환론이 그 후계자로 떠오르는 시기에 일체의 논쟁에서 초연해 있었다. 대신 그들은 장기 성장과 같은 다른 쟁점들(9장을 보라)이나 정책과는 무관한 기법적 문제들에 몰두하였다.

바꿔 말하자면 1980년대 중반에 이르러, 정확하게는 로널드 레이건의 첫 임기 말에 즈음하여 보수주의적 거시 경제학 이론은 좌초하고 말았다. 정치 현실에서는 보수주의가 완전히 득세하여 보수주의적 사상의 많은 부분이 실질적인 신조로 자리잡았다. 그러나 공화당은 더는 사상 정당이 아니었다.

그 대신에 새로운 사상은 왼쪽에서 나오고 있었다. 그리고 이 새로운 사상의 최선봉에 정교하고 세련된 모습으로 부활한 케인스주의가 서 있었다.

합리성과 경기 후퇴

완전한 합리성의 비합리성

언젠가 한 포크 음악 작곡가에 대해, 한 번 들었는데도 오래전부터 이미 잘 알고 있던 것 같은 느낌을 주는 노래를 창조하는 이라고 평하는 말을 들은 적이 있다. 경제학자들 중에도 비슷한 재능을 가진 이들이 있다.

그들은 가장 기초가 되는 경제 사상을 아주 단순화시켜 일단 듣기만 하면 이미 잘 알고 있던 내용이라고 여기게 할 줄 안다.

조지 애커로프George Akerlof가 그런 재능이 있는 학자이다. 그의 가장 유명한 사상, 너무 잘 알려져서 소장 경제학자들의 경우에는 더러 그 출처가 따로 있다고는 아예 생각하지도 않는 사상이 이제는 고전이 된 논문 "'레몬' 시장The Market for 'Lemons'"•에 나온다. 이 장난기 어린 제목 뒤에는 구매자와 판매자가 동일한 정보를 공유하지 못할 때 왜 시장이 붕괴할 수 있는지 그 원인에 대한 깊은 통찰이 숨어 있다. 레몬 이론(또는 좀 더 공식적인 이름을 붙이면 역선택 이론the theory of adverse selection)은 미시경제학의 영역이거니와, 실제로 애커로프는 1982년까지 거시 경제학자로 활동하지 않았다. 그러나 1982년에 그는 간단하지만 죽은 케인스를 벌떡 일어나게 할 만큼 강력한 또 하나의 사상을 제기했다.

그 사상은 두 부분으로 나뉜다. 첫째로 애커로프는 다른 몇몇 경제학자들(대표적인 학자는 '제한된 합리성bounded rationality'에 관한 연구로 노벨상을 수상한 허버트 사이먼Herbert Simon이다)과 마찬가지로 완전하게 합리적일 때보다 약간 비합리적일 때가 더 합리적일 경우가 때로 있다는 점을 지적하였다. 가령 내가 현재 받아든 급료를 가지고 소비할 액수와 저축할 액수를 결정하려고 한다고 가정해 보자. 정말로 올바른 결정을 하고자 한다면 경제의 장기 전망이나 미래의 세금 동향에 관한 최선의 예측, 또 나와 동일한 직업에 있는 사람들의 평생 소득에 관한 대강의 추정 등 경제 상황에 대해 가능한 한 많은 정보를 파악해야 한다. 그리고 일단 모든 정보를 파악하였다면 향후 수십 년 동안의 예산 계획을 세우고, 그 계획에

• 여기서 레몬은 중고차를 말하지 감귤류 과일이 아니다.

입각하여 이달에 얼마를 저축할 것인지를 계산해야 한다.

물론 나는 이와 같은 일은 하지도 않으며 또 해서도 안 된다. 대략적인 추측만으로도 충분한 해결 방안이 나오거니와, 또 추측을 완벽하게 하기 위해 들이는 시간과 비용은 필경 그만 한 가치가 없다. 속담도 있다시피 지나침은 미치지 않음만 못하다.

이상의 이야기는 그 자체만으로도 분명하지만 다음과 같은 두 번째 부분이 성립될 토대를 마련해 주기 때문에 중요하다. '근사近似 합리적인near-rational' 사람들, 즉 최선의 예측을 하지만 입수 가능한 모든 정보를 활용하려고 애쓰지는 않는 사람들은 대부분의 경제 이론에 등장하는 이상화된 합리적 개인들과는 매우 다르게 행동할 것이다. 특히 그들은 경제 정책에 대하여 매우 다르게 대응할 것이다.

애커로프의 요점은 다음과 같은 가설적인 예에서 가장 잘 설명할 수 있다. 한 나라가 어떤 이유—전쟁 준비든 장기간에 걸친 공공 사업이든 또는 취임 연회를 준비하든 이유는 아무래도 좋다—로 정부 지출을 일시적으로 대폭 확대하기로 계획하고 있는 경우를 상상해 보자. 그러나 이때 정부는 금리가 상승하여 민간 투자가 위축되는 사태를 피하고자 한다. 그러면 정부는 다음과 같은 선택에 처할 것이다. 지출 확대 계획에 따른 자금 충당을 위해 현재 세금을 크게 올린 다음 나중에 삭감해 나갈 것인가, 아니면 채권을 발행한 다음 조금씩 세율을 올리면서 채권을 변제해 나갈 것인가?

이것은 실로 경제학에 곧잘 등장하는 문제이다—합리적 기대 학파에 속하는 거시 경제학자 로버트 바로는 이 문제를 주제로 한 1981년의 논문으로 명성을 얻었다. 바로가 지적하였듯이 개인이 완전하게 합리적이라면 이 문제에는 확실한 정답이 있다. 즉 지금 사고 나중에 갚아라. 여기에 논란이 있다. 왜 정부는 현 상황에서 세금을 올려 계획 추진 자금을 충당하고자 하는가? 유일한 이유는 민간 투자를 저해하지 않으면서도 계획 자금을 충분히 조달할 수 있을 만큼의 국민 저축 증가를 도모하려는 데 있다. 국민 저축은 국민 소득과 소비의 차이이므로, 세율 인상의 목적은 사람들로 하여금 소비를 줄이도록 유도하는 것이다. 그러나 만일 사람들이 완전하게 합리적이라면 그들은 지출 계획 때문에 조만간 더 많은 세금을 내야 한다는 사실―만일 단기간에 많은 세금을 집중적으로 초과 부담하는 것이 아니라면 그보다 세율은 좀 낮지만 정부가 채권 상환을 마칠 때까지 장기간에 걸쳐 초과 납세해야 한다는 사실―을 깨달을 것이다. 따라서 완전한 정보를 가지고 있는 합리적인 납세자들이라면 정부가 자금 조달을 위해 차입하는 바로 그만큼, 즉 정부가 즉각 그들에게 과세하게 될 바로 그만큼 소비를 줄이려고 할 것이다. 그러므로 급격한 과세 증대는 아무런 이점이 없다. 그러나 단점은 많다―2장에서 살펴보았듯이 왜곡된 인센티브에 따른 세금의 간접 비용은 징세 규모에 비례하는 수준 이상이기 때문에 세금이 비정상적으로 높은 시기에는 숨겨진 비용이 대규모로 발생한다. 바꿔 말하자면 정부가 현 수준의 적자를 우려할 필요는 없는 것이다.

 이 같은 논의는 확실한 것인가? 많은 경제학자들은 그렇다고 보았다.(지금도 그렇다고 보고 있다.) 그러나 애커로프는 이 논의의 결정적인 난점을 지적하였다. 사람들이 실제 생활에서는 할 것 같지 않은 행동, 즉 현재의 정부 지출이 미래의 조세 부담을 의미한다는 사실을 감안하여 행동한다는 가정에 근거하고 있다는 점이다. 정부 적자가 문제되지 않는다는 주장은, 가령 평범한 가족이 저녁 식탁에 둘러앉아 다음과 같은 이야기를 나누는 경우가 일반적이라고 은연중 가정하고 있는 것이다. "신문에 보니까 클린턴 대통령이 앞으로 5년 동안 사회 기반 시설에 150억 달러를 투자할 모양이야. 대통령이 말은 안 하지만 자금을 조달하려면 세금을 올릴 수밖에 더 있겠어. 그러니 이제부턴 우리도 월간 예산을 12.36달러 줄여야 돼."

왜 이 이야기가 우스울 수밖에 없는가? 그것은 이 평범한 가족이 어리석거나 정보가 충분하지 않기 때문이 아니라, 아무리 탁월한 보수주의 경제학자라고 해도 가족이 이런 식의 대화를 나누지는 않기 때문이다. 그렇다. 요점은 이와 같은 노력이 그럴 만한 가치가 없다는 것이다. 한 가족이 대충 눈대중으로 얼마를 소비할 것인지 결정하였다면, 정부 지출의 미래적 의미까지 감안하여 복잡하기 짝이 없는 예측을 함으로써 대강의 눈대중 셈법을 개선하려고 애써 보아야 그 가족의 결정은 거의 개선되지 않기 때문에 그 많은 시간과 노력을 투자할 가치가 없다는 것이다.

각 가정은 대강의 눈대중만으로도 완전한 합리성을 가진 것만큼이나 잘 해낸다―오히려 완전한 합리성을 비합리적으로 보이게 할 정도이다. 바로 여기서 애커로프의 위대한 통찰력이 등장한다. 즉 '근사 합리적인' 행동과 완전히 합리적인 행동은 정책에 관한 한 전혀 다른 의미를 가진다.

여기서의 예와 같은 경우 근사 합리적인 가계라면 대부분 정부가 지출을 대폭 확대할 것이라는 뉴스를 듣고도 그에 상응하는 만큼 소비를 줄이지는 않을 것이다. 아마도 관념적으로는 현재의 정부 지출이 미래의 세금을 의미한다는 사실을 이해할 테지만 실제로는 인상된 세금 고지서를 받아들고서야 비로소 대응할 것이다. 그리고 이것은 결국 적자가 문제가 됨을 의미한다.

그러나 이 모든 것이 경기 침체와 무슨 관계가 있는가?

경기 침체의 수수께끼를 상기해 보라. 시장 경제는 경제 행위를 조직하는 효율적인 방법이라고 생각된다. 그런데 도대체 어떻게 그런 비합리적인 결과를 초래하기도 하는 것인가? 밀턴 프리드먼은 답을 알고 있다고 생각하였다. 즉 사람들이 합리적으로 행동하기는 하지만 혼란되어 있기 때문이다—그리고 정부가 할 일은 혼란이 더욱 커지는 사태를 막는 데 있다. 그러나 이미 살펴보았듯이 이와 같은 논의는 1980년대에 무너졌다. 이제 조지 애커로프 및 다른 사람들이 새로운 대안을 제시하였다. 즉 경기 침체는 사람들이 감지하기는 하면서도 완전히 합리적이지는 않기 때문에 발생할 수 있다는 것이다. 그리고 이와 같은 대안이 케인스를 부활시켰다.

신케인스주의 사상

1980년에서 1987년까지 매사추세츠의 경제는 호황을 구가하고 있었다. 매사추세츠 주는 민주당 지지 경향을 보여 왔음에도 불구하고 주력 산업—특히 소형 컴퓨터와 첨단 무기 산업—은 레이건 재임기에 번영하였다. 1984년 무렵부터는 부동산 경기가 과열 양상을 보이면서 건설 부문의 고용을 크게 증가시켜 기반 산업의 성장을 보완해 주었다. 1987년 주의 실업률은 놀랍게도 전국 평균의 절반 수준인 2.7퍼센트였으며, 노동력 부족으로 임금이 상승하여 맥도널드 햄버거에서 시간당 임금이 7달러 이상이었다.

그 후 거품이 꺼지면서 매사추세츠의 기적Massachusetts Miracle 은 매사추세츠의 파탄Massachusetts Debacle 으로 바뀌었다. 실은 기반 산업이 수년에 걸쳐 서서히 침식되고 있었다. 1988년에 이르러 마이크로컴퓨터(즉 PC를 말한다)의 점증하는 시장 지배력이, 일찍이 소형 컴퓨터가 대형 컴퓨터 시장을 잠식하였던 것과 똑같이 소형 컴퓨터 시장을 석권하고 있다는 사실이 고통스럽게도 명백해졌다—마이크로컴퓨터는 보스턴의 128번 구역이 아니라 캘리포니아 주 실리콘 밸리의 전문 업종이었던 것이다. 동시에 레이건 행정부의 막대한 국방 예산도 탈 냉전 체제로 접어들면서 감소하였다. 일반론으로 말하자면 높은 사업 비용으로 인해 매사추세츠가 점점 더 제조업을 하기에 매력적이지 못한 곳이 되면서 전면적인 시장 점유율의 하락으로 이어졌던 것이다. 이러한 하락세가 2~3년 동안은 부동산 경기로 가려질 수 있었지만 일정 시점에서 붕괴는 필연적이었다. 만화의 주인공이 절벽에서 네댓 걸음 더 나간 다음에야 아래로 떨어지듯이, 1988년 매사추세츠의 경기는 기반 산업이 허공에 떠 있음을 확인하는 순간 아래로 곤두박질쳤다. 1989년 실업률은 거의 10퍼센트에 육박하였다.

이러한 불황으로 사람들 대부분이 피해를 보았다. 안정된 직업의 중산층조차 대다수가 집을 팔려고 내놓는 고통을 겪었다. 1989년 매사추세츠 주는 두 집에 한 집꼴로 "집 팝니다"라는 팻말이 붙어 있었으며, 『보스턴 글로브』지의 부동산란은 지면이 평소 때보다 세 배나 늘어났다. 최고로 좋은 집이 1년이 넘도록 팔리지 않고 있다는 얘기가 흔하게 들렸다.

그러나 1992년까지는 주택 시장이 어느 정도 정상을 회복하였다. "집 팝니다"라는 팻말이 다른 주보다 더 흔하게 눈에 띄지 않게 되었으며, 매매도 빠르게 정상 속도로 회복되었다. 당연히 집값도 내려갔다—가장 비쌌을 때보다 30퍼센트 정도는 내려갔을 것이다. 최소한 주택 시장은 움직이고 있었다.

그럼에도 이상한 것은 주택 시장의 정상 회복은 매사추세츠 주의 전체 경제가 회복세에 들어선 결과가 아니라는 점이었다. 보스턴 지역의 실업률은 여전히 10퍼센트 선에 머물러 있었다. 국가적 경제 침체에도 불구하고 실업률이 더 높아지지는 않았는데, 그것은 단지 노동자들이 매사추세츠를 많이 떠났기 때문이다. 대량 해고를 알리는 발표는 잦아들었지만 그렇다고 좋은 뉴스도 별로 많지 않았다.

물론 왜 주택들이 다시 팔리게 되었는지 그 이유는 미스터리가 아니다. 매사추세츠 주의 경제 상황을 놓고 볼 때 주택 가격이 하락하여 마침내 현실화된 것일 뿐이다. 문제는 왜 가격이 더 빨리 하락하지 않았는가 하는 점이다. 왜 보스턴의 주택 시장은 몇 년씩이나 수천 채가 빈집으로 있었으며, 또 수만 채의 집이 팔리지 않아 이사 가려는 사람들을 붙잡아 두고 있었는가? 더 일찍 가격이 떨어졌다면 이 명백한 낭비를 곧바로 해결할 수 있지 않았는가?

지금 내가 이와 같은 이야기를 하고 있는 까닭은, 보스턴의 주택 시장 일화가 소규모로나마 경기 침체의 수수께끼를 보여 준다는 점을 확신시키기 위해서이다. 그리고 도대체 왜 시장이 팔리지 않는 집이라는 외견상 비합리적인 재고로 몇 년씩이나 몸살을 앓을 수밖에 없는지 그 이유를 설명하다 보면, 왜 존 메이너드 케인스가 여전히 그리고 건강하게 살아 있을 수밖에 없는지 그 이유를 저절로 알게 될 것이다.

그러면 침체된 주택 시장이 국가적 경기 후퇴의 축소판과 같은 것은 왜인가? 첫째로 양자는 광범위한 '실업'이란 특징이 있다―집이 빈 채로 있다거나 또는 거기에서 살려는 가족이 아니라 이사를 가려는 가족이 마음에도 없이 차지하고 있는 경우에는 일자리가 없는 노동자나 또는 놀고 있는 공장과 마찬가지로 낭비된 자원이 된다. 팔리지 않는 집으로 가득 찬 도시는 비록 규모는 작아도 게으른 노동자로 가득 찬 나라와 똑같이 자본주의의 수치이다. 우리가 이 축소판 수수께끼를 풀 수 있다면 더 큰 수수께끼를 푸는 데 중요한 진전을 이룰 수 있다.

국가적 경기 후퇴와 경우가 같은 또 하나의 문제는, "집 팝니다"라는 팻말이 집집마다 걸리기 시작할 때 왜 가격이 하락하지 않는가 하는 것이다. 지역 경제가 불황이라서 집이 안 팔리고 비어 있던 것이 아니다―싸게 팔릴 필요가 있는 것이다.(그래서 보스턴 지역의 경제 상황은 1992년의 경우가 1989년보다 낫지 않았다는 사실에 주목하는 것이 중요하다. 1992년 들어 주택 시장은 '문제가 해소'되었는데, 즉 공급이 수요와 일치하였는데 이는 수요가 증가한 때문이 아니라 집값이 현실적인 수준으로 떨어진 때문이다.)

가격이 왜 즉시 떨어지지 않았는가에 대해 간단히 답하자면 물론 파는 사람들이 가격 인하를 꺼렸기 때문이다. 그러나 이는 모든 시장에 적용되는 답변이다. 대상이 밀이 되었든 또는 제너럴 모터스 사의 주식이 되었든, 수요가 줄었다고 해서 파는 사람들도 가격을 내리려고 하지는 않는 것이다. 그렇지만 시장이 공급과 수요가 일치할 때까지 거의 즉각적으로 가격을 하락시키는 과정을 그 같은 의지가 막지는 못한다. 주택 시장(또는 노동 시장)은 뭐가 다른가?

정답은 주택이 밀과 같은 동질의 상품이 아니라는 것이다. 농부는 현재의 시장 가격보다 한 푼이라도 더 매긴다면 자기의 수확물을 한 톨도 팔 수 없다는 사실을 알고 있다. 그러나 주택 판매자는 집의 위치나 실내 장식, 주변 환경 등 다른 집과는 최소한이라도 차별화된 자산을 소유하고 있다. 내놓은 가격이 높을수록 팔리지 않을 가능성은 크겠지만 집이 팔릴 수 있는 정해진 가격은 없다. 내놓은 가격이 비슷한 집들의 매매가보다 2000~3000달러 더 비싸다고 하더라도 계약을 급히 서두르는 사람이나 괜히 핑크색 벽지에 끌린 사람이 구매자로 나설 수도 있다.

즉 비싸게 파는 것과 빨리 파는 것은 부의 상관 관계에 있는 것이다. 원칙적으로는 판매자가 요구할 최선의 가격은 부의 상관 관계를 최선으로 만드는 가격이어야 하지만, 판매자가 좀 더 비싼 가격을 요구한다고 해도 크게 문제될 것은 없다.

이제 합리성의 한계를 논할 차례가 되었다. 농부가 자신의 수확물을 시장에서 부르는 가격보다 5퍼센트 이상 더 받지 않고는 팔려고 하지 않는다면 정말로 비합리적이다—그리고 경제 행위가 그렇게 비합리적인 경우는 드물다. 그러나 집주인의 경우에는 비싸게 파는 것과 빨리 파는 것 사이의 부의 상관 관계를 최적화시켜 줄 적정 가격보다 5퍼센트를 더 불러도 조그마한 실수에 지나지 않는다. 그리고 조지 애커로프가 지적한 것처럼 지나치게 합리적이지 않은 것이 실제로는 합리적이며, 따라서 사람들은 이 같은 조그만 실수를 할 수 있을 뿐만 아니라 또 해야만 한다.

그러므로 생각해 보면 팔리지 않는 집으로 가득 찬 시장의 엄청나 보이는 비합리성은 적정 가격보다 약간 더 높게 부르는 잠재적 판매자들의 '근사 합리적인' 결정이 수천, 수만 개 모인 결과임을 알게 될 것이다. 정보를 처리하고 결정하는 어려운 과정이 따른다면 그들은 어리석게 행동할 리가 없다. 그러나 그럼에도 집합적인 결과는 매우 안 좋게 나온다. 마치 두 종류의 시장이 있기라도 한 것 같다. 하나는 밀 시장처럼 개인의 지각 있는 행동이 시장 전체에서 벌어지는 지각 있는 행동으로 연결되는 경우이다. 또 하나는 주택 시장처럼 개인의 '근사 합리적인' 행동이 대단히 비합리적인 전체 결과를 가져오는 경우이다. 무슨 차이가 있는가? 경쟁의 상대적 불완전성에 차이가 있다.

밀 농사꾼은 수많은 다른 밀 농사꾼과 근본적으로 똑같은 상품을 생산한다. 이는 '완전 경쟁perfectly competitive' 시장을 형성하거니와, 이 시장에서 농부는 모두 시장이 결정하는 가격을 받아들이지 않으면 안 된다. 농부 개인이 가격을 정할 수 없으므로 가격이 잘못 설정될 수가 없다. 그러나 주택은 경쟁이 매우 불완전한 시장이다. 어느 집도 내 집과 똑같은 집일 수 없으며, 잠재적 구매자는 꼭 알맞은 대안이 어딘가 있어도 집을 찾는 데 일정한 한계가 있다. 따라서 파는 사람이 완전하게 합리적이지는 못하기 때문에 잘못하게 될 가능성을 포함하여 자기 뜻대로 가격을 정할 여지가 어느 정도는 있다. 그러므로 신케인스주의자의 사상은 다음과 같이 요약된다. 시장에서 벌어지는 고도로 비합리적인 결과는 불완전 경쟁 시장과 완전하게 합리적이지 못한 개인들 간의 상호작용에 기인한다는 것이다.

새로운 경우의 적극적인 통화 정책•

이제 신케인스주의 경제 이론이 어떻게 적극적인 통화 정책을 되살리는 데 사용 가능한지 설명할 수 있다.

1장에서 소개한 완전 고용의 레일을 따라 기적 소리를 울리며 달리던 경제 이야기로 돌아가 보자. 그러나 이제는 이와 같은 경제에서 시장이 대단히 불완전할 수 있다는 것을 알고 있다. 예컨대 기업은 노동자들을 끌어들이는 데 필요한 최저선보다 많은 임금을 지급하는 경우도 흔하다. 왜냐하면 그렇지 않으면 해고의 위협만으로는 부적절한 노동력을

• 이 경우의 이야기는 여러 경제학자들의 논문에 잘 나와 있다. 특히 그레고리 맨키우의 논문 및 조지 애커로프와 재닛 옐런Janet Yellen, 올리비에 블랑샤Olivier Blanchard 와 노부히로 기요타키Nobuhiro Kiyotaki, 로렌스 볼Laurence Ball과 데이비드 로머가 각각 공동 집필한 논문들이 있다.

효과적으로 응징할 수 없기 때문이다. 또 기업들 대부분은 아니지만 많은 기업이 '과점oligopoly' 체제, 즉 해당 산업에서 규모가 큰 기업들이 가격을 좌우할 수 있는 체제를 유지하기도 할 것이다. 여러 시장에서 구매자와 판매자는 필요한 상대를 만나지 못하여 비용과 시간이 드는 탐색 과정을 거치기도 할 것이다. 1장에서 지적하였듯이 최상의 세계에서도 '완전 고용'에는 약간의 실업률이 따르는 것이 정상적이다. 그렇다면 최상의 세계가 아닌 우리 현실에서 정상적인 실업률은 추상적인 최소 수준보다 약간이라도 더 높은 것이 당연할 것이다.•

이제 이 불완전한 세계에서 사람들의 현금 보유 욕구가 증가한다고 가정하는 케인스주의자의 실험을 다시 한 번 행한다고 하자. 1장에서 모든 사람이 동시에 현금 보유를 늘리려고 할 경우 어떻게 고용과 소득의 전반적인 하락을 불러왔는지 상기해 보라. 여기에서도 똑같이 될 것이다.

이 경우 통화주의자들은 임금과 가격이 하락하면 유통 중인 현금의 실질 가치가 증가하고 경기 침체가 해결된다고 한다. 그러나 임금과 가격이 실제로 조정될 것인가?

만일 기업들이 새로운 가격표(신케인스 학파의 용어로 '메뉴 비용menu cost')를 붙이는 데 무시 못할 비용이 들기 때문에 또는 가격 계획을 다시 세우는 일로 번거로와지고 싶지 않기 때문에 가격 인하를 꺼린다면 어떻

• 그런데 시장 경제가 불완전하다는 말이 다른 경제 체제에 대한 동경의 의미를 내포하고 있는 것은 아니다. 언젠가 윈스턴 처칠은 민주주의에 대해, 인간이 알게 된 최악의 정부 제도이지만 다른 어떤 제도보다도 낫다고 말하였다. 이와 비슷하게 이상적인 시장 경제와는 대조적인 실제 시장 경제는 고도로 불완전한 체제이지만 인간이 안출해 낸 그 이외의 다른 어떤 체제보다도 더 낫게 움직인다. 시장의 불완전성을 강조하는 까닭은 시장 체제를 비난하기 위해서가 아니라 어째서 사태가 때로 잘못 돌아가기도 하는지를 설명하기 위해서일 뿐이다.

게 되는가? (가격 스티커를 바꾸어 붙이는 데 드는 실제 비용과 가격 계획을 다시 생각해 보는 데 드는 주관적 비용은 사실상 차이가 거의 없다—바로 그렇기 때문에 근사 합리적인 것이 어떤 면에서 완전한 합리성의 고도의 형태로 간주되는 것이다.) 만일 시장이 완전하다면 가격을 아주 높게 설정한 기업은 모든 판로를 잃게 될 것이다. 고도로 불완전한 시장이라면 가격을 조금 높게 설정한 기업은 판매량의 감소를 높은 가격에서 얻은 이득으로 상쇄할 수 있다. 임금 삭감에 실패한 기업은 노동 강도를 높여 오른 임금 비용을 상쇄함으로써 이득을 챙긴다. 바꿔 말하자면 완전히 합리적이지 못해서 임금과 가격을 내리지 못한 개별 기업의 추가 부담 비용은, 분별 있는 사람이라면 굳이 임금과 가격을 조정할 일이 없을 만큼 아주 적을 것이다.

그러나 경기 후퇴에도 불구하고 가격을 인하하지 않겠다는 개별적으로 합리적인 결정은 집단적으로 파국적인 결과를 낳을 수 있다. 만일 사람들이 더 많은 현금을 보유하기로 결정할 때 가격이 떨어지지 않는다면 산출물과 고용의 침체는 자체적으로 정상화되지 않는다. 불완전한 세계에서는 개인적으로 분별 있게 행동하는 사람들의 집단에 무분별한 사태가 발생할 수 있는 것이다.

이제 적극적인 통화 정책을 시행해야 하는 경우가 명백해졌다. 바로 앞에서 설명한 것과 같은 경기 후퇴에 빠졌다고 가정해 보자. 용이한 출구가 있다. 즉 더 많은 화폐를 유통시키면 바로 그와 같이 지출, 소득 및 고용이 증가할 것이다.(대개는 그러하다. 연방준비이사회 1991~1992년 조지 부시의 비용과 관련하여 깨달았던 것처럼 사태를 진정시키는 데 예상 이상의 돈이 들어가는 때가 왕왕 있다.)

이 이야기는 일어나고 있는 사태 때문에 어느 누군가가 혼란스러워지는 경우를 필요로 하지 않는다는 점에 주목하자. 밀턴 프리드먼과 로버트 루카스는 통화 정책은 사람들을 속임으로써만 작동할 수 있고, 그러므로 안정성에 아무런 보탬이 될 수 없다고 논하였다. 그러나 사람들이 무슨 일이 일어나고 있는지를 완전히 이해하고 있음에도 경기 침체가 계속된다면, 통화 공급의 확대는 완전히 예측 가능한 정책이라고 해도 침체된 경기를 개선할 수 있다.

이것이 신케인스 학파의 이야기이다. 그러나 헐뜯는 이들이 없지 않다. 합리적 기대 학파의 토양에서 자란 경제학자들은 신케인스 학파의 이야기에 명확한 기준이 없다고 폄하한다. 즉 완전하게 합리적이려면 한 가지 방법밖에 없지만 불완전하게 합리적이려면 방법이 많은데, 그 중 가장 현실적인 방법을 어떻게 알 수 있는가? 또 달리 말하자면 신케인스주의의 근거가 되는 논의 양식은 경제학에 관한 다른 수많은 이야기를 합리화하는 데에도 얼마든지 사용될 수 있다는 것이다. 그 중 어느 특정한 이론을 선택하는 데는 어떤 판단 행위가 있어야 할 것 같거니와, 많은 경제학자들은 이론이 제1원리로부터 정밀한 연역에서 나오기보다 주로 판단에 근거하여 나온다고 할 경우 매우 예민해진다.

그럼에도 불구하고 신케인스 학파의 사상은 결정적으로 중요한 목적에 기여한다. 1970년대에 보수주의 거시 경제학은 케인스주의를 논리적으로 헛점이 많은 이론―그래서 옳을 수가 없는 이론―으로 다루었다. 그러나 신케인스 이론은 경기 후퇴가 정부의 개입으로 정상화될 수 있는 시장의 실패를 나타낸다는 생각이 실제로 옳을 수 있음을 보여 주었다. 이것은 유용한 이론이다. 왜냐하면 우리 현실에서 케인스주의는 기본적으로 옳은 데다가 더욱이 우리가 옳다고 인정하는 이론이 하나쯤 있는 것은 멋진 일이기 때문이다.

증거

　　　　　　　　　　바로 앞에서 나는 과감한 단정을 내려 버렸다. 케인스주의가 기본적으로 옳다고 한 것이다. 이 같은 단정에 대해 많은 사람들이 아우성치며 항의해 올 수 있으므로, 내 말의 의미와 어떤 증거가 있는지를 설명하기로 하겠다.

　　케인스주의가 옳다고 할 때 이 말은 케인스라는 사람이 쓴 모든 글이 틀림없다거나, 불황기의 공공 사업 계획과 같은 전통적인 케인스주의적 정책이 좋은 생각이라거나 하는 뜻이 아니다. 이 말의 의미는 1장에서 제시된 바, 즉 경기 후퇴기에 일어나는 현상 전반에 대한 설명—경기 후퇴란 대중들이 현금을 보유하려고 함에 따라 일어난 조정의 실패를 나타낸다고 하는—이 옳다는 것이다. 이 설명이 결정적으로 근거하고 있는 전제는, 모든 사람이 경제 전반에 불황이 퍼져 있다는 사실을 깨닫고 있다고 하더라도 가격과 임금이 완전 고용을 회복할 만큼 즉각 대폭적으로 하락하지 않는다는 점이다. 그러므로 이 설명은 정부의 정책 특히 화폐 공급의 증가로 문제를 해결할 수 있다는 결론을 함축하고 있다.

　　그러면 어떤 종류의 증거가 이와 같은 견해를 입증해 줄 수 있는가? 종류는 두 가지가 있을 수 있다. 첫째, 전체 기계가 선전한 대로 움직이는—통화 정책이 경기 후퇴를 일으키거나 또는 해결하는—증거를 찾아보고자 할 수 있다. 둘째, 케인스주의자와 비판자의 결정적 차이점인 임금과 가격의 상대적 경직성에 관한 증거를 찾아볼 수 있을 것이다.

　　그러나 우리는 이미 4장과 7장에서 각각 이 두 종류의 증거를 살펴보았다.

　　실물 경제에 작용하는 통화 정책의 영향력에 대한 증거로 말하자면 대다수 정책 지향적인 경제학자들에게는 1979년 이래로 미국에서 일어난 경기 순환 이상의 증거가 필요 없다. 1979년 연방준비이사회는 인플레이션을 진정시키기 위해 통화를 죄기로 결정하였다. 그 정책은 인플레이션을 진정시키는 데는 성공하였지만 1930년대 이래 최악의 경기 침체를 불러왔다. 그러나 1982년 연방준비이사회가 정책을 뒤집자 경제도 순순히 방향을 바꾸어 급속도로 회복되기 시작하였다. 연방준비이사회의 정책은 감출 수 없는 것이었다. 오히려 그것은 완전히 공개적인 토론의 주제였다. 그럼에도 그것은 실제적인 효과가 대단하였다.

물론 공급 중시론자들은 설명이 다르다. 즉 1979~1982년의 불황은 다분히 지미 카터의 정책 때문이었으나 레이거노믹스는 호황을 창출하였다는 것이다. 그러나 일반적으로 보수주의 경제학자들도 이 주장은 설득력이 별로 없음을 인정한다. 경우를 달리 하자면 다른 나라의 경험도 동일한 케인스주의의 원리를 보여 주는 듯하다. 우리는 7장에서 1980년대 초반 인플레이션을 진정시키기 위한 영국의 통화 정책이 미국과 마찬가지로 급격한 경기 침체를 불러일으켰음을 살펴보았다. 더욱이 미국과 달리 영국은 과도한 통화 증발을 통해 인플레이션이 수반된 호황에 돌입함으로써, 그 결과로 나타난 경기 회복의 화폐적 속성을 여실히 입증해 주었다.

경기 순환이라는 증거가 충분하지 않다면 가격의 경직성이라는 강력한 증거가 다른 원천, 즉 환율의 동향에서 나온다.

경제계 내에서 가격과 임금이 고도로 신축적이라고 생각한다면, 가령 독일의 마르크화에 대한 달러의 가치가 외환 시장에서 10퍼센트 떨어질 때 어떤 일이 발생할 것이라고 예상되는가? 이미 우리는 아서 래퍼가 그의 곡선을 창안하기 전에 말한 답변을 알고 있다. 경제의 '실질real' 측

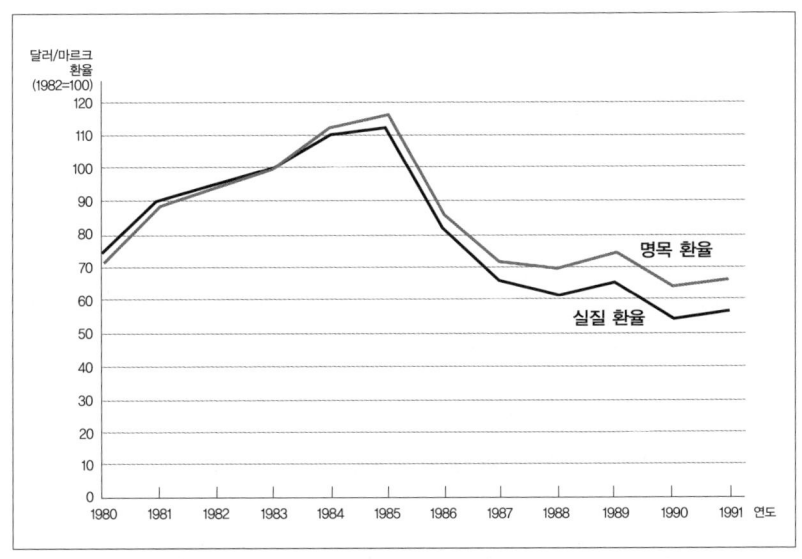

그림 11 마르크화에 대한 달러화의 실질 환율과 명목 환율이 밀접하게 움직이고 있다.

면 또는 공급 측면에 아무것도 일어나지 않았기 때문에 미국 상품으로 환산한 독일 상품의 가격을 포함하여 실질 총량에는 영향이 없다는 것이다. 상품의 상대 가격은 독일의 소비자 물가지수에 마르크당 달러화의 가치를 곱한 다음 미국의 물가지수로 나누어 계산할 수 있다. 일반적으로 이를 실질 환율real exchange rate이라고 한다. 그러므로 달러를 10퍼센트 평가 절하하게 되면 실질 환율을 변화시키지 않아도 될 만큼 미국의 인플레이션과 독일의 디플레이션이 혼합된다.

사실상 이러한 일은 일어나지 않는다. 그림 11은 달러-마르크화의 실질 환율이 명목 환율의 변동에 영향을 받지 않기는커녕 명목 환율을 밀접하게 따라가고 있음을 보여 준다. 즉 미국의 가격은 달러화에 대해 안정을 유지하고 독일의 가격은 마르크화에 대해 안정을 유지하는 경향이 있다. 바로 이것이 예전의 케인스주의자들이 주장하였던 것이고 새로운 케인스주의자들이 설명하고자 하는 가격의 경직성 문제에 대한 일차적인 증거이다.

이와 같은 내용은 달러 대 마르크의 환율에만 국한된 것이 아니라 어느 나라에나 적용된다. 인구가 보스턴보다도 적은 소공화국 아일랜드의 경우에도 1977년 유럽통화제도EMS에 가입하였을 때 통화 정책의 잠재력이 입증되었다. 가입 이전 아일랜드의 펀트화punt는 영국의 파운드화에 고정되어 있었는데, 이는 아일랜드가 영국에 수출하는 양과 영국 이외의 전 유럽 국가들에 수출하는 양이 엇비슷할 때는 의미가 있었다.

결국 영국과 아일랜드 간의 실질 환율은 상당히 안정적이었지만 아일랜드와 독일 간의 실질 환율은 급격하게 변동된다. 그러나 일단 아일랜드가 EMS에 가입하면서 아일랜드의 화폐는 사실상 마르크화에 고정되었다. '실질적으로' 변한 것은 하나도 없었다. 영국이 여전히 독일보다 훨씬 중요한 무역 파트너였기 때문이다. 그러나 1977년 이후로 아일랜드의 독일에 대한 실질 환율이 영국에 대한 실질 환율보다 훨씬 더 안정적이 되었다.

여기에 한 가지 분명한 역설이 있다. 공급 중시 경제학의 등장을 지켜보았을 때, 그 핵심 인물들—바틀리, 래퍼, 와니스키 및 먼델—이 국제 경제학에 대한 견해를 중심으로, 특히 달러의 평가 절하는 미국의 인플레이션에 1 대 1로 반영된다는 신념을 중심으로 연결되고 있음을 확인하였다. 그러나 사실상 그 비율은 거의 0 대 1이다—그리고 환율 변동이 가격에 반영되지 않는다는 사실은 공급 중시론자들이 그토록 경멸하였던 케인스주의에 가장 유리한 증거의 하나이다.

1993년의 이론과 정책

1993년 초 많은 나라가 거시 경제 정책의 딜레마에 직면해 있었다. 미국의 경우 클린턴 행정부가 의회에 경제 부양을 위한 조세 삭감 및 공공 사업 계획의 통과를 촉구하고 있었지만, 비판가들은 이미 물밑에서 경기 회복이 진행되고 있다고 반박하였다. 유럽에서는 영국이 파운드화의 평가 절하 및 금리 인하로 경기 회복이 나타날 것인지를 지켜보고 있었는가 하면, 프랑스의 정책 담당자들은 프랑화의 강세에 실업이란 비용만한 가치가 있는지를 조용히 논하고 있었다. 일본에서는 금리가 잔뜩 부풀어 올랐던 금융 거품의 효과를 상쇄할 만큼 인하되었지만, 정부는 금융 부양책도 필요하지 않을까 하는 문제를 놓고 고심 중이었다.

이 모든 정책 논의가 어떻게 판명될 것인지 정녕 아무도 몰랐다. 그러나 진정 충격적이었던 것은 이와 같은 정책 논의에 사용된 용어가 20여 년 전인 1970년의 경제학자들이 듣는다고 하더라도 낯설어하지 않았을 것이라는 점이다. 현실 정책의 분석과 관련해 케인스주의는 복귀하였을 뿐만 아니라 거의 도전받지도 않았다. 통화주의는 시간과 함께 사라져 갔으며 합리적 기대론과 실질 경기 순환론은 상아탑의 맨 꼭대기로 후퇴하였다.

신케인스 이론의 발흥으로써 거시 경제학의 실제적인 분석 수준이 크게 향상되었다고 말하는 것은 멋진 일이리라. 불행하게도 정말로 그런지는 확실하지 않다. 최소한 지금까지는 신케인스주의자들이 예전의 케인스주의자들과 동일한 정책 자문을 하되 이론을 좀 더 의식하면서 하고 있다.

그러나 케인스가 여전히 살아 있다는 사실만으로도 커다란 뉴스이다. 보수주의 경제학에 지적 주도권을 부여하였던, 그리하여 온건론자들로 하여금 우파가 사상의 집단임을 확신하게 하였던 명성은 전적으로 프리드먼과 루카스 같은 거시 경제학자들의 탁월함과 설득력에 의존하였다. 케인스에 대한 그들의 요란한 공격이 조용한 후퇴로 바뀌자 미래를 선도한다고 자부하던 보수주의의 주장은 설득력을 잃었다.

9장
QWERTY 경제학

참된 현인은 모래알에서 우주를 볼 수 있다고 한다. 폴 데이비드Paul David는 현인은 아니고 다만 훌륭한 경제사가일 뿐으로, 그가 할 수 있었던 최선의 것은 타자기의 자판 배열에서 경제 현실의 본질을 본 일이었다.

나는 이 장을 신형의 빠른 개인용 컴퓨터로 타이핑하고 있다. 곁에는 자랑스럽게 "인텔 인사이드Intel inside!"를 선언하는 로고가 붙어 있거니와, 과연 80486 칩은 1960년대의 대형 컴퓨터라면 수 시간이 걸리고 1940년이라면 아예 불가능했을 계산을 수 분 내에 마치는 묘기를 보인다. 그러나 내 키보드의 첫 줄은 Q-W-E-R-T-Y-U-I-O-P로서, 내 어머니가 법과 대학에 다니던 아버지를 뒷바라지할 때 쓰던 저 육중한 기계식 타자기와 똑같다.

왜 Q-W-E-R-T-Y-U-I-O-P인가? 1980년대 초 폴 데이비드와 그의 스

탠퍼드 대학 동료 브라이언 아서Brian Arthur가 바로 이 질문을 하였고, 놀랍게도 이 질문이 그들을 곤혹스럽게 한다는 사실을 깨달았다. 1982년 "클리오•와 QWERTY의 경제학Clio and the Economics of QWERTY"이란 제목의 논문에서 데이비드는 QWERTY 식 자판을 경제가 움직이는 방식에 대한 새로운 견해, 보수주의 경제 이데올로기가 정치적 승리를 실현하고 있는 와중에서도 조용히 기반을 넓혀 가던 견해의 상징으로 삼았다.

아마도 독자들은 이미 QWERTY의 미스터리에 대한 해답을 추측하고 있을 것이다. 타자기의 표준적인 자판 배열은 19세기로 거슬러 올라간다. 그것은 손가락 운동이란 측면에서 가장 효율적인 배열은 아니었지만 초기에는 전혀 불리함이 없었다. 오히려 초기의 타자기는 키 여러 개가 뒤엉켜 끼는 잼 현상이 심해서, 타이피스트들은 천천히 일할 수밖에 없는 배열 때문에 일종의 이득을 보았다. 결국 잼 현상이 개선되어 과거의 일이 되고 나서야 좀 더 효율적인 다른 디자인으로 대체하는 작업이 가능해졌다—그러나 그때는 너무 늦었다. 생산자들이 QWERTY 자판을 갖춘 타자기를 생산하였기 때문에 타이피스트들은 QWERTY 자판을 익혔다. 그리고 생산자들은 타이피스트들이 QWERTY 타자기의 사용법을 알고 있기 때문에 QWERTY 타자기를 생산하였다. 어느 정도 우연하게 채택된 자판이 표준으로 '고정되기locked in' 시작하였다.

폴 데이비드와 브라이언 아서, 그리고 점점 더 많은 경제학자들이 1970년대와 1980년대에 타자기의 자판과 비슷한 현상이 실제로 경제에 널리 퍼져 있음을 깨닫기 시작하였다. 이와 같은 이야기 중 일부는

• 그리스 신화에 나오는 역사의 여신.

QWERTY의 이야기와 명백한 유사성이 있는 기술의 선택을 포함한다. 예를 들어 레이저 디스크 플레이어를 갖출 정도의 영화 팬이 아니라면, 비디오 기기로는 보통 비디오테이프를 쓰는 VHS를 사용할 것이다— VHS가 확실하게 좋은 시스템이기 때문이 아니라 비디오 가게가 대부분은 비디오테이프를 갖다 놓고 있기 때문이며, 이는 또 가정에는 대부분 VHS 시스템이 있기 때문이다. 나는 책이나 논문을 워드 퍼펙트로 쓰는데, 이 제품을 특별히 좋아해서가 아니라 원고를 건네게 되는 편집자들 대다수가 워트 퍼펙트로 작성된 디스켓으로 받는 것을 선호하기 때문이며, 편집자들이 선호하는 까닭은 워드 퍼펙트가 대부분의 필자가 사용하는 워드 프로세서 소프트웨어이기 때문이다.

조금씩 차이가 있겠지만 다른 이야기들도—데이비드와 아서가 깨달 았듯이—근본적으로는 동일하다. 예컨대 영화 산업에 종사하는 사람이 라면 어디에 살겠는가? 아마도 로스앤젤레스일 것이다. 왜인가? 같이 일할 사람들이 거기에 살고 있기 때문이다. 그런데 그들도 같이 일할 사람들이 가까이 있기 때문에 거기에 산다. 은행 투자자라면 거의 똑같은 이유로 아마도 뉴욕에서 일할 것이다.

이 모든 것이 경제 정책과 무슨 상관이 있는가? 상당한 관계가 있을 것이다. 무엇보다도 보수주의자들이 믿는 것은 경제 행위를 조직하는 방법으로서 자유 시장의 효율성이다. 사람들에게 자유로운 선택권을 주는 것이 사람들의 행위를 계획하고 지시하는 것보다 더 생산적이고 효율적이 된다고 보수주의자들은 말한다. 그리고 밀턴 프리드먼이 보여 주었듯이 '선택의 자유Free to choose'는 강력한 슬로건이 될 수 있다. 그러나 이와 같은 자유로운 선택의 집합적인 결과가 나쁜 결과로 귀착되면 어떻게 되는가? 열등한 기술 수준에서 머물러 버리면, 또는 새로운 다른 장소에 있다면 더 낫게 기능할 산업이 번잡한 도시의 한복판에 갇혀 있다면 어떻게 되는가?

그리고 다른 나라가 몇몇 주요 산업에 대해 시의 적절한 정부 지원을 받아 유리한 고지를 '선점locked in'하면—그럼으로써 미국의 진입을 차단하면—어떻게 되는가?

그렇다. QWERTY 식 자판의 이야기는 재치 있는 사소한 일화로 끝나는 것이 아니다. 애덤 스미스가 『국부론』의 서두에서 묘사한 핀 공장의 경우와 같이 그것은 우리의 눈을 열어 경제학을 완전히 다른 방식으로 생각할 수 있게 해 주는 우화이다.* 그러한 다른 사고방식은 시장이 변함 없이 경제 문제를 해결하는 유일의 최선책이라는 생각을 거부한다. 대신에 시장 경쟁의 결과는 때로 역사의 우연에 결정적으로 좌우된다고 주장한다.(폴 데이비드는 이를 '경로 종속path dependence'이라고 부른다. 즉 끝나는 지점이 도중에 발생하는 사태에 따라 달라진다는 것이다.)

그리고 이와 같은 결론에는 정치적 의미가 담겨 있다. 왜냐하면 머리를 쓸 줄 아는 정부라면 역사의 우연을 정부가 원하는 대로 만들어 갈 수도 있겠다고 여길 수 있어서이다.

이 장에서 우리는 어떻게 이 새로운 사고방식이 보수주의가 정치적 승리를 구가하던 바로 그 시절에 전문 경제학자들 사이에서 출현하였는지를 추적할 것이다. 그리고 10장에서는 이 이야기의 부정적 측면, 즉

* 경제학에 대한 이와 같은 새로운 접근법을 가리키는 공인된 명칭은 없다. 브라이언 아서는 물리학의 경우에 유추하여 그것을 '긍정적 피드백positive feedback'이라고 부른다. 많은 경제 이론가들은 유용하지만 여기서는 설명할 필요가 없는 정밀성을 가지고 '전략적 상보성 strategic complementarity'이라 말하기를 선호한다. 그러나 나는 폴 데이비드의 QWERTY 가 모든 것을 포괄할 수 있는 표현이라고 생각하며, 그래서 이 장에서는 이 단어를 사용할 것이다.

복잡 다기한 우파 사상이 그랬던 것처럼 좌파의 복잡 다기한 경제 사상이 단순하기 짝이 없는 정책 안건의 그럴듯한 외피로 제공된 과정을 살펴볼 것이다.

그런데 자세히 들어가기 전에 한 가지 질문을 해 보자. 왜 1970년대 말에 이르러서야 비로소 QWERTY의 경제학이 심각하게 고려되었는가?

명백한 사실들

지난 몇 년 동안 경제학자들 사이에서는 '경제 지리학economic geography' 분야에 대한 관심이 크게 고조되었는데, 이는 국내뿐 아니라 국제 간의 산업 입지를 연구하는 학문이다. 앞에서 예시되었듯이 경제 지리학은 결과를 결정하는 역사적 우연의 역할이 특히 두드러지는 분야이다. 가령 19세기 초에는 필라델피아가 뉴욕보다 중요한 항구였다. 뉴욕 항으로 기울게 된 계기는 에리 운하Erie Canal의 개통이었다. 그러나 그 운하는 1세기 동안 중요 운송로라기보다는 관광객을 끌어들이는 명소로서의 역할이 더 컸다—그리고 뉴욕은 아직까지 미국의 최대 도시이다.

내가 경제 지리학의 최근 성과에 대해 비경제학도인 한 친구에게 좀 흥분해 가며 설명한 적이 있는데, 그때 친구는 이렇게 반문하였다. "그건 모두 뻔한 거 아니야?"

그렇다. 뻔하다—그러나 그것이 중요한 사실이라는 점은 뻔하지가 않다. 산업의 입지를 결정하는 역사와 우연의 역할에 대해서는 어렵지 않게 알 수 있다. 문제는 경제를 둘러싼 흥미로운 이야기가 많은데, 경제란 결국 거의 의식하지 못하는 가운데 형성되는 복합 체계라는 점이다. 요령은 어느 한 일정한 관점을 택하는 것이다. 미국 대기업의 고위 경영자들은 대개 키가 큰 편이라는 사실은 부정할 수 없다. 그러나 그 사실이 경제를 대하는 유용한 깊은 통찰력을 가져다 주지는 못할 것 같다. 미국에서 팔리는 카펫은 대부분 조지아 주 돌턴Dalton이라는 소도시나 그 부근에서 만들어진다는 것은 그리 잘 알려지지 않은 사실이다. 많은 사람들에게 이러한 사실은 부통령의 양복 사이즈보다도 흥미가 덜 가는 호기심의 대상일 수도 있다. 그러나 이것은 범위가 넓은 원리의 한 사례이기 때문에 훨씬 더 중요하다. 그리고 이 훨씬 중요한 점이 눈에 띄게 뻔하지가 않다.

카펫은 왜 하필 돌턴에서 만들어지는가―또는 더 일반적으로 말해서 많은 산업이 단 하나 또는 두 지역에 집중되어 있는가? 이것은 새로운 질문은 아니다. 19세기 말 20세기 초의 영국의 위대한 경제학자 알프레드 마셜Alfred Marshall은 영국의 얼마나 많은 산업이 특정 지역에 집중되어 있는지를 주목하였다. 즉 식기 산업은 셰필드에, 철강 산업은 버밍엄에, 레이스 산업은 노팅엄에, 그리고 핵심적인 면방 산업은 맨체스터 주변에 집중되어 있었던 것이다. 그리고 마셜은 그러한 집중 현상에 대해 명료함의 고전으로 남아 있는 다음과 같은 설명을 제시하였다.

첫째, 같은 지역에 있는 연관된 기업들의 단지는 숙련 기술을 가진 사람들에게 넓은 시장을 제공한다. 이는 노동자들에게는 실업에 대비한 일종의 보험 가입을, 기업들에게는 노동 부족에 대비한 일종의 보험 가입을 의미한다.

한 지역에 집중된 산업은 기술에 대한 일정한 시장을 제공한다는 사실로부터 막대한 이득을 얻는다. 고용자들은 그들이 필요로 하는 특별한 기술을 가진 노동자들을 제대로 선택할 수 있는 장소는 어디라도 찾아가고자 하는 반면에 일자리를 찾는 사람들은 자연스럽게 그들의 기술을 필요로 하는 고용자들이 있는 장소로 찾아가므로, 그곳에서 좋은 시장을 발견하는 것이다. 외따로 떨어진 공장의 소유주들은 언제든지 풍부한 노동력을 공급받을 수 있다고 해도 어떤 특정한 노동이 부족하여 멀리 이동해야 할 경우가 종종 있다. 그리고 숙련 노동자는 그 공장에서 해고될 때 손쉬운 피난처가 없게 된다.

둘째, 한 지역의 산업 단지는 필수적인 숙련 서비스 제공자들을 지원한다.

도구와 원료를 공급하고, 교통을 조직하고, 여러 가지 방법으로 자원의 경제화에 기여하는 보조적인 거래가 주변에서 성장한다……그 거래에 동원되는 개별적인 자본이 그렇게 대규모는 아니더라도, 대단위로 집합 생산이 이루어지는 지역에서는 값비싼 기계를 고도로 경제적으로 사용할 수 있는 경우가 있다. 왜냐하면 보조적인 산업들이 각기 생산 과정의 작은 분야를 하나씩 맡아 주변의 많은 산업과 연관을 맺는 가운데 최고도로 전문화된 특징을 가진 기계를 지속적으로 사용하면서 그 비용을 지불할 수 있기 때문이다.

끝으로 기업의 집단화는 정보 교환을 촉진하고 그에 따라 기술의 발전을 촉진한다.

거래의 미스터리는 더 이상 미스터리가 아니다. 그러나 마치 공중에 떠 있는 것과 같다……과정 중에 기계의 발명과 개량 등 우수한 성과는 올바르게 평가되고, 업무의 일반적인 조직은 그 장점이 즉시 논의된다. 한 사람이 새로운 아이디어를 내면 다른 사람들에게 채택되어 그들 나름대로의 의견과 통합된다. 그리하여 더 진전된 새로운 아이디어의 원천이 된다.

빅토리아 시대의 언어(현대 경제학의 무미건조한 기술 용어 및 그보다 더 심한 현대 비즈니스 용어의 무식성과 비교할 때 현실을 생생하게 보여 주는 언어가 아닌가)에도 불구하고, 이것은 매사추세츠의 128번 구역이나 캘리포니아의 실리콘 밸리 같은 단지에 그대로 적용될 수 있는 설득력 있는 이야기이다. 그러나 내 친구가 말하였던 것처럼 이는 대단히 뻔해 보인다. 마셜과 같은 위대한 경제학자를 예외로 하면 뻔하지 않은 것은 산업의 지역 집중화가 한층 더 근본적인 원리 몇 가지를 입증한다는 점이다.

첫째, 산업의 지역 집중화는 **규모에 따른 체증적 보수**increasing returns to scale의 중요성을 입증한다. 효율성에 전혀 손실이 없는 규모가 아주 작은 공장을 가정해 보자. 그러면 노동자와 기업에 유연성을 제공해 줄 커다란 노동력 풀pool을 가질 필요가 없을 것이다. 심지어 소읍이라고 해도 다양한 형태의 기업 혼합을 지원할 수 있다. 특정한 투입물의 공급자들을 지원하는 데 대규모의 지역 산업은 불필요할 것이다. 그리고 소읍이라고 해도 풍부한 혼합 생산을 지원할 수 있다면 정보의 흐름을 활성화하는 데 대규모의 산업 집중도 불필요할 것이다.

물론 실제로는 많은 산업(모든 산업은 아니더라도)을 지원하는 데에는 대규모의 지역 단지가 필요한 것 같다. 시티(City, 런던의 금융 중심 지역―옮긴이)의 교통 체증과 실리콘 밸리의 부동산 가격은 규모에 따른 체증적 보수가 중요하다―사람들로 하여금 상당한 고통과 비용을 감수하도록 하기에 충분할 만큼 중요하다―는 증거이다.

둘째, 산업의 지역 집중화의 예는 규모에 따른 체증적 보수가 개별 기업의 체증적 보수보다 더 광범위하게 적용된다는 사실을 보여 준다. 실리콘 밸리를 형성하는 개별 기업들은 규모가 아주 크지는 않지만 전체가 부분의 합보다 크다는 것은 분명하다. 경제 용어 중에 **규모의 외부 경제**external economies of scale란 말이 있다. 한 개별 사업이 경쟁하기에 충분한 규모라는 것뿐 아니라 숙련 노동력의 풀과 특정 공급자, 그리고 번영을 뒷받침해 주는 지식의 흐름을 충분히 공급할 수 있을 만큼 큰 산업—또는 산업 단지—에 속해 있다는 것은 중요하다.

끝으로 앞에서 잠시 살펴보았듯이 산업의 지역화는 **경로 종속**—경제 형태를 결정하는 역사적 우연의 강력한 역할—을 입증한다. 실리콘 밸리는 스탠퍼드 대학의 부총장 프레드릭 터먼Frederick Terman의 비전에 따라 1940년대에 소수 첨단 산업을 지원하면서 주변에 유명 첨단 산업의 집중을 결실 맺게 한 씨앗이 뿌려졌던 곳이다. 돌턴의 카펫 산업은 결혼 선물로 술을 단 침대 커버를 선호한 십 대 소녀들을 노리고 1895년에 이 지역에 들어서면서 산업 집중의 계기를 맞았다. 당초에는 지역의 수공예 산업으로 시작되었다가 제2차 세계 대전 후 술을 단 카펫이 천을 짜서 만든 융단을 대체하면서 수공예 산업으로 닦은 숙련 기술이 결정적인 역할을 하였던 것이다.

알프레드 마셜은 이 모든 것을 알고 있었다—체증적 보수와 외부 경제라는 유용한 용어가 모두 그에게서 나왔다. 이 모든 것은 1890년에 나온 그의 『경제학 원리Principles of Economics』에 들어 있다. 나는 QWERTY 식을 경제학의 새로운 조류라고 설명하였거니와, 실제로 이는 1980년대에 들어와서야 영향력을 가지게 되었다. 뻔한 사실을 알게 되는데 왜 그리 오래 걸렸는가?

답하자면 기본적으로 20세기의 경제학자들이 세계의 QWERTY성

QWERTYness을 무시하는 것이 편하다는 사실을 알았기 때문이다.• 경제 이론이란 본질적으로 모형 즉 현실의 단순화된 표상의 집합이다. 한 측면에 초점을 맞추기 위해서는 필연적으로 다른 측면을 배제할 수밖에 없다. 그리고 세계를 모형화하는 데는 체증적 보수가 중요하지 않고, 외부 경제가 존재하지 않으며, 시장 경제의 형태가 역사의 변덕에 의해서가 아니라 자원에 따라 결정되는 그런 세계가 더욱 수월한 것이다.

특히 QWERTY를 수리 기호로 표현하려면 요령이 있어야 한다.(나는 숙고 끝에 '요령tricky'이라는 단어를 쓰기로 했다. 수리적 표현이 불가능하지는 않지만 그러자면 어느 정도 재치 있는 트릭을 써야 한다.) 그리고 경제학은 시간이 지나면서 점점 더 수리적으로 되고 있다. 그러므로 많은 경제학자들이 어느 정도는 QWERTY의 중요성을 깨닫고 있었다고 해도 경제 논쟁의 주류에서 제대로 다루어지려면 1970년대 말에 이르러야 하였다.

여하간 이 모든 것이 학계의 편협한 심성에 대한 비난으로 해석될 수 있다. 그들은 단지 자신들이 선호하는 지적 구조에 딱 들어맞지 않는다는 이유로 코앞의 증거를 무시하고 있는 것 같다. 그래서 일반론자들 즉 교수가 아닌 엄격성이 좀 부족한 사람들을 선호하게 되는 것은 아닌가? 바꿔 말하자면 왜 정책 기획가가 필요한가 하는 것에 대한 고전적인 교훈은 아닌가?

아마 아닐 것이다. 교수들이 명백한 것을 알아차리는 데 시간이 걸린다면 정책 기획가들은 실마리조차 얻지 못한다. QWERTY의 경제적 함

• 사실상 경제학의 여러 주요 분야에 대해 이렇게 말하는 것은 공정하지 못하다. 체증적 보수와 외부 경제의 개념은 초기의 경제 개발 모형들—이 모형들은 1965년경부터는 더 이상 쓰이지 않았지만—에 주된 역할을 하였다. 도시경제학자들 또한 그들의 필요성 때문에 이 개념들에 주목하였다. 그러나 경제학자들이 대부분 마셜이 설명한 효과를 그저 지식 진열장의 뒤쪽에 방치해 놓고 있을 뿐이라는 것도 부정할 수 없는 사실이다.

축성을 감상해 보고자 비경제학도의 저작을 헛되이 뒤적일 수도 있다. 물론 그것은 공급 중시론자들의 글에는 들어 있지 않다 — 주드 와니스키가 『세계의 작동 방식』을 설명하기 위해 만전을 기하였는지는 모르지만, 세계가 움직이는 이 특수한 방식은 그의 설명에는 없다. 일반적으로 공급 중시론자들은 자유 시장을 찬양하기를 원하지 자유 시장이 잘못될 수도 있는 방식을 강조하고 싶어 하지는 않는다. 그러므로 시장이 잘못된 기술이나 산업의 잘못된 입지로 곤경에 처할 수 있다는 사실을 알아차리지 못한다고 해서 놀랄 일은 아니다.

더 놀라운 것은 좌파 쪽 석학들도 경제의 QWERTY성에 대한 인식이 거의 없다는 점이다. 교수입네 하는 것을 싫어하는 사람들에게는, 만일 자유 시장의 미덕에 대한 정통적 견해에 도전한 전략적 무역론자들이 교수들이 무시해 왔던 것을 볼 줄 아는 그들의 비정통성에 의해 자유롭게 될 경우, 이는 멋진 이야기가 아닐 수 없다. 그러나 경쟁력 논쟁이라는 이야기를 다룰 때 살펴볼 테지만, 로버트 라이히나 레스터 서로 같은 핵심 인물들의 최초 선언문들을 보면 QWERTY의 중요성에 대한 인식이 대부분의 정통 경제 논문들보다도 더 부족하다.

사실상 QWERTY가 결정적인 차이를 불러올 수 있다는 인식은 외부가 아니라 경제학계의 내부에서 나왔다. 그리고 그것은 국제 무역에 관한 전통적인 사상을 다시 생각해 본 데에서 비롯되었다.

국제 무역의 재고찰

1978년경 전 세계에 흩어져 있던 경제학자들 몇몇이(폴 크루그먼 본인이 그 중 한 사람이다—옮긴이) 순진하기 짝이 없어 보이는 질문을 하기 시작하였다. 국제 무역이 왜 있지?

어리석은 질문 같기도 하다. 즉각 답하자면 각 나라는 다른 나라가 원하는 재화를 생산하기 때문에 무역을 한다는 것이다. 그러나 숙고해 보면 이와 같은 답변은 질문을 살짝 뒤바꾸어 놓은 것에 불과하다. 왜 나라마다 다른 재화를 생산하지?

경제학자들은 오랫동안 모범 답안을 제시해 왔다. 각 나라는 서로 다르기 때문에 다른 재화를 생산한다. 이와 같은 차이는 천연자원—브라질이 커피를 수출하고 사우디아라비아가 석유를 수출하는 것은 전혀 미스터리가 아니다—이나 교육 또는 노동자당 축적 자본량의 차이 같은 인위적 자원의 차이에 따른 것일 수 있다. 여하간 각 나라는 자국의 자원과 노하우를 가장 잘 적용할 수 있는 재화를 집중 생산할 인센티브를 가지며, 이와 같은 재화를 다른 곳에서 생산된 재화와 교환한다. 이에 관한 모든 이야기는 '비교 우위 comparative advantage' 이론이라는 이름으로 전개된다. 대략 말하자면 비교 우위란 각 나라가 나라 간의 차이에서 이득을 보고자 거래를 한다는 것이다.

물론 이상의 이야기는 비교 우위라는 생각에 다른 의미가 없다면 당연한 내용이다. 실제로 10장에서 '경쟁력 competitiveness'을 논할 때 알게 되겠지만 비교 우위는 자칭 전문가들도 이해하지 못하는 개념으로 판명 난다. 그럼에도 비교 우위의 개념이 국제 무역을 대부분 설명하고 있다는 사실은 의문의 여지가 없다.

무역의 방향

국제 무역은 서로 보완적인 나라들 간의 결합을 포함한다고 가정해 보자. 자원이 비슷하면서 동일한 발전 단계에 있는 나라들은 기본적으로 동일 유형의 재화를 만들 수 있기 때문에 서로 거래할 특별한 이유가 없다. 그 대신 각 나라에 필요한 일은 자국에 부족한 것을 가진 나라와 자국이 가진 것이 부족한 나라를 찾는 것이다. 특히 자본이 풍부하고 기후가 온화한 부유한 나라들은 가장 중요한 무역 파트너를 제3세계에서 찾으려고 할 것이다. 제3세계는 풍부한 노동력으로 노동 집약적인 제조업을 담당할 수 있고 열대성 농업을 통해 커피, 차, 설탕 및 기타 필수품을 공급할 수 있기 때문이다.

그럴듯하지 않은가? 19세기의 정치가들에게는 그럴듯하였다. 그들은 대영 제국을 바라보면서 성공적인 사업 방식을 확인하였다.(그리고 만일 그들이 영국인이 아니었다면 그들의 조국도 식민지를 몇 군데 가져야 한다고 결심하였을 것이다.) 1940년대 말까지는 여전히 정치 지도자들이 국제 무역이란 주로 남-북 방향으로 진행되는 것이라고 생각하는 편이었다. 그래서 일본이 제2차 세계 대전 중 실현하고자 하였던 대동아 공영권은 비슷한 경제 공동체라고 생각되지 않았다.

그러나 제2차 세계 대전 후에 재미있는 일이 일어났다. 세계 무역이 폭발적으로 늘어났는데 상호 보완적인 나라들, 즉 남과 북 사이가 아니라 선진국들 간에 급증하였던 것이다. 이와 같은 선진국들 간의 무역 급증은 각 나라의 기술이나 교육 및 자본 수준이 점점 비슷해져 감에도 불구하고 발생하였다.

1953년에는 선진국의 수출 중 약 38퍼센트만이 다른 선진국들을 대상으로 한 것이었다—유럽 국가들로 하여금 미국의 재화를 대량으로 구매하도록 한 마셜 플랜Marshall Plan이 없었다면 그 수치는 더 작았을 것이다. 그러나 1990년에는 선진국 수출의 76퍼센트가 선진국들 간에 이루어졌다.

친해지면 오해가 생긴다. 누구나 오늘날의 선진 산업 국가들은 여러 면에서 비슷하다고 알고 있다. 유럽과 미국 및 일본의 시간당 임금은 거의 비슷하다. 이들 나라에는 모두 전 세계로 신속하게 파급되는 기술을 가지고 일하는 고등 교육을 받은 노동력이 있다. 도시와 생활 방식은 점점 더 구분할 수 없이 되고 있다. 그러나 이와 같이 점점 닮아 가는 사회들 사이에 점증하는 어마어마한 규모의 무역량이 있음을 당연하게 여긴다. 그러면 모두가 동일한데, 그렇게 어마어마한 양의 재화가 대양을 건너 왔다 갔다 할 필요가 왜 있을까?

도시의 가난한 가정들이 어떻게 먹고 사는지에 관한 오래된 농담이 있다. 그 집 주부들의 설명은 이렇다. "아, 우리는 다른 집끼리 서로 설거지해 주면서 먹고 살지요." 사실상 제2차 세계 대전 이후 한 세대 동안 선진국들은 전대미문의 규모로 다른 선진국들을 서로 설거지해 주기 시작하였다. 왜?

무역의 내용

무역이란 언제나 각 나라 간의 근본적인 차이를 반영한다는 생각을 철저하게 믿는 이들은 선진국들 간의 분명한 유사성은 표면적일 뿐이라고 논할 것이다. 좀 더 깊이 들어가면 무역의 흐름을 결정하는 궁극적인 차이가 있으리라는 것이다. 부분적으로는 맞는 말일 수 있다. 그러나 이와 같은 근본적인 차이가 산업 국가들 간의 무역의 기저가 되는 주된 추진력이라면, 누가 누구에게 무엇을 수출하는지 확인함으로써 이 같은 차이의 본질에 대한 입장을 "재확인"할 수 있어야 한다.

그러나 무역의 실제 경향을 확인하는 데에서 나오는 불가항력의 결론은 한 산업 국가에서 다른 산업 국가로 수출이 근본적인 천연자원이나 특성에 토대를 두고 있다는 징후를 보이지 않는다는 것이다.

예를 들어 미국이 세계의 항공 산업을 강력하게 좌우하고 있는 경우를 생각해 보자. 특별히 미국인들이 항공기 제작에 능란하게 되는 특유의 자원 배합이라도 있는가? 그렇다고 하기는 어렵다. 항공기 제조업은 신형 항공기에 대한 투자로부터 수익이 돌아오려면 매우 오랜 시간이 걸리기 때문에 자본 비용이 중요한 사업이다. 그러나 미국의 자본 비용은 일본이나 유럽의 자본 비용에 비해 결코 낮지 않고 오히려 높은 경우도 많다. 또 항공 산업은 고도로 숙련된 노동자와 엔지니어를 필요로 한다—그러나 미국이 막대한 무역 적자를 기록하고 있는 자동차 산업도 그러하다.

물론 미국은 항공기의 디자인과 조립에 필요한 고도로 전문화된 기술과 지식을 가진 노동자와 엔지니어의 대규모 풀이 있다. 그러나 이와 같은 기술과 지식의 풀은 어디서 오는가? 미국의 특성에 내재된 것인가? 물론 아니다. 세계 항공 산업에서 미국이 주도적 지위를 차지하면서 그러한 기술에 대한 대규모 수요가 있었기 때문에 미국의 노동자들은 항공기 조립에 필요한 기술을 발전시킨 것이다.

그러나 항공 산업에 대한 미국의 주도권이 주로 올바른 기술과 지식을 가진 대규모 인력 풀이 있다는 사실에 기인하는 것임은 물론이다. 그리고 이와 같은 사실은 바로 정확하게 QWERTY의 영역에 해당하는 사항이다.

미국의 항공 산업이 우위를 누리는 유리한 순환이 시작된 데는 특별한 이유가 있다. 제2차 세계 대전 중과 냉전 초기 시대에 미국 군부의 필요에 따라 발생한 항공기의 수요가 거대한 기반으로 작용하였던 것이다. 그러나 재미있는 일은 그에 따른 특별한 이점이 오래전에 사라졌음에도 불구하고 항공 산업에서 미국의 주도적 지위가 지속(실제로 유럽의 에어버스에 대한 지원—이에 대해서는 잠시 후에 다룰 것이다—이 없었다면 미국의 지위는 완벽하였을 것이다)되고 있다는 점이다.

요점은 항공기와 같은 산업, 즉 국제적인 경쟁 우위가 자체 강화되는 산업이 많다는 것이다. 그리고 그러한 산업의 출현은 광범위한 측면에서 엇비슷한 나라들이 왜 그렇게 많은 무역을 행하는지를 설명해 준다. 오늘날 미국과 독일의 산업은 전반적인 기술 수준이나 가용 자원의 측면에서 매우 비슷하다. 그러나 시간과 기회는 두 나라가 좀 더 구체적인 수준 즉 미국의 경우는 항공 산업과 반도체 및 컴퓨터 부문에서 우위를 유지하고, 독일의 경우는 호화 자동차와 카메라 및 공작 기계 부문에서 우위를 유지하는 각기 다른 경쟁 부문을 발전시키도록 하였다. 물러서서 보면 두 나라의 경제는 더욱더 엇비슷하게 보인다. 그러나 가까이 보면 상호 교역량이 점증할 수밖에 없는 이유가 너무도 당연할 정도로 완전히 다르다.

신무역 이론

모든 산업이 항공 산업과 같지는 않다. 한 나라의 밀 경작 능력은 주로 기후와 토양에 달려 있다. 유럽 국가들이 공동의 농업 정책으로 시행하는 것과 같은 막대한 보조금 지원 정책으로 밀 수입국을 밀 수출국으로 전환시킬 수는 있지만, 아무것도 없는 곳에서 우위를 창출할 수는 없다. 즉 보조금을 없애면 유럽의 밀 생산은 붕괴될 것이다. 바꿔 말해서 비교 우위론은 여전히 살아 숨쉬며 여전히 대부분의 무역을 뒷받침한다.

한편 모든 산업이 밀과 같지는 않다. 1978년과 1985년 사이에 일단의 경제학자들이 이른바 '신무역 이론new trade theory'을 창안해 내었는데, 사실상 이 이론은 대부분의 세계 무역이 밀과 같은 재화라기보다는 항공기와 같은 재화를 거래한다고 본다.

　신무역 이론은 세계의 모습을 다음과 같이 묘사한다. 각 나라는 일정 시점에서 일군의 광범위한 자원―토지, 숙련 노동, 자본, 기후 및 일반적인 기술 경쟁력 등―을 가지고 있다. 이와 같은 자원은 각 나라가 세계 시장에서 경쟁할 수 있기를 희망하는 산업을 일정 수준까지는 끌어올릴 수 있다. 일본은 세계의 밀 시장에는 참여하지 않을 것이다. 캐나다는 열대성 과일의 성공적인 수출국이 되고자 하지 않을 것이다. 또 브라질은 슈퍼컴퓨터에서 경쟁할 준비가 되어 있지 않다.

　그러나 한 나라의 자원이 생산 품목을 완전히 결정하지는 않는다. 비교 우위의 구체적인 유형은 역사의 변덕에 따라 동작하게 된 자체 강화적인 유리한 순환을 반영하기 때문이다.

　그리하여 광범위한 측면에서 무역은 자원을 반영한다. 고도의 숙련 노동력을 가진 나라는 일반적으로 비숙련 노동에 비해 숙련 노동의 비율이 높은 재화를 수출하고 그 반대가 되는 재화를 수입한다. 그러나 한 나라가 수출하는 재화가 정확하게 그 나라의 자원만으로 결정될 수는 없다. 최종 결정은 기회와 역사의 영역 즉 QWERTY의 영역에 속한다.

　이 말은 약간 모호하게 들리거니와, 만일 신무역 이론의 사상이 이와 같이 일반론으로만 표현될 뿐이라면 아마도 그렇게 커다란 충격을 안겨 주지는 못하였을 것이다. 그러나 신무역 이론가들은 무역에 대한 이러한 견해를 지극히 정교한 수학적 모델로 포장하였다.

　이 같은 모형은 다음의 두 가지 목적에 기여하였다. 첫째로 이전에 이와 같은 생각을 둘러싸고 있던 혼돈의 안개를 걷어내어 개념을 명쾌히 하였다는 점이다. 둘째로 QWERTY적인 생각이 기존의 전통적인 접근

법과 같은 정도로 명쾌하게 표현될 수 있음을 보여 줌으로써 QWERTY의 사상을 합리화하였다는 점이다.

이는 지적 진보의 탁월한 사례이다. 여전히 문제가 되는가? 세계 무역이 대부분 밀과 같은 재화가 아니라 항공기와 같은 재화라는 사실을 알면 경제 정책에 관한 우리의 견해가 바뀔 것인가?

그렇다―그럴지 모른다. 그리고 다시 생각해 보면 그렇지 않을지도 모른다.

전략적 무역 정책

곤충학자들이 개미 사회를 연구하는 방법을 써서 경제를 연구할 수 있다. 즉 경제를 바꾸려 하기보다는 경제가 어떻게 움직이는지를 냉정하게 이해하려고 하는 것이다. 사실 제대로 사회과학을 하려면 다분히 객관적인 자세를 견지하여 사물이 어떻게 되기를 바라기보다 어떻게 이루어져 있는지를 관찰하는 습관을 들여야 한다. 내가 이제까지 서술한 신무역 이론은 마치 곤충학 이론과도 같다. 그것은 세계 경제가 무엇인가 하는 데 대한 묘사이지 무엇을 해야 하는가에 대한 처방전이 아니다. 이 말은 비난이 아니다. 의학자처럼 우리의 이해를 돕고자 하는 경제학자들은 즉각적인 치료법을 제시하는 이들보다 장기적으로 더 큰 기여를 할 것이다.

그럼에도 이론을 정책에 원용하려는 유혹에는 저항할 수가 없다. 조만간 신무역 이론은 정책으로 선회하게 되었다. 그리고 그것은 보수주의자들이 좋아할 방향으로 선회한 것이 아니었다. 내가 이미 암시하였듯이 QWERTY의 세계에서는 아무도 시장이 올바로 움직인다는 사실을 믿지 않는다. 그리하여 신무역 이론이 자유방임의 원리로부터 벗어나는 것을 정당화하는 데 사용되리라는 점은 필연적이었다.

어떤 유형의 탈피인가? 1982년 캐나다의 경제학자 제임스 브랜더James Brander와 호주 출신의 공저자인 바버라 스펜서Barbara Spencer는 신무역 이론의 기본 사상 일부가 경제학자들에게는 오랫동안 저주의 대상이었던 정책, 즉 한 나라의 정부가 자국 기업의 국제 경쟁력을 강화하기 위해 공격적으로 지원하는 정책을 합리화하는 데 사용될 수 있을 것이라는 사실을 지적하였다. 이와 같은 개념은 **전략적 무역 정책**strategic trade policy이라는 이름으로 알려진다. 그것은 실제적인 유용성이 의심스러울 수 있고 또 분명히 의심을 받는 개념이지만, QWERTY가 어떤 식으로 시장의 완전성에 대한 보수주의자들의 신념을 허물어뜨리고 있는지를 극적으로 논증해 준다.

브랜더-스펜서 모형

아마도 브랜더-스펜서의 개념은 정형화된 사례를 통해 가장 잘 설명할 수 있을 것이다.(이와 같은 사례는 고도로 단순화된 모형이 어떤 식으로 사고를 명확하게 하는 데 도움이 되는가 하는 점에 대한 아이디어를 준다.) 여기에 그런 사례가 있다. 기술이 어떤 새로운 산출물, 말하자면 새로운 유형의 여객기를 생산하는 데 즉각 사용될 수 있는 세계를 상상해 보자. 그리고 그러한 기술을 개발할 수 있는 기업은 두 회사가 있는데, 하나는 미국에 있고 또 하나는 유럽에 있다고 가정해 보자. 이 두 기업을 각각 보잉 사와 에어버스 사라고 부르자.(실제 기업과 이름이 같은 것은 순전히 의도적이다.)

이와 같은 시장에 진입한다면 이윤이 얼마나 되겠는가? 단기적인 현금 흐름만을 따지는 것으로는 충분하지 않다. 전형적으로 새로운 기술의 도입에는 연구 개발R&D에 대한 막대한 초기 투자를 요하며, 학습 곡선을 따라 생산 공정이 구축되는 동안 지속적으로 자금을 투입해야 하는 기간에 비례한 자본이 필요하다. 그리고 나서야 기업이 이윤을 얻기 시작한다. 한편 내일의 1달러는 오늘의 1달러보다 가치가 떨어지기 때문에 현재의 손실에 대하여 1 대 1로 미래의 이윤을 얻을 것이라고 단순하게 계산할 수 없다. 그러므로 기대되는 미래의 이윤을 '할인discount' 할 필요가 있다. 원칙적으로 기업은 어떤 프로젝트로부터 나오는 전체 현금의 기대 흐름을 '현재 할인 가치'로 변환하여 투자 계획의 타산성을 평가할 수 있다.

보잉과 에어버스가 그와 같이 하고 있다고 가정해 보자. 그리고 양사는 만일 단독으로 시장에 진입한다면 고도의 이윤이 창출될 것이라는 ─ 그러나 만일 양사가 진입하면 모두 손해를 본다는 ─ 결론에 이른다. 즉 세계 시장에서 규모의 경제가 기대 이익에 비해 너무 커서 오직 한 회사가 진입해야만 이윤을 낼 수 있다고 결론 내린 것이다.

두 회사의 인식을 표 2와 같은 가설적인 표로 만들어 요약할 수 있다. 각 회사는 이 신규 시장에 진입할 것인가 말 것인가를 결정해야 한다. 각 회사가 어떻게 결정하는가에 따라 가능한 결과의 행렬이 나온다. 행렬의 각 항목은 한 쌍의 숫자이다.

첫 번째 숫자는 에어버스 사의 기대 이윤을 나타내고, 두 번째 숫자는 보잉 사의 기대 이윤을 나타낸다. 물론 진입하지 않기로 한다면 그 숫자는 0이 된다 ─ 모험이 없으면 이득도(또는 손해도) 없다. 표에서 단독으로 시장에 진입한 회사는 100의 이윤을 얻는다고 가정한다. 그러나 두 회사가 진입하면 각각 10의 손실을 볼 것이다.

어떤 일이 일어날 것인가? 판단을 잘못하여 두 회사가 진입할 수 있

표 2

	보잉	
에어버스	진입할 때	진입하지 않을 때
진입할 때	(−10, −10)	(100,0)
진입하지 않을 때	(0,100)	(0,0)

다. 그런 일이 바로 1970년대에 록히드 사와 맥도널 더글러스 사에 발생하였다. 당시 두 회사는 3발 엔진의 광동형廣胴型 제트기(각각 L1011과 DC-10)를 도입하였고, 이는 두 회사에 모두 치명적인 결과를 가져 왔다. 그러나 일반적으로 두 회사는 가능한 대로 조기에 시장 진입을 알리는 확실한 조치를 취하여 상대방의 진입을 막거나 또는 상대방의 진입이 확실해 보이면 진입을 철회할 것이다.

경제학자들은 잠재적 경쟁자를 억제하는 기업의 노력을 **전략적 경쟁**이라고 칭한다. 그것이 외관상 모순된 행동의 근원이다. 예를 들어 기업은 잠재적 경쟁자에게 만일 현재의 시장에 진입하려 한다면 가격 전쟁에 직면할 수도 있다고 믿게 하기 위하여 불필요하게 생산 능력을 확장할 수도 있다. 또는 현재의 시장 가격보다 낮은 가격을 매김으로써 잠재적 경쟁자들에게 비용이 너무 낮아 도전할 수 없다는 신호를 보낼 수도 있다.

예로 다시 돌아가서, 이유야 어떠하든 보잉 사가 이 경주에서 먼저 출발하여 에어버스 사보다 먼저 시장에 진입할 수 있었다고 가정해 보자. 그러면 에어버스 사는 무엇을 할 수 있는가? 진입하면 손실을 보기 때문에 현상을 유지할 것이다. 게임은 행렬의 좌측 하단에서 끝나고("보잉 사는 진입하고 에어버스 사는 진입하지 않는다") 보잉 사는 그 보상을 받는다.

이제 끝으로 브랜더-스펜서의 요점으로 들어가자. 경쟁의 초기 단계에 정부가 개입한다고 가정하자. 특히 유럽의 정부들이 보잉이 진입해 있음에도 에어버스가 시장에 진입한다면 20의 보조금을 에어버스 사에 지원해 주기로 했다고 가정해 보자. 그러면 기업 입장에서 청산 행렬은 표 3과 같이 될 것이고 에어버스 사는 시장 진입 시 청산 행렬에 20이 더해진다.

표 3

에어버스	보잉	
	진입할 때	진입하지 않을 때
진입할 때	(10, −10)	(120, 0)
진입하지 않을 때	(0, 100)	(0, 0)

청산 행렬의 이와 같은 변화는 게임 전체를 바꿔 버린다. 이제 보잉 사가 무엇을 하든 에어버스 사는 시장 진입으로 이윤이 날 수 있음을 알게 된다. 그러나 보잉 사의 입장에서 이는, 보잉이 시장에 진입하면 시장을 공유하게 되며, 에어버스 사와 같은 보조금이 없으면 손실을 보게 됨을 뜻한다. 따라서 보잉은 진입하지 않고 에어버스는 진입한다. 결과는 우측 상단의 칸이 된다("보잉은 진입하지 않고 에어버스는 진입한다"). 결과적으로 약속된 보조금은 에어버스 사에게 게임을 이기도록 하는 **전략적 우위**를 제공한다. 이와 같이 보조금은 **전략적 무역 정책**이다.

여기서 흥미로운 점에 주목해 보자. 에어버스 사의 이윤은 보조금이 없는 경우의 0에서 보조금이 있는 경우 120으로 뛰어올랐다. 그러나 보조금은 불과 20이다. 다른 100의 이윤은 어디에서 오는가? 물론 정답은 보잉 사로부터 앗아 온 것이다. 사실상 이는 미국으로부터 유럽으로의 부富의 이동을 나타낸다.

물론 이는 가설적인 예일 뿐이다. 그러나 이는 외국의 경쟁자에 대한 자국 산업의 적극적인 보호가 국가에 이윤을 가져다 줄 수 있다는 좀 더 넓은 원리를 시사한다. 이 특수한 예는 단 하나의 '국내의 대표 기업 national champion'을 지원하여 단 하나의 외국 경쟁사에 맞서게 하는 정책의 경우이다. 1 대 1의 전투와 같은 사례는 세계 무역에 거의 없다. 그러나 전투가 개별 기업이 아니라 산업들 간에서 발생할 때는 비슷한 이야기를 할 수 있다. 우리가 QWERTY의 세계에 살고 있다고 진정 믿는다면, 국제 경쟁에서 하나의 산업을 보호하는 일시적인 정책이 자기 강화적인, 경쟁적 우위를 지속하는 유리한 순환을 창출할 수 있는 경우가 많다—또는 역으로 외국의 정부가 자국의 산업을 보호함으로써 미국의 시장 진입을 막거나, 기존의 산업을 자체 생산적인 쇠락의 악순환으로 기울게 할 수 있다.•

다시 말해서 전략적 무역 정책의 주장은 개입주의적일 뿐 아니라 국제적 대결의 요소를 포함하는 국제 무역 정책에 대한 엄격한 경제적 정당화에 문호를 개방한 듯하다.

그리고 그것은 경제학자들이 가장 귀하게 지켜온 도그마—즉 자유

• 국제 무역은 언제나 상황이 특수하기 때문에 악순환의 명확한 사례를 들기가 쉽지 않다. 그러나 영국 항공 산업의 쇠퇴를 생각해 보자—이는 미국의 항공 산업 융성의 이면이다. 영국은 한때 항공 산업의 선두 주자였다. 제2차 세계 대전 중 영국의 스핏파이어 전투기들은 독일이나 미국이 공중에 띄울 수 있는 어떤 것보다 기술적으로 우위에 있었다. 최초의 민간 제트 여객기는 미국이 아닌 영국에서 나왔다. 영국의 기술적 쇠퇴는 필연적인 것이 아니었다. 쇠락하는 경제에도 불구하고 영국은 제약 산업, 더욱이 제트 엔진(롤스로이스에 의해 제작된)을 포함한 다수의 첨단 산업에서 우월한 지위를 확보하고 있었다. 그러나 항공 산업은 1960년대에 위축되고 있었다.
영국의 항공 산업은 왜 능력을 잃었는가? 이미 본문에서 설명하였듯이 유력한 범인은 미 국방부이다. 1950년대 미 군부의 방대한 발주량이 미국의 기업들로 하여금 제트 기술에서 결정적인 우위를 차지하도록 하였다. 일단 세계 시장에서 축출되자 영국은 재진입을 가능하게 할 수도 있는 지식, 관련 부품 공급자, 숙련 노동자라는 기반을 상실해 버렸다.

무역에 대한 신념을 기초부터 뒤흔드는 것이기 때문에 폭발의 잠재성을 안고 있는 결론이다.

전략적 무역 대 자유 무역

위에 든 것과 같은 조립 공작 놀이의 예가 경제학자들 사이에서 주요 논쟁거리가 된 까닭을 이해하자면 자유 무역이 전문가의 이데올로기와 자기 이미지에서 차지하는 특별한 위치를 이해할 필요가 있다.

국제 무역은 여타의 다른 영역과 달리 교수들의 인식이 일반 대중의 인식과는 현격히 다른 분야이다. 대중들―그리고 그들의 선량들―은 국제 무역을 일종의 스포츠 시합으로 본다. 미국은 미국의 재화를 세계 시장에 팔려고 노력하고 있다. 그리고 일본, 독일 및 중국 같은 다른 나라들도 마찬가지이다. 대다수의 사람들에게 국가들 간의 경쟁은 상당 부분 기업들 간의 경쟁처럼 보인다. 실제로 여러 국제적 산업 분야에서 소수의 미국 기업들은 유럽이나 일본의 경쟁자들과 맞서게 되면 국가 대표 기업이라도 되는 듯이 행동한다. 그리고 스포츠 시합에서 홈팀을 응원하는 것은 당연하다―고용 문제와 같은 심각한 사태가 걸려 있을 때는 특히 그렇다.

국제 무역이 기본적으로 국제 경쟁을 의미한다면 자기편이 이기도록 할 수 있는 모든 일을 다하는 것은 상식일 뿐이다. 국내 기업에게 자국 기반의 보호라는 이점을 주는 수입 쿼터제나 또는 외국 시장을 개척하도록 도와주는 수출 보조금이 미국의 경쟁을 도와준다면, 왜 계속해서 그러한 정책을 쓰지 않는가?

모든 국가가 그와 같은 정책을 따른다면 세계 시장이 파편화되어 파국적인 결과로 귀결된다는 것을 많은 사람들이 인정하기 때문이다. 그러므로 그들은 수입 쿼터제나 수출 보조금을 제한하는 국제적 협약에 마지못해 동의할 것이다. 그러나 대부분의 사람들에게 자유 무역이란 모두가 그것을 실천할 때에만 훌륭한 생각인 것으로 보인다.

그러나 비교 우위 이론을 진지하게 받아들이는 경제학자들은 세계를 완전히 다른 시각으로 본다. 국제 무역은 경쟁적인 스포츠가 아니라는 것이다. 그것은 기본적으로 교환의 과정이며 항상 상호 이익이 된다. 이 과정을 방해하면 다른 국가가 보복하지 않는다 해도 미국의 경제를 해친다.(다른 나라가 보복을 한다면 미국의 경제가 훨씬 더 다치는 것은 물론이다.)

예를 들어 수입 쿼터제는 일자리를 창출할 것처럼 보인다. 그러나 산업 보호를 통해 일자리가 창출된다고 해도 그것은 다른 산업 부문의 고용 위축, 가격 상승과 보호 산업의 경쟁력 약화라는 수입 쿼터제의 간접 효과로 이득이 상실된다. 일반적으로 수출 보조금은 해당 산업에서 생산자들이 얻는 이윤보다 훨씬 더 많은 비용을 정부와 국내 소비자에게 부과하는 것이다.('경쟁력' 관련 정책의 옹호자들이 미국은 생산자보다 소비자를 우선한다고 불평하는 경우를 자주 대할 수 있다. 이것은 아무런 의미가 없는 주장이다. 전형적인 미국인들은 오전 9시부터 오후 5시까지는 생산자이며 나머지 시간은 소비자이다. 소비자만 또는 생산자만 선호한다는 것은 있을 수 없다.)

따라서 국제 무역에 관한 경제학자의 일반적인 입장은 일반 대중의 전형적인 태도, 즉 마지못해 "다른 자들이 공정하게 한다면 나도 그렇게 하겠다"라는 입장보다 훨씬 강력하다. 경제학자들은 다른 나라들이 어떠한 행동을 하는가에 관계없이 자유 무역을 옹호한다. 19세기의 프랑스 경제학자 바스티아Bastiat는 이와 같은 입장을 다음과 같이 요약하였다. 다른 나라가 자유 무역을 행하지 않기 때문에 우리나라도 보호주의자가 되어야 한다고 말하는 것은 다른 나라가 암벽 해안이기 때문에 우리나라도 항구를 막아야 한다고 말하는 것과 같다고.

경제학자들의 생각과 다른 사람들의 신념 사이의 갈등이 교수들을 주저하게 할 것이라고 생각할 수 있다. 그러나 그렇지 않다. 비교 우위는 오로지 경제학자들만 이해하는 뛰어난 생각이기 때문에, 그들은 자기들의 직업적 동일성을 확인하고 지적 우월감을 입증하는 일종의 뱃지로서 더욱더 강하게 그 사상을 고수한다. 사실상 "비교 우위의 원리를 이해한다"와 "자유 무역을 지지한다"는 진술은 경제학자의 신조가 된 것이다.

이는 비꼬는 말로 들릴지도 모른다. 그러나 실제로 경제학자들의 입장은 대부분 옳다. 국제 무역을 승자와 패자가 갈리는 일종의 시합이라고 보는 통속적인 견해는 사리에 어긋난다—이 점은 10장에서 전략적 무역론자의 발흥에 관한 이야기를 할 때 좀 더 상세히 다룰 것이다. 밀을 비롯하여 설탕, 강철, 신발 등에 이르기까지 세계 무역 전반에 대한 경제학자들의 전통적인 지혜는 틀림이 없다. 정책 기획가나 정치가들이 거의 한결같이 전통적인 지혜를 비판하는 까닭은 나름대로 깊이 이해하였기 때문이 아니라 간단한 사항도 제대로 이해하지 못하였기 때문이다.

그러나 여기에 문제가 있다. 즉 전략적 무역 정책이라는 개념은 경제학자들이 존중하는 유형의 체계적인 논리를 갖춘 합리적인 이론이다. 그러나 그 결론은 얼핏 보면 비경제학자의 결론과 유사한 듯하다. (일부 기민한 정책 기획가들은 재빨리 이와 같은 사실에 주목하여 전략적 무역론의 보호막으로 이용할 수 있었다. 이 점은 10장에서 더 자세히 다룰 것이다.)

그렇다면 경제학자들이 국제 무역에 관해 알고 있다고 생각하는 모든 것은 그릇된 것인가? 아니다. 결코 그렇지 않다.

전략적 무역 정책론의 한계

브랜더와 스펜서는 결코 공격적인 무역 정책을 옹호하는 일반론을 주장한 바가 없다. 그들은 그와 같은 정책이 어떻게 작용할 수 있는가 하는 데 대한 예를 들었을 뿐이다. 물론 중요한 문제는 그 예가 얼마나 현실적인가—또는 달리 말해 얼마나 많은 경우에 그 결론이 옳을 것인가—하는 점이다. 만일 전략적 무역 정책이 소수의 산업에만 적용될 뿐이라면 자유 무역에 대한 전통적인 견해는 여전히 기본적으로 옳다.

전략적 무역이라는 생각이 퍼지기 시작하자마자 대다수 경제학자들은 대개의 경우 공격적인 무역 정책은 다음과 같은 두 가지 주요 이유 때문에 역효과만 낼 뿐이라고 주장하였다.

첫째, 그들은 국제 경쟁을 승자가 엄청난 이윤을 보장받는 두 나라의 대표 기업 간의 투쟁으로 묘사하는 데 의문을 표하였다. 대부분의 산업에서 선택은 그렇게 경직된 것이 아니다. 경쟁이 각 나라의 한 기업 간에서가 아니라 각 나라의 서너 기업들 간에 이루어진다고 가정해 보자. 그러면 최소한 이윤이라는 관점에서 보면 경쟁에서 승리한 대가는 그리 크지 않을 것이다. 설령 미국이 승리한다고 해도 국내 기업들 간의 경쟁으로 가격과 이윤이 떨어질 것이다. 그러므로 세계적으로 한몫 잡는 경우가 나오는 시합은 결코 있을 수 없다. 더욱이 국내 산업을 지원하는 정책은 더 많은 국내 기업의 시장 진입을 조장하여, 생산 능력의 중복을 초래함으로써 잠재적인 이득을 상쇄한다.

이와 같은 논의는 전략적인 무역 정책으로 얻을 수 있는 이윤에도 적용된다. 산업과 연관된 외부 경제가 있다면—즉 더 많은 기업이 시장에 진입하여 공급자 연결망의 확대, 대규모 숙련 노동력의 심화된 지식 기반 등을 지원함으로써 가격을 낮춘다면—다른 혜택이 있을 수 있다. 그러나 그러한 혜택은 전략적 무역 정책을 매력적으로 보이게 한 것이 피상적인 단순성과 구체성일 때는 미묘해서 평가하기 어렵다.

전략적 무역 정책론의 비판가들은 또한 어떤 산업을 지원해 줄 것인지를 결정하기가 어렵다는 난점을 주저없이 지적한다. 모든 국내 산업을 증진시킬 수는 없다. 보조금으로 하나의 산업을 지원한다는 것은 다른 산업의 자본과 노동을 배제하는 것이다. 그러므로 어떤 산업을 위한 전략적 무역 정책은 사실상 다른 산업에 반하는 전략적 정책이 되고 만다. 이것은 곧 정부가 그와 같은 업무를 올바르게 수행할 만큼 사정에 밝고 객관적인가 하는 의문을 불러일으킨다.

이와 같은 비판을 앞에 놓고 경제학자들이 어떻게 그들이 전략적 무역 정책에 관하여 진지하게 논의해야 한다고 말할 수 있겠는가? 유일한 해답은 각각의 경우를 하나하나 따져보는 수밖에 없다는 것이다. 그러나 전략적 무역 정책을 추구할 것인가 말 것인가를 결정해야 할 경우에는, 사실을 아는 것조차 생각만큼 단순하지가 않다. 결국 산업의 상세 내역을 알고 있다거나 또는 기술 수준에서 비용, 시장 점유율 등 모든 정보를 파악하고 있다고 하더라도 이것이 곧 자동적으로 어떤 정책이 바람직한가에 대한 유용한 해답을 주지 않는다. 불가피하게 '만일what if'이란 가정─예를 들어 X 퍼센트의 보조금이 있으면 그것이 외국 기업의 Y 부문으로서의 진입을 차단해 줄 것인가, 또 다른 국내 기업의 진입이 일어나지는 않는가 등등─을 할 수밖에 없게 된다. 특정 산업에 관한 한 모든 것을 다 알고 있는 것 같아도 막상 이와 같은 식의 질문을 받으면 그 산업에 대해 현황만을 피력할 수 있을 뿐이지 장래성에 대해서는 예측할 수 없다는 사실을 새삼 깨닫게 되는 것이 보통이다.

그렇다고 경제학자들이 아무 일도 하지 않았다는 말은 아니다. 1980

년대에 전략적 무역 정책의 잠재적 목표가 되는 산업들을 모의 실험해 보는 데 집중적인 노력을 기울였다. 아무도 이와 같은 시뮬레이션—여러 차례 행한 모의 실험에 나는 실천을 위한 산업 정책 검정 실습Industrial Policy Exercise Calibrated to Actual Cases이라고 명명하고 IPECACs라고 약칭하였다—을 별로 신뢰하지 않았다. 시뮬레이션은 여전히 동네 축구 수준이다. 그리고 얼마만한 가치가 있든 그것이 공격적인 무역 정책을 추구하는 나라들에게 대단한 잠재적 이득을 보장하는 것 같지는 않다.

대담한 사상, 신중한 정책 권고

QWERTY 경제학의 발흥은 그에 참여하였던 사람들에게는 지적 혁명처럼 느껴졌다. '패러다임의 이동paradigm shift'과 같은 문구가 일상적으로 사용되었다. 그러나 실제 정책에 원용될 경우 교수들은 신중해졌다.

그와 같은 신중함에는 최소한 세 가지 이유가 있었다. 하나는 QWERTY의 중요성을 인정하는 것은 보수주의자의 자유 시장에 대한 거의 종교적인 신념을 반박하는 것이지만, 정부가 어느 방향을 추구해야 하는지 결정하는 일은 결코 쉽지 않기 때문이다. 우리는 전략적 무역 정책의 문제를 현실의 복잡한 세계에서 다루고자 할 때 얼마나 미묘하게 되는지를 이미 살펴본 바 있다. 그러므로 가령 합리적 기대 학파와는 달리 새로운 경제학 이론가들은 그들의 이론을 즉각 단순성이 필요한 정책 권고로 번역할 방도를 찾지 못하였다. 그것이 이론의 중요성을 평가 절하하지는 않는다. 하나하나의 지적 진보가 즉각 정책에 반영되기를 기대하는 것은 비합리적이다. 그럼에도 QWERTY가 손쉬운 정책 결론을 내리지 못한 것은 진정 실망스러운 일이었다.

그러나 그것은 또한 조금은 다행일 수도 있다. 강조할 만한 내용은 아니지만 어떤 소심성이 QWERTY 혁명의 신중성에 기여하였을지도 모른다. 비록 대다수 경제학자들이 자유방임 원리의 신봉자는 아니지만, 시장이 하나의 메커니즘으로서 갖는 힘과 효율성을 인정하는 것은 자유주의 경제학자들까지 포함하여 교수로서 동질성을 확인해 주는 핵심이다. 그러므로 그들이 시장의 자율성에 맞서는 입장을 꺼리는 것을 이해할 수 있다. 자유 무역의 신성한 원리를 건드리게 될 때에는 특히 그렇다.

그러나 경제학자들이 새로운 이론에 근거한 정책 권고를 주저하는 가장 중요한 이유는, 그 이론이 보다 나은 정책이 아니라 좋지 않은 정책을 정당화하는 데 사용되지 않을까 하는 우려 때문이다. 전략적 무역론과 같은 개념도 낡은 의미의 보호주의를 합리화하는 데 너무도 쉽게 사용될 수 있다.

그러나 정치가들은 어딘가에서 아이디어를 얻는다. 만일 교수들이 선거에서 승리할 슬로건을 제공해 주지 않아도—교수들은 그 일을 꺼리는 편이다—대신에 그 일을 해 줄 이들은 얼마든지 있다.

10장
전략적 무역론자들

1980년대에 공화당이 장악한 백악관에서 경제 혁명을 일으키려 했는데, 놀랍게도 그곳에 들어앉은 이들은 경제 토론에는 흥미가 없었다. 물론 로널드 레이건도 정책의 세세한 부분에는 대체로 흥미가 없었다. 그는 생각이 단순하면서도 강경한 인물—큰 정부를 싫어하고 낮은 세금을 선호하였다—이었다. 세금을 낮추면 민간 부문이 새로운 번영의 물결을 타고 배를 모두 출범시킴으로써 이에 화답할 것이라고 믿었다. 그 이상으로 그는 정책 도구를 자문가들에게 맡길 준비가 되어 있었다. 조지 부시는 좀 더 꼼꼼한 사람이었지만 세세한 요소에 대한 관심이 경제학에까지 이르지는 못하였다. 외교와 군사 전략의 전문 용어나 약어라면 맘껏 늘어놓으며 즐겼지만 경제학에 관해서는 가장 기본적인 개념에도 헤매는 편이었다. 가령 대통령 후보들 간의 한 토론회에서 미국의 생산성이 여전히 세계 최고임을 밝힌 최근의 연구를 언급하려 하였다가,

생산성 수준(이는 미국이 여전히 가장 높다)과 생산성 성장률(이는 다른 나라들이 더 빠르다)을 혼동함으로써 요점을 왜곡시켰던 사례가 있다.

이와 반대로 그들의 정책을 바꾸어 버리고자 한 사람은 경제의 세세한 사항까지 논하기를 좋아한다—바로 빌 클린턴이 그러하다. 누구 말을 들어도 그는 다섯 가지가 되었든 열 가지가 되었든 밤 새워 논하는 일이 다반사라고 한다. 그의 친구들은 대통령이 학창 시절부터 시작해서 오늘날까지도 계속하고 있는, 백악관에 입성하기 20여 년 전에 사귀었던 친구들과의 '대화the Conversation'에 대하여 경건하게 이야기한다.

그러면 클린턴과 그의 죽마고우들은 대화에서 무슨 얘기를 나눌까? 클린턴이 좋아하고 탄복하는 사람들의 저작과 또 그가 행한 연설 내용 등을 토대로 어느 정도는 짐작해 볼 수 있다. 대화의 일부 내용은 틀림없이 다음과 같다고 본다.(잠시 번호는 무시하기 바란다.) "오늘날 미국은 진정한 세계 경제의 일부이기 때문에 경제의 새로운 패러다임이 필요하다(1). 현 생활 수준을 유지하고자 한다면 미국은 점점 더 어려워지는 세계 시장에서 경쟁하는 법을 배워야 한다(2). 높은 생산성과 품질이 더욱 중요해지는 까닭이 바로 거기에 있다(3). 미국 경제를 고부가가치 부문으로 이전시켜(4) 일자리를 창출해 나감으로써(5) 미래에 대비해야 한다. 그리고 미국이 새로운 세계 경제에서 경쟁력을 가질 수 있는 유일한 방법은 정부와 기업 간에 새로운 제휴 관계가 형성되느냐의 여부에 달려 있다(6)."

물론 이는 실제 인용은 아니다. 그러나 클린턴 및 그의 가장 가까운 자문가들이 공개적으로 말하는 것과 같은 이야기임을 즉시 알 수 있으며, 이와 비슷한 견해는 미국 신문들의 기명 기고란에서 매일 찾아볼 수 있다. 그러면 이러한 생각과 그 표현 문구는 근원이 어디에 있는가?

피상적으로 보면 이는 8장과 9장에서 서술한 새로운 경제 분석과 거의 똑같이 들린다. 케인스 경제학이 부활함에 따라 적극적인 정부 역할의 필요성이 다시금 정당화되었다. 경로 존속에 관한 새로운 경제학, 즉 QWERTY 경제학은 세계 시장에서 경쟁하던 각 나라의 산업들이 족쇄에 묶일 가능성에 주목하였으나, 전략적 무역 정책론은 최소한 세계 시장에서 경쟁하던 자국 산업의 이익을 증진하는 데 적극적인 정부 역할이 필요하다는 근거를 제시하였다. '대화'에서 발췌한 가상적인 앞의 글은 단지 그러한 생각을 비이론적인 언어로 옮긴 데 지나지 않다는 말인가?

그렇다. 진정으로 그렇다. 내가 가상의 대화 형식을 빌려 쓴 낱말과 문구는, 공급 중시 경제학이 정부 개입 문제에 대한 밀턴 프리드먼과 마틴 펠스타인의 비판에 대항하는 관계인 것과 똑같이, 정부 개입에 대한 강단 경제학자들의 경우에 대항하는 관계에 있는 지적 정치적 학설에서 나온 말이다. 다시 말해 이것은 주류 경제 이론의 외곽에서 도입된 학설인 것이다. 그 학설은 주로 저널리스트들이 창안하여 대개 신문이나 대중 잡지의 지면을 통해 논의되었다. 그리고 공급 중시 경제학과 마찬가지로 그 제안자들의 정치적 동맹군이 될 사람들의 지적인 분노를 불러일으켰다.

공급 중시론자들이 (보수주의의) 비판가들이 경멸하듯이 붙여 준 상표를 자랑스럽게 채택하였던 것과는 달리, 새로운 학설의 제안자들은 널리 인정받는 이름이 없다. 내가 생각하기에 그들이 말하는 핵심에 가까운 상당히 중립적인 이름을 제안하자면 '전략적 무역론자들strategic traders'이라고 하겠다. 이 이름은 9장에서 논의된 전략적 무역 정책과 무슨 관계가 있는 것처럼 들리며, 또 일부 전략적 무역론자들은 QWERTY 경제학이 그들의 견해를 정당화해 준다고 생각한다. 그러나 그것은 잘못이다.

전략적 무역론자들의 출현

레이건의 승리에 대한 자유주의적 반발로서 전략적 무역론이 나타났다고 하면 꼭 맞지는 않지만 대강 맞는 말이라고 할 수 있다. 본질적으로 일단의 자유주의적 정책 기획가들은 민주당이 공화당과 똑같은 방식으로 경제 성장을 약속할 수 있도록 해 줄 사상체계를 모색하고 있었다. 과연 그 집단의 초기 구성원들 일부가 스스로를 '신자유주의자neoliberals'라고 말했는데, 여기에는 1970년대에 정책 논쟁을 주도하였던 신보수주의 지식인들에 필적하고자 한다는 의도가 들어 있다. 따라서 그 운동은 초창기부터 정치권과 밀접하게 연관되어 있었다.

그럼에도 하나의 학설로서 전략적 무역론의 기원은 워싱턴이 아니라 매사추세츠 주 케임브리지에 있다. 선구자들이 없지는 않지만 사실상 이 학설은 두 명의 케임브리지 학자, 즉 MIT의 레스터 서로와 하버드 대학 케네디 스쿨의 로버트 라이히의 작품이었다.

서로가 베스트셀러인 『제로섬 사회 The Zero Sum Society』로 선도하였다. 그 책은 1980년에 출간되었으니까 레이건의 승리에 앞서 나온 셈이다. 그러나 서로는 전통적 정책들에 대한 환멸의 분위기를 감지하였고, 따라서 그의 책은 완전히 시의적절하게 반보수주의의 성경 역할을 하였다. 책 제목에서부터 추측할 수 있듯이 그 책은 낙관적인 책자가 아니었다. 에너지 정책에서부터 인플레이션에 이르기까지 모든 문제에 내려야 할 어려운 선택에 관한 논의가 내용의 대부분을 차지한다. 이 공짜 점심은 없다no-free-lunch는 메시지는 통속적인 경제학자들로부터 폭넓게 인정받았다. 그러나 책의 말미에서 서로는 미국의 문제를 고칠 방법—자원을 '사양sunset' 산업에서 '신흥sunrise' 산업으로 이전함으로써—에 대해, 야심적인 정치가들과 그 참모들의 눈이 번쩍 뜨일 만한 비전을 제시하였다. 그들 대다수가 생각하기에 우파로부터 정치적 고지를 탈환할 방법이 바로 여기에 있었다.

연방무역위원회Federal Trade Commission의 변호사였던 로버트 라이히는 1981년에 케네디 스쿨로 옮겨 갔다. 곧바로 그는 신문과 잡지의 기고란에 미국의 산업 정책을 옹호하는 글을 싣기 시작하였다. 일련의 기고문을 통해 그는 전통적인 부문에 새로운 기술의 활용을 촉진시켜 줄 정책의 정비뿐만 아니라 '고부가가치high-value-added' 산업에 대한 정부의 지원을 요구하였다. 1982년과 1983년에는 각각 『미국의 기업 문제 Minding America's Business』(경영 컨설턴트인 아이러 매거지너Ira Magaziner와 공저)와 『미국의 차세대 개척지The Next American Frontier』를 출간하였다. 두 권 모두 『제로섬 사회』만큼의 베스트셀러는 되지 못하였지만 정치가들 사이에서는 광범위한 영향을 끼쳤다.

전략적 무역론 운동의 핵심 인물은 단연 서로와 라이히였지만 다른 사람들도 그 사상과 수사법에 기여하고 있었다. 그러한 동맹자들 가운데 일부는 학계나 싱크탱크에 속한 이들이었다. 하버드 경영대학원에서는 브루스 스콧Bruce Scott과 조지 롯지George Lodge를 중심으로 친親산업 정책 그룹이 형성되었는데, 그들은 성장에 활력을 불어넣어 줄 것이라고 보이는 산업 부문에 대해 미국의 공격적인 보조금 정책과 보호 정책을 거리낌없이 추진하였다. 이보다는 좀 더 주의 깊게 표현되었지만 대강 유사한 메시지가 캘리포니아 대학의 싱크탱크인 버클리 국제 경제연구소Berkeley Roundtable on International Economics에서도 나왔는데, 그것은 미국이 산업 기반을 상실할 위험에 처해 있다고 경고하면서 반도체와 같은 첨단 산업에 대한 적극적인 정부 지원을 요구하는 내용이었다.

이와 같은 학계 내지 준準학계에 못지 않은 사상의 중요한 원천이 제4의 권력 즉 언론계였다. 『뉴 리퍼블릭 The New Republic』지는 전략적 무역론의 일종의 기관지가 되었다. 이에 기여한 편집인들 중 한 사람인 로버트 커트너Robert Kuttner는 산업 정책의 확고한 선동가가 되었다. 사실상 레스터 서로와 로버트 라이히는 모두 학계보다는 저널리즘 쪽에 더 깊이 뿌리를 두고 있다고 논할 만하다. 특히 라이히는 하버드에 있을 때 동료들과 떨어져 지내면서 강사에서 교수로 직함을 바꾸는 것을 분명하게 거부하기도 한, 학계를 경멸하였던 인물이다. 1980년대에 두 사람은 신문 및 『포린 어페어즈』, 『하버드 비즈니스 리뷰』, 『뉴 리퍼블릭』등과 같은 준 대중 잡지들에 도배하다시피 글을 발표하였다. 가장 놀라운 것은 아마도 『비즈니스 위크』지의 역할이 아니었을까 한다. 미국의 대표적인 이 비즈니스 잡지는 『월 스트리트 저널』에 못지 않은 자본주의의 상징인 셈이고, 그런 만큼 시장 옹호의 입장을 강력히 견지할 것이라고 예상할 수 있다. 그런데 이러한 『비즈니스 위크』가 1980년 6월 호에서는 미국의 탈산업화라는 증거가 불분명한 문제를 집중적으로 다루더니, 1980년대 내내 미국의 경쟁력이라는 현안에 대해 경각심을 불러일으키는 북소리를 끊임없이 울려 퍼지게 하였던 것이다.

그러나 이것이 완전히 낯선 일은 아니었다. 왜냐하면 전략적 무역론은 자유주의의 전통적 관심사인 평등이나 사회 정의 등과는 아무런 관련이 없기 때문이다. 미국 경제 및 미국 경제가 안고 있는 문제에 관한 전략적 무역론의 견해는 본질적으로 경영 컨설턴트의 견해이다. 그러므로 전략적 무역론이 제안하는 해결책은 국민 소득에서 자본이 차지하는 몫을 낮추는 것이 아니라 올릴 수도 있게 한다.

그럼에도 불구하고 전략적 무역론의 초기 견해는 민주당 소속의 정치가들로부터 열광적인 반응을 얻었다. 최초의 전향자들은(게리 하트Gary Hart, 팀 워스Tim Wirth, 리처드 게파트Richard Gephardt 등을 포함하는) 일단의 소장파 상하원 의원들이었다. 이들은 간단하게 '아타리 민주당원Atari Democrats'이라고 불리게 되었는데, 이는 선구적인 전자 오락 회사에서 따온 말이다.(그 상표 값은 아타리 사가 1983년 생산 기지를 아시아로 이전한 후에 폭락하였다.) 월터 먼데일은 또한 민주당 지명전에 나서면서 전향하였다. 실제로 그는 1982년 여름 라이히의 『미국의 차세대 개척지』 초고를 읽고 난 다음 그의 아내에게 "1984년이 되면 민주당을 위해 이것이 꼭 필요하게 될 거요"라고 단언하였다고 한다.

그렇지만 먼데일은 라이히나 서로의 사상을 끝까지 견지하지는 못하였다—그 까닭은 주로 케인스주의의 부활과 새로운 QWERTY 경제학의 발전에 참여하였던 일부 인사를 포함해 민주당의 전통적인 경제 인텔리들이 일치 단결하여 전략적 무역론이 완전히 허황된 이론이라고 폄하하였던 데 기인한다. 전략적 무역론자들이 마침내 그들의 사상을 실천할 수 있는 기회를 잡은 것은 1992년에 이르러서였다.

그러면 정치가들을 그토록 매료시키면서도 경제학자들에게는 혐오감만을 안겨 준 이 학설은 무슨 내용이었는가?

전략적 무역론의 요소

서두의 가상 인용은 전략적 무역론자들의 말이 무슨 뜻인지를 정확히 이해하게 해 준다. 가령 경쟁력이라는 수사적 용어는 많은 기업인들과 저널리스트들, 그리고 정치가들에게 민감한 반응을 불러일으킨다. 실제로 그들 대다수에게 이 말의 뜻은 너무나 당연해서 그들 각자가 생각하는 의미가 전혀 일치하지 않을 수도 있다고 한다면 깜짝 놀랄 것이다.(이 점에 대해서는 뒤에서 상론할 것이다.)

이러한 유형의 수사법이 호소력이 있는 이유는 명확하다. 한 마디로 전략적 무역론자들은 미국을 상당한 독점력을 갖고 있는 기업과 같은 존재로 묘사한다. 독점력 때문에 기업 운영이 엉성한 데도 불구하고 이윤이 넉넉할 수 있었지만 현재는 새로운 경쟁자들의 맹공에 직면해 있다는 것이다. 오늘날 많은 기업들이 이러한 입장에 처해 있으며 따라서 묘사한 그림이 실물처럼 통용된다. 사실상 경쟁력이라는 수사적 용어를 쓰면 제너럴 모터스에 일어났던 사태가 그대로 미국에서 재현되고 있는 듯한 느낌이 든다.•

이러한 진단은 상당히 문제가 많다. 1992년에 이르면 제너럴 모터스사의 경우, 한 고위 간부가 GM에 좋은 것은 미국에도 좋은 것이라고 호언하던 시절에 비해 미국 기업을 상징하던 대표성이 크게 떨어졌다는 사실 때문만이 아니다. 미국인들 다수는 점점 더 거대 기업이 아니라 중소 기업에서 일한다. 또 곤경에 처한 미국의 대기업군 중에서도 시어스

• 클린턴 대통령은 취임 초기 한 연설에서 "오늘날의 미국 경제는 세계 시장에서 경쟁하는 하나의 대기업과도 같다"라고 분명하게 말하였다. 뒤에 가서 확인하게 되겠지만 클린턴은 미국 정부의 정책에까지는 아니라 할지라도 수사적 표현에 전략적 무역론을 적극 활용하였다.

Sears의 경우, 월마트Wal-Mart와 같은 순수 국내 경쟁사가 등장하면서 나선형의 하강 곡선을 그리는 문제는, GM이 일본에 밀리고 있는 문제만큼이나 의미심장하다. 그러나 경쟁력이라는 처방이 옳은가 그른가 하는 의문은 일단 접어 두고, 전략적 무역론자들이 미국의 문제를 해결하겠다고 제시하는 해법의 기묘한 측면에도 주목해야 한다. 즉 그 해법이란 것이 전략적 기업 경영이라고 하는, 재계에서는 진작에 인기를 잃고 사라진 사고방식에 근거하고 있다는 사실이다.

전략적 무역 이론 중에 핵심을 하나 골라야 한다면, 한 나라가 번영하기 위해서는 우량 부문을 정하고 그 부문이 주도적 역할을 다할 수 있도록 해 주어야 한다는 생각이다. 서로는 이 양호한 부문을 '신흥' 산업이라고 하였고, 라이히는 '고부가가치'란 용어를 썼다. 어느 부문이 특히 더 나은가 하는 질문도 중요하지만 잠시 유보해 두자. 전략적 무역론자들 모두가 동의하는 바는 미국 경제의 성장을 위한 가장 근본적인 방안은 갖가지 산업을 우량 부문으로 확고히 다지는 데 있다는 것이다. "우리나라의 실질 소득은 (1) 고용자당 부가가치가 더 큰 사업에 노동과 자본의 유입량을 늘려 나가고 (2) 국제적 경쟁자들보다 우월한 위치에 있는 사업을 유지해 나갈 때에만 상승할 수 있다."●

경영 이론의 역사를 공부해 본 사람이라면 이러한 생각의 출처를 알고 있다. 바로 1960년대의 보스턴 컨설팅 그룹Boston Consulting Group, BCG인 것이다.

1960년대 말에서 1970년대 초 BCG는 미국에서 가장 잘나가는 경영 자문 회사였다. 맥킨지 사McKinsey & Company와 같은 전통적인 자문 회

● Robert Reich and Ira Magaziner, *Minding America's Business* (New York: Harcourt Brace Jovanovich, 1982), p. 4.

사들은 기업의 조직 구조나 특수 분야에 관한 조언이 전문이었으나 BCG는 좀 더 커다란 것, 즉 전략적 비전을 제시하였다.

이제는 고전이 된 BCG의 분석은 다음과 같은 것이다. 회사가 벌이고 있는 제반 사업들을 사업의 기대 성장률과 현재의 시장 점유율에 근거한 행렬식으로 만들어 보자. 고속 성장이 기대되고 시장 점유율도 높다면 그 사업은 '성공 사업star'이다. 성장은 완만하지만 시장에서 강세를 유지하는 사업은 '흑자 사업cash cow'이다. 성장도 완만한 데다가 시장 점유율도 낮다면 '실패 사업dog'이다. 끝으로 고속 성장이 기대되지만 아직 약세인 사업에는 의문 부호를 단다.

BCG의 분석에 따르면 이제부터 해야 할 일은 '흑자' 사업으로부터 자원을 이전하여 '성공' 사업에 대한 지원을 확고히 하는 것이다. 아울러 '실패' 사업은 제거해야 하고 의문 부호가 붙은 사업은 추진 여부를 결정해야 한다.

'성공'과 '실패'라는 말을 '신흥'과 '사양'이라는 말로 바꾸어 보면, 서로-라이히의 산업 정책 처방전을 바로 얻을 수 있다. 서로 그리고 특히 하버드 경영 대학원 그룹을 비롯하여 많은 전략적 무역론자들이 실제로 기업 전략의 개념을 경제 전체에 원용하고 있음이 명확해졌다.

그러나 이상한 것은 그들이 원용하고 있는 기업 전략 개념이란 정작 재계에서는 한물간 것으로 취급받는다는 점이다.

1970년대 후반이 되면 '성공', '흑자', '실패'라는 BCG의 전략 행렬식은 다음의 여러 이유로 상당한 비판을 받았다. 첫째, 행렬의 저변에는 한 기업이 오늘날 시장 점유율을 지배적으로 점하고 있다면 미래에도 다른 경쟁 기업들에 비해 지속적인 비용 우위를 유지해 나갈 수 있도록 해 줄, 강력하면서도 예측 가능한 '학습 곡선learning curve'이 존재한다는 신념이 깔려 있다. 그러나 실제로 이 학습 곡선은 BCG의 주장만큼 신뢰할 만하지는 못하다는 사실이 밝혀졌다.

둘째, BCG는 '성공' 사업은 항상 이윤을 올린다고 가정하였다. 그러나 사실은 누구나 다 동일한 사업 부문을 '성공' 사업으로 분류하는 편이므로 투자가 그 부문에 집중되면서 생산 능력이 수요를 초과하고, 결국 이윤이 실망스러운 수준인 경우가 흔하다.

셋째, BCG는 '흑자' 사업을 당연하다고 보았다. 그러나 제너럴 모터스나 시어스 같은 회사가 1980년대에 들어 깨달은 바 있다시피, 성장이 완만한 시장에서는 아무리 지배적 지위에 있다 해도 누군가 새로운 아이디어로 해당 부문에 진입하여 사정없이 이윤을 갉아먹는 사태가 없을 것이라고 보장받지는 못한다.(당장 주위만 살펴보아도 새로 진입한 사람이 보면 동네 소매점만큼 '실패'가 분명한 사업이 어디 있는가? 샘 월튼Sam Walton에게 직접 따질 일이다.)

끝으로 많은 경영자들이 BCG 식의 분석은 1960년대와 1970년대에 진행된 기업 합병과 복합 기업의 조류를 잘못 판단하였다고 비난하였다. 급속한 성장 가능성이 없음은 분명하지만 안정되고 전통적인 사업을 유지하는 기업을 가정해 보자. BCG와 그 모방자들의 전형적인 충고는 잠재적 성장 사업을 인수하거나 합병하여 전통적 사업에 들어 가는 자금을 신규 사업으로 돌리라는 것이다. 그러나 사실상 이러한 충고는 기업 문화와 사고방식의 치명적인 충돌을 일으켜 대개는 불행한 결혼―보험 회사가 소프트웨어 산업으로 진출하려고 하고, 철강 회사가 전자 제품을 팔려고 하였으니―으로 끝나 버렸다. 그리고 BCG의 전략은 계열 기업 간의 연관성이 전혀 없고, 존재해야 할 실질적인 이유가 없는 다루기 힘든 재벌 그룹의 형성을 정당화하는 데 이용되었다. 1980

년대에 가장 이윤이 남는 재무 관리는, 전체가 부분의 합보다 적은 일이 다반사였기 때문에 이러한 구조를 분해하여 한 조각씩 떼어 파는 것이었다.

1980년대의 기업 전략의 도사는 반 BCG 전략가들이었다. 이때 가장 영향력 있던 비즈니스 관련 서적은 톰 피터스Tom Peters 와 로버트 워터맨Robert Waterman 공저의 『우월성의 추구In Search of Excellence』였다. 이 책이 충고하는 내용은 사업이 어떤 위치에 있는가 하는 데 대해 추상적인 고도의 전략적 결정을 내리기보다는 해오던 일을 '한눈 팔지 말고 전념하여stick to their knitting' 계속하라는 것이다.

이러한 전략적 무역론은 결과적으로 1960년대와 1970년대 초의 기업 전략 개념을 1980년대의 미국 경제에 적용한 것이었다. 이 같은 접근 방법에 대한 비판은 오히려 기업 전략 담당자들에게서 직접 나올 수 있다—이렇게 말하지 않을까. "이보시요, 우리는 그런 생각을 이미 10년 전에 집어치웠소. 당신들은 그걸 다시 끄집어 내서 뭘 하려는 거요?" 그러나 만일 그러한 비판이 있다면 한층 신랄할 것이다. 기업 전략을 빌려 국가 경제 정책을 성안하고자 한 전체 개념에 경제학자들이 경악하여 가한 비판보다도.

경제학자 대 전략적 무역론

이 대결을 잭슨 홀Jack Hole 에서의 총격전이라고 생각하면 어떨까.

매년 8월 캔자스 시의 연방준비은행은 그랜드 테튼의 잭슨 레이크 로지에서 국제 경제 정책에 관한 회의를 개최하는데, 이는 현명한 생각이다. 주변 경관은 놀랍도록 아름답다. 회의 일정은 아침 회합 후 오후에는 하이킹, 급류 타기, 옐로우 스톤 방문 등 여유 있게 진행된다. 일찍 일어나는 참가자들은 안락한 방의 창 아래로 근처 저지대를 어슬렁거리는 큰사슴 무리를 내려다 볼 수도 있다. 이것이 바로 재무 장관들과 중앙은행 총재들을 유혹하는 무대 배경이거니와, 장관과 총재들 역시 자국 정부에 회의 참가를 해서 자신들의 입장이 획기적으로 강화되었다고 보고한다. 회의에는 또 주요 신문사와 잡지사의 경제·경영 담당 고참 기자들도 취재차 참가하는데, 그들 역시 비싼 경비를 정당화하자니 회의가 좋은 뉴스거리라고 평하지 않을 수 없다. 시간이 갈수록 잭슨 레이크 로지의 매력은 일종의 QWERTY 논리에 따라 강화되었다. 관료들은 즐기기 위해서뿐 아니라 유명세를 얻기 위해서 참가하지만, 참가한 고위 관료들은 모든 일을 휴가에 대한 변명만큼이나 실질적인 언론 보도용 이벤트로 바꾸어 놓는다.

그러나 회의를 돌아가게 하는 것은 주변 환경이 아니라 주최자의 올바른 판단이다. 잭슨 홀 회의는 한담이나 주고받는 모임이 아니다. 매년 회의는 당시 경제 정책의 최대 쟁점을 주제로 하여 구성되고, 그 주제에 관한 배경 논문을 몇 명의 학자들이 의뢰를 받아 제출한다. 그리고 토론이 시작된다.

1983년 8월, 당시의 주제는 산업 정책과 국제 경쟁력이었다.

물론 당시는 민주당이 정권을 잡지 못한 12년 세월 중 3년째 되던 때였다. 그 시점에서 실권의 세월을 얼마나 더 보내야 할지 아무도 알지 못하였지만 민주당원들은 자신들에게 문제가 있음을 알고 있었다. 공화당원들은 공급 중시 경제학에서 강력한 정치 사상을 찾아낸 바 있었다. 일부 민주당원들은 그 사상이 완전히 실패할 때까지 기다릴 용의가 있었지만, 다른 당원들은 공화당과 똑같이 사람들에게 호소할 수 있는 사상이 있어야 한다고 느꼈다. 그리고 최소한 그들 중 일부는 산업 정책 즉 미국의 여러 산업 중 미래의 승리자를 지원하는 적극적인 정책이 그와 같은 사상이라고 믿었다.

바꿔 말하자면 그해 여름부터 전략적 무역론자들이 뜨게 된 것이다.

잭슨 홀에서 일어난 일이란, 민주당의 경제 전문가들이 함께 모여 산업 정책론이란 과녁을 향해 총을 쏘아 댄 것을 말한다. 소집된 경제학자들 중에는 이미 널리 알려진 인물이 다수 있었다. 또 약관의 인물들도 있었다. 가령 이십 대에 벌써 탁월한 하버드 교수로 명성을 날린 로렌스 섬머스가 경제자문위원회에서의 1년 근무를 막 마치고 있었다. 배경 논문 중의 한 편으로 산업 정책의 사례에 대한 비판적인 조사 연구가 동 위원회에서 역시 1년 근무를 마친 한 신인 무역 이론가에 의해 작성되었는데, 그의 이름은 폴 크루그먼이라고 하였다.

소집된 경제학자들은 노장 중진을 막론하고 모두 라이히 및 다른 이들의 산업 정책 제안서를 비난하였다. 섬머스는 라이히의 생각을 '경제적 항암제economic laetrile'라고 무시하였다. 한편 크루그먼의 논문은 신무역 이론이 제한된 범위에서는 산업 정책화될 수 있음을 인정하면서, 매거지너와 라이히의 『미국의 기업 문제』에서 제시된 생각을 '대중적인 개념 오류popular misconceptions'라는 범주에 묶어 버렸다.

그 일전에서는 교수들이 승리하였다. 1984년 월터 먼데일은 산업 정책 강령을 채택하지 않았으며, 1988년 (섬머스를 수석 경제자문역으로 위촉한) 마이클 듀카키스 역시 이에 관한 강령을 채택하지 않았다. 그러나 이미 생존 조건을 충족한 전략적 무역론은 사라지지 않았다. 공화당은 보스킨이나 펠스타인 유의 온건한 제안은 너무 미묘하여 정치적으로 단결된

함성을 지를 수 없다는 사실을 알았거니와, 공급 중시론자들이 그 진공 상태를 채웠다. 새로운 무역과 새로운 성장의 경제학인 QWERTY의 이론가들이 내놓은 논의 또한 미묘하고 어려워서 정치의 요구에는 부적합한 것이었다. 정치가들에게는 단순하게 말하는 사람들이 필요하였다.

그러나 경제학자들이 왜 전략적 무역론을 그토록 강력하게 안 된다고 언성을 높여야 하였는가? 어쩌면 그 이론이 좀 진부한 경영 전략처럼 들렸기 때문일 수도 있지만, 그러나 무엇이 그와 같이 한 목소리로 반대하게 하였는가?

한 마디로 답하자면 지적 분노intellectual outrage 때문이다. 경제학자들에게 전략적 무역론의 생각은 무슨 대단한 통찰이나 되듯이 꾸민 조잡한 개념 오류의 집합에 불과하였다. 마치 지압 치료사와 똑같이 취급받을 때 흥분하는 의사들처럼(섬머스도 사용한 비유) 또는 점성술사와 혼동될 때의 천문학자들처럼, 교수들은 전략적 무역론자들을 진지하게 받아들이는 것을 알고 분노하였다.

그러면 전략적 무역론의 무엇이 그들을 그토록 짜증나게 하였는가?

전략적 무역론의 오류

전략적 무역론이 경제학자들을 분노하게 한 까닭을 이해하자면 이 장의 서두에 언급한 가상 대화의 인용문으로 돌아가야 한다. 물론 꾸민 이야기이지만 매우 주의 깊게 구성한 것이다. 이를테면 경제학자들이 전략적 무역론의 근본적인 개념 오류라고 보는 몇 가지 사항을 제한된 지면에서 입증하고자 재구성한 것이다. 정확하게 말하자면 여섯 가지 오류가 있다. 서두의 인용문에 들어 있던 괄호

속의 알송달쏭한 번호가 바로 이 숫자이다.

그 번호대로 하나씩 따져 보자.

1 "새로운 패러다임이 필요하다 We need a new paradigm": 전략적 무역론의 본질은 경제 전체와 시장에서 경쟁하는 개별 기업을 유사하게 보는 데 있다. 만일 미국이 1950년대처럼 대규모 자급 자족 경제라면 이러한 유추는 분명히 의미를 가진다—스스로를 위해 생산하는 경제가 자신의 소망 이외에 다른 어떤 것과도 경쟁하지 않음은 확실하다. 그러므로 전략적 무역론자들이, 미국이 국제 무역에 개방되어 있어 모든 것이 다르다고 논하는 것은 명백히 본질적인 것이다.

그러나 과연 그런가? 경제학자들은 최소한 다음 두 가지 근거에서 그렇게 생각하지 않는 편이다. 하나는 원리의 문제이다. 경제의 국제화가 기본을 변화시키지는 않는다. 무역은 다른 경제 활동들과 마찬가지로 똑같은 원리에 종속된 또 다른 경제 활동일 뿐이다. 또 하나는 사실의 문제이다. 미국 경제는 전략적 무역론자들이 생각하는 만큼 그렇게 국제 무역에 의존적이지 않으며 역사적 전례가 없는 위치에 있지도 않다.

한 국제 무역론 교과서(제임스 인그램 James Ingram이 쓴)에 이 같은 점을 입증하는 데 알맞은 기막힌 우화가 나와 있다. 그 이야기에서는 한 사업가가 미국의 밀, 목재 등을 값싸고 질 좋은 소비재로 전환시키는 비밀 기술을 써서 신규 사업을 시작한다고 가정한다. 그 사업가는 산업의 영웅으로 떠받들린다. 일부 국내의 경쟁자가 손해를 보지만 모두가 어느 정도의 혼란은 자유 시장 경제의 대가임을 인정한다. 그러나 그때 한 기자가 그의 진상을 추적 조사하여 밀과 목재를 아시아로 보내고 그 대금으로 공산품을 사들인다는 사실을 밝혀 낸다—이제 사업가는 미국의 일자리를 파괴하는 사기꾼으로 손가락질 받는다. 물론 이 우화의 요점은 국제 무역도 다른 경제 활동과 마찬가지로 하나의 경제 활동이며, 수출을 수입으로 전환하는 일종의 생산 과정으로서 실제로 유용한 활동으로 생각할 수 있다는 것이다.

사실의 문제로 돌아가서, 전략적 무역론의 수사법이 의미하고자 한 것은 전형적인 미국 기업이나 노동자가 오늘날 세계 시장을 위해 생산하고 있다는 것과, 그 같은 '세계화globalization'의 정도가 역사적으로 전례가 없다는 것이다. 사실상 이는 둘 다 사실이 아니다.

1991년 수출은 미국 국내 총생산의 10퍼센트였고 수입은 11퍼센트였다. 이는 기본적으로 1960년의 수입 수출보다 4퍼센트 증가한 수치이다.(그러나 좀 놀라운 것은 1980년 이래 그 수치가 그리 많이 변하지 않았다는 점이다. 5장의 그림 8에 나타나듯이 미국 경제에서 국제 무역의 중요성이 크게 증가한 것은 1980년대가 아니라 1970년대였다.) 여전히 수치는 미미한 수준으로 남아 있다. 전체 경제와 개별 기업 간에 가정된 유사성을 생각해 보라. 얼마나 많은 회사가 생산물의 90퍼센트 이상을 자사의 노동자와 기업주에게 팔고 있는가?

미국의 생산물이 대부분 자국민에게 팔리고 있기는 하지만, 그 중 많은 부분이 자동차나 컴퓨터처럼 국제 경쟁이 치열한 시장에서 팔린다고 주장할 수도 있다. 그러나 이는 극히 부분적인 진실이다. 1991년 미국의 산출물의 76퍼센트는 재화가 아닌 서비스로 구성되었다. 그리고 대부분의 서비스는 이전되기 어렵다는 사실 때문에 사실상 국제 경쟁으로부터 차단되어 있다.(서비스 부문이 미국 경제에서 차지하는 주도적인 역할에도 불구하고 미국 무역의 약 20퍼센트에 불과할 뿐이다.) 대강 추정해 보아도 최소한 미국 경제의 산출물에서 3분의 2가 이른바 교역될 수 없는 재화에 속한다.

미국의 세계 무역 의존도가 전례가 없는 정도는 아니다. 실제로 역사적인 기준에 비추어 보아도 오늘날 미국 경제에서 차지하는 국제 무역의 중요성은 전례가 없는 것도 비정상적인 것도 아니다—그렇지만 미국의 현직 대통령을 위시하여 많은 사람들은 그렇게 생각하지 않는 것 같다. "제가 자랄 때만 해도 기업은 국내 사업 위주였습니다. 그러나……이제 우리는 세계 경제라는 천에 빠져나올 수 없이 짜여진 실과도 같습니다."•

대부분의 국제 경제사가들은 진정한 의미의 세계 경제가 출현한 시기를 40년대로 보고 있다—대규모 상품 선적이 가능할 정도로 철도와 증기선이 운송 비용을 줄인 1840년대를 말한다. 그에 따라 국제 무역은 급증하였다. 당시의 경제 대국은 영국이었고, 19세기 중반 영국은 GDP의 1/3 이상—오늘날 미국의 수출 비중의 약 3배 규모—을 수출하고 있었다.

이와 같은 초기 무역의 일부 유형은 천연자원에 토대를 두거나 또는 국내 시장에 부수적으로 이루어졌던 것이 아니다. 영국의 주도 산업은 면직물—원료를 (영국 본국에서의 면 재배 노력에도 불구하고) 100퍼센트 수입에 의존하고 생산물의 60퍼센트 이상을 수출함으로써, 수출 비율이 오늘날 미국의 주력 수출 산업인 항공 산업의 수출 비율보다 훨씬 높은 산업—이었다.••

19세기 무역에는 거대한 국제적 자본 이동이 수반되었는데, 그 규모는 세계 경제의 규모를 감안할 때 제1차 세계 대전 이래의 어떤 자본 이동보다도 컸다. 19세기 말의 어느 해에 영국은 국민 저축의 약 40퍼센트

• 빌 클린턴 대통령의 1993년 2월 26일 자 연설.
•• 미국의 남북전쟁은 주요 원면 산지를 차단함으로써 영국 경제를 혼란에 빠뜨렸다. 당시 영국의 정치가들은 북부의 남부동맹 봉쇄를 깨뜨리기 위한 군사적 개입을 심각하게 검토하였다.

를 해외에 투자한 적도 있었다. 그리고 국경이 거의 완전히 개방된 시대였던 만큼 최근의 어떤 경우도 비교할 수 없는 규모의 국제 이민도 빼놓을 수 없다. (귀하의 고조 할머니께서는 어느 나라 태생이신가?)

일반적으로 경제사가들은 미국 경제가 현재 그리고 앞으로도 빅토리아 시대 이래의 영국만큼 세계 경제에 통합되고 의존할 수 없을 것이라고 말한다.

왜 이런 사실이 문제가 되는가? 교수의 입장에서 생각해 보자. 전략적 무역론자들이 전통 경제학의 지혜를 거부하는 것은 전통 경제학이 더 이상 세계 경제와 관계가 없다고 보기 때문이다―그러나 주로 19세기 영국의 경제학자들에 의해 발전된 고전학파의 경제 이론조차 실제로 오늘날의 미국 경제보다 국제 무역과 투자에 더 의존하던 경제 사회에서 발전하였다. 그러니 경솔한 문외한에게는 지혜로 보일지 몰라도 경제사를 약간 알고 있는 교수에게는 무식하고 겉만 그럴듯한 사고일 뿐이다.

2 "세계 시장에서 경쟁Competing in the world marketplace": 전략적 무역론은 각 나라도 회사들과 똑같은 방식으로 서로 경쟁하고 있다고 본다. 미국 중산층의 생활 수준이 오랫동안 정체되고 있는 것은 효율적으로 경쟁하지 못한 데에서 기인한다는 것이다.

이는 무엇이 잘못되었는가? 세계화가 모든 것을 바꾼다는 주장처럼 경제학자들에게 이는 개념적인 혼동과 자료에 대한 명백히 짧은 지식의 결합일 뿐이다.

개념적인 수준에서 무역에 관한 가장 기본적인 요점―사기꾼의 공장 이야기에서 이미 예시하였지만―은 무역이 교환의 과정이라는 것이다. 세계 시장에서는 모든 나라가 구매자와 판매자이며, 실제로 시장의 힘은 장기적으로 판매(수출)와 구매(수입)가 대강 동등해지는 것을 항상 보장한다. 그리고 국제 무역의 목적은, 즉 국제 무역이 유익한 이유는 수출이 아닌 수입에 있다. 즉 한 나라가 무역에서 얻는 것은 그 나라가 원하는 물건을 수입할 수 있는 능력이다. 수출은 그 자체가 목적이 아니다. 수입품 공급업자들이 나라를 상대로 대금 요청을 하기 때문에 나라가 어쩔 수 없이 수출을 해야만 하는 부담인 것이다. 그러므로 '경쟁력 competitiveness'이 중요하다거나 또는 경쟁력이 모든 것을 의미한다는 식의 생각을 경제학자들이 거부하는 것은 보통이다.

그러나 미국의 생활 수준이 정체된 것은 주로 세계 시장에서 효과적으로 경쟁하지 못하였기 때문임은 사실이지 않은가?

아니다, 사실이 아니다. 1979년에서 1989년까지 주택을 뺀 물가지수의 측면에서 보자면 미국의 전체 노동자의 실질 보상real compensation은 5.8퍼센트 증가하였지만, 소비재의 측면에서 보면 생산성은 5.1퍼센트 상승하였다.• 이것들은 순수 국내 변수이다—즉 생산성은 다른 나라와 비교하여 산정되는 것이 아니며, 세계 시장 점유율에 관한 자료나 기타 세계 경제를 포함하는 다른 어떤 것도 고려에 넣지 않는다. 그러나 어떤 것을 보더라도 증가량은 거의 똑같은 (실망스러운) 수준이다. 이러한 사실은 미국이 국제 무역을 전혀 하지 않았을 경우—이 세계에 미국 한 나

• 미국 경제의 전체 생산성은 1979년에서 1989년에 걸쳐 10.5퍼센트 상승하였다. 그러나 생산성 향상은 대부분 직접적으로 생활 수준을 높이지 못하는 컴퓨터와 같은 자본재의 생산으로부터 얻은 것이었다. 전체 소비자 물가지수로 산정한 실질 보상은 불과 1.5퍼센트 증가에 그쳤는데, 이는 주로 국제 경쟁과 관계없는 주택 가격의 급상승 때문이었다. 계산에서 주택과 자본재를 제외해야 할 필요성은 하버드 대학의 로버트 로렌스와 MIT의 매튜 슬로터 Matthew Slaughter의 최근 연구에서 제시되었다. "Trade and U. S. Wages: Great Sucking Sound or Small Hiccup?", *Brookings Papers on Economic Activity*, 1993.

라밖에 없다고 할 경우—에 시현할 수 있었을 생활 수준의 성장과 거의 엇비슷한 결과를 시현하였음을 보여 준다. 다른 나라와 경쟁하는 어려움은 생활 수준의 성장 문제와 관계가 없다.

3 "높은 생산성High productivity": 전략적 무역론자들은 생산성이 세계 시장에서의 경쟁을 돕기 때문에 중요하다고 믿는다. 일반 경제학에서는 생산성이 더 많이 생산할 수 있도록 해 주기 때문에 중요하다고 보거니와, 이는 국제 무역을 하지 않는 경제에도 그대로 통용되는 진리이다.

생산성을 경쟁력에 연관 짓는 수사법으로 인해 이 문제는 공개 토론에도 널리 퍼져 많은 사람들은 이것이 논쟁거리일 수 있다는 점을 거의 알지 못할 정도였다. 1992년 나는 『뉴욕 타임스』에 기고문을 쓰면서 생산성 향상의 중요성을 강조한 바 있다. 그때 내가 상대하였던 편집 차장은 나에게 미국이 "세계 시장에서 경쟁하기 위해" 생산적일 필요가 있다는 점을 "설명"해야 한다고 고집하였다. 그는 그런 문구가 추가되지 않는다면 내 글을 싣지 않으려고 하였다. 그래야만 생산성의 중요성을 독자들이 이해할 수 있기 때문에 꼭 필요하다는 것이었다.

이것은 상당히 범위가 넓은 주제이다. 이 문제는 여기서 상론을 피하고 보론에서 다루고자 한다.

4 "고부가가치 부문High-value sector": 전략적 무역론 학설에서 가장 인상적인 부분 중 하나가 산업을 노동자당 부가가치가 높은 부문으로 이동시킴으로써 나라의 실질 소득을 올릴 수 있다고 하는 생각이다. 이러한 고부가가치 부문으로 보이는 산업은 일반적으로 컴퓨터와 항공우주 산업과 같은 발전된 첨단 부문이다.

다시 한 번 경제학자들은 이를 개념적으로 잘못된 것이라고 본다. 어떤 부문이 다른 부문보다 노동자당 부가가치가 높은 이유는 무엇인가?

더 나은 부문이 있다고 가정하는 것으로는 충분하지 않다. 만일 그렇다면 자본과 노동이 높은 수익을 좇아서 그리로 흘러 들어가지 않겠는가? (시장은 불완전할 수 있지만 어리석거나 나태하지는 않다.) 실제로 일부 산업이 노동자 1인당 부가가치가 높은 것은 다른 투입물, 즉 자본이나 기술이 그만큼 더 높기 때문이다. 경제는 자본과 기술의 공급을 제한하기 때문에 그러한 희소 자원이 집중적으로 들어가는 사업을 장려하는 것은 자본당 소득을 올리기보다 낮출 수도 있다.

그러나 경제학자들에게 가장 충격적이었던 것은 라이히 같은 '고부가가치' 산업의 옹호자들이 실제로 노동자 1인당 고부가가치를 내는 산업을 제대로 검토해 보지도 않았다는 사실이다. 표 4는 그 같은 결과를 입증한다. 표 4를 보면 실제 고부가가치 산업은 극단적으로 자본 집약적인 담배(!)와 정유 산업 같은 부문임이 드러난다. 항공기나 전자 등 미래의 열쇠를 쥐고 있는 고부가가치 부문이라고 누구나가 상상하는 첨단 산업은 노동자 1인당 부가가치가 단지 평균에 불과하였다.

5 "일자리Jobs": 전략적 무역론의 한 주요 분파는, 미국이 국제 경쟁에서 패배하였기 때문에 제조업에서 '좋은 일자리good jobs'를 잃었다고, 즉 노동자들이 불행하게도 해고당하거나 저임금의 서비스 부문으로 일자리를 옮기게 되었다고 비난한다. 전직 철강 노동자가 지금은 햄버거를 팔아서 최저 임금을 벌고 있다는 이미지는 대중들에게 깊이 각인되어 있거니와, 많은 언론에서 다루는 중심 주제이기도 하다.●

경제학자들은 이러한 생각에도 개념적 문제를 지적하고 있지만 원리

● 예를 들어 Barlett and Steele, *America: What Went Wrong?* (Kansas City: Andrews & McMeel, 1992)을 보라.

표 4　　　　　　　　　　　　　　　　　　　　　노동자당 부가가치, 1988 (단위 : 천 달러)

산업	부가가치
담배 산업	488.3
정유 산업	283.4
자동차 산업	98.5
철강 산업	96.7
항공 산업	67.8
전기·전자 산업	63.9
제조업 전체	65.9

자체에 대한 경제학자들의 이의 제기도 전체 사실과 비교하면 거의 불필요하다. 미국 경제는 해외의 경쟁국들과 비교할 때 고용 창출에 성공적이지 못하지 않았다. 오히려 미국은 1973년에서 1990년까지 38퍼센트의 고용 증가를 일으켜 선진국의 고용 창출을 선도한 원동력이었다. 같은 기간 선진국의 고용 증가는 일본이 19퍼센트, 유럽이 8퍼센트에 불과하였다.

　오늘날 실질 임금이 정체되고 있는 것은 사실이다. 그러나 이는 노동자들이 제조업에서의 좋은 일자리를 잃고 임금이 낮은 서비스 부문으로 쫓겨났기 때문인가? 그렇지 않다. 여기에는 두 가지 이유가 있다. 첫째로 제조업의 일자리가 모두 좋은 임금을 받는 것은 아니다.(제조업의 시간당 임금은 비제조업보다 불과 10퍼센트가 높을 뿐이다.) 실질 임금이 정체된 것은 제조업에서의 좋은 일자리를 잃어서가 아니라 대학 교육을 필요로 하지 않는 모든 일자리의 실질 임금이 정체되거나 하락하였기 때문이다. 그리고 둘째로 미국이 외국과 경쟁에서 제조업의 기반을 상실하였다는 널리 일반화된 신념은 완전히 잘못된 것이다.

　두 번째 주장은 저널리스트와 정치 분석가들의 통념과는 너무나 달라서 충격적으로 들릴 것이다. 흔히 미국이 '탈산업화 deindustrialization', 즉 결정적으로 중요하다고 전제되는 제조업 기반의 상실—이는 또한 제조업이 경제의 실질적인 중심이며 제조업이 없다면 알맹이 없이 껍질만 남을 뿐이라는 의미의 '경제 공동화hollowing out of the economy'라고도 알려져 있다—에 따라 고통받는다는 사실이 이미 기정사실인 듯하다. 많은 '탈산업론자deindustrialist'들은 미국이 서비스 경제만으로도 번영할 수 있다고 믿는 가상의 분파가 그들의 유일한 반대자인 것으로 생각한다.

탈산업화는 일어난 적이 없기 때문에 특별한 논쟁거리이다.

일어난 적이 없는 사실을 들어 시작해 보자. 물론 미국 제조업의 부가가치와 고용이 오랫동안 하락하고 있다는 사실은 맞다. 그림 12에 나타나듯이 이와 같은 추세는 모든 산업 국가에 공통적이다. 독일과 일본은 미국과 비교하여 제조업의 비중이 더 크지만, 그 비중은 미국만큼 또는 미국보다 빠르게 감소하고 있다. 이러한 추세는 분명한 이유가 있다. 이 같은 추세는 본질적으로 제조업이 상대적으로 급속한 생산성 성장을 이루고 제조업 상품에 대한 제한된 수요와 결합으로 인해 일어날 수밖에 없다. 미국의 공장은 시간이 지남에 따라 점점 더 서비스 사업을 훨씬 상회하는 생산성이 높은 부문이 되고 있다. 그러나 일반 대중은 연간 소득 증가분의 대부분을 제조업 상품보다는 서비스 상품에 소비한다. 그러므로 제조업에 대한 수요 증가율은 매우 완만하지만 생산성은 급속하게 오른다. 그 결과는 이렇다. 제조업 상품에 대한 수요는 기존 공장 노동자의 수를 유지하거나 심지어 줄인다고 해도 충족될 수 있다.

이와 같은 이야기는 익숙하게 들린다. 이는 정확히 50년 전 농업 부문에서 일어났던 일이다. 농업에 종사하는 미국인들은 극소수인데, 이는 미국 농부들이 경쟁력이 없어서가 아니라 생산성이 높아서 많은 인원이 필요하지 않기 때문이다. 그리고 미국의 '탈농업화deagriculturalization'는 농업

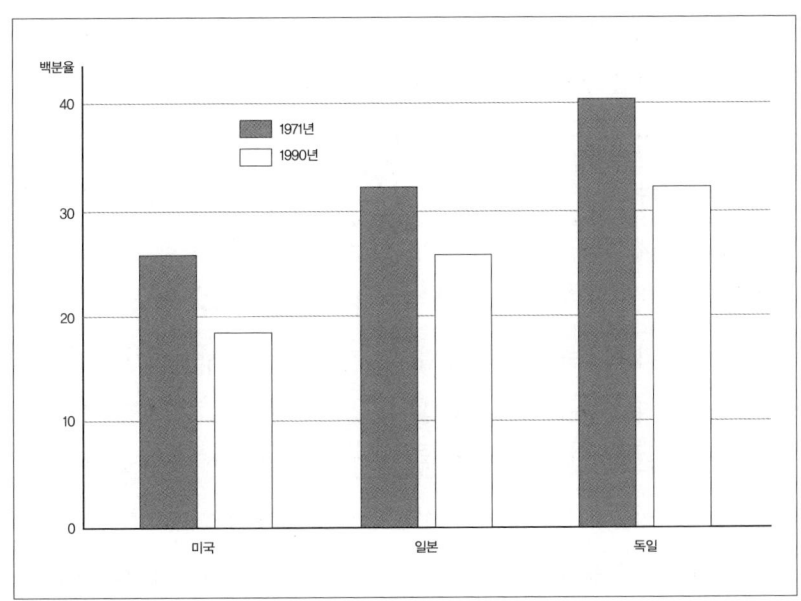

그림 12 비농업 부문 고용에서 제조업 부문 고용의 비중.

생산물의 지속적인 무역 잉여에도 불구하고 계속 진행 중에 있다.

그런데 제조업 부문이 농업의 경우와 다르게 보이는 것은, 1980년 이래 미국이 이 부문에서 지속적으로 무역 적자를 내었고 일부 산업(가령 신발, 의류 등)이 수입 경쟁의 충격으로 위축되어 온 것이 사실이기 때문이다. 그러면 제조업 부문에서의 경쟁력 상실이 탈산업화의 주요 원인인가?

답하자면 결코 아니라는 것이다. 국제 무역이 미국의 제조업 부문에 미친 대략적인 순수 효과는 계산하기가 쉽거니와, 그리 크지도 않다.

표 5는 1991년의 경우에 대한 그 같은 계산이다. 첫째 줄은 제조업 상품의 무역 적자를 나타내는데 1991년에는 470억 달러였다. 정의상 미국에서 생산된 제조업 상품의 전체 판매량은 모든 제조업 상품의 국내

판매량에 수출량을 더하고 수입품의 국내 판매량을 뺀 전체 합과 같다. 그러므로 제조업 부문에 대한 국제 무역의 순수 효과는 무역 수지로 대략적인 추정이 가능하다. 수출은 국내분에 더해지지만 수입은 국내 생산을 대체한다.

그러나 이 계산은 제조업 부문의 규모에 대한 국제 무역의 영향을 과대 평가한다. 그 이유는, 1달러의 제조업 상품 수출에는 대부분 제조 기업의 부가가치보다는 의료 같은 제조업자가 구입한 서비스가 간접적으로 반영되어 있기 때문이다.(제너럴 모터스의 가장 큰 공급자는 부품 제조업체나 강철 회사가 아니라 블루 크로스–블루 실드Blue Cross-Blue shield이다.: 민간 운영의 비영리 의료 보험 제도—옮긴이) 따라서 제조업 수출품의 추가적인 1달러는 극히 일부만이 제조업 부문에 더해지고, 반대로 제조업 수입품의 1달러의 대부분은 제조업 부문의 고용보다 서비스 부문의 고용을 대체하게 된다.

다행히 미국 경제의 투입–산출 문제에 대한 연구를 통해 제조업 부문의 무역에 숨어 있는 서비스 부문의 요소를 제대로 평가하는 방법을 구할 수 있다. 1달러의 제조업 상품 판매 중 약 60퍼센트만이 제조업의 부가가치를 나타낸다. 따라서 무역이 산업 기반에 미친 전체적인 영향을 평가하기 위해서는 무역 적자를 40퍼센트 축소해야 하는 것이다. 1991년의 경우 미국 제조업의 경쟁력 문제에 대한 첫 번째의 대략적인 추정치에서 제조업 부문의 부가가치를 470억 달러의 60퍼센트 또는 280억 달러를 줄이면 된다.

대단한 액수인 것 같지만 미국 경제를 논할 때는 그 나라 경제가 어마어마한 규모라는 사실을 항상 염두에 두어야 한다. 1991년 미국은 '탈산업화'에도 불구하고 제조업 부문에서의 부가가치가 약 1조 달러 수준이었다. 무역 적자가 없었다면 그 부가가치가 불과 280억 달러 늘어났

표 5 미국의 제조업에 대한 무역의 영향 (1991)

	제조업 부문 수출 (10억 달러) (-)	345
	제조업 부문 수입 (10억 달러) (=)	392
	제조업 부문의 무역 수지 다음을 의미한다	-47
	제조업 부문의 부가가치의 감소 (무역 수지의 60퍼센트)	-28.5
	제조업 부문의 부가가치 다음을 의미한다	1,000
	제조업 부문의 감소율	2.8

을 것이다. 고작 2.8퍼센트의 차이일 뿐이다.

다른 각도에서 살펴보자. 제조업 부문에 고용된 노동자는 1970년 27퍼센트였음에 비해 1991년에는 그 비율이 17퍼센트였다. 만일 미국이 제조업 부문의 무역 적자를 없앨 수 있다면—그러니까 미국 이외의 지역을 사라지게 할 수 있다면—제조업 부문은 2.8퍼센트 더 커질 수 있을 것이다. 즉 고용 비율은 17퍼센트가 아니라 약 17.5퍼센트가 될 것이다. 1960년대 말 이후 제조업 부문의 고용 비율이 약 10퍼센트 감소한 중에서 그 10퍼센트 포인트 미만이 국제 경쟁의 결과로 감소한 것이다.

로렌스와 슬로터의 주의 깊은 연구는 "국제적 요인은 1980년대 미국의 임금 동향에 아무런 작용도 하지 않았다"●라고 단호하게 결론 내렸다. 국제 경쟁은 상관이 없는 것이다.

6 "새로운 제휴 관계A new partnership": 물론 이는 하한선이다.

● Lawrence and Slaughter, "Trade and U. S. Wages."

QWERTY라는 새로운 경제학을 발전시킨 경제학자들은 정책 결론에 신중하고 자신이 없었으나 전략적 무역론자들은 전혀 그렇지 않았다. 최소한 1980년대 초기부터 전략적 무역론자들은 정치가들에게 그들의 처방을 따르면 고부가가치 혹은 신흥 산업을 증진하여 경제를 개선시킬 수 있을 뿐 아니라 실제로 경제 문제를 해결할 수 있다고 자신 있게 약속하였다.

백악관의 전략적 무역론자들

살펴보았다시피 1983년과 1984년에 전략적 무역론자들의 정치적 여세는 자유주의적 경제학자들의 반대로 좌절되었다. 그러나 1990년대 초 전략적 무역론자들—전과 거의 동일한 사람들을 포함하여—은 다시 세력을 회복하였다. 1991년 로버트 라이히는 『국가의 과업』이라는 새 책을 펴냈는데 이는 열광적인 서평이 따랐고 또 잘 팔렸다. 1992년 레스터 서로의 신간 『대결』도 굉장한 베스트셀러가 되었다. 그리고 빌 클린턴의 당선과 함께 전략적 무역론자들은 워싱턴으로 갔다. 라이히는 노동 장관이 되었다. 『미국의 기업 문제』의 공저자이자 그 자신의 성명서 격인 『조용한 전쟁 The Silent War』의 저자 아이러 매거지너는 의료 보장 개혁의 임무(힐러리 클린턴 하에서)를 맡았다. 또 서로는 워싱턴으로 가지는 않았지만 신임 대통령은 『대결』을 중요시해서 그 책을 자주 언급하였다.

어떻게 이러한 사태가 일어났는가? 어느 정도는 굉장한 우연이라는 요소가 있었다. 매거지너와 라이히는 대통령과 함께 옥스퍼드를 다녔다. 그러나 그 누구도 스스로 완전히 이해하지 못한 일련의 사상을 대통령에게 판다는 것은 꿈도 꾸지 못할 것이다. 대통령과 그의 친구들은 실제로 오랜 토론 과정을 거쳐 그러한 사고에 다가갔다. 즉 빌 클린턴은 전략적 무역론자들에게 매료된 것이 아니었다. 본인이 전략적 무역론자였던 것이다. 그는 정책 기획가이면서 동시에 정치가인 인물이었다.

그리고 여하간 때가 맞았다. 대중들은 공급 중시론자들이 약속한 환상으로부터 완전히 깨어났지만 여전히 해답을 찾고 있었다. 일반적으로 그렇듯이 교수들의 해답은 대중들뿐 아니라 언론이 보기에도 지나치게 약하고 또 너무 복잡하였다.(8장에서 살펴보았듯이 보수주의 거시 경제학의 후퇴와 케인스의 부활은 사실상 보도되지 않은 채 지나갔다.) 대중들과 정치가들에게는 새로운 일단의 정책 기획가가 필요하였다. 전략적 무역론이 그 청구서를 받아들었다.

우리가 살펴보았듯이 불행하게도 전략적 무역론은 극히 나쁜 경제학이다―공급 중시 학설만큼 나쁘다. 클린턴 행정부가 출범하면서 경제 정책도 이미 잘못된 방향을 향하였다.

10장의 보론
생산성과 경쟁력

오늘날 미국인이라면 누구나 미국 경제가 생산성을 높여야 한다는 점에 동의한다. 그러나 대부분의 사람들—경제 담당 신문 기자처럼 마땅히 알아야만 하는 사람들을 포함하여—은 왜 그래야 하는지를 잘못 알고 있다. 아마도 가장 대중적인 설명은 세계 경제에서 경쟁하기 위해서는 생산적이어야 한다는 말일 것이다. 이는 1992년 여름에 내 기고문을 싣고자 하였던 『뉴욕 타임스』 편집 차장의 설명이기도 하다. 또 1993년 2월 클린턴 대통령이 고통스러운 세금 인상이 포함된 경제 정책을 정당화하려고 했을 때도 그와 같은 설명을 하였다. 그러나 그것은 틀린 설명이다. 좀 더 생산적이어야 하는 것은 더 많이 생산하기 위해서이며, 이는 설령 미국이 해외에 경쟁국이나 고객이 없다고 해도 변함 없는 진리이다.

그런데 그 많은 총명한 사람들이 생산성의 논리를 잘못 알고 있다면,

그 논리가 그리 명쾌하지 않은 것임에 틀림이 없다. 따라서 이 보론에서는 어떤 단순한 가설적인 예를 들어 생산성과 경쟁력이 왜 서로 무관한지—그리고 사실상 왜 '경쟁력competitiveness'에 관한 전체 개념이 최소한 문제가 있거나 최악의 경우 완전히 오류인지—를 밝혀 보고자 한다.

세 가지 질문과 답변

먼저 생산성과 국제 경쟁력의 관계와 관련 있는 세 가지 질문부터 생각해 보자. 대중들로부터 이와 같은 질문이나 비슷한 질문을 받았을 때 직관적으로 떠오르는 답변은 어떤 것이고, (경제학을 공부하지 않았다면 대동소이하겠지만) 통상적으로 듣는 답변은 어떤 것인지 생각해 보라. 그러면 나는 올바른 해답을 내놓고 왜 그 답이 실제로 올바른 답인지를 따질 것이다. 곧 알게 되겠지만 이러한 과정을 마치고 나면, 생산성과 경쟁력의 관계에 대해 대중적인 견해뿐 아니라 전문가라고 하는 많은 사람들의 견해와도 전혀 다른 하나의 견해에 이르게 될 것이다.

여기에 세 가지 질문이 있다.
1 생산성이 교역 상대국보다 떨어지는 나라는 어떤 일이 일어나는가?
2 생산성 성장이 경쟁 국가보다 뒤지는 나라에는 어떤 일이 일어나는가?
3 외국과 경쟁해야 하는 부문의 생산성 성장과 보호받는 국내 시장을 위해 생산하는 부문의 생산성 성장 중 어느 쪽이 중요한가?

1번 질문부터 시작하자. 상식적인 견해에 따르면, 생산성이 경쟁국보다 전반적으로 열등하다면 고통을 받을 것이 확실하다. 무엇보다 경쟁국보다 뭔가 앞서는 부문이 없다면 어떻게 세계 시장에서 뭘 팔 수 있겠는가? 그러나 정답은 교역 상대국보다 생산성이 떨어진다고 해도 아무런 문제가 없다는 것이다. 물론 전반적으로 생산성이 낮은 나라는 높은 생활 수준을 누릴 수 없다. 그러나 그렇다고 하더라도 생산성이 앞선 나라들과 공존해야만 한다는 사실은 변함이 없다. 실제로 생산성이 앞선 '경쟁자들'과 거래할 수 있다면 국내의 낮은 생산성은 악화되는 것이 아니라 완화될 것이다.

2번 질문은 어떤 면에서 1번과 똑같은 질문이지만 대화 논의의 각도를 일종의 변화율로 바꾼 것이다. 이에 대한 상식적인 견해는 경쟁 국가보다 생산성 성장이 뒤지는 나라는 큰 곤경에 처할 수밖에 없다는 것이다—결국 경쟁자의 생산성 증가를 체계적으로 따라 잡지 못하는 기업은 사업에서 손을 떼게 될 수밖에 없다. 이는 미국 경제의 건실성을 좌우하는 결정적인 요소가 다른 나라에 비교한 미국의 생산성 성장률이라는 점을 시사한다. 그러나 정답은 미국의 생활 수준 성장률이 미국의 생산성 성장률과 **기간별로** 거의 정확하게 일치한다는 것이다. 외국의 생산성이 얼마나 빨리 성장하는가, 그리고 미국이 그들 앞에 있는가 뒤에 있는가 하는 점은 전혀 관계가 없다.

끝으로 3번 질문에 대해 대다수 사람들은 국제적으로 경쟁해야 하는 부문—무엇보다 외국의 경쟁자들과 보조를 맞춰야만 하는 부문이다—의 생산성 성장이 더 중요하다고 답할 것이다. 정답은, 다시 이런 식으로 말하자면, 미국의 생활 수준에 문제가 되는 것은 미국 노동자 전반의 생산성이란 것이다. 미국의 노동자들이 외국과 경쟁을 하든 국내 시장만을 위해 생산하든 문제되지 않는다. 이와 같은 답변은 대개 통념과 반대된다고 하는 특별한 의미를 내포하고 있다. 즉 서비스업의 생산성이 제조업의 생산성보다 문제가 된다고 보는 것이다. 좀 더 자세히 말하자면 미국 경제의 부가가치는 단 20퍼센트만이 제조업에서 발생하고 약 70퍼센트가 서비스 부문에서 발생하기 때문에, 서비스 부문에서의 1퍼센트 포인트의 생산성 증가는 제조업에서의 동일한 증가보다 약 3.5배의 가치가 있다.

이러한 답변도 아직은 근거 없는 주장일 뿐이니 그 근거를 살펴보자.

낮은 생산성 및 국제 무역의 결과

1번 질문에 답하려면 정형화된 수치를 예로 드는 것이 도움이 된다. 시간은 좀 걸리겠지만 국제 무역에 관한 내용을 간단한 산수도 없이 이해하겠다고 생각한다면 좀 욕심이다.•

오직 두 나라—동쪽 나라와 서쪽 나라라고 하자—와 두 개의 재화—자동차와 버스라고 하자—만 있는 극히 단순화된 세계를 가정해 보자. 문제를 더 단순화시켜서 노동만이 생산에 대한 유일한 투입물이라고 가정하고, 기술이나 교육의 차이는 무시하자. 그러므로 유일하게 문제가 되는 것은 나라별, 부문별 노동 생산성의 차이뿐이다.

질문에 답하기 위해 동쪽 나라는 서쪽 나라보다 전반적으로 생산성이 높다고 가정하자. 특히 차 한 대 또는 버스 한 대를 생산하기 위해 필요한 시간은 표 6과 같다고 가정하자. 두 부문 모두 동쪽 나라의 생산성이 높지만 그 수준은 다르다. 즉 자동차 산업에서는 6배나 생산성이 높지

• 경제학을 어느 정도 접해본 독자라면, 여기서의 예가 1817년에 처음 출간된 데이비드 리카도David Ricardo의 비교 우위 설명에서 빌려온 것임을 알 것이다.

표 6 가설적 필요 노동량

소요 시간:	자동차	버스
동쪽 나라	100	200
서쪽 나라	600	300

만 버스 산업에서는 단지 1.5배일 뿐이다.

 이 두 나라가 서로 교역을 하면 어떤 일이 벌어지겠는가? 정확한 결과는 자동차와 버스에 대한 상대적 수요에 달려 있지만 한 가지는 확실하다. 즉 서쪽 나라의 노동자들은 동쪽 나라의 노동자들보다 더 낮은 임금을 받아야만 한다는 점이다. 그렇지 않다면 동쪽에서 모든 것을 생산하는 편이 가장 저렴하게 되고 서쪽은 단지 해당 사업에서 손을 떼면 되는데, 그와 같은 일은 두 나라에 일어나지 않는다. 한편 서쪽의 임금도 지나치게 낮은 수준까지 떨어지지는 않는다―그렇지 않다면 낮은 생산성에도 불구하고 서쪽에서 전부 생산하는 편이 더 저렴하기 때문이다. 그러므로 임금률은 두 나라의 생산성 비율 사이에서, 즉 6과 1.5 사이에서 결정되어야 한다. 서쪽 노동자들이 동쪽 노동자들의 3분의 1을 받는다고 가정해 보자.

 당장 어떤 일이 일어날지를 알 수 있다. 높은 임금에도 불구하고 생산성의 차이가 크기 때문에 자동차는 동쪽에서 생산하는 편이 훨씬 저렴하다. 그러나 낮은 생산성에도 불구하고 임금이 낮기 때문에 버스는 서쪽에서 생산하는 편이 더 저렴하다. 서쪽은 모든 부문에서 생산성의 절대 열위에 있지만 비교 우위를 가진 재화, 즉 상대적인 생산성으로 비교한 동쪽의 생산성과 관련하여 서쪽의 생산성이 가장 높은 재화를 수출할 수 있다.

 이와 같은 예는 어느 한 나라가 무역 상대국보다 생산성이 떨어진다

표 7

	1981	1992
영국의 생산성 대비 미국 생산성의 비율:	미국의 수출이 영국보다 많은 산업	미국의 수출이 영국보다 적은 산업
3.4 이상	22	4
3.4 미만	3	10

고 해서 수출할 재화가 없지 않다는 사실을 시사한다. 그러나 이는 단지 이론에 불과하지 않은가? 실제 세계에는 어떤 일이 일어나는가?

답하자면 정형화된 예에서와 같이 실제 세계에서도 한 나라의 성공적인 수출은 절대적 우위가 아니라 상대적 생산성 우위에 따라 결정된다는 것이다.

비교 우위의 원리를 실제로 입증하는 고전적인 사례로 제2차 세계 대전 직후의 영국과 미국의 경우를 들 수 있다.* 당시 영국의 생산성은 미국에 훨씬 뒤져 있었다—제조업의 노동 생산성이 미국보다 높은 부문은 하나도 없었으며 평균적으로 미국의 절반 수준에 못 미쳤다. 그러나 영국 경제의 대외 무역 의존도는 미국보다 훨씬 높았고, 따라서 달러로 환산하면 대략 미국과 비슷한 규모를 수출하는 셈이었다. 수출 양상을 비교해 보면 비교 우위가 어떻게 작용했는지 확연히 알 수 있다. 표 7은 1950년대 39개 산업에 관한 데이터를 기초로 영국과 비교한 미국의 생산성 비율 및 영국에 비교한 미국의 수출 비율을 비교한다. 상대적인 생산성과 상대적인 수출 사이에는 명확한 관련이 있다. 미국의 생산성은

* 상대적 생산성과 수출 간의 유사한 관계는 오늘날 미국과 일본의 관계에도 적용된다. 그러나 제2차 세계 대전 직후 미국과 영국의 비교가 특히 명확한 사례로 남아 있다. 산업 전반에 걸친 미국의 압도적인 생산성 우위에도 불구하고 영국이 미국과 거의 대등하게 수출을 할 수 있었기 때문이다.

모든 부문에서 높았다. 그러나 미국의 생산성이 영국보다 3.4배 높은 산업에서만 미국의 수출이 영국보다 더 많았다. 즉 영국은 어느 부문도 절대 우위에 있지 못하지만 영국의 생산성이 미국의 30퍼센트를 초과하는 재화에서 비교 우위를 가졌다.

영국이 미국보다 생산성이 낮은 산업 부문에서 미국보다 많이 팔 수 있었던 것은, 물론 영국의 노동자들이 미국의 노동자들보다 임금을 덜 받고 있었다는 사실에 기인한다―1949년 파운드화가 4.80달러로부터 2.80달러로 평가 절하됨에 따라 임금 격차는 더 벌어졌다. 이는 영국이 미국과 경쟁하기 위해 미국보다 낮은 생활 수준을 받아들일 수밖에 없음을 의미하지 않는가?

물론 그렇다. 그러나 영국의 생활 수준은 미국보다는 낮았지만, 그럼에도 무역이 없는 경우에 예상되는 수준보다는 훨씬 높았다.

앞의 예를 다시 생각해 보자. 서쪽 나라가 국제 무역으로부터 고립되어 있다면 스스로 자동차를 생산해야만 하고 자동차당 600노동 시간이 소요될 것이다. 그러나 서쪽이 무역을 한다면 버스에만 집중하여 그것을 자동차와 교환할 수 있다. 수입 차는 동쪽의 노동 100시간이 투입되어 있고 이는 서쪽보다 3배 정도 비싸지만, 서쪽의 전체적인 노동 비용은 여전히 300시간이며 자동차를 자국에서 생산할 때 들어가는 비용의 반이다.

도덕적으로 볼 때 낮은 생산성은 일종의 치욕이기는 하다. 그러나 국제 무역에서는 전혀 문제되지 않는다. 대신 비교 우위에 있는 재화는 수출하고 비교 열위에 있는 재화를 수입함으로써 평균적으로 비생산적인 비용을 어느 정도 줄일 수 있다.

이 예로부터 또 하나의 놀라운 사실을 끄집어 낼 수 있다. 동쪽 나라의 생산성을 앞에서 가정한 수치의 반밖에 안 된다고 가정해 보자. 즉 동쪽의 노동자들이 자동차를 만드는 데 200시간, 버스를 만드는 데 400시간이 걸린다고 가정해 보자. 그리고 임금률은 1에 대한 3 대신 1.5라고 가정해 보자. 이것이 서쪽의 입장에 어떠한 영향을 미칠 것인가?

서쪽에 전혀 영향을 미치지 않는다는 것이 답이다. 수입된 자동차는 여전히 서쪽의 300시간의 노동 비용이 든다. 문제가 되는 것은 수출 재화(버스)와 수입 재화(자동차) 사이의 교환율이다—즉 교역 조건이다. 이 같은 사실은 동쪽의 비교 생산성이 전혀 문제가 되지 않음을 보여 준다.

그러므로 낮은 생산성은 문제이기는 하지만 다른 나라에 비교한 낮은 생산성은 재앙이기는커녕 아무런 관계도 없다.

생산성 성장의 지체

2번 질문에 초점을 맞추어 본문에 제시한 사고 실험을 계속해 보자. 먼저 모든 나라의 생산성이 연 1퍼센트씩 성장하는 세계를 상상해 보자. 이 경우 미국의 생활 수준 역시 연간 1퍼센트씩 성장할 것이라는 데 별로 이의가 없을 것이다. 다음으로 미국은 연간 생산성이 1퍼센트씩 성장하는데 세계의 다른 나라들은 3퍼센트씩의 생산성 성장을 이룬다고 가정해 보자. 미국의 생활 수준은 어떻게 되겠는가?

식자층이라고 할 수 있는 사람들 가운데 정말로 많은 이들이 즉각적으로 이제 미국의 생활 수준은 연간 2퍼센트씩 떨어질 것이라고 답변할 것이다. 다수 사람들은, 미국이 세계의 다른 나라들과 보조를 맞추지 못하기 때문에 최소한이라도 미국에 부정적인 효과가 생길 것이라고 보아서 당연하다고 알고 있다. 그러나 정답은 미국의 생활 수준이 여전히 연간 1퍼센트씩 상승한다는 것이다. 그 이유를 살펴보기 위해 앞의 예를 확대하여 임금, 가격 및 환율의 가상적인 흐름을 더해 보자.

미국의 임금(달러로 표시된)과 해외에서의 임금(외환으로 표시된다)은 모두 연간 4퍼센트씩 지속적으로 증가한다고 하고, 가격은 단위 노동 비용에 비례하여 오른다고 가정한다. 그러면 모든 곳에서 생산성이 1퍼센트 성장할 경우 국내와 해외에서 생산된 재화의 가격은 연간 3퍼센트 오르는 것이 된다.

이 경우 생산성과 임금 상승폭이 해외와 국내 모두 동일하기 때문에 달러 가치의 변동은 있을 수 없다. 달러 가치가 일정하다면 미국의 수입 가격이 오를 유일한 이유는 해외의 일반적인 인플레이션 때문이다. 따라서 국내 재화의 가격과 마찬가지로 수입 재화의 가격은 연간 3퍼센트씩 오르게 된다. 임금이 연간 4퍼센트씩 증가한다면 이는 실질 임금이 연간 1퍼센트씩— 생산성 성장률 그대로—오른다는 뜻이 된다.

이제 미국을 제외한 전 세계의 생산성 성장이 3퍼센트씩 가속화된다고 가정해 보자. 그러면 어떤 변화가 일어날 것인가?

변화 양상이 명백하게 나타난다. 만일 미국의 임금이 외국과 똑같은 비율로 계속 상승하고 환율이 변하지 않는다면, 미국의 재화와 서비스는 가격 때문에 세계 시장에서 급속하게 밀려 날 것이다. 미국의 임금은 천천히 상승하고 외국의 임금이 더 빨리 오르거나 또는 달러 가치가 떨어지기 시작해야 한다. 어떤 경우이든 논점에는 차이가 없다. 그러므로 달러 가치가 떨어지기 시작한다고 가정하자. 특히 미국 생산성의 연 2퍼센트 지체를 상쇄하기 위해 연간 평균 2퍼센트씩 떨어져야 한다고 가정하는 것이 당연해 보인다.

그러나 만일 달러 가치가 미국의 생산성 지체를 상쇄하기 위해 하락해야 한다면 이는 미국의 생활 수준을 압박하지 않겠는가? 이 점을 철저히 따져 보자.

미국의 경우 4퍼센트의 임금 상승에서 1퍼센트의 생산성 성장을 뺀 3퍼센트가 국내 재화에 대한 인플레이션으로 전환된다. 세계의 다른 나라들에서 4퍼센트의 임금 상승보다 적은 3퍼센트의 생산성 성장은 외환으로 단 1퍼센트의 인플레이션율을 의미한다. 그러나 달러가 연간 2퍼센트씩 하락한다면 외국 재화의 가격은 달러로 연간 3퍼센트씩 오른다. 그리하여 국내 가격과 마찬가지로 미국으로 들어오는 수입 재화의 가격은 연간 3퍼센트씩 상승한다. 따라서 미국의 실질 임금은 4-3=1퍼센트씩 상승한다―세계 각 나라의 생산성 성장을 동일하다고 가정한 경우와 똑같은 비율이다.

여기에서 무엇이 일어났는가? 달러화의 하락이 왜 생활 수준의 하락으로 전환되지 않았는가? 달러화의 하락을 가져온 외국의 생산성 성장의 가속화가 달러화의 하락을 상쇄하면서 외국 재화의 낮은 가격으로 전가되었기 때문이다. 교역 조건은 영향을 받지 않았다.

이와 같은 논의에 대해 다시금 추상적인 이론이라고 무시하고, 생산성 시합에서 뒤떨어지는 것은 분명히 나쁜 일이라는 상식적인 감정에 의존하고 싶은 유혹을 받을 수도 있다. 그러나 사실을 직시하자.

미국의 생활 수준이 정체된 시대는 1973년에서 시작되었다. 변동 환율제의 새 시대도 그해에 시작되었다. 이 시대에 들어 미국의 생산성 성장은 평균적으로 다른 선진국들에 뒤졌으며 달러화는 평가 절하되었다. 1973년에서 1991년에 걸친 전 기간 동안 달러화는 독일의 마르크화에 대하여 연평균 2.6퍼센트 떨어졌고 일본의 엔화에 대해서는 연간 3.9퍼센트 떨어졌다. 그러나 교역 조건에는 어떤 일이 일어났는가?

　기본적으로 아무 일도 일어나지 않았다는 것이 답이다. 미국 수출 가격은 연평균 5.2퍼센트 상승하였고 수입 가격은 6.0퍼센트 상승하였다. 따라서 교역 조건은 악화되었지만 단지 연간 0.8퍼센트뿐이었다. 그 기간 동안 수출은 국민 소득의 평균 10퍼센트 이하였으며, 이 같은 교역 조건의 미미한 악화로 인한 실질 소득 성장의 지체는 연간 0.1퍼센트 이하였다.

　미국의 교역 조건의 악화가 상대적인 생산성 지체에 기인하였는지는 불분명하다. 전통적으로 미국이 주도하던 부문에서 외국의 경쟁력 상승이 수출 가격을 떨어뜨리는 데 기여하였다고 할 수 있다. 그러나 논의를 위해 외국의 빠른 생산성 성장이 미국의 교역 조건을 악화시킨 주요인이라는 명제를 받아들인다고 해도, 외국의 생산성 증가가 미국에 끼친 손실은 자국의 생산성 침체가 국내에 끼친 결과와 비교하면 극히 미미하다고 할 수 있다. 제2차 세계 대전부터 1973년까지 미국의 생산성은 연간 2.8퍼센트 성장하였다. 1973년 이후에는 연간 0.9퍼센트 성장에 그쳤을 뿐이다. 경쟁자가 없었다면, 즉 세계에 다른 나라가 존재하지 않는다면 이와 같은 침체는 소득 성장의 비율을 연간 1.9퍼센트씩 감소시켰을 것이다. 다른 나라에 뒤떨어진 미국의 생산성의 침체로부터 오는 결과는 기껏해서 그 수치에 0.1퍼센트 포인트만을 더해 줄 뿐이다.

　따라서 문제가 되는 것은 국내의 생산성 성장률—이야기의 결론—이다. 미국의 생산성 성장과 다른 나라의 생산성 성장을 비교하는 것은 본질적으로 미국의 생활 수준 동향과는 무관하다.

경쟁 부문 대 비경쟁 부문

세 번째 질문은 널리 받아들여지는 관념, 즉 미국 경제에 진정 중요한 일은 세계 시장에 재화와 서비스를 파는 것이며, 내국인을 위해 재화와 서비스를 생산하는 것은 부차적이고 파생적인 활동일 뿐이라는 널리 통용되는 생각이다. 확실히 미국의 경쟁력 문제를 다룰 방대한 분량의 저작들은, 비록 제조업이 미국 경제의 20퍼센트에 불과하더라도 본질적으로 외국의 경쟁자들과 '대결head to head' 하는 부분이기 때문에 제조업에 초점을 맞추고 있다.

그러나 이는 잘못된 것이다. 그 이유를 살펴보려면 먼저 '정수'를 써서 미국 경제를 대강 묘사한 다음 또 다른 사고 실험을 해 볼 필요가 있다.

고용의 20퍼센트는 국제 경쟁에 노출된 부문인 제조업에, 80퍼센트는 비교역재로서 세계 시장과 격리된 서비스 부문에 종사하고 있다고 생각하자. 제조업과 서비스업은 똑같은 임금률이 지불된다고 가정한다.(미국의 실물 경제는 농업이나 건설 및 광업처럼 제조업도 아니고 서비스업도 아닌 부문들이 있기 때문에 서비스 부문은 예의 수치보다 작다. 또 임금과 노동자당 부가가치는 많은 사람들이 상상하는 만큼은 아니지만 제조업 부문이 서비스 부문보다 조금 높다. 이러한 현실 세계의 복잡성을 감안한다면 이야기는 방대해지겠지만 기본 줄거리는 변하지 않는다.)

1980년대 미국의 실물 경제에서와 같이 먼저 제조업 부문은 생산성이 연평균 2.5퍼센트 성장하지만 서비스 부문은 단 0.5퍼센트씩만 성장한다고 가정해 보자. 제조업 부문은 노동력의 20퍼센트만을 포함하고 있기 때문에 전체적인 생산성 성장률은 $0.2 \times 2.5 + 0.8 \times 0.5 = 0.9$퍼센트에 불과한 것이 되고, 이는 1980년대의 실제 성장률과 거의 같다.

이와 같은 경제에서 실질 임금은 어떠한 동향을 보일 것인가? 명백히 서비스 부문의 실질 임금은 연간 0.5퍼센트의 미미한 상승세를 보일 것이다. 국내 제조업 부문의 실질 임금은 연간 2.5퍼센트로 서비스 부문의 실질 임금보다는 훨씬 빠르게 성장할 것이다. 그리고 2번 질문에 대한 논의에서 밝혀진 바와 같이 외국 제조업 부문의 실질 임금이 동일한 비율로 성장할 것이라고 확신할 수 있어야 한다. 왜냐하면 평균적으로 달러의 환율은 미국 국내와 외국 제조업 부문의 생산성 성장의 차이를 상쇄할 뿐이기 때문이다.

전반적인 실질 임금률의 동향은 소비되는 제조업 재화와 서비스의 상대적인 중요성에 달려 있다. 제조업 부문의 무역 수지가 균형을 이룬다면—그리고 10장에서 살펴보았듯이 미국의 경우 무역 적자의 해소는 제조업 부문의 규모를 미미하게 확대시킬 뿐이라는 의미에서—소비에서 제조업이 차지하는 몫은 전체 산출물에서 제조업의 비중과 같은 20퍼센트가 될 것이다. 이 경우 실질 임금의 평균 증가율은 각 부문의 생산성 성장의 가중 평균의 합인 경제 전체의 생산성 성장률과 같게 될 것이다. 즉 0.9퍼센트가 된다.

이제 다음과 같은 질문을 해 보자. 미국은 제조업 부문의 생산성 성장을 연간 2.5퍼센트로부터 5퍼센트로 급속하게 가져갈 것인가, 또는 서비스 부문의 생산성 성장률을 0.5퍼센트로부터 1.5퍼센트로 좀 더 신중하게 가져갈 것인가?

답은 다음과 같다. 즉 어떤 부문이 전체적인 생산성을 더 올리더라도 이는 서비스 부문의 추가적인 성장으로 전환된다. 제조업 부문은 경제의 20퍼센트에 불과하므로 제조업 부문의 성장에 2.5퍼센트 포인트 추가 성장이 이루어져도, 이는 전체적인 생산성 성장률을 불과 0.5퍼센트 포인트 올려 1.4퍼센트가 되게 한다. 그러나 서비스 부문은 이와 같은 단순화된 경제의 80퍼센트를 차지하므로 서비스 부문의 추가적인 생산성 성장은 성장률을 0.8퍼센트 포인트 올려 1.7퍼센트로 만든다.

   그러나 제조업 부문의 급속한 생산성 성장이 '경쟁력' 향상이라는 추가적인 이득을 가져다 주지 않는가? 가져다 주지 않는다. 우리는 이미 이와 같은 내용을 살펴보았다. 제조업 부문에서의 고도의 생산성 성장이 달러화의 가치를 강화시켜 주지만, 그 범위는 수입된 제조업 재화 측면에서의 실질 임금 상승과 같은 비율이 되게 하는 데 국한된다.

   3번 질문의 답변을 뒷받침해 줄 사실적 증거는 다른 2개 질문의 경우와는 달리 찾아보기가 그리 쉽지 않다. 그러나 1973년 이전의 급속한 생활 수준 성장이 그 후 거의 정체되다시피 한 것은 주로 제조업 부문의 생산성보다는 서비스 부문의 생산성 정체에 기인한다고 지적해야 맞을 것이다. 실제로 1980년대 미국의 제조업 부문의 생산성은 2.7퍼센트씩 성장했는데, 이는 서독의 2퍼센트 생산성 성장보다 빠른 것이었다. 그럼에도 불구하고 1960년대의 미국 경제와 1980년대의 독일 경제는 서비스 부문의 생산성 성장 때문에 실질 임금이 대폭 상승하였다.(그리고 서비스 부문은 1991년과 1992년에 놀랄 만한 생산성 성장을 주도하였다.)

왜 문제인가

   이 보론에 제시된 예는 생산성이 국제 경쟁력의 결정적 요소이기 때문에 중요하다는 일반적인 신념이 완전히 오류임을 입증하기 위한 것이다. 생산성은 중요하다. 그러나 국제 경쟁력과 생산성은 전혀 관계가 없다. 실제로 나는 여기서의 예가 경쟁력에 대한 전체 개념이 최선의 경우 환상이고 최악의 경우 무의미하다는 사실을 확신하는 데 도움이 되기를 희망한다.

그러나 그것이 왜 문제가 되는가? 만일 생산성이 중요하다면 일부 인사들이 우리는 일종의 국제 경주를 벌이며 살고 있기 때문에 생산성이 중요하다고 주장함으로써 경보 수위를 높이고자 할 때, 왜 반대하는가? 빌 클린턴이 국제 경쟁에 맞설 필요성을 경고함으로써 마침내 실질적으로 적자를 줄일 수 있다면 왜 대통령이 그와 같은 수법을 쓰도록 내버려 두지 않는가?

내가 생각하기에 여기에는 두 가지 이유가 있다.

첫째는 미국이 국제 경쟁에 직면해 있기 때문에 생산성을 높여야 한다는 오도된 신념은 근본적으로 잘못된 정책으로 귀결될 수 있다는 사실이다. 예컨대 미국 제조업의 생산성 개선 방안—외국과 직접 경쟁하지 않기 때문에 중요성이 덜해 보이는 서비스 부문에 적대적인 방향을 제시한—에 대한 정부 후원의 연구 조사만 해도 그렇다. 오히려 서비스 부문의 추가적인 생산성 성장은 제조업 부문의 추가적인 생산성 성장보다 3.5배의 가치가 있기 때문에 이것은 심각한 잘못이다.

더 중요한 것은 생산성과 경쟁력의 관계에 대한 개념적인 오류가 널리 유행하고 있다는 사실이야말로 이른바 전문가라고 하는 사람들의 신뢰성을 검증하는 기회가 된다는 점이다. 관련된 문제들을 정리하기는 어렵지 않다—우리는 여기에서 까다로운 양자 역학을 얘기하고 있는 것이 아니다. 확실히 경제학 전문가라고 평가받기를 원하는 사람들 어느 누구도 지금까지 설명해 온 것과 같은 논점과 사실을 가지지 못하였다고 해서 사과하는 법이 없다. 그러므로 만일 누군가가 "미국이 오늘날의 세계 경제에서 경쟁하기 위해서는 생산성을 높여야 한다"는 식의 말을 떠벌린다면 그가 누구든, 그의 말이 얼마나 그럴듯하든 절대 신경

쓰지 말기 바란다. 그는 차라리 이렇게 쓰인 현란한 네온사인을 차려 입는 편이 낫다. "나도 내가 무슨 말을 하는지 모른답니다."

에필로그

　　　　　　　　1970년대에 보수주의 사상은 경제 현안을 둘러싼 진지한 토론을 크게 진척시켰다. 주도적인 보수주의 경제학자들은 정부의 개입주의에 대한 강력한 반대 입장을 표명하였거니와, 자유주의자들은 그에 마땅히 답하지 못하여 곤경에 빠졌다. 이와 같이 현명하고 때로 통렬하기도 한 보수주의의 사상이 1980년에 권력을 잡을 기회를 가진 것은 어떤 면에서 온당하였다고도 할 것이다.

　그러나 레이건 행정부가 옹호한 사상은 단지 통렬하였을 뿐이다. 진지한 보수주의자들로서는 놀랍게도 1980년의 실질적인 승리자들은 공급 중시론자들—경제 개념이 만화처럼 도식적이고, 전통 경제학을 이해하기 위한 고통이 지긋지긋해서 전통적인 지혜를 무시해 버린 이데올로그들—임이 판명되었던 것이다.

　다음 12년 동안 보수주의자들이 백악관을 조종하고 있는 가운데, 복잡미묘한 경제 사상의 추는 다른 방향으로 움직이고 있었다. 케인스주의적인 사상이 부활하면서 시장의 기능을 개선하는 데 적극적인 정부의 역할이 필요하다는 새로운 논의가 영향력을 얻었다. 자유주의의 부활은 1970년대 보수주의의 습격만큼 응집력 있는 운동은 아니었지만, 1992년에 이르러 진지한 경제 사상의 정점에는 온건 좌파가 있었다. 빌 클린턴의 당선을 계기로 그 사상은 실천으로 옮길 기회를 잡은 것 같았다.

그러나 최소한 클린턴 행정부의 초기 몇 달 동안 선거의 실질적인 승리자는 또다시 조잡하고 단순한 사상의 옹호자들, 즉 경제에 관해 공급 중시론자들보다 더 이해하지 못하는 전략적 무역론자들인 것 같았다.

이는 실망스러운 이야기이다. 보수주의자든 자유주의자든 정치가들은 모두 미국의 경제 문제를 진지하게 대하려고 하기보다는 손쉬운 길을 택하였다. 그럼으로써 그들은 거대하고 복잡한 국가의 정책을 만병통치약을 팔고 다니는 약장수들의 손에 계속해서 넘겨 주었다.

우리는 이미 공급 중시론자들이 통치한 시대의 결과를 살펴보았다. 그들은 나라에 재앙을 초래하지는 않았지만 불필요한 문제—예산 적자—를 일으켜서 미국 경제를 약화시키고 미국의 정치를 거의 전적으로 그 문제에만 매달리게 하였다. 그들은 또 부자들에게는 이롭고 가난한 사람들에게는 해로운 조세 제도와 사회 정책을 통해 미국을 불쾌하고 비참한 곳으로 만드는 데 일조하였다.

그러나 전략적 무역론자들은 무엇을 할 것인가? 그들은 미국의 경제 문제에 완전히 오도된 처방을 제시하였거니와, 정녕 이와 같은 처방이 병세를 더욱 악화시키는 정책으로 구체될 것인가?

이에 답하기 위해 우리는 먼저 미국이 **지금** 무엇을 해야 하는지를 물어야 하고, 그다음 **앞으로** 무엇을 해야 할 것인지를 추측해 보자.

무엇을 할 것인가

미국은 현재 생산성의 완만한 성장과 빈곤의 증가라는 두 가지 큰 경제 문제(이는 모두 불충분한 생산성 성장과 소득 불균형의 확대에 따른 결과이다)를 안고 있다. 나머지는 부차적이거나 문제가 되지 않는다. 가령 예산 적자는 생산성 성장에 걸림돌이 되는 한에서만 문제가 된다. 우리는 6장에서 그 부정적인 영향이 중요하기는 하지만 결정적인 것은 아니라는 사실을 살펴본 바 있다. 미국이 주장하는 국제 경쟁력이라는 문제는 거의 아무런 쟁점도 되지 못한다.

그러므로 중차대한 질문은, 미국 정부가 이와 같은 두 가지 큰 문제를 해결하려면 어떻게 해야 하는가 하는 점이다. 그리고 답은 아주 간단하다. 정부가 아무것도 안 하면 된다.

즉 생산성과 빈곤 문제를 척결한다는 의미―생산성 성장을 1973년 이전 수준으로 회복시키고, 빈곤을 완전 척결하거나 미미한 수준으로 감소시킨다는 의미―에서 이 두 가지 문제를 해결할 수 있다고 하는 사상을 미국 정부가 정책 기조로 삼는다면 크나큰 잘못이다. 그것이 잘못인 까닭은 단순하다. 즉 누구도 그 일을 어떻게 할지 모르기 때문이다. 생산성이 침체될 수밖에 없는 근원은 뿌리 깊은데 제대로 알려지지 않고 있다. 점증하는 소득 불균형과 빈곤의 원인도 거의 마찬가지이다. 만일 대통령이 이러한 문제를 정말로 해결할 수 있다고 장담하는 자문역을 찾아야겠다고 고집한다면, 필경 그는 무지하기 짝이 없는 자들의 말에 솔깃할 수밖에 없다.

정부가 국가의 문제 해결solve을 약속할 수는 없다. 그러나 문제를 줄일diminish 수는 얼마든지 있다.

생산성 성장을 위해 정부가 취할 수 있는 가시적인 조치를 예로 들어 보자. 미국이 지속적으로 대규모의 예산 적자를 내면서 저성장(및 무역 적자)에 대해 불평하는 것은 앞뒤가 맞지 않는다. 그러므로 세금을 올리고 (농업 보조금 같은) 불요불급의 정부 프로그램을 삭감해야 한다. 의료 보장 비용의 증가는 연방 예산과 민간 부문의 실질 소득 모두에 큰 부담으로 작용하고 있는 바, 심각하게 왜곡된 의료 보장 제도의 개혁을 진지하게 검토해 보아야 한다. 미국에서 대부분의 규제는 비효율적이면서 필요 이상의 비용이 든다. 공해세와 혼잡세 등 시장 인센티브의 힘을 이용한 혁신적인 제도를 적극적으로 이용할 수 있어야 한다.(이와 함께 국유지를 명목상의 사용료만 받고 광산이나 방목장으로 빌려 주어 사적 이익을 불려 주는 이상한 정책은 폐지해야 한다.)

이상의 제안 내용 중 일부는 정치적으로 추진하기가 매우 어려울 수도 있겠지만 미국의 경제 정책 기조에 근본적인 변화를 요구하는 사항은 하나도 없다. 물론 이와 같은 조치를 시행한다고 해서 경제 성장의 마법을 되찾을 수 있을 것 같지는 않다.(여하간 그 마법이 돌아오기는 할 것이다.) 그러나 이러한 조치를 시행하는 편이 시행하지 않는 경우보다 1~2퍼센트라도 더 미국 경제를 부강하게 할 것이다.

빈곤 문제는 어떤가? 다시 한 번 목록을 만들어 볼 수 있다. 급식 및 빈곤모에 대한 완전한 의료 보장 문제에서부터 빈곤 학군 원조 문제에 이르기까지 빈곤 아동을 돕는 프로그램에 더 많이 지출해야 한다. 또 어린이가 있는 빈곤 가정에는 지원 수준을 높여야 한다.(국제적으로 비교해 보면 다른 산업 국가들에 비해 미국에 빈곤 아동이 더 많은 주된 이유는 아동을 빈곤으로부터 지키려는 데 공공 자금을 덜 쓰기 때문임을 알 수 있다.) 이와 같은 조치에는 비용이 든다. 그러나 그리 많지는 않을 것이다. 미국의 빈곤층은 극히 가난해서 어느 정도의 지출만으로도 그들의 생활 수준을 대폭 개선시킬 수 있기 때문이다.

성장의 경우와 마찬가지로 이와 같은 제안도 빈곤 문제를 해결하지는 못할 것이다. 하류 계층의 사회적 붕괴를 끝내지 못할 것이며, 최저 임금을 받는 노동자들을 고소득의 전문 직업인들로 전환시키지도 못할 것이다. 그러나 이러한 조치가 취해진다면 참담한 생활을 하는 수백만 명의 삶이 다소라도 나아질 수 있고, 또 빈민층 자녀들 가운데 최소한 일부라도 탈출구를 찾을 수 있을 것이다.

이 목록에서 거론되지 않은 바람직한 정책이 있을 수 있음은 의문의 여지가 없다. 그리고 그 중의 일부 제안은 논쟁의 대상이 될 수도 있다. 그러나 이 목록의 요점은 경제 정책의 개선 방안이 없지 않음을 보여 주려는 데 있다. 다른 조건이 똑같다면 수많은 미봉책을 찾는 것보다 근본적인 해결책을 찾는 것이 좋다. 그러나 해결 방안은 생각하지도 못하면서 경제 정책이 큰 문제에 봉착해 있다고 떠들어 대는 것은 소용이 없다. 언젠가 레이먼드 챈들러(Raymond Chandler, 1888~1959. 미국의 추리 소설가—옮긴이)가 지적하였듯이 하느님을 노래한 악서惡書가 있는가 하면, 정직하게 살려고 애쓴 이들을 그린 양서良書도 있다.

그러므로 정부가 해야 할 일은 요컨대 이것이다. 우리가 납득할 수 있는 방법으로 생산성을 늘리고 가용 수단을 최대한 동원하여 빈곤층을 도우면서, 가능한 한 많은 정책 현안을 똑바로 풀려고 노력해야 한다는 것이다.

공정하게 말해서 클린턴 행정부는 취임 초 몇 달 동안 앞에서 예시한 조치들 가운데 일부를 시행해 보려고 하였다. 무엇보다도 예산 적자를 줄이기 위한 합리적인 수단들을 강구하였다. 그런데 미국의 경제 문제가 본질적으로 국내 요인이 아닌 '경쟁력' 문제라는 오도된 신념이 다른 주요 경제 사안에도 파급되어, 그 부분마저도 잘못 돌아갔다.

경쟁력에 대한 집착

「음악가(The Music Man, 1962년 워너 브러더스 사 제작 영화—옮긴이)」란 영화를 보면 로버트 프레스턴Robert Preston이 소도시를 찾아다니며 악기와 행진악대 유니폼 판매 전문 세일즈맨 역으로 나온다. 리버 시티River City에서 한 건 올리기 위하여 그는 지역 유지들에게 자기만이 풀 수 있는 문제가 그 고장에 도사리고 있다고 경고하기로 한다. 그래서 그는 이제까지 아무런 문제가 없던 공회당을 온갖 사회적 해악이 꼬이는 곳으로 둔갑시켜 버린다. 물론 해결 방안은 적당한 악기를 갖춘 학교 밴드를 두어 건강한 마을 정신을 가꾼다는 것이다.

많은 정책 기획가들이 (솔직히 말하자면 적지 않은 교수들도) 비슷한 게임을 한다. 그들에게는 어떤 해결책이 있다. 그러니 정치가와 대중들에게 그럴싸한 문제가 있음을 확신시키면 된다. 가끔 실패하기도 한다. 가령 『월 스트리트 저널』의 로버트 바틀리는 온갖 노력에도 미국이 금본위제로 복귀하지 않을 경우 대대적인 화폐 혼란이 일어날 것이라는 사실을 많은 사람들에게 확신시키지 못하였다. 그러나 더러 정책 기획가들 및 그들과 제휴하고 있는 정치가들은, 자기들이 선호하는 정책 처방이 해답이 되는 가상의 문제를 창출하는 데 대성공을 거두기도 한다.

공급 중시론자들과 로널드 레이건을 자극한 가상의 문제는 큰 정부 Big Government, 즉 과다한 세금을 징수해서는 쓸모없는 관료 군단에, 그리고 자격 없는 빈곤층에 관대한 복지 명목으로 돈을 낭비하는 정부의 위험성이었다. 물론 큰 정부는 전적으로 상상의 문제만은 아니다. 세금은 미국인 모두에게 중대한 부담이며 사실상 쓸모없는 관료와 부당한 복지 수혜자도 있다. 그러나 미국 경제가 잘못된 데 대한 처방으로 그것은 완전히 오도된 것이었다. 그리고 큰 정부의 신화는 미국이 실질적인 문제를 파악하는 것을 방해하였을 뿐 아니라 새로운 어려움을 만들었다.

오늘날 공급 중시론자들은 싱크탱크로 후퇴하여 설욕의 기회를 엿보고 있다. 당분간 큰 정부는 효과적인 슬로건이 되지 못하고, 미국의 중산층은 부당한 빈곤층보다 부당한 부유층에 더 큰 분노를 느낄 것이다. 그러나 현재 전성기를 누리고 있는 정책 기획가들은 리버 시티에서처럼 많은 미국인들에게 새로운 문제가 있음을 경고하고 있다. 즉 대문자 'C'를 써서 '경쟁력Competitiveness'이란 말을 만들어 낸 것이다.

현재 전략적 무역론자들은 미국의 대중들에게(그리고 대부분의 전략적 무역론자 본인들에게. 철저하게 냉소적인 극소수의 정책 기획가들은 제외하고) 가장 결정적인 경제 문제는 세계 시장에서 다른 선진국들과의 투쟁이라는 생각을 팔고 있다. 레스터 서로의 책『대결』은 부제가 "일본, 유럽 및 미국 간에 벌어질 경제 전쟁The Coming Economic Battle Among Japan, Europe, and America"이며 겉표지는 다음과 같은 말로 독자를 현혹하고 있다. "금세기의 가장 결정적인 전쟁이 막 벌어지려 하고 있다……미국은 이미 지는 쪽으로 결판났는지도 모른다."

불행하게도 그들이 단언하는 미국의 경쟁력이란 문제는 낭비적인 큰 정부라는 레이건의 신화만큼이나 환상이다. 미국은 실제로 일부 비생산적인 관료와 복지 사기꾼이 있는 것과 마찬가지로 국제 경쟁력에도 문제가 있다. 그러나 이미지를 통해 경제에 진정으로 어떤 문제가 있는지를 알린다고 하였을 때, 클린턴의 수사법은 레이건의 수사법만큼이나 핵심에서 동떨어져 있다.

전쟁으로서의 국제 경쟁력이란 신화에 토대를 둔 경제적 수사법은 몇 가지 장점이 있다. 목표를 국가 안보에 둠으로써 증세나 사회 보장 프로그램에 대한 지출 삭감 등 고통스러운 정책을 유권자들이 지지하도록 동원하기가 쉽기 때문이다—그리고 클린턴 대통령은 1993년 연두 교서에서 이 점을 대단히 효과적으로 활용하였다. 그러나 궁극적으로 경쟁력이란 수사법은 파괴적이 될 것이다. 모든 것을 너무 안이하게 대하여 나쁜 정치로 이끌고 또 실제 현실을 무시하게 해 버리기 때문이다.

전략적 무역론자들의 발흥은 두 가지 주요 문제를 제기한다. 하나는 세계 시장에서 이기려고 애쓰다가 대신 세계 시장을 파괴하기에 이른다는 것이다. 다른 하나는 어리석은 이데올로기에 따른 한 지역의 행위가 전 세계의 경제 정책을 뒤흔들어 버린다는 것이다.

무역 전쟁의 위험성

두 가지 유형의 무역 전쟁이 있다. 우리는 내내 싸우고 있다고 보호주의자와 전략적 무역론자들이 주장하는 가상의 무역 전쟁과, 그들이 자기들의 방식을 고집할 때 발생하는 실제 무역 전쟁이다.

전략적 무역론자들의 환상은 국제 무역이란 본질적으로 국제 경쟁이라는 것이다—즉 서로 교역하는 나라들은 누가 전리품을 차지하는가를 놓고 늘 투쟁 상태에 있다는 것이다. 현실적으로 이 견해는 아무런 의미가 없다. 한 나라가 얻는 것은 거의 전적으로 자국의 성과에 달려 있으며, 그 같은 성과와 경쟁하는 것은 아무것도 없다. 그러나 각 나라가 경쟁 상태에 처해 있다고 믿게 될 때, 또는 무역 충돌로 얻을 수 있는 특별한 이익에 집착할 때는 일반적으로 무역 전쟁이라고 하는 상태에 빠질 수 있다.

무역 전쟁이란 각 나라가 약간의 환상적인 이익을 추구하여 다른 나라의 수출을 제한하는 경우인데, 실제 전쟁과는 크게 다르다. 우선 아무도 죽지 않으니까. 또 실제 전쟁과는 달리 한 나라가 무역 장벽을 쌓을 때 타격을 받는 사람은 외국의 수출업자가 아닌 국내의 소비자이기 때문에 누구도 승리할 수 없는 전쟁이다. 실제로 무역 전쟁은 각 나라가 탄약을 다 동원하여 자기 발등을 쏘는 충돌이다.

그러나 일단 무역 전쟁이 시작되면 멈추게 하기가 극히 어렵다. 각 나라는 다른 나라의 상응하는 '양보concession' 없이 자유롭게 무역을 한다는 것이 정치적으로 불가능하다는 사실을 깨닫는다. 그리고 이와 같은 상황은 협상을 매우 어렵게 하기도 한다. 바꿔 말해서 일단 세계가 상호 보복적인 보호주의의 물결에 사로잡히면 원상 복구하는 데 수십 년이 걸릴 수도 있다.

제1, 2차 세계 대전 사이 시대의 교훈을 생각해 보자. 선진국들 간의 무역 전쟁은 미국이 1929년 악명 높은 스무트-홀리 관세 법안을 통과시킨 후에 터져나왔거니와, 각 나라들이 대공황에서 벗어나고자 결사적으로 노력함에 따라 강화되었다. 그러나 스무트-홀리 법안에 찬성표를 던진 상원 의원까지 포함하여 대다수 사람들은 보호주의가 돌아올 수 없는 강을 건넜다는 사실을 곧 깨달았다. 1934년 초 미국은 관세 인하 협상에 다시 나서기 시작하였고, 제2차 세계 대전 후에 정치적 경제적 환경은 무역 자유화의 호조건을 조성하였다. 그러나 일단 세계의 무역 체계가 흐뜨러지자 제자리로 돌려 놓기는 매우 어려웠다. 산업 국가들 간의 교역은 1970년까지, 1914년 수준을 다시 회복하지 못하였다.

1990년대에 들어 세계에는 또 다른 무역 전쟁의 기운이 감돌고 있다. 양차 대전 사이 시대에 보호주의를 불러왔던 주요 경제 요소—저성장, 지속적인 고실업률 등—가 특히 유럽을 중심으로 재현되고 있다. 그러나 제2차 세계 대전 후 자유 무역을 가능하게 하였던 정치적 힘—강력한 선도 국가와 공통 목표—은 미국의 상대적인 쇠퇴와 냉전의 종식으로 사라지고 있다. 한순간의 계산 착오로 무역의 위축이라는 양차 대전 사이에 일어난 경험을 반복할 수 있는 관세, 보복 관세 및 상호 제소의 악순환이 시작될 수 있다.

무역 전쟁은 파멸로 이어질 것인가? 그렇지는 않지만 미국의 당면 문제를 한층 심화시킬 것이다. 미국이나 유럽 공동체 및 일본같이 거대하고 자급 자족에 가까운 경제는 제한된 세계 무역에 능히 대처할 수 있다. 아무리 극심한 무역 전쟁이 벌어져도 실질 소득은 고작 1~2퍼센트 하락할 뿐이다. 그러나 협소한 국내 시장과 제한된 자원 때문에 세계 시장에 의존할 수밖에 없는 군소 국가들은 앞을 다투어 대국들과 상업적 연합을 형성하든가, 아니면 그 연합에서 배제되어 한파에 시달리든가 할 것이다. 주요 선진국들 간의 무역 분쟁은 세계적으로 정치적 불안정을 초래할 것이고, 그럼으로써 라틴아메리카에서 구소련에 이르는 가난한 군소 나라들에 반서방 감정이 팽배하리라는 것은 조금도 놀라운 일이 아니다.

따라서 세계 무역은 위험한 상태, 최소한 레이건의 적자 문제만큼 벗어나기 어려운 무역 분쟁의 시대로 쉽게 빠져들 수 있는 상태에 있다. 그러나 전략적 무역론자들이 미국이 '경쟁력'을 추구하여 다른 나라들을 호락호락하지 않게 다루어야 한다고 생각한 때가 바로 이와 같은 시점이다.

다음과 같은 시나리오를 상상해 보자. 클린턴 행정부의 관리들이—일반적인 경제학자들의 충고를 무시하고—일본의 무역 흑자가 미국의 경제적 곤경의 근원이라고 결론짓고, 일본이 흑자를 줄일 수단을 받아들여야 할 뿐 아니라 일정한 목표치를 이행하는 데 동의할 것을 요구하기로 결정한다. 일본인들은 분노한다. 그들은 저축률이 높은 나라가 그 저축의 상당한 부분을 해외에 투자하는 것은 완전히 합리적이며, 일본의 무역 흑자는 단순히 자본 계정 적자의 다른 측면이라고 정확히 지적한다. 그들은 반문한다. 이 외에 자기들이 할 수 있는 일이 도대체 무엇인가—민간 저축을 모두 흡수하기 위해서 대규모 적자 예산을 편성하란 말인가?

그럼에도 불구하고 클린턴 행정부의 전략적 무역론자들은 경제정상회의에서 그들의 요구를 제시한다—그리고 일본은 그것을 거부한다. 이 시점에서 미국 정부는 딜레마에 빠진다. 요구를 철회하면 허약해 보일 것이고, 그렇지 않다면 일본 상품에 대해 미국 시장을 폐쇄하는 것 외에 다른 정치적 선택은 없다. 그리하여 보호주의—일본의 보복과 유럽의 경쟁을 초래할 보호주의—가 도래한다. 세계 시장 개방을 위해 40년간 벌여 온 협상의 결과가 2년만에 반전된다.

현실성이 없는 내용인가? 이 글을 쓰고 있는 시점에 이미 시나리오의 많은 부분이 일어났다. 재무부는 언제나 자유 무역을 고수하는 요새였지만, 현재 국제 업무를 담당하는 재무 차관 로렌스 섬머스는 1993년 5월의 한 연설에서 "일본의 흑자는 세계 경제를 불균형하게 하는 주요인"이며, 이와 같은 흑자는 "세계 경제의 성장에 중요한 걸림돌"이라고 언명하였다. 그리고 계속해서 "미국은 과정보다 결과에 더 주목할 것이며 그 결과를 좌시하지 않을 것이다"라고 단언하였다. 그의 말에 담긴 뜻은 곧 밝혀졌다. 미국의 무역 대표부가 몇 주일 동안 계속 기자들에게, 미국이 다음 G7 회담에서 일본의 무역 흑자에 상한선을 정하도록 요구할 것이라고 브리핑하였던 것이다. 한편 일본의 관리들과 국민들은 미국의 압력을 받고 분노와 반감으로 들끓었다.

이 책이 출간될 즈음에는 이와 같은 시나리오가 때 이른 경고로 판명되기를 바란다. 그러나 행정부가 전략적 무역론의 이데올로기에 집착하는 한 무역 전쟁의 위험성은 상존한다.

그러므로 전략적 무역론자들의 득세로 인한 직접적인 위협은, 그들이 경쟁력이란 가상의 문제에 매달려 무역 전쟁을 야기하게 될 것이라는 점이다. 공급 중시론자들이 초래한 예산 적자의 경우처럼 무역 전쟁이 미국 경제를 파괴하지는 않을 것이다. 그러나 예산 적자와 마찬가지로 벗어나기는 대단히 어려울 것이다.

그러나 전략적 무역론자들의 득세로 인한 다른 유형의 위험성은 좀 더 미묘하다. 모든 전문가들이 그릇된 것으로 알고 있는 이데올로기에 정부가 집착할 경우 이는 그 이데올로기와 전혀 무관해 보이는 분야에 있어서까지도 정부의 올바른 업무 수행에 악영향을 끼치기 십상이다.

나쁜 사상이 좋은 사상을 구축한다

국제 경제 정책이 전부는 아니다. 사실상 전략적 무역론자들의 본질적인 개념 오류 중의 하나는 국내 문제에 비해 국제 문제의 중요성을 지나치게 강조한다는 것이다. 그릇된 지침에 따라 '경쟁력'에만 매달리는 정부라고 해도 다른 분야, 즉 예산이나 보건 복지, 환경 정책 및 기타 분야에서는 제대로 업무를 수행할 것이라고 생각할 수 있다.

그러나 문제는 그리 간단하지 않다. 일단 행정부가 기본적으로 해로운 사고의 틀을 한 영역에서 받아들이면, 이와 같은 그릇된 사고가 무관해 보이는 다른 영역에서조차 유익한 사고를 구축驅逐하는 일종의 그래샴의 법칙Gresham's Law이 작용한다.

이와 같은 사례가 클린턴 행정부 초기에 발생하였는데, 어느 누구라도 비국제적인 업무 영역이라고 생각할 의료 보장 분야에서 그러하였다. 의료 보장 경제학의 손꼽히는 전문가를 들라면 대다수 사람들은 주저 없이 브루킹스 연구소Brookings Institute의 헨리 아론Henry Aaron을 거명할 것이다. 그는 자유주의에 대한 신념이 탄탄한 경제학자로 선거 당시에는 클린턴의 강력한 후원자이기도 하였다. 그러나 클린턴 행정부가 의료 보장 전담반을 편성하여 500명 이상의 인력을 투입하는 등 엄청난 노력을 기울일 때 아론은 제외되었다. 왜? 이에 대한 답을 알면 일종의 범죄적 요소를 느끼게 된다.

의료 보장 전담반의 장은 아이러 매거지너였다. 직업은 경영 컨설턴트였지만 성향 면에서 전략적 무역론자인 그는 국제 경쟁력에 관한 자신의 견해를 1990년에 낸 『조용한 전쟁』이라는 제목의 책에 요약해 놓았다. 그런데 1983년과 1984년 산업 정책을 둘러싼 일대 논쟁에서 브루킹스 연구소의 경제학자들은 전략적 무역론자 일반, 특히 매거지너를 강도 높게 비난한 바 있었다. 매거지너가 업무 과정에서 브루킹스의 한 경제학자를 배제한 것은, 또 이 같은 경우를 통해 드러나듯이 의료 보장 경제학을 전공한 이들은 누구라도 배제한 것은 전혀 놀랄 일이 아니다.

이와 같은 사례가 입증하는 일반 원리는 다음과 같다. 만일 단순하고 평이하며 오류가 논증될 수 있는 경제적 도그마가 존재한다면, 올바른 경제학자들은 그것이 그릇되었다고 말하거나 아니면 그릇되었다고 말하는 다른 경제학자들과 어떤 식으로든 연합할 것이다. 만일 이와 같은 그릇된 도그마가 행정부의 공식 이데올로기로 채택된다면 그것은 올바른 경제 사상 전반을 구축하는 경향을 보이는데, 심지어 올바른 경제 사상이 표면적으로는 그 도그마와 직접 충돌하지 않는 영역에서조차 그러하다.

이 글을 쓰는 시점에서 판단하기에는 너무 이르지만, 의료 보장과 같은 핵심 분야에서 빚어진 초기 사례는 전략적 무역론자들의 어리석은 단순성이 유익한 정책 결정을 만방에 떨칠 클린턴 행정부의 능력을 해치고 있음을 보여 준다.

경제학자의 역할

경험 많은, 그래서 냉소적인 한 관변 경제학자가 언젠가 나에게 자신이 하는 일에 대해 이렇게 전망한 적이 있다. "내 일은 해로운 생각을 제거하는 일이오. 바퀴벌레를 변기에 잡아 넣어 쓸어 버리는 것과 같지. 그런데 조만간 그놈들은 다시 나타날 거란 말야." 정책을 놓고 고심하는 경제학자들의 역할은 쉽게 기가 꺾일 수 있다. 경제학자는 때로는 복잡 다기한 이론을 안출하면서, 때로는 사실을 통해 이론을 주의 깊게 검증하면서 몇 년씩 보낼 수도 있다. 그러다가 정치가들이 이미 10년 전에 또는 100년 전에 오류로 판명 난 생각을 계속해서 끄집어 내거나, 아니면 사실에 정면으로 모순되는 말을 벌려 놓는 꼴을 본다.

이와 같은 상황이 포기—상아탑으로 철수하든가 정책 기획가로 나서든가—를 종용한다. 무엇보다 단순하기 짝이 없는 생각이 매번 이기는데, 정책에 대한 복잡다기한 생각이나 또 사실에 대한 주의 깊은 검토가 무슨 소용이 있는가?

한 가지 답변은 포기하는 것도 잘못이라는 사실이다. 훌륭한 생각을 지닌 이들이 그에 맞서 싸우지 않는다면 결과에 대해 불평할 권리도 없다.

그러나 훌륭한 생각이 편리한 허튼 생각에 패배하는 일은 앞으로도 흔할 것이다. 그 같은 일이 벌어져도 진지한 경제학자들은 모두 올바른 사고가 결국은 이길 것이라는 신념을 결코 버리지 말아야 한다. 정책 기획가들의 단순하기 짝이 없는 생각들과는 달리 경제학에 관한 훌륭한 생각은 누적된다. 앞으로 한 세대 후 공급 중시론자들은 그저 역사상의 흥미거리일 뿐이겠지만 진지한 보수주의자들의 타당한 통찰력은 살아남을 것이다. 전략적 무역론은 소멸된 학설로 기억되겠지만 QWERTY의 경제학은 계속해서 지적 전통의 중요한 한 부분을 차지하고 있을 것이다.

적어도 그러기를 희망한다. 장기적으로 우리는 모두 죽지만 훌륭한 사상은 영원하다는 신념을 가져야 한다.

옮긴이 말

폴 크루크먼 교수가 우리나라 독자들에게 본격적으로 알려진 계기는 "아시아 기적의 신화The Myth of Asian Miracles"(『포린 어페어즈』 1994년 11, 12월)라는 논문을 통해서가 아닐까 한다. 이 글에서 그는 한국을 비롯한 아시아의 경제 성장은 허구라고 주장하여 지적 충격을 던졌다. 즉 아시아의 고속 성장은 요소 생산성(기술 진보)의 향상에 의해서가 아니라 요소 투입량(노동과 자본 등)의 증가에 의해 이루어졌는데, 요소 투입량은 무한정 늘릴 수가 없기 때문에 성장도 곧 한계에 이르게 된다는 것이다.

물론 이러한 주장에는 상당한 반론이 있을 수 있겠지만 주목해야 할 것은 크루그먼의 독창적이고 설득력 있는 논점과 분석이다. 대부분이 아시아 경제의 전망을 낙관하던 시기에, 그것도 아시아 인 특유의 문화와 사회적 동원 및 고통스런 노력으로 이룩한 기적적인 결과라고 자타가 인정하던 통념을, 그는 다만 새로운 시각에서 경제학의 공인된 기본 개념과 확고한 통계 자료만을 갖고 부정해 버리기 때문이다. 최근 들어 아시아의 경제가 흔들리면서 그의 통찰과 논리가 새삼 주목받고 있지만, 사실 그는 1980년대 초부터 미국 경제학계의 촉망받는 소장 경제학자로서 국제 경제학과 산업 정책 및 경제 지리학 분야에서 독보적인 연구 업적을 쌓고 있었다. 그리고 그 과정에서 10여 권의 저작과 기타 많은 논문을 발표하였다.

이 책은 폴 크루그먼 교수의 많은 저술 중에서도 대표적 걸작으로, 이미 하나의 고전으로 평가받고 있는『하찮은 번영: 기대 체감의 시대에 경제학이 갖는 의미와 무의미 Peddling Prosperity: Economic Sense and Nonsense in the Age of Diminished Expectations』(N. Y.: W. W. Norton & Co.,1994)의 완역이다.

이 책은 1970년대 초부터 1990년대 초까지 20년 동안의 미국 경제를 배경으로, 현실 경제와 경제 사상 및 정치 권력 간의 상호 작용 과정을 규명한 현대 경제학 지성사이자 탁월한 거시 경제학 개론서이다. 비유하자면 크루그먼이 고통스런 경제 현실과 그 해결책을 주제로 당대의 경제학자들을 한자리에 불러모아 경제학의 일대 심포지움, 이를테면 향연을 벌인 결과이다. 사회자로서 그는 참석자들에게 어떠한 문제를 어떠한 입장에서 어떠한 논리로 해결하고자 하는지를 질문한다. 그리고 심포지움을 참관하고 있는 청중인 독자들에게는 이 일대 논전의 기본 개념들, 가령 경기 순환·고용·통화·성장·생산성·소득 분배·조세·예산 적자·무역 등을 알기 쉽게 설명해 준다. 그러나 그는 사회자의 역할에만 머무르지 않고 직접 논전의 한 주역으로 참여하여 논객들의 현실적인 또는 논리적인 난점을 지적하고 그 궁극적인 의미를 평결하며, 또 자신의 독자적인 이론—이 책 9장 QWERTY 경제학에서 논의되고 있는 경제 지리·국제 무역·산업 정책 분야의 새로운 이론이 바로 폴 크루그먼에 의해 정립되고 있다—을 전개한다. 그의 통찰력과 분석은 독창적이고 치밀하며 그의 어조는 신랄하고 재기 넘친다.

경제 번영은 어떻게 가능한가? 향연의 주제는 끝내 해명되지 못한다. 경제 성장 및 그 결과로서 생활 수준의 향상은 '생산성productivity'의 성장으로 이루어진다. 그러므로 생산성을 높이면 되는데, 그렇다면 어떻게 하면 생산성을 높일 수 있는가? 문제는 이에 대한 해답이 마땅하지 않다는 것이다. 지난 20년 동안에 걸친 경제적 고난의 시대—크루그먼은 "기대 체감의 시대"라고 말한다—에 생산성이 둔화된 사실은 알고 있지만 어떻게 향상시킬 수 있는지는 모른다. 그리고 이 '모른다'는 답변이 정책을 선택해야 하는 성급한 정치가들에게는 못마땅한 것은 확실하다. 그러나 그렇다고 생산성을 가령 '경쟁력competitiveness' 같은 도식적인 개념으로 바꾸어 오도하는 경우는 용납될 수 없다. 왜냐하면 그 같은 도식적이고 그릇된 개념은 나라의 경제 정책 전반을 오도하여 파국으로 귀결될 가능성이 더 크기 때문이다. 시장은 불완전하다. 그러나 정부가 시장보다 더 현명하다는 증거는 어디에도 없다. 정부는 생산성 문제를 '해결할 수 없다.' 다만 문제가 제기될 소지를 '줄여 나갈 수 있을 뿐이다.' 경제학의 '근본적인 미스터리'는 그대로 남아도 일대 논쟁의 결과로 의미 있는 주장과 무의미한 구호가 판명되며, 그럼으로써 우리의 이해력과 논의 수준은 한 차원 높아진다. 그리고 바로 이 점이야말로 향연의 목적인 것이다.

향연은 미국 경제에 '신비스럽게' 번영이 되살아나는 조짐이 보이는 1993년 무렵을 끝으로 파하고, 독자들로서는 그 후일담이 궁금할지도 모르겠다. 클린턴 대통령의 집권 2기를 전후하여 미국 경제는 '성장의 마법'을 되찾고 있는 것 같다. 최근 몇 년 간 계속해서 성장률과 인플레이션, 고용 등 모든 거시 지표가 1973년 이래 가장 만족스런 수준을 보이고 있는 것이다. 크루그먼은 이러한 현실을 어떻게 보고 있을까? 그는 여전히 글을 통해 그가 생각하는 경제학자의 본령, 즉 "해로운 생각의 바퀴벌레를 변기에 잡아넣어 쓸어 버리는" 역할을 하고 있다. 미국 경제가 회복되면서 특히 재계와 언론계를 중심으로 이자율을 인하하여 성장을 가속화시키자는 여론이 조성되고 있는 데 대해, 그는 꾸준히 경기 과열 및 인플레이션 재발을 경고하고 있다. 한편 이 책의 에필로그는 그가 클린턴 행정부에 보내는 하나의 정책 제안이기도 하다. 또 클린턴 행정부가 그에게 자리를 주지 않았기 때문에 클린턴 행정부의 정책 기조와 로버트 라이히 같은 경제학자들을 싸잡아 비난하는 것이 아니냐 하는 관측도 있다. 그러나 케인스가 재무성을 떠난 다음에야 비로소 자유롭게 사유하고 글을 쓸 수 있었던 사실을 잘 알고 있을 그가 그랬을 것 같지는 않다. 분명한 사실은 이 책이 출간된 다음 클린턴 행정부의 정책 담당자들 간에 '경쟁력'이란 화두가 현격하게 잦아들었다는 사실이다.

 이 책은 미국 경제를 배경으로 하고 있지만 우리의 경제 현실을 냉철하게 바라보는 데 큰 도움이 될 것임을 확신한다. 무엇보다도 이 책을 통해 우리의 문제를 근본적으로 생각해 볼 안목을 체득할 수 있을 것이다. 가령 소득 분배·복지 연금·고속 철도·민영화·전략적 무역 정책 등 구체적인 문제들에서 크루그먼이 통렬하게 논박하는 '세계화'니 '경쟁력'이니 하는 추상적인 정책에 이르기까지 이 책에서 논의되는 논제들은 당장 우리 경제의 현안이기도 하다. 단적으로 불과 2~3년 전의 일로 우리 정부가 이른바 '세계화'란 화두를 갑자기 들고 나왔던 적이 있다. 지난 1992년의 대통령 선거를 전후하여 R. 라이히의 『국가의 과업』은 정부 내에서 두루 읽혔던 만큼 우리 정부의 정책이 라이히 유의 '전략적 무역론'에 입각해 있는 것인지도 모르겠다. 그러나 크루그먼의 지적에 따르면 그 결과는 얼마나 허망할 것인가. 이 번역본의 출간 시점이 때마침 대통령 선거를 앞두고 있다. 대통령 후보들은 모두 경제 문제의 해결을 약속하고 있다. 정치는 '도덕극'이 아니고 정치가들은 당연히 '마법사'임을 자부할 것이지만, 내심으로라도 할 수 있는 일과 할 수 없는 일 그리고 해서는 안 될 일을 분간해 주었으면 좋겠다.

크루그먼의 모든 글은 그 논리와 결론을 인정하건 하지 않건 계발적인 흥미가 대단하다. 그래서 유수의 대학에서 그의 책을 텍스트로 사용하고 있으며, 특히 이 책은 미국 내의 수많은 독서 그룹의 필독서이다.

인명 찾아보기

가드너, 마틴Martin Gardner 126-127
『과학의 이름으로In the Name of Sceince』 126-127
갤브레이스, 존John Galbraith 20, 29-30, 31
『전환기의 경제학Economics in Perspective』 31
『새로운 산업 국가The New Industrial State』 30, 31
『종신직 교수A Tenured Professor』 31
그린스펀, 앨런Alan Greenspan 164
기요타키, 노부히로Nobuhiro Kiyotaki 279n
길더, 조지George Gilder 123
『벌거벗은 유목민Naked Nomads』 124
『성적 자살Sexual Suicide』 124
『부와 빈곤Wealth and Poverty』 123, 124

덕센, 에버렛Everett Dirksen 218
던컨, 그레그Greg Duncan 191

데이비드, 폴Paul David 88, 289, 290, 292, 292n
"클리오와 QWERTY의 경제학Clio and the Economics of QWERTY" 290
돈부시, 루디거Rudiger Dornbusch 122
드러커, 피터Peter Drucker 90
『불연속성의 시대The Age of Discontinuity』 90

라이히, 로버트Robert Reich 27, 196, 299, 322, 323, 324, 327, 332, 346, 347
『미국의 기업 문제America's Business』 323, 332, 346
『미국의 차세대 개척지The Next American Frontier』 323, 325
『국가의 과업The Work of Nations』 27, 36, 196, 346
라이히, 찰스Charles Reich 18, 85
『미국의 신세대The Greening of America』 18, 85
래퍼, 아서Arthur Laffer 26, 107, 108, 120, 121, 121n, 123, 128-136, 145, 284, 286
레이놀즈, 앨런Alan Raynolds 149n, 158
로렌스, 로버트Robert Lawrence 197, 198n, 338n, 346
"무역과 미국의 임금Trade and U.S. Wage" 338n
로머, 데이비드David Romer 259, 279n
로머, 폴Paul Romer 22
"생산성 침체에 대한 무모한 설명Crazy Explanations of Productivity Slowdow" 27
로버츠, 폴 크레이그Paul Craig Roberts

123, 125n, 127, 158
로스비, 칼 구스타프Carl-Gustaf Rossby 48
로젠, 셔윈Sherwin Rosen 24n, 199
  "슈퍼스타의 경제학The Economics of Superstars 24n
롯지, 조지George Lodge 323
루이스, 마이클Michael Lewis 115
  『거짓말쟁이의 포커Liar's Poker』 115
루카스, 로버트Robert Lucas 22, 71-79, 120, 127, 128, 129, 140, 249, 262-264, 269, 282, 289
리블린, 앨리스Alice Rivlin 127
리카도, 데이비드David Ricardo 351n

마셜, 알프레드Alfred Marshall 151, 294-297, 298n
  『경제학 원리Principles of Economics』 297
매거지너, 아이러Ira Magaziner 323, 347, 376
  『조용한 전쟁Silent War』 346, 376
맥키벤, 빌Bill Mckibenn 90
  『실종된 정보의 시대The Age of Missing Information』 90
맨키우, 그레고리Gregory Mankiw 259, 279n
  『신케인스 경제학New Keynesian Economics』 259
머스, 존John F. Muth 74-75
먼델, 로버트Robert Mundell 120-123, 122n, 130, 133, 135, 136, 242, 249n, 286
모이니한, 대니얼Daniel P. Moynihan 41, 81
무사, 마이클Michael Mussa 122

바로, 로버트Robert Barro 259, 269, 271
바스티아Claude-Frederic Bastiat 313
바틀리, 로버트Robert Bartley 116-117, 119-121, 128, 132-137, 186, 208, 286, 369
  『풍요의 7년Seven Fat Years』 126-128, 149, 209
베블런, 소스타인Thorstein Veblen 45
  『기술자와 가격 체제The Engineers and the Price System』 45
  『유한 계급론Theory of Leisure Class』 44
베이커, 러셀Russell Baker 90
보스킨, 마이클Miachel Boskin 103, 104, 108, 145, 333
볼, 로렌스Lawrence Ball 279n
볼커, 폴Paul Volcker 163-164
뷰이터, 윌렘Willem Buiter 267
  "팡글로 박사의 경제학The Economics of Doctor Pangloss" 267
브랜더, 제임스James Brander 307, 309, 315
블라인더, 앨런Alan Blinder 25
블랑샤, 올리비에Olivier Blanchard 279n

사이먼, 허버트Herbert Simon 270
새뮤얼슨, 폴Paul Samuelson 67, 126, 196
서로, 레스터Lester Thurow 26, 66, 299, 322-324
  『대결Head to Head』 18, 36, 346, 370
  『제로섬 사회The Zero Sum Society』 322-323
섬머스, 로렌스Lawrence Summers 103, 104, 107, 332-333, 374
세이, J. B. Jean Baptiste Say 128

소힐, 이사벨Isabell Sawhill 194
솔로, 로버트Robert Solow 31, 87
슘페터, 조지프Joseph Schumpeter 45
　『경기 순환론Business Cycles』 45
스미스, 애덤Adam Smith 30, 292
　『국부론The Wealth of Nations』 30, 292
스위니, 리처드Richard Sweeny 48
스위니, 존John Sweeny 48
　"통화론과 그레이트 캐피톨 힐 탁아 조합의 위기Monetary ory and the Great Capitol Hill Baby-sitting Co-Op Crisis" 48-49
스콧, 브루스Bruce Scott 323
스타인, 허버트Herbert Stein 186
스펜서, 바버라Barbara Spencer 307, 315
스포크, B. M.Benjamin M. Spock 93
슬렘로드, 조엘Joel Slemrod 191
슬로터, 매튜Matthew Slaugter 338n, 346

아론, 헨리Henry Aron 376
아서, 브라이언Brian Arthur 290-291, 292n
애쇼어, 데이비드David Aschaure 172
애커로프, 조지George Akerlof 270-274, 278, 279n
　"'레몬' 시장The Market for 'Lemons'" 270
앤더슨, 마틴Martin Anderson 24n, 119, 127, 137
　『사원의 사기꾼들Imposters in the Temple』 24n, 127
옐런, 재닛Janet Yellen 279n
오쿤, 아서Arthur Okun 153
와니스키, 주드Jude Wanniski 27, 119-120, 123, 125, 145, 286, 299

『세계의 작동 방식The Way the World Works』 27, 299
울프, 버지니아Virginia Woolf 54
울프, 톰Tom Wolfe 16, 179, 185
　『허영의 모닥불Bonfire of Vanities』 180
워터맨, 로버트Robert Waterman 330
웨이덴봄, 머레이Murray Weidenbaum 111, 145
　『기업 규제의 미래The Future of Business Regulation』 111
인그램, 제임스James Ingram 334

챈들러, 레이먼드Raymond Chandler 368

커트너, 로버트Robert Kuttner 324
케인스, 존 메이너드John Maynard Keynes 30, 43, 45-47, 50-56, 62-63, 65, 71-73, 77, 80, 129, 131, 250, 259-261, 270, 276, 288
　『고용, 이자 및 화폐에 관한 일반 이론General Theory of Employment, Interest and Money』 30, 63
　『화폐 개혁론A Tract on Money Reform』 63
켐프, 잭Jack Kemp 123, 136, 137
퀘일, 댄Dan Quayle 83
크라이튼, 마이클Michael Crichton 18
　『떠오르는 태양Rising Sun』 18
크루그먼, 폴Paul Krugman 332
크리스톨, 어빙Irving Kristol 120, 127, 259

토머스, 루이스Lewis Thomas 24
토빈, 제임스James Tobin 31
토플러, 앨빈Alvin Toffler 85

『미래의 충격Future Shock』 85

페로, 로스H. Ross Perot 208
펠스타인, 마틴Martin Feldstein 25, 27, 32, 33, 83, 101-108, 128, 321, 333
　"인플레이션과 법인 이득 과세Inflation and Corporate Profits Taxation" 27
펠프스, 에드먼드Edmund S. Phelps 67, 72, 78
　『인플레이션과 실업 이론의 미시 경제학적 기초Microeconomic Foundations of Inflation and Unemployment Theory』 78
프레스콧, 에드워드Edward Prescott 55, 265
프리드먼, 밀턴Milton Friedman 32, 45, 51, 55-71, 73-74, 76, 79, 80, 117, 120, 127, 229, 242, 261-262, 266n, 274, 281, 288, 291, 321
피터스, 톰Tom Peters 330
　『우월성의 추구In Search of Excellence』 330
필립스, A. W. A. W. Phillips 64

해링턴, 마이클Michael Harrington 18
　『또 하나의 미국The Other America』 18
호킹, 스티븐Stephen Hawking 28n
　『시간의 역사A Brief History of Time』 28n
힘멜파브, 거트루드Gertrude Himmelfarb 54